REDLINE WIRTSCHAFT

bei ueberreuter

EMIL
HIERHOLD

SICHER PRÄSENTIEREN – WIRKSAMER VORTRAGEN

- TIPPS UND TRICKS FÜR DIE PRAXIS
- VISUELLE UND VERBALE TECHNIKEN
- ÜBERZEUGUNGSSTRATEGIE UND ARGUMENTATIONSTAKTIK
- VON FLIP-CHART BIS POWER-POINT

REDLINE WIRTSCHAFT
bei ueberreuter

Die Deutsche Bibliothek – CIP-Einheitsaufnahme

Hierhold, Emil:
Sicher präsentieren – wirksamer vortragen :
Tips und Tricks für die Praxis, visuelle und verbale Techniken,
Überzeugungsstrategie und Argumentationstechnik,
von Flip-Chart bis Power-Point / Emil Hierhold. --
Frankfurt/Wien: Redline Wirtschaft bei Ueberreuter, 2002
ISBN 3-8323-0928-4

Unsere Web-Adressen:

http://www.redline-wirtschaft.de
http://www.redline-wirtschaft.at

2 3 / 2004 2003

Umschlag: INIT, Büro für Gestaltung, Bielefeld

Druck: Druckerei Theiss, St. Stefan im Lavanttal
Printed in Austria

Inhalt

Vorwort zur 6. Auflage 9

Eine Einführung: Wozu der Aufwand? 11

Kapitel 1 Von MEINER Idee zu DEINER Überzeugung – wie Sie Ihre Präsentation spannend vorbereiten 17
Kapitel 2 Präsentation und Präsentation ist nicht dasselbe – und was das für Ihre Vortragstechnik bedeutet 22
Kapitel 3 Inhalt oder Verpackung? – Die sachliche Richtigkeit Ihrer Information ist zuwenig! 28
Kapitel 4 Tafel, Folie, Datenprojektor … Welches Medium für welchen Zweck? Und wie viele gleichzeitig? 36

Schritt 1 Strategisches Konzept (1) Zielgruppenorientierung und Zielsetzung 51

Kapitel 5 Was interessiert wen? – Zuhörer analysieren und die Informationen auf die Zielgruppe abstimmen 52
Kapitel 6 Ziele setzen! 68

Schritt 2 Strategisches Konzept (2) Informationen und Argumente überzeugend aufbauen ... 79

Kapitel 7 Weniger ist mehr – das Fünf-Minuten-Präsentationsprinzip . 80
Kapitel 8 Präsentationsaufbau (1) – Informationen und ARGUmente wirkungsvoll STRUKTurieren 86
Kapitel 9 Präsentationsaufbau (2) – INFOrmationen klar STRUKTurieren 103
Kapitel 10 Strukturen für alle Fälle – von drei bis fünfzig Minuten........ 111

Schritt 3 Das visuelle Konzept – der Weg zur Bild-Idee 121

Kapitel 11 „Visualisieren“ – warum die Kommunikation mit Bildern besser funktioniert 122
Kapitel 12 Von der Information zur Bild-Idee – wie der Visualisierungsprozeß funktioniert 132
Kapitel 13 Texte und Tabellen – Prägnanz für nackte Information........ 140
Kapitel 14 Diagramme statt Zahlenfriedhof – sind Torten, Säulen oder Linien überzeugender? 153

Kapitel 15 Strukturbilder – Einsicht in komplexe Zusammenhänge und abstrakte Inhalte ... 166
Kapitel 16 Auch für sehr ernsthafte Vortragende: Mut zu Symbolen und bildhaften Elementen! ... 177
Kapitel 17 Cartoons – mit einfachen Strichzeichnungen Aussagen prägnant auf den Punkt bringen ... 193
Kapitel 18 Ganz konkret: Pläne, Fotos, Muster ... 203

Schritt 4 Bildgestaltung – von der Bild-Idee zur „Super-Power-Folie“ ... 209

Kapitel 19 Gestaltungsregeln – was Sie bei allen Ihren Hilfsmitteln berücksichtigen sollten ... 210
Kapitel 20 Tageslichtfolien – mit dem (immer noch) meistverbreiteten Medium überzeugen ... 221
Kapitel 21 Diapositive – worauf Sie achten müssen, damit aus Ihrer Diaserie ein überzeugender Vortrag wird ... 231
Kapitel 22 Computergrafik vom PC – welche Hilfe Sie von Ihrem elektronischen Assistenten erwarten können ... 238

Schritt 5 Medien und Technik als Verstärker richtig einsetzen ... 255

Kapitel 23 Blicke führen und Aufmerksamkeit steuern – was Sie bei allen Präsentationsmedien berücksichtigen sollten ... 256
Kapitel 24 Die Tageslichtprojektion – die Kunst, aus einem „einfachen“ Medium MEHR herauszuholen als die anderen ... 273
Kapitel 25 Der Diavortrag – wie Sie vermeiden, zur „Stimme im Schlafsaal“ zu werden ... 290
Kapitel 26 Datenprojektion – ein Drahtseilakt wird zur Routine ... 296
Kapitel 27 Das Flip-Chart – mit einfachsten Mitteln Interesse aufbauen ... 309
Kapitel 28 Multimedia und Video – bewegte Ton-Bilder in der Präsentation ... 317

Schritt 6 Ihr persönliches Auftreten – im Vortrag überzeugen ... 327

Kapitel 29 Haltung, Augenkontakt, Gesten – und wie Sie überschießende Energie nützen ... 328
Kapitel 30 Stimmt die Sprache? – Tips für verbale Optimierung ... 344
Kapitel 31 Ihr Einstieg in den Vortrag – was Ihnen zu einem gelungenen Start verhilft ... 351

Kapitel 32 Der Abschluß Ihrer Präsentation – wie Sie den entscheidenden letzten Eindruck für sich nützen 365

Schritt 7 Interaktionsstrategien für kritische Augenblicke 373

Kapitel 33 Höhepunkte und Vampire – wie Sie in heiklen Momenten die Aufmerksamkeit auf das richtige Objekt steuern 374
Kapitel 34 Hilfe, eine Panne!!! Verhindern Sie, daß aus kleinen Vorfällen große Katastrophen werden 381
Kapitel 35 Fragen und Einwände – wie Sie in der Fragerunde Ihren Erfolg absichern 386
Kapitel 36 Störenfriede und Quälgeister – schützen Sie sich gegen absichtliche und unabsichtliche Sabotage! 399
Kapitel 37 Regeln und Checklisten für einen sicheren Ablauf 409

Anhang 1 Sieben Goldene Gebote der Vorbereitung 419
Anhang 2 Sieben Goldene Gebote für die Präsentation selbst 420
Anhang 3 Checkliste Zielgruppenanalyse 421
Anhang 4 Kopiervorlagen 425
Anhang 5 Literaturverzeichnis 437
Anhang 6 Register 441
Anhang 7 Bildnachweis 448

Vorwort zur 6. Auflage

Um 1960 war der „Overhead“ eine bestaunte Technologie. 1980 konnte man mit computergenerierten Farbfolien beeindrucken und ab 1990 mit der Direktprojektion vom Notebook. Gegen Ende des vorigen Jahrtausends zeigten immerhin die verschiedenen Animationseffekte von PowerPoint noch Wirkung – aber heute?

Datenprojektion ist zur Selbstverständlichkeit geworden und ihr überzogener Einsatz irritiert viele. Auch mit noch mehr Technik (spezielle Hintergründe, Videoclips, Soundeffekte, 3-D-Animationen ...) ist nichts zu gewinnen. Denn die Zielgruppe (Chefs, Kunden, Mitarbeiter, Entscheider ...) beherrschen es entweder selbst, oder kennen es mehr als ausreichend. „Fakten statt Folien!“ hieß es zur Zeit der „Folienklatscher“, jetzt „Prägnanz statt PowerPoint!“ – Inhalte sind gefragt, Kürze und Klarheit und vor allem Persönlichkeit.

Auf der technischen Front haben PowerPoint und Datenprojektion gesiegt, sie sind ein selbstverständliches Werkzeug geworden, aus der Welt der Präsentation nicht mehr wegzudenken. Man muss sie beherrschen, genauso wie der Schriftsteller die Schreibmaschine oder ein Textprogramm. Aber niemand wird diesen dafür bewundern, daß er saubere Buchstaben auf geraden Zeilen produziert.

Deshalb finden Sie in dieser Auflage einerseits noch mehr Tips für den praktischen Einsatz der Datenprojektion, anderseits aber verstärkt Hinweise auf die „Basics“ der Präsentation, die Sie bei Ihrem überzeugenden Auftritt unterstützen sollen. Ich danke meiner Tochter Katrin Traunfellner für ihre wertvolle Hilfe bei der Neugestaltung der Balance.

Wien, im Juni 2002

Eine Einführung:

Wozu der Aufwand?

Vorurteil 1: „Präsentation ist nichts anderes als ein laut vorgelesener Aufsatz, zu dem einige Bilder gezeigt werden."

Vorurteil 2: „Wer Zeit mit Grafikprogrammen oder Folienmalen vertut, ist offensichtlich in seiner richtigen Arbeit nicht ausgelastet."

Die Informationslawine und der Zeitdruck

Die Menge der für uns wichtigen Informationen wächst ständig. Information wird heute neben Kapital, Arbeit und Boden als vierter Produktionsfaktor gehandelt. Wir nehmen diese Informationen äußerst wichtig, denn davon hängt immer stärker unser Überleben im Konkurrenzkampf ab. Punktuelle Informationshäufung ist unproduktiv, gefährlich – und deshalb gilt:

Kommunikation ist das Öl in der Maschine einer Organisation.

Für viele bedeutet das, daß möglichst jeder in einem Betrieb, in einer Abteilung usw. möglichst alles wissen soll. Angesichts unserer Normal- und Fernkopierer, der elektronischen Post und verschiedener anderer Informationstechnologien ist das im Prinzip ganz einfach geworden: Sende eine Kopie an alle! Natürlich wissen wir, daß diese Über-Information das genaue Gegenteil von Kommunikation erzielt: Wir resignieren vor den Mengen, die auf unseren Schreibtischen und Bildschirmen landen.

Zusätzlich wird Zeit immer knapper. Unser Umfeld ist äußerst komplex geworden, es gibt bei jeder Entscheidung viel mehr zu bedenken als früher. Und die Entscheidungen müssen schnell getroffen werden. Wir haben keine Zeit – schon gar nicht zum Lesen langatmiger Berichte. Damit werden die meisten Schriftstücke zu einem perversen Instrument degradiert: Sie sind eine Keule der Schuldzuweisung aus der Sicht des Senders („Ich habe es schriftlich festgehalten!") und erzeugen gleichzeitig schlechtes Gewissen beim Empfänger („Was ich alles Wichtiges zu lesen hätte …").

Wen wundert's, daß „Kommunikationsfähigkeit" als Eigenschaft bei Führungskräften und Spezialisten aller Art immer gesuchter wird? Nicht der

Wahn, in messianischem Perfektionismus allen alles haarklein zu erläutern, sondern die Fähigkeit, in sehr kurzer Zeit das Wesentliche so herauszuarbeiten, daß die anschließende Diskussion schnell zu einem Ergebnis führt. Unter welchen Bedingungen ist dieses Resultat wahrscheinlich?

Investition in Präsentation lohnt sich

Betrachten Sie eine Präsentation oder einen Vortrag als ein Geschäft:

Der Zuhörer kauft mit seiner (körperlichen) Anwesenheit und seiner (geistigen) Aufmerksamkeit Inhalte verschiedenster Art (Informationen, Entscheidungsgrundlagen ...).

Nun unterliegen viele Präsentatoren einem Trugschluß: Sie glauben, daß das Publikum gerne mit zusätzlicher Zeit „bezahlt", wenn es dafür mehr oder bessere Inhalte erhält. Sicherlich ist der Inhalt, die sachliche Richtigkeit eines Vortrages wichtig. Ein profunder Inhalt, ein sachlich richtiger Vorschlag ist lediglich eine Grundvoraussetzung, aber nicht mehr – schon gar keine Legitimation für Langeweile. Entscheidend ist die Art, WIE Inhalte aufbereitet und dargestellt werden: leicht faßlich, praxisnah, amüsant, spannend – und vor allem: kurz.

Wenn Sie in diesem Sinne „erfolgreich" kommunizieren (also: zeitsparend für Ihre Zuhörer), dann werden Sie belohnt:

- Ihr Vorschlag wird angenommen.
- Sie selbst „prägen sich ein".
- Ein höheres Budget wird bewilligt.
- Sie werden eingeladen, den Vortrag vor einem größeren/wichtigeren Publikum zu wiederholen.
- Ihre Karrierechancen verbessern sich.

Betrachten Sie jeden Auftritt als eine Herausforderung zu überzeugen – auch wenn Sie meinen, daß Sie „nur" zu informieren hätten. In jedem Fall müssen Sie Ihr Publikum davon überzeugen, daß Sie selbst wert sind, daß man Ihnen zuhört. Das ist aber nur dann der Fall, wenn Ihr persönliches Preis-Leistungs-Verhältnis stimmt: Der kombinierte Informations- und Lustgewinn der Zuhörer muß größer sein als der Aufwand an Zeit und Aufmerksamkeit!

WAS Sie heute anzubieten haben (der Inhalt) muß angesichts des harten Wettbewerbes auf allen Ebenen perfekt sein – aber das reicht nicht. Entscheidend ist das WIE – auf die Verpackung, auf die Präsentation kommt es an!

Die Präsentation: Erfolgsrezept für neue Rahmenbedingungen

Zu den neuen Rahmenbedingungen gehören nicht nur die Informationslawine und der Zeitdruck. Auch unser Lernverhalten hat sich geändert: War früher das gedruckte Wort die wesentlichste Informationsquelle, so sind es heute die audiovisuellen Medien. Die mit Micky Maus und TV aufgewachsenen Zuhörer sind audiovisuell orientiert: Sie wollen nicht lesen, sie wollen hören und – vor allem – sehen. Durch die immer schnellere Schnittechnik der Filme, besonders der (Musik-)Videoclips, durch die immer kürzeren Werbespots haben sie gelernt, visuelle Informationen rasch aufzunehmen. Andererseits sind sie verwöhnt: durch kurze Sätze, synchrone Erklärungen von Bilderfolgen – und durch ein erhebliches Maß an Redundanz, also an Wiederholungen für den Fall, daß etwas beim erstenmal nicht hängengeblieben ist.

Unsere Zuhörer erwarten durchaus auch Penetranz: Die Reizüberflutung hat unsere Schwellenwerte erhöht, nur prägnante und laute Botschaften haben eine Chance. Natürlich sind Ihr wissenschaftlicher Fachvortrag und Ihre Management-Präsentation keine Werbespots für Waschpulver. Aber möchten Sie nicht auch, daß gerade Ihr Vortrag, Ihre Präsentation unter den 20 anderen dieses Tages hervorsticht, im Gedächtnis bleibt?
Jetzt ist es an der Zeit, eine Arbeitsdefinition für „Präsentation" anzubieten:

Die Präsentation ist der persönliche Vortrag einer strukturierten Folge von Gedanken – unterstützt durch visuelle Hilfsmittel – an ein überschaubares Publikum.

Im folgenden verwende ich „Präsentation" und „Vortrag" als verschiedene Bezeichnungen für dieselbe Sache.

Präsentation ist mehr als Rhetorik

Der klassische „Redner" hat heute nur mehr im Politbereich und bei Festansprachen eine Chance, im Geschäftsleben und bei Fachvorträgen wollen die Zuhörer mehr als klingende Worte: Sie wollen Fakten, Zusammenhänge und Beispiele SEHEN.
Nach wie vor ist das persönliche, körperliche Element wichtig: Haltung, Gestik, Blick, Stimme, Sprache ... Wer Videobeam und Multimedia-Show bloß bedienen kann, ist ein Operator, aber kein Präsentator. Sicheres Auftreten als Person ist eine notwendige, aber keine hinreichende Bedingung mehr.
Ein zweiter kritischer Bereich ist der der visuellen Hilfsmittel: Die Übersetzung komplexer Inhalte in sichtbare Zusammenhänge erfordert eine neue Art des Denkens und der Vorbereitung. Die Umsetzung dieser vorerst gedanklichen Bilder in Folien, Dias usw. verlangt vom Präsentator ein zumindest grundsätzliches Wissen über die heutigen Produktionstechnologien. Schon in der Vorbereitungsphase müssen Sie wissen, welche Ideen wie schnell und um welchen Preis realisierbar sind.
Und schließlich ein drittes Spannungsfeld: die Handhabung der Medien – von der Wandtafel bis zur Datenprojektion. Die besten Inhalte helfen genausowenig wie die überzeugendste Gestik und die schönsten Dias, wenn Sie mit der Technik nicht klarkommen, auf Erklärungen vergessen, sich mehr mit Ihren Hilfsmitteln beschäftigen als mit Ihren Zuhörern.

Ihr Vortrag – ein phantasievolles Gesamtkunstwerk

Wer auch nur eine dieser Komponenten außer acht läßt, vergibt große Chancen – und vergeudet Ressourcen. Was nützt die schönste Computergrafik, wenn sie vom Vortragenden verdeckt wird? Wem hilft die blendende Rhetorik und überzeugende Grafik, wenn der Raum zu finster ist und die Texte der Datenprojektion unlesbar bleiben?
Präsentation ist ein „Gesamtkunstwerk", das von Ihrem Publikum aber nicht als „Kunstwerk" gewürdigt wird, sondern einfach Ihre Präsentationsziele erfüllen soll. Präsentation ist nicht Selbstzweck. Sie ist auch insofern kein Kunstwerk, als Sie selbst kein Künstler zu sein brauchen, sondern eher ein phantasievoller Handwerker. Das Handwerkliche der Präsentation ist Gegenstand dieses Buches, und Sie werden ausschließlich Strategien, Techniken und Rezepte finden, die Sie selbst im Alltag verwirklichen können. Sie brauchen dazu weder grafisches Talent noch technische Kenntnisse.

Was bedeutet die aktuelle Technologie?

Was bedeuten Schlagworte wie „Computer-Präsentationsgrafik", „Multimedia", „Multivision", „Elektronische Präsentation"? Die Hochtechnologie-Industrie hat die Bedeutung der Präsentation erkannt. Sie als Kommunikator gehören zu einer potenten Zielgruppe. Mit einigen dieser zeitsparenden und wirkungssteigernden Instrumente werden wir uns näher beschäftigen, aber eines steht fest:

Technik kann niemals Ihre Persönlichkeit ersetzen!

Eine selbstablaufende, perfekte multimediale Show ist sicher beeindruckend – aber wo bleibt der Mensch? Ist der Präsentator der Zukunft nur ein „Knöpfchendrücker"?
Wenn Sie die hier angebotenen Grundsätze beherrschen, dann sind Sie auch in der Lage, High-Tech-Werkzeuge richtig einzusetzen, Spezialisten zielbewußt zu führen – und sich selbst einen Platz im Zentrum zu sichern.

Das Wichtigste aus diesem Kapitel

- Mehr Information und weniger verfügbare Zeit erfordern prägnante, komprimierte Kommunikation.
- Medien prägen den Informationsstil: Visuelle Botschaften sind notwendig.
- Präsentation als bildgestützter Vortrag erfüllt die Forderung nach Kürze und audiovisueller Darbietung.

Kapitel 1

Von MEINER Idee zu DEINER Überzeugung – wie Sie Ihre Präsentation spannend vorbereiten

Vorurteil: „Mein Job ist die große Linie – um die Details sollen sich die anderen kümmern."

Wer versucht, den zweiten Schritt vor dem ersten zu tun, fällt auf die Nase. In diesem Kapitel finden Sie

- die sieben Schritte zur Überzeugung;
- Überlegungen, die Ihnen Zeit und Geld sparen;
- Anhaltspunkte für die Vorbereitungszeit;
- Empfehlungen für (nicht)delegierbare Arbeiten.

Die sieben Schritte zur Überzeugung

Sehen Sie sich die Schrittfolge auf der nächsten Seite einmal an (Bild 1.1)! Auf unserem Weg zur Überzeugung werden wir diesen sieben Schritten folgen – aber nicht sklavisch, nur als Leitlinie. Schließlich ist die Präsentation auch ein kreativer Akt und sollte nicht völlig reglementiert werden. Zum Beispiel wird Ihnen bereits mit der Präsentationsidee das eine oder andere Bild einfallen, vielleicht sogar ein Gedanke zu einem wirkungsvollen Einstieg in den Vortrag. Halten Sie alles fest, aber vermeiden Sie, einen ganzen Vortrag um ein paar blitzende Gedankensplitter aufzubauen!

Warum etwas Disziplin viel Zeit und Geld sparen kann

Nur unerfahrene Vortragende fürchten, „zu wenig Stoff" zu haben. Erfahrene Präsentatoren haben leidvoll gelernt, daß die Zeit zu kurz wird.

Sieben Schritte zur Überzeugung

Von MEINER Präsentationsidee ...

Vorentscheidung
Wer präsentiert an wen – mit welchen Medien,
mit welchem „Aufwand"?

1. **Strategisches Konzept (1) – Zielgruppen analysieren, Ziel setzen**
   Wen interessiert was? Was will ich bei wem mit meiner Präsentation konkret erreichen?

2. **Strategisches Konzept (2) – Präsentationsaufbau**
   Welche Argumente oder Informationsblöcke in welcher Reihenfolge?

3. **Das visuelle Konzept – von der Netto-Information zur Bild-Idee**
   Inhalte visualisieren – von ganz abstrakt bis völlig bildhaft

4. **Bildgestaltung – von der Bild-Idee zur Super-Power-Folie**
   Umsetzung der Bild-Idee – Produktion der visuellen Hilfsmittel

5. **Medien und Technik richtig einsetzen**
   Unterstützende Geräte und „Verstärker" – vom Flip-Chart bis zum Datenprojektor

6. **Den persönlichen Auftritt optimieren**
   Als Mensch sicher und überzeugend wirken

7. **Interaktionsstrategie**
   Vorbereitung auf kritische Momente:
   Fragen, Einwände, Widerstände und Störungen

... zu DEINER Überzeugung

1.1. Die disziplinierte Vorbereitung spart Zeit – aber häufig werden Sie zwischen den einzelnen Schritten hin- und herpendeln: zum Beispiel, weil bestimmte Bilder schon feststehen oder weil Sie sich bereits zwischendurch überlegen müssen, wie wer auf eine Information reagieren wird. Dieses Buch folgt in seinem Aufbau diesen Schritten, die Visualisierung dieses Ablaufes finden Sie auf der Farbtafel 3.

Was bedeutet das für die Vorbereitung? Angenommen, Sie wollen folgende Gedanken bringen:

> „Die Nachfrage in unserer Branche korreliert zeitversetzt mit dem Bruttoinlandsprodukt; da dieses gerade wieder steigt, sollten wir jetzt investieren."

Ein wichtiger Gedanke. Wie könnten Sie sich eine Visualisierung vorstellen?

> „Ich zeichne ein Liniendiagramm für die letzten zehn Jahre auf monatlicher Basis, das diese beiden Variablen in Abhängigkeit voneinander zeigt."

Eine einleuchtende, wahrscheinlich überzeugende Darstellung eines wichtigen Argumentes. Fein, wenn Sie dieses Diagramm ohnedies monatlich erneuern und daher in Ihrem Bestand haben. Wenn nicht, haben Sie sich damit gerade selbst einen Auftrag zur Beschaffung und zur Abbildung von 240 Datenpunkten gegeben. Ist dieser Beweis entscheidend für Ihren Vortrag, dann müssen Sie ihn realisieren. Aber wenn dem nicht so ist?

So weit sind wir aber erst, wenn Sie den Überblick über alle möglichen Informationen, Argumente usw. haben. Und wenn dieses Material entsprechend geordnet ist. Wer zu früh Details recherchiert, Beweise ausarbeitet und Grafiken malt, verliert doppelt: Zeit und Geld in der Vorbereitung, und in der Präsentation kommt der Bumerang. Denn wir können uns von unseren mühsam erstellten Grafiken nicht trennen, wir wollen sie auf jeden Fall zeigen. Zuerst kommt der Zeitdruck – wir sprechen schneller, wechseln Folien oder Dias rascher, verzichten auf wichtige Wiederholungen. Einziges Ziel: ALLES zu sagen. Das Ergebnis für die Zuschauer: Informationslawine, Zeitüberschreitung, Langeweile, Verärgerung.

Von Voltaire ist dieses Zitat überliefert: „Verzeiht, daß ich Euch einen langen Brief schreibe, aber für einen kurzen habe ich keine Zeit." Für uns bedeutet das: Je kürzer der Auftritt, desto gründlicher die Vorbereitung. Natürlich spielen Routine und Stellenwert der Veranstaltung eine große Rolle.

Hier eine Faustregel für Vortragende, die zwar ihre Materie gut beherrschen, aber eine komplett neue Präsentation vorbereiten:

Für eine Vortragsminute bis zu 30 Minuten Vorbereitung.

Natürlich können Sie Vorbereitungsschritte einsparen, die Sie vielleicht schon früher erledigt haben: die Zielgruppenanalyse zum Beispiel, wenn Sie Ihre Zuhörer schon kennen. Oder den Vorbereitungszeitraum für die Interaktionsstrategie – wenn keine Fragen zu erwarten sind.

Wieviel Vorbereitungszeit?

1.2. Die eigentliche Präsentation ist nur die Spitze des Eisberges: Natürlich benötigen Sie zur Vorbereitung eines längeren Vortrages mehr Zeit als für einen kürzeren – aber der Aufwand pro Vortragsminute sinkt, je länger Ihre Präsentation dauern soll.

Richtig einsparen können Sie bei der Informationsaufbereitung und der Produktion. Hier gewinnen Sie durch Übung, durch Disziplin und durch gezielten Einsatz der modernen technischen Hilfsmittel. Wie, das sehen wir später. Die größte Reserve liegt aber in einem ganz einfachen Rezept: dem Weglassen. Denken Sie an den letzten ausgezeichneten Vortrag, bei dem Sie Zuhörer waren. Woran können Sie sich noch erinnern? ... Eigentlich schlimm, wieviel wir vergessen, nicht wahr? Aber sehen Sie es positiv: Alles andere war eigentlich zuviel. Für Sie folgt daraus: Je früher Sie sich von Inhalten trennen, die Sie ohnedies nicht ordentlich transportieren oder im Gedächtnis verankern können, desto besser.

Je kürzer Ihre Präsentation, desto kritischer ist die Vorbereitung.

Wenn Sie nur drei Minuten haben – statt zum Beispiel einer Stunde – dann erhält jedes Ihrer Worte das zwanzigfache Gewicht. Jede Sekunde, jedes Bild zählt zwanzigfach.
Handelt es sich um einen kritischen Auftritt? Das erstemal vor dem Vorstand? Stellen Sie Ihr Unternehmen einem neuen Kunden vor? Dann nehmen Sie sich für diese drei Minuten viel Zeit – vielleicht sogar einen halben Tag.

Wo Sie durch Delegation an gute Mitarbeiter Zeit sparen können:

- bei der Zielgruppenanalyse;
- bei der Materialsammlung und -aufbereitung;
- bei der Produktion der visuellen Hilfsmittel;
- bei der Regie;
- bei der Ausarbeitung von Einleitung und Abschluß.

Praktisch keine Delegation ist möglich:

- im Bereich der strategischen Vorentscheidungen (Zielsetzung);
- bei Ihrer persönlichen Vorbereitung (Probelauf);
- bei der Ausarbeitung der Interaktionsstrategie (Fragen, Einwände).

Die Präsentation ist ein höchstpersönliches Ereignis, noch viel persönlicher als eine Rede. Wer überzeugen und beeindrucken will, muß seine visuellen Hilfsmittel wirklich gut kennen und mit ihrer Reihenfolge vertraut sein. Da helfen die besten Ghostwriter und Computergrafiker nichts. Aus diesem Blickwinkel können Sie übrigens auch die Qualität von Dienstleistung im Bereich Präsentation gut beurteilen: Will der hilfreiche Geist nur eine Show, eine Diaserie oder einen Foliensatz um gutes Geld abliefern – oder ist in seinem Vorschlag Raum für die „Adoption“? Dafür, daß Sie sich mit den Dingen vertraut machen, die Sie zeigen sollen?

Das Wichtigste aus diesem Kapitel

- PLANEN Sie Ihre Präsentation – zu frühe Ausarbeitung von Details kostet Zeit und Geld.
- Die größte Einsparungsmöglichkeit liegt im Weglassen von Inhalten.
- Je kürzer die Präsentation, desto mehr Vorbereitungszeit brauchen Sie.

Kapitel 2

Präsentation und Präsentation ist nicht dasselbe – und was das für Ihre Vortragstechnik bedeutet

Vorurteil: „Alle Präsentationen sind Vorbereitungsinstrumente für rationale Entscheidungen."

Facharzt vor Kollegen, Manager an Konzernleitung, Verkäufer an Kunden – vieles segelt unter der Flagge „Präsentation". In diesem Kapitel finden Sie die für Sie besonders wichtigen Vortragssituationen und ein paar Ratschläge für die Wahrung der emotional-rationalen Balance.

Die zehn Typen der Präsentation

Sie selbst werden wahrscheinlich regelmäßig nur zwei oder drei dieser grundverschiedenen Präsentationssituationen zu bewältigen haben. Suchen Sie sich diese aus dieser Aufstellung heraus, und achten Sie auf Hinweise, die genau für Sie zutreffen!
Kataloge und Typologien bringen Ihnen in der Praxis nur dann etwas, wenn sie Ihre Arbeit erleichtern oder Zeit und Geld sparen. Genau das bezweckt die folgende Einteilung: Sie sollen möglichst früh entscheiden, an welcher Art von Präsentation Sie jetzt arbeiten. Daraus folgen Empfehlungen für die Länge des Vortrages, für den Perfektionsgrad, für das verwendete Medium, für den Emotionalitätsgrad usw. In einem Punkt sind Sie frei: KÜRZER darf Ihr Vortrag IMMER sein!

1. Die (informelle) Arbeitssitzung

Teilnehmerkreis ist eine Reihe gleichgestellter, miteinander bekannter Personen. Gegenstand ist ein Sachproblem, für das einer der Teilnehmer seinen Lösungsansatz mitbringt.

2. Die (interne oder externe) Projektbesprechung

Teilnehmer sind der Projektleiter und seine Mitarbeiter sowie mehrere Hierarchiestufen des Auftraggebers oder die entsprechenden Vorgesetzten. Gegenstand ist der Status eines laufenden Projektes (Forschung, Produktentwicklung, Marketing ...), und Ziel ist es, über den Fortgang zu informieren und Zwischenentscheidungen zu treffen.

3. Die (formelle) Vorstandspräsentation

Teilnehmerkreis sind hochrangige Führungskräfte, eventuell von der (ausländischen) Konzernleitung. Der Bereichs- oder Geschäftsverantwortliche berichtet über die Situation und über die Pläne des Unternehmens. Zielsetzung einer typischen internen Vorstandspräsentation ist, die Zustimmung zu den laufenden Aktivitäten und zum Plan des nächsten Geschäftsjahres zu erhalten; eine typische externe Vorstandspräsentation ist der Abschlußbericht eines Unternehmensberaters.

4. Der (externe) Fachvortrag

Teilnehmer sind im wesentlichen gleichgestellte Fachkollegen, zum Beispiel im Rahmen eines Symposiums. Zielsetzung ist die Vermittlung von aktuellen wissenschaftlichen Ergebnissen.

5. Die (interne) Motivationskonferenz

Für eine Abteilung, einen Bereich, eine ganze Firma wird die aktuelle Situation dieser Organisation oder ein Problem dargestellt. Präsentator ist der für diesen Bereich Verantwortliche, und seine Zielsetzung ist: Alle sollen mit vollen Kräften am selben Strang ziehen. Typische Motivationskonferenzen sind die Verkaufskonferenz anläßlich der Einführung eines neuen Produktes, das „Kick-off-Meeting" am Beginn eines Geschäftsjahres, die Information der Mitarbeiter bei Einführung neuer organisatorischer Maßnahmen.

6. Die (externe) Verkaufspräsentation

Den Entscheidungsträgern eines potentiellen Kunden, Abnehmers, Sponsors etc. wird ein Produkt oder eine Organisation attraktiv und leistungsfähig dargestellt. Das präsentierte Objekt soll aus der Sicht der Zuhörer besonders interessant erscheinen.

7. Der (öffentliche) Standpunkt

Journalisten, Mitglieder einer Bürgerinitiative oder Werksbesucher werden über den Standpunkt des Unternehmens oder einer Institution im allgemeinen oder zu einer bestimmten Problemstellung informiert. Präsentator ist ein hochrangiger Repräsentant der Organisation. Zielsetzung ist realistischerweise nicht unbedingt die Überzeugung, aber zumindest die Akzeptanz des eigenen Standpunktes durch die Zuhörer.

8. Die Informationsveranstaltung

Der Vortragende ist Fachmann auf seinem Gebiet, die Zuhörer interessierte Laien: mögliche Anwender einer neuen Technologie (zum Beispiel im Bereich IT/EDV) oder Betroffene (bei einem Vortrag über Gewichtsprobleme, Unfallgefahren oder Rauschgift). Zielsetzung ist jeweils, eine komplexe Materie so einfach aufzubereiten, daß sie für die aktuelle Situation der Zuhörer relevant wird.

9. Die Posterpräsentation

Im Rahmen eines Kongresses werden Themen auf Plakaten so aufbereitet, daß die Vorbeigehenden sich kurz eine Meinung darüber bilden können, ob sie dieses Thema interessiert. Zu einem angekündigten Zeitpunkt führt der Autor die Interessenten durch den Poster und steht für eine bestimmte Zeitspanne zur Diskussion zur Verfügung. Der Poster als freistehendes Medium soll Aufmerksamkeit erwecken und prinzipiell über die dargestellte Thematik informieren; während der Präsentationsphase unterstützt er die verbalen Ausführungen (Farbtafel 1).

10. (Erwachsenen-)Schulung

Gegenstand ist der Wissenstransfer an direkt oder indirekt motivierte Erwachsene, und zwar über einen längeren Zeitraum (ab etwa einem halben Tag).

2.1.

Die zehn Typen der Präsentation

	Länge in Min. ideal	max.	Zuhörerkreis	Visuelle Medien[1] 1. Wahl	2. Wahl	Minuten[2] pro Bild	Perfektionsgrad[3]
1. Arbeitssitzung	30	60	5–10	OHP	Flip	5	+
2. Projektbesprechung	20	40	5–15	DP	OHP	2	++
3. Vorstandspräsentation	10	30	5–10	DP	OHP	3	+++
4. Fachvortrag	30	45	10–50	DP	Dia	1	++
5. Motivationskonferenz	20	30	15–50	DP	Dia	1	+++
6. Verkaufspräsentation	15	30	5–15	DP	OHP	2	++
7. Standpunkt	5	15	10–15	DP	OHP Flip		+ bis +++
8. Informationsveranstaltung	30	45	10–50	DP	Dia	2	++
9. Posterpräsentation	5	15	5–15	Pinwand	Flip	–	++
10. Schulung	–	–	10–30	OHP	DP, Flip	5	++

[1]) OHP = Overheadprojektoren (Folien), DP = Datenprojektion vom Notebook/PC
[2]) Eine Folie mit Überlegern zählt als ein Bild, ebenso eine Diasequenz, mit der ein Bild aufgebaut wird.
[3]) + = sehr einfach, +++ = perfekt.

Sprint oder Marathon?

Bei allen Präsentationstypen ist der Zeitfaktor kritisch: Haben Sie 15 Minuten Sprechzeit – oder 45 Minuten? Die schärfste Form des Fachvortrages ist das Kurzreferat, das mit 10 bis 20 Minuten begrenzt ist. Wer da fünf Minuten mit der Einleitung vertut, darf sich über Verärgerung im Publikum nicht wundern. Umgekehrt sollten Sie durch entsprechendes „Aufwärmen" eine Beziehung etablieren, wenn Sie die Absicht haben, 45 Minuten vorzutragen. Alles, was länger dauert, ist sowieso ein Problem: Hier müssen Sie sich mit Doppelconférence, Pausen, Demonstrationsphasen usw. helfen – die Schulung führe ich hier nur deshalb unter den Präsentationstypen an, weil viele der Techniken auf sie anwendbar sind.

„Zahlenheinis" und „Fachidioten"

Zwei besondere Präsentationssituationen müssen wir mit etwas Gewalt in unseren Raster pressen: die Präsentation des Statistikers oder Finanzexperten an Entscheidungsträger (Politiker oder Vorstandsmitglieder) und die fachlichen Ausführungen eines hochqualifizierten Experten an ein interessiertes Laienpublikum.
Wenn Sie selbst zu einer dieser beiden Präsentatorengruppen zählen, dann stehen Sie vor einem Dilemma: Sie selbst wissen, daß eine Vereinfachung ein Abweichen vom Pfad der Wahrheit darstellt und daß Simplifizierungen wissenschaftlich nicht haltbar sind. Andererseits haben Sie aber oft genug erlebt, wie Ihnen Ihre Zuhörer trotz intensivsten Bemühens einfach entglitten sind. Die objektive Wahrheit (oder das, was wir dafür halten) nützt niemandem, wenn er sie nicht begreift. Ein Vorschlag: Schreiben Sie die präzisen Daten und vollständigen Erklärungen in die schriftlichen Unterlagen, die Sie nach Ihrem Vortrag austeilen. In der Präsentation selbst überwinden Sie sich zu groben Vereinfachungen, zwingen sich zu populären Vergleichen und arbeiten mit ganz einfachen grafischen Darstellungen. Wie – das sehen wir ein bißchen später.

Was heißt „emotional überzeugen"?

Viele Vortragende schätzen den rationalen Gehalt ihrer Informationen viel zu hoch ein. Betriebsberater wissen, daß etwa 90 % aller Entscheidungen in Wahrheit emotional getroffen und nur rational begründet werden. Was bedeutet das für Ihre Präsentation? Selbstverständlich bringen Sie Fakten,

Zahlen und logische Schlüsse. Aber vergessen Sie nicht den Menschen in Ihrem Zuhörer. Natürlich müssen Sie den Vorstandsvorsitzenden davon überzeugen, daß das vorgeschlagene Projekt profitabel ist. Aber er möchte auch das Gefühl haben, daß es bei Ihnen gut aufgehoben ist. Dieses Gefühl fließt nicht aus der schlüssigsten Kalkulation, aber sehr wohl aus Ihnen selbst und der Art Ihrer Präsentation. Das erreichen Sie zum Beispiel im Stehen eher als im Sitzen, durch Bewegung eher als durch Statik, durch ein einfaches, buntes Diagramm eher als durch eine schwarzweiße Zahlenkolonne.

Das Wichtigste aus diesem Kapitel

- Die Ausdrücke „Präsentation“ oder „Vortrag“ sind unscharf – vergewissern Sie sich rechtzeitig, was gemeint ist!
- Ihre Entscheidung für einen bestimmten Präsentationstyp hilft Ihnen bei der Planung.
- Mut zur Vereinfachung und zum emotionalen Engagement!

Kapitel 3

Inhalt oder Verpackung? – Die sachliche Richtigkeit Ihrer Information ist zuwenig!

Vorurteil 1: „Es kommt nur auf den Inhalt an – meine Zuhörer wollen harte Facts und keine bunten Bilder."

Vorurteil 2: „Ich bin kein Alleinunterhalter – meine Verantwortung ist der einwandfreie Inhalt des Vortrags."

Dieses Kapitel ist für Sie nur dann wichtig, wenn Sie (noch) nicht so ganz davon überzeugt sind, daß sich der Aufwand für eine Präsentation wirklich lohnt; sonst können Sie dieses Kapitel ruhig überspringen.

Idee pur – oder: Wie kommt die Milch in den Topf?

Das beste Produkt der Welt nützt nichts, solange es nicht dort ist, wo es gebraucht wird und solange der, der es braucht, es nicht anzuwenden weiß. Die Milch am Bauernhof hilft dem nicht, der in der Stadt Kakao trinken möchte. Was wir daher brauchen, sind Transportmittel und eine Form der Verpackung.

Genauso ist es mit Ihren brillanten Ideen, solange sie nur in Ihrem eigenen Gehirn stecken. Die Verpackungs- und Transportmittel für Ideen und Informationen aller Art kennen Sie längst: vom einfachen, gesprochenen Wort über das Telefon, den Brief bis hin zu den Massenkommunikationsmitteln. Bleiben wir hier bei einem überschaubaren Zuhörerkreis als Zielgruppe für Ihre Ideen.

Die Ideenkäufer sind Personen, die Ihnen zuhören. – Sie erinnern sich: Ihre Zuhörer sind bereit, für Informationsgewinn mit Zeit und Aufmerksamkeit zu bezahlen. Der innere Wert einer Idee ist aber oft genauso schwer zu erkennen wie der Wert eines neuen Produktes, über das uns Informationen noch fehlen. So ein Hilfsmittel zur Einschätzung ist die Verpackung. Wir haben gelernt, daß wertvollere Dinge schöner, aufwendiger verpackt sind als einfachere.

Und wir erleben es täglich in den Medien, daß wichtige Neuigkeiten Schlagzeilen machen. Unsere ganze Gesellschaft und genauso wir selbst erwarten, daß Wichtiges auch in erkennbarer Form als wichtig präsentiert wird.
Sie selbst würden natürlich niemals auf die Ideen kommen, einen wirklich wichtigen Vorschlag auf die Rückseite eines Briefumschlages zu schreiben und um den Konferenztisch herumzureichen. Tatsächlich sind aber viele Präsentationen im Standard nicht sehr weit davon entfernt – und die Vortragenden fühlen sich tief gekränkt, wenn mangels entsprechender Form ihr Inhalt mit dem Umschlag unter den Tisch fällt.

Der Präsentator als Chefkoch

In einem exklusiven Restaurant setzen Sie ausgezeichnete Rohmaterialien und bewährte Rezepte voraus – möchten Sie das Ergebnis auf einem Pappteller aus der Küche holen? Die Präsentation schließt diese Lücke: Sie stellt sicher, daß die Ergebnisse Ihrer Denkprozesse nicht achtlos beiseite geschoben, sondern in das rechte Licht gerückt werden. Wenn wir beim Vergleich mit der Verpackung bleiben, dann besteht die Präsentation als Verpackungsmittel für Ideen aus vier Teilen, die einander ergänzen.

Die Struktur:

Das solide Fundament der Verpackung ist der Aufbau Ihres Vortrages, die Reihenfolge der Argumente, der richtige Einsatz der richtigen Hilfsmittel. Ohne logische Struktur wird aus der Präsentation ein bunter Bilderreigen, eine vielleicht amüsante Show, aber kein überzeugendes Informationsereignis.

Die Visualisierung:

Darunter verstehen wir die Übersetzung komplexer Inhalte in leicht faßliche, anschauliche Bilder.

Die visuellen Medien:

Jedes körperliche Bild muß irgendwie in Erscheinung treten, um als „visuelles Hilfsmittel“ seinen Dienst zu tun. Dazu brauchen wir Tafeln, Dias, Folien und die notwendigen Projektoren.

Der Präsentator:

Bilder und Medien alleine ergeben vielleicht eine Diaserie oder einen Videofilm, aber keine Präsentation. Das zentrale Element jeder Präsentation ist der Vortragende selbst, der seine Hilfsmittel richtig einsetzt und durch sein Auftreten überzeugt.

Präsentation ist mehr als bloß „Verpackung"!

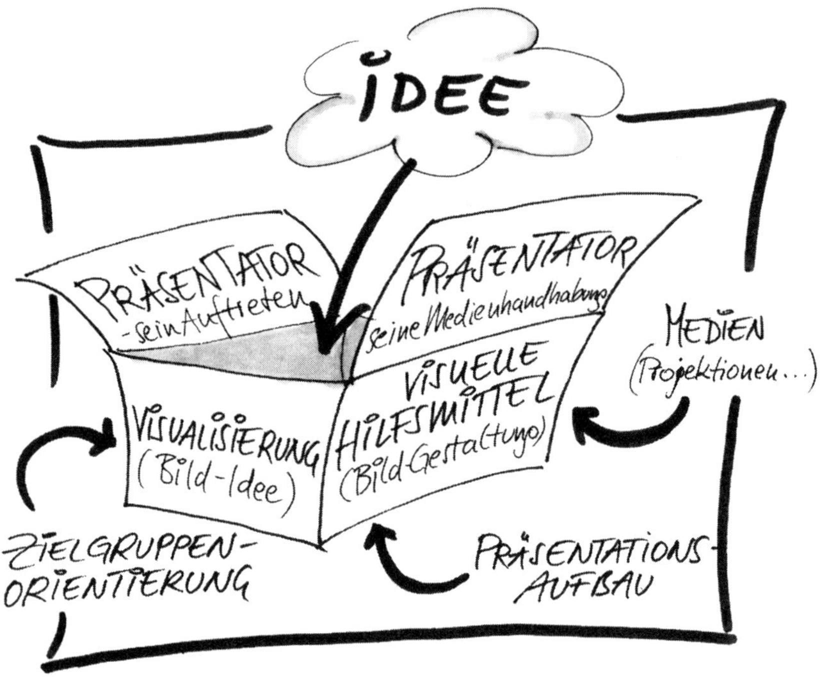

3.1. Präsentation als Verpackung wirkt auch zurück auf den Inhalt: Die Disziplin der Präsentationsvorbereitung hilft dem Präsentator, unausgegorene Ideen zu klären, Fehlendes zu ergänzen und so insgesamt die Qualität seines geistigen Produktes zu verbessern. Die „Verpackung" hilft Ihnen also nicht nur, Ihre Idee zu verkaufen, sondern verbessert oft die Idee selbst!

Welchen Stellenwert hat die Verpackung?

Der große Kommunikationsforscher Paul Watzlawick definiert ein Grundgesetz menschlicher Kommunikation so:

„Jede Kommunikation hat einen Inhalts- und einen Beziehungsaspekt, derart, daß letzterer den ersteren bestimmt."

Das klingt ein bißchen merkwürdig, aber das Entscheidende dabei ist, daß jede zwischenmenschliche Beziehung gleichzeitig auf zwei Ebenen stattfindet: auf

der Inhaltsebene und auf der Beziehungsebene. Hier dagegen wird die Beziehung zwischen den Kommunikationspartnern definiert – also auch die Einstellung der Zuhörer zum Vortragenden.
Nun könnten Sie einwerfen, daß Sie die Einstellung Ihrer Zuhörer nicht sonderlich interessiert, Hauptsache, man nimmt Ihren Inhalt entgegen. Und zwar gefälligst wertfrei. Das Teuflische (oder Menschliche?) an der Angelegenheit ist dabei nur, daß die Gefühlsebene die wichtigere der beiden Ebenen ist: Sie beeinflußt nämlich den Empfang und die Interpretation der Inhalte auf der Verstandesebene. Das bedeutet: Zuhörer, die auf der Gefühlsebene die Botschaft empfangen „Der Vortragende nimmt uns wichtig", fühlen sich angenommen und locker. Sie sind motiviert, die servierten Inhalte interessiert und positiv aufzunehmen.

Sachinhalte sind zuwenig!

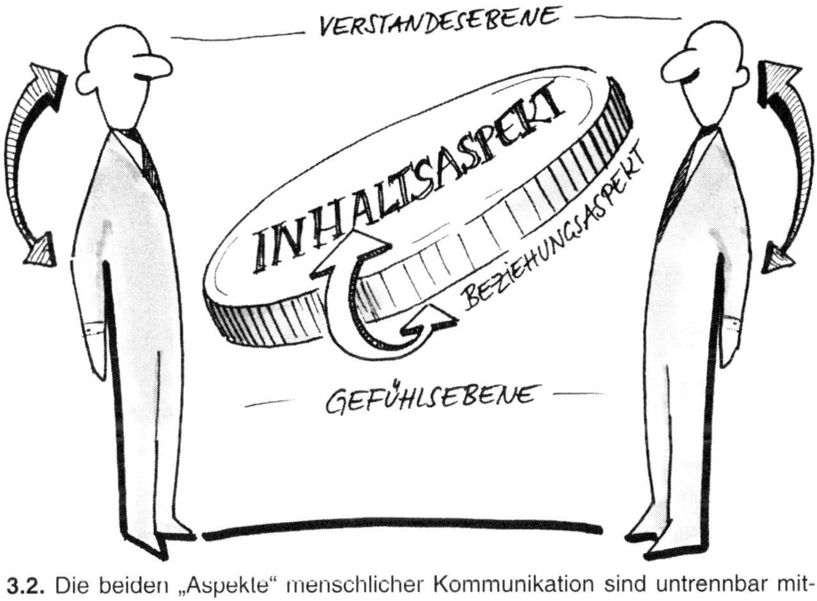

3.2. Die beiden „Aspekte" menschlicher Kommunikation sind untrennbar miteinander verbunden – wie die beiden Seiten einer Münze. Häufig steht der Inhaltsaspekt (Funktion, Preis, Forschungsergebnis, Termin ...) im Vordergrund, doch ist tatsächlich der Beziehungsaspekt (die Gefühlsebene) wichtiger: Die Qualität der Beziehung bestimmt, was auf der Inhaltsebene empfangen, wahrgenommen, interpretiert wird. Für Präsentatoren bedeutet das: Die sachliche Richtigkeit ist zuwenig, Sie müssen auch bewußt die Beziehungsebene gestalten und stärken – durch das WIE Ihrer Präsentation.

Anders eine Zielgruppe, der Sie signalisieren, daß Sie sie bestenfalls für eine Ansammlung von Gartenzwergen halten. Diese Zuhörer werden die Beziehung kaum genießen, sondern eher offene oder versteckte Aggression zeigen oder in die innere Emigration ausweichen. Gemeinsam mit Ihrer Person werden Ihre Inhalte abgelehnt, ausgefiltert, negativ besetzt. Nur wenig Information bleibt hängen.

Die Art Ihrer Verpackung ist ein ganz hervorragendes Mittel, diese Beziehungsebene bewußt zu gestalten: durch sorgsame oder hingeschluderte Vorbereitung; durch saubere (nicht unbedingt perfekte!) Folien oder kaum lesbare, schäbige Kopien; durch einen sterilen Vortrag nach Schema F oder durch unkonventionelles Eingehen auf die Interessen gerade dieser Zuhörer.

Das berühmte Zitat von Marshall McLuhan können wir für die Präsentation durchaus verwenden:

„The medium IS the message"
(das Medium IST die Botschaft).

In der Art Ihrer Präsentation signalisieren Sie bereits, wie wichtig Ihnen die Angelegenheit ist und ob Sie selbst überzeugt davon sind. Diese Erkenntnis ist weder neu noch ein Geheimnis: Immer mehr Präsentatoren und Vortragende berücksichtigen diese Tatsache.

Das bedeutet für Sie, lieber (noch) skeptischer Leser, daß Ihre internen und externen Konkurrenten langsam, aber sicher besser präsentieren lernen. Nicht nur lesbare, sondern bunte Diagramme projizieren werden. Womöglich sogar bildhaftes Material verwenden. Computer bei der Präsentation einsetzen. Und dafür mehr Interesse ernten, dann überzeugender wirken und schließlich Zustimmung, Ruhm und Ehre auf ihr Haupt häufen. Wollen Sie dabei zusehen?

Wann wird es zuviel?

Übertreiben können Sie natürlich alles. Wenn bisher Ihre Sitzungen überhaupt ohne visuelle Hilfsmittel stattgefunden haben, und nun bringen Sie plötzlich zwei Diaprojektoren mit Überblendautomatik mit, dann schockieren Sie bloß. Denken Sie sich ein Qualitätsspektrum, an dessen unterstem Ende die Wandtafel, an dessen oberstem Ende Multivision rangiert. (Unter Multivision verstehe ich die professionell durchkomponierte Verbindung mehrerer Projektionstechniken: Dia, Videofilm, Computer-Animation – auf Großbildflächen.) In dieser Bandbreite können Sie gefahrlos das jeweils nächsthöhere Medium wählen oder sich zwei Qualitätsschritte vorwärts wagen.

Die Medienwirkung berücksichtigen!

	Wand-tafel	Flip-Chart	Tageslicht-projektion (OHP)	Daten-projektion (farbig)	Dia-projektion	Multi-vision
TEUER ↑				Videoclips		unterster Profi-Standard
				Animation, Übergänge	Überblend-effekte	
				aufwendige Grafik	aufwendige Grafik	
			aufwendige Grafik	einfache Folien	einfache Dias (Fotos, Grafik)	
			einfache Farbfolien vom PC			
		vorbereit. sauberes Plakat	SW-Folien vom Drucker			
			Spontan-skizze			
		Spontan-skizze				
↓ BILLIG	Spontan-skizze					

3.3. Wie wertvoll wirkt ein Medium an sich? Diese Skala zeigt, wie ein fachunkundiges Publikum den „Aufwand" für diese Medien einschätzt – unabhängig von den tatsächlichen Kosten. (Bei „Datenprojektion" gelten diese Werte für die Verwendung eines lichtstarken Datenprojektors mit mindestens 1000 Lumen und mindestens SVGA-Auflösung.)

Bedenken Sie dabei aber noch eines: Entscheidend für den Verpackungseindruck (und damit für das Signal auf der Gefühlsebene) ist nicht der tatsächliche Aufwand, den Ihre Präsentationsvorbereitung erfordert. Entscheidend ist vielmehr der vermutete oder wahrgenommene Aufwand. Das ist deshalb wichtig, weil Sie heute schon mit relativ geringen finanziellen und zeitlichen Mitteln perfekte Präsentationsunterlagen erstellen können, andererseits auch eine wirklich teure Produktion preiswert ist, wenn sie oft genug gehalten wird.
Der durchschnittliche Zuschauer kennt aber Ihre Kalkulation und Ihre Kosten nicht, er mißt Ihren Vortrag am Umfeld. Es kann dann tatsächlich der (perverse) Fall eintreten, daß Sie – um einen zu aufwendigen Eindruck zu vermeiden – eine bereits vorhandene, perfekte Präsentation nicht einsetzen und statt dessen eine vereinfachte Form um immer noch einiges Geld neu produzieren.

Was das für Ihre persönliche Arbeitstechnik bedeutet:

1. Arbeiten Sie Ihre Präsentation oder Ihren Vortrag niemals als (schriftlichen) Bericht aus! Versuchen Sie schon im Konzeptstadium, in Sequenzen von Bildern zu denken, lassen Sie aber die Medienfrage (zum Beispiel: Folie oder Datenprojektor?) möglichst lange offen.
2. Berücksichtigen Sie bei der Medienentscheidung Ihre Zielgruppenanalyse: Welche Medien, welcher Qualitätsstandard werden erwartet?
3. Planen Sie ausreichend Zeit und Geld für die Gestaltung der Form! Es gehört zu den schlimmsten Momenten des Vortragenden, wenn er feststellen muß, daß eine wirklich wertvolle Idee mangels Umsetzung nicht ankommt.

Im nächsten Kapitel beschäftigen wir uns detailliert mit den Vorzügen und Nachteilen der wichtigsten Hilfsmittel für Ihre Präsentation.

Achtung, Verpackungskünstler!

Verpackung kann nicht nur in bester Absicht übertrieben, sondern in schlimmer Absicht mißbraucht werden: Dann sind Verpackungskünstler am Werk, die inhaltlich nichts zu bieten haben, es aber in dreidimensionale Computergrafiken und spektakuläre Animationen umsetzen. Hüten wir uns, mit diesen verwechselt zu werden – aber nicht um den Preis der tödlichen Langeweile.

Das Wichtigste aus diesem Kapitel

- Präsentation ist Verpackung für Ihre Ideen, damit diese besser ankommen.
- Die Art Ihres Vortrages beeinflußt die Beziehungsebene zum Publikum und steuert dadurch die Informationsaufnahme.
- Entscheidend ist nicht, was ein Vortrag wirklich kostet, sondern wie „teuer“ oder „billig“ er wirkt.

Kapitel 4

Tafel, Folie, Datenprojektor ... Welches Medium für welchen Zweck? Und wie viele gleichzeitig?

Vorurteil 1: „Das haben wir immer schon mit Overhead/Dia/Flip-Chart gemacht."
Vorurteil 2: „Je mehr sich beim Vortrag tut, desto besser."

Als Vortragender sind Sie ein interessantes Objekt für viele Unternehmen: für Hersteller von Projektoren, Filmen und Folien, für Innenarchitekten, Computergrafik-Studios, Flip-Chart-Erzeuger und Produzenten von Multimedia-Shows, für Computerhändler, Software-Hersteller und Präsentationstrainer. Dieses Kapitel will Ihnen dabei helfen, sich gegen allzu gut gemeinte Ratschläge durchzusetzen, indem es folgende Fragen beantwortet:

- Wovon hängt die grundsätzliche Medienentscheidung ab?
- Was sind die wichtigsten Vor- und Nachteile der gebräuchlichsten Präsentationshilfsmittel?
- Welche Medien kann man nebeneinander einsetzen, und was ist bei einer Teampräsentation wichtig?
- Wann wählt man ein „starkes", wann ein „schwaches" Medium?

Welches Medium? Eine Entscheidung, die oft gar keine ist

„Medium" bedeutet (Hilfs-)Mittel, Träger einer Botschaft. Von einer Botschaft können wir nur dann sprechen, wenn es einen Sender gibt, der einem Empfänger etwas mitteilen möchte. Erst wenn klar ist, bei wem (Zielgruppenanalyse!) welche Wirkung (Zielsetzung!) mit welchem Inhalt (Präsentationstyp!) erreicht werden soll, stellt sich die Frage nach dem Medium. Hier ist die Liste der Einflußgrößen bei dieser Entscheidung:

Zielgruppe: Wie viele Personen müssen etwas hören und sehen? An welche Standards sind sie gewöhnt?

Zielsetzung: Den Eindruck „technisch auf dem letzten Stand“ können Sie leichter mit einer Datenprojektion als mit einer Wandtafel erzielen. Mit Dias „emotionalisieren“ Sie leichter als mit Folien.

Räumliche Gegebenheiten: Für eine Diaprojektion brauchen Sie kontrollierte Lichtverhältnisse – aber gegen direkte Sonneneinstrahlung kann sich weder der Overheadprojektor noch ein lichtstarker Beamer durchsetzen.

Vorbereitungszeit: Die Computertechnik hat die Produktionszeit hochwertiger Folien und Dias enorm reduziert – trotzdem ist die händische Skizze am Flip-Chart, die handgeschriebene oder die (kolorierte) Kopierfolie schneller.

Budget: Eine professionelle PC-Show ist heute vergleichsweise billig, überladene Folien eines (präsentationsunkundigen) Grafikers sind teuer. Aber auch Projektionsgeräte, wenn man sie nicht bereits besitzt, kosten Geld – und in einem ungeeigneten „Sitzungszimmer“ geht die beste Präsentation unter.

Präsentationstyp: In unseren zehn Kurzbeschreibungen (Bild 2.1) stecken schon eine Menge Annahmen über Publikumsgröße, Formalitätsgrad und wahrscheinliches Budget.

4.1. Medienwahl ist keine Glücksrad-„Entscheidung“! Es gibt keine „richtigen“ und auch keine „falschen“ Medien, sondern nur solche, die für Ihren speziellen Präsentationszweck besser oder schlechter geeignet sind.

Auf die Frage: „Welches Medium für welche Situation?“ gibt es leider keine allgemeingültigen Rezepte. Wir finden heute Datenprojektion im kleinen, informellen Kreis genauso wie vor 300 Leuten.
Und Vera Birkenbihl beweist landauf, landab, daß man mit Flip-Charts und Freihandzeichnungen am OHP bzw. an der Tafel riesige Auditorien zufriedenstellen kann (wenn man's kann).

Vor- und Nachteile wichtiger Präsentationsmittel

1. Tageslichtprojektion (Overhead-, Hellraumprojektion)

Vorteile: Folien sind schnell, einfach, billig herzustellen, jedoch ohne Grenzen in der Perfektion nach oben. Folien lassen sich (im Gegensatz zur Datenprojektion) auch spontan wunderbar ergänzen, entwickeln – und man weiß immer genau, was als nächstes kommt ... Die Projektoren sind ausgereift, einfach und (bei Bedarf) transportabel. Und: Folien sind ein unersetzliches Reservemedium für die Datenprojektion – meine „key visuals“ habe ich immer auch als Folien dabei!

Nachteile: Das Medium wird (wie alles, das uns seit Ewigkeiten vertraut ist) häufig unterschätzt. Die professionelle Handhabung ist weniger einfach, als es auf den ersten Blick aussieht (Wo stehe ich NICHT im Weg? Wo lege ich meine Folien ab? – siehe Kapitel 24). Folien wirken für manche Zielgruppen billig, antiquiert, erinnern an die Schule.

2. Flip-Chart

Vorteile: Einfach, billig, anspruchslos punkto Lichtverhältnisse – kaum technische Pannen möglich. Ein reales, vertrauenerweckendes Medium: Man kann es anfassen und arbeitet nicht an einem projizierten, sondern an einem echten Bild.

Nachteile: Abhängig von Handschrift und grafischem Talent des Produzenten. Bei einer (vorbereiteten) Flip-Chart-Präsentation sind Sie fast so unflexibel wie mit dem Dia, das Vor- und Zurückblättern ist mühsam. Archivieren ist schwierig: Wegen des Großformates müssen Sie die Charts abmalen bzw. abschreiben lassen oder (besser) fotografieren.

Daher ist das Flip-Chart heute kein tragendes Medium, aber ein **ideales ergänzendes Hilfsmittel** (Spontanmedium) für kleinere und eher informelle Gruppen.

Durchlicht oder Auflicht?

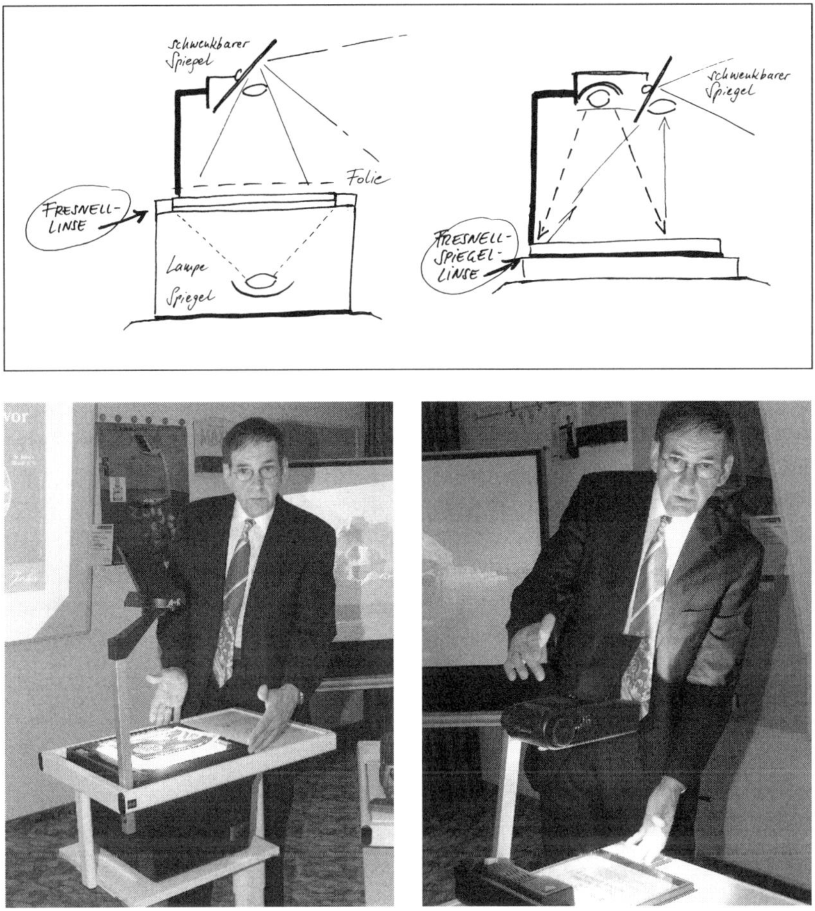

4.2. Beim Durchlichtprojektor (links) sitzt die Lampe in einem 10 bis 20 cm hohen Kasten und strahlt nach oben, durch die Folie und über Linse und Spiegel an die Projektionswand – beste Resultate, aber großes Gerät. – Auflicht-(Reflexions-)projektoren (rechts) sind für den mobilen Einsatz gedacht und lassen sich auf Aktenkoffergröße zusammenfalten. Dazu sitzt die Lampe oberhalb der Folie, das Licht wird in einer Fresnell-Spiegellinse (maximal 5 cm) reflektiert und geht daher zweimal durch die Folie durch. Der Preis für Mobilität ist hoch: intensive Blendung des Vortragenden, rasch zerkratzte Spiegellinsen, geringere Lichtausbeute. Auflichtsysteme sind für LC-Displays absolut ungeeignet.

3. Diaprojektion

Vorteile: Gut geeignet für Gruppen bis zu mehreren hundert Personen, wenn Sie gespannte Aufmerksamkeit anstreben (Kinoeffekt) und wenn Sie aus technischen, emotionalen oder ästhetischen Gründen Farbtreue und Realitätsnähe brauchen. Dias sind – jedenfalls in Europa – ein „besonderes" Medium (verglichen mit Tafel oder Tageslichtprojektor), das Publikum erwartet daher professionellere Qualität.

Nachteile: Vielfacher Verlust der Flexibilität: Die Reihenfolge der Dias ist vorgegeben, ein Dia können Sie (im Gegensatz zur Folie) weder korrigieren noch ergänzen oder teilweise abdecken. Ohne genaue Lichtkontrolle müssen Sie zwischen zu blassen Bildern oder einem finsteren Raum wählen, in dem Ihr Publikum einschläft und Sie selbst zum Rufer in der Nacht werden.

4. Pinwand

„Pin" oder „Pinn"? Vom norddeutschen Wort „pinnen" (Duden) oder von dem englischen „Pinboard" (Langenscheidt)? Ich halte es mit der Schreibweise des prominentesten Pinwand-Herstellers Rudi Neuland.
Die Pinwand (Farbtafel 1) ist kein eigentliches Präsentationsmedium, sondern kommt aus der Moderationstechnik; dort wird sie dazu eingesetzt, Gruppen beim (kreativen) Lösen von Problemen zu helfen. Wir beschränken uns hier auf den Einsatz in der Präsentationssituation als ergänzendes Hilfsmittel.

Vorteile: Ideal zum Abfragen und als Ideenspeicher: VOR der Präsentation beantwortet das Publikum durch Punktvergabe Fragen aus der Publikumsanalyse, zum Beispiel Interessenschwerpunkte, Vorerfahrungen, Fachspezialisierung … WÄHREND der Präsentation bzw. in der Pause nimmt die Pinwand Kärtchen mit Fragen des Publikums auf, die Sie dann „klumpenweise" behandeln können. IN der Präsentation arbeiten Sie mit vorbereiteten Karten entweder analytisch oder synthetisch: Sie haben zum Beispiel eine Sammlung von Problemen – jedes auf einem Kärtchen. Nach und nach behandeln Sie die Probleme und entfernen dementsprechend die Kärtchen (analytisch). Oder Sie befestigen für jede gewonnene Erkenntnis, für jeden behandelten Punkt ein Kärtchen auf der Pinwand, bis sich das Gesamtbild ergibt (synthetisch).

Nachteile: Die Lesbarkeit auch groß geschriebener Kärtchen endet bei 5 m. Pinwände sind für Gruppensituationen konstruiert: ihr oberer Rand ist in Griffhöhe auch kleiner Personen, der untere Rand etwa 50 cm über dem Boden. Dadurch haben alle Sichtprobleme, die nicht in den ersten beiden Reihen sitzen.

Ein gänzlich anderer Einsatzbereich ist die **Posterpräsentation**, bei der die Pinwand ein vorbereitetes Plakat trägt (Farbtafel 1). In dieser Situation stehen die Zuschauer meist im Halbkreis herum, so daß sich keine Sichtprobleme ergeben.

5. Interaktive Whiteboards – die elektronischen Schreibtafeln

Lassen wir den Marktführer zu Wort kommen: *„Das SMART Board ist ein interaktives Whiteboard, mit dem sich eine beliebige Kombination aus Computer und Projektor in ein leistungsfähiges Medium für Schulungen, Konferenzen und Präsentationen verwandeln lässt. Die Bildschirmausgabe des Computers wird auf das Board projiziert. Dessen berührungsempfindliche, großformatige Oberfläche ermöglicht die Bedienung jedes Programms. Mit Hilfe eines Stifts aus der SMART-Stiftablage können Sie dabei freie Notizen festhalten und wichtige Informationen markieren. Bei allen Meetings, Schulungen und Präsentationen sparen Sie mit dem SMART Board Zeit, steigern die Interaktivität und verbessern die Kommunikation."*

Vorteile: Tatsächlich sind das Wunderdinger, die die Funktion einer simplen Projektionswand mit den Eigenschaften des OHP, des Flipcharts und des Whiteboards (abwischbare, weiße Tafel) kombinieren. Spontanskizzen wie am Flipchart – aber korrigierbar. Oder wie am Whiteboard – aber trotz Löschen wieder aufrufbar. Per Datenprojektor projizierte PowerPoint-Screens lassen sich in der Präsentation ergänzen (Zahlen dazuschreiben, Elemente mit einem Pfeil verbinden ...) – genauso, wie Sie es vom OHP gewohnt sind – und auf den Handouts sind diese Ergänzungen drauf (wenn Sie das möchten). Für PowerPoint-Präsentatoren besonders wichtig: Sie bedienen Ihr Notebook ohne Fernsteuerung, direkt durch Druck auf die Projektionsfläche.

Nachteile: Sie benötigen dazu dieses recht massive Board, dessen Gewicht und Sperrigkeit mit der Größe zunimmt (auch der Preis) und bei 1,5m Bilddiagonale und 30 kg inkl. Fahrgestell um knapp 3000 € endet. Das begrenzt den Einsatz auf die Gruppengröße, bei der „Interaktion" noch möglich ist. Bei der Auflichtprojektion (Projektor von vorn – siehe Bild 4.3.) müssen Sie von der Seite schreiben und zeichnen, sonst sehen nicht nur die Zuschauer nichts, sondern Ihr eigener Schatten blockiert das Bild und Sie selbst sehen – nichts! – Richtig angenehm für alle wird es erst, wenn Sie mit Rückprojektion oder Plasmaschirm arbeiten.

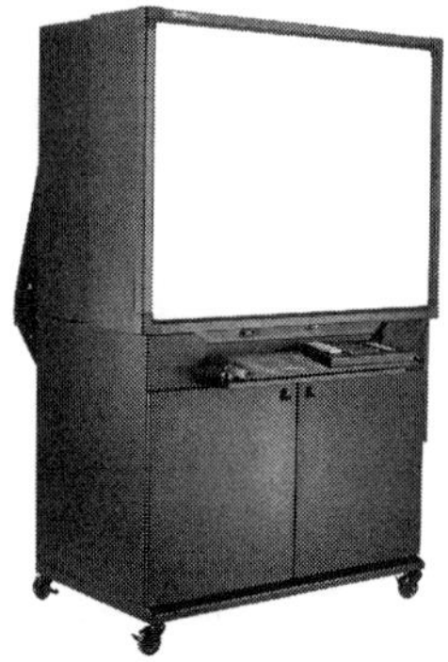

4.3. Ein „interaktives Whiteboard" (im Bild das marktführende SMART Board®) ist eine berührungssensitive Projektionsfläche, auf der Sie wie auf einem Whiteboard oder einem Flipchart schreiben und zeichnen können, aber auch Ihre PowerPoint-Präsentation ergänzen, so wie Sie das auf einem OHP mit Ihren Folien tun. Jedes so (um-)gestaltete Kunstwerk können Sie speichern, drucken, emailen – oder gleich in die Videokonferenz einbeziehen. Beste Arbeitsbedingungen bietet die Rückprojektionsbox (rechts), allerdings mit begrenzter Mobilität.

6. Datenprojektion – die „PowerPoint-Präsentation"

Wir konzentrieren uns hier auf die farbige Datenprojektion (den Videofilm zähle ich zu den Demonstrationsformen und behandle ihn im Kapitel 28). Die Signale – der „input" – kommen regelmäßig von einem (Personal-)Computer – meist ein Notebook – und sind entweder normale Bildschirminhalte (Word, Excel, CAD-Anwendungen, SAP-Module ...) oder speziell erzeugte elektronische Präsentationsgrafiken made by PowerPoint & Co. Übrigens: wegen der marktbeherrschenden Position von PowerPoint bezeichnet man mittlerweile alles, was über PC und Datenprojektor die Leinwand erreicht, als „PowerPoint-Präsentation" – unabhängig davon, ob dieses Software-Werkzeug tatsächlich beteiligt war oder nicht.
In nur wenigen Jahren hat sich die Datenprojektion von einem Spielzeug der IT-Branche zu einem selbstverständlichen Präsentationshilfsmittel entwickelt, neben dem OHP und Diaprojektion gelegentlich ziemlich alt aussehen. Das ist eine natürliche Folge der Weiterentwicklung der Technologie: immer bessere Bildqualität und größere Lichtstärke aus kleineren, einfacheren Geräten, die auch immer billiger werden. Was bedeutet es für Sie, sich für eine Präsentation mittels Datenprojektion zu entscheiden – und daher mit-

tels Computer? Und nach der Antwort auf diese Frage werfen wir einen Blick auf die technischen Möglichkeiten.

Vorteile:

- Kostengünstiger (Farbfolien sind gar nicht so billig!).
- Durchgehende Änderungen – zum Beispiel für eine bestimmte Zielgruppe oder einen bestimmten Kunden – funktionieren auf Knopfdruck.
- Änderungen und Aktualisierungen sind in letzter Minute möglich.
- Vertrauliche Daten können nicht nach der Präsentation (in Form von Folien) liegenbleiben.
- Mit einem Notebook von unter 3 kg verfügen Sie über tausende Folien (vorausgesetzt, Sie finden diese auch).

Und außerdem gilt noch auf absehbare Zeit (falls das ein Vorteil ist):

Datenprojektion wirkt modern, technisch perfekt, „cool"– aber auch KALT.

Nachteile - keine Rose ohne Dornen!

- Sie sind der Technik ausgeliefert: Wenn Ihr Notebook oder Ihr Datenprojektor versagt, werden Sie kaum so rasch Ersatz finden wie eine Lampe für den OHP. Auch in vielen Ländern, die ganz bestimmt nicht „dritte Welt" sind!
- Bei älteren Projektoren (vor 1998) sind Lichtstärke und Auflösung ein Problem – Sie müssen in halbverdunkelten Räumen präsentieren und die wunderhübschen, verlaufenden Hintergründe zeigen sich plötzlich als grausam gepunktete Flächen.
- Keine Vorschau-Möglichkeit: welches Bild kommt als nächstes?
- Sehr eingeschränkte Möglichkeiten zum Einfügen / Überspringen eines screens.
- Navigieren in der Präsentation ist nervenaufreibend – funktioniert der Hyperlink? Wo steckt die Show oder der screen, den ich jetzt dringend brauche? Und alle schauen zu, wie ich mich durch die Verzeichnisse oder die Sortieransicht quäle.
- Die PowerPoint-Pest grassiert: weil es so „cool" ist und so leicht geht, Millionen bunter screens zu produzieren (und diese noch zusätzlich mit den wildesten Effekten „aufzumotzen"), wurden und werden plötzlich bilderreiche Shows produziert, auch wenn das in diesem Umfang gar nicht sinnvoll ist. Und das, was am Anfang neu und interessant war, führt durch

den lawinenartigen Anstieg und amateurhaften Einsatz häufig zu Überdruß und Ablehnung. Ein Topmanager:

„Ich kann die PowerPoint-Präsentationen nicht mehr sehen. Wenn einer sein Notebook aufklappt um zu präsentieren, kommt mir schon die Galle hoch!“

Soviel zur Technik der Datenprojektion an sich – jetzt zu den Geräten selbst:

6.1 Datenprojektor

Kleine LCDs (Liquid Crystal Display) oder Tausende winziger Klappspiegel (DLP – Digital Light Processing) und eine entsprechend starke Lampe projizieren Ihren Bildschirm oder einen Videofilm im Großformat. Die Geräte schlagen „normale“ OHPs punkto Lichtleistung und sind bereits leichter als manches Notebook (Die Verbindungskabel wiegen manchmal mehr als der Projektor - und beanspruchen genauso viel Raum!).

Vorteile: Ein kompaktes Gerät, das mit wenigen Handgriffen auf einem Tisch aufgestellt und einsatzbereit ist. Lichtstark, leise und robust, meist funktioniert die Verbindung sofort beim „Andocken“ des Notebooks. Kein Projektionsarm (wie beim Overheadprojektor) stört das Blickfeld und den „Grabsteineffekt“

4.4. Mit einem Gewicht von nur 2 kg gehört dieser winzige Sony-Projektor zur Klasse der „Ultra-portablen“, ist aber mit einer Lichtleistung von 1200 ANSI-Lumen und einer XGA-Auflösung (1024 x 768 Pixel) ein vollwertiges Medium für den mobilen Präsentator. Solche Geräte sind einfach zu bedienen, verläßlich – aber die Tücke sitzt meist nicht im Projektor, sondern in der Verbindung zum bzw. Abstimmung mit dem Notebook. Daher: den gewonnenen Platz für ein paar Reservefolien nützen!

(die Verzerrung des Bildes bei der Projektion von unten) können Sie mittels „Trapezkorrektur" völlig vermeiden.

Nachteile: Der Preis – die Geräte sind wesentlich teurer als Dia- oder Tageslichtprojektoren (Faktor 3 bis 5) , dafür können Sie einen Datenprojektor auch als Heimkino verwenden!
Bei den älteren Geräten liegen Geräusch- (Ventilator) und Hitzeentwicklung höher als beim einfachen Overheadprojektor. Die mitgelieferten VGA-Verbindungskabel zum Notebook sind mit 1,25 bis 1,5m regelmäßig zu kurz für eine flexible Aufstellung. Die Lampen halten zwar 2000 bis 3000 Stunden, sind aber mit etwa 500 € recht kostspielig.

6.2 Das Overhead-LCDisplay – eine aussterbende Spezies

Eine Flüssigkristallanzeige (Liquid Crystal Display = LCD) wie bei Ihrem Taschenrechner dupliziert den Bildschirminhalt des Computers. Die Geräte arbeiten entweder schwarzweiß mit bis zu 16 Grautönen oder hochauflösend in Farbe.

Vorteile: Ausgereifte Technologie, einfache Handhabung (vorausgesetzt, man kann mit einem Computer umgehen), widerstandsfähig, transportabel (2 bis 4 kg).

Nachteile: Überholte Technologie – das eigentliche Display ist viel kleiner als die Auflagefläche des Projektors – und nicht annähernd so lichtdurchlässig wie eine Folie. Das bedeutet hohen Lichtverlust und damit ein lichtschwaches Bild – mit einem „normalen" Overheadprojektor können Sie nur in einem vollständig abgedunkelten Raum projizieren. Meine Empfehlung: Nicht mehr in LC Displays investieren!

6.3 Welches Gerät für welchen Zweck?

„Ultra-light" für den reisenden Präsentator: „Klein, leicht und ausreichend lichtstark" ist die Devise – dafür müssen Sie etwas tiefer in die Tasche greifen und auf zusätzliche „features" wie mehrere Videoeingänge, Tonqualität und manche Dinge wie ferngesteuerte Zoom-Optik verzichten. Auch die SVGA-Auflösung sollte reichen, wenn Sie nicht unbedingt excel-Sheets oder CAD-CAM-Anwendungen zeigen möchten. – VGA- und Strom-Verlängerungskabel nicht vergessen, Reservebatterien für die Fernsteuerung einpacken!

„Portabel" für Konferenz- und Schulungsraum: Das Gewicht ist hier kein Thema, ebenfalls nicht die Abmessungen, denn „portabel" sind die Geräte sowieso und ob das Ding 3 oder 5 kg wiegt, spielt hier keine Rolle. Dafür sollten Sie auf die Lichtstärke achten (1200 Lumen sind das Minimum), eine XGA-Auflösung anpeilen und das „Motorengeräusch" sollte unter 32 Dezibel liegen. – Ideal ist eine fixe Installation an der Decke – oder noch besser die Projektion auf die Rückseite der Leinwand (backscreen-projection).

Mieten oder kaufen?

Wenn Sie solche Geräte nur gelegentlich benötigen oder immer wieder verschiedene Gerätetypen einsetzen wollen, dann sollten Sie überlegen, ob eine Miete nicht sinnvoller ist.

- Tip: **Wer verleiht Projektionsgeräte?** Stichworte für Suchmaschinen oder die Gelben Seiten sind: AV-Geräte, Audio-Visuals, audiovisuelle Geräte, Projektion... usw. Bei einzelnen Spezialisten können Sie aus einem großen Gerätepool schöpfen.
- Tip: **Was kostet die Miete?** Rechnen Sie pro Tag mit ca. 2 bis 3 % des Neupreises eines Gerätes – je billiger, desto höher ist der Prozentsatz. Für mehrere Tage gibt es Staffelpreise.
- Tip: **Vom Vermieter beraten lassen!** Er benötigt dazu folgende Angaben:
  - Mit welchen Programmen und von welchem Computer (PC oder Apple) möchten Sie präsentieren?
  - Was wollen Sie zeigen? Nur Daten oder auch Videofilme?
  - Wie sieht der Raum aus (Größe, Sitzanordnung, Verdunkelung)?
  - Wie groß und wie anspruchsvoll wird das Publikum sein?

Projektion – die Tücken einer leeren Fläche

Der Einfluß der Projektionswand auf die Qualität der Präsentation wird leider oft unterschätzt. Bei der Folienprojektion kann auch wirklich nicht allzuviel passieren – nicht umsonst heißt das Ding ja schließlich *„Tageslicht*-Projektor". Bei den lichtschwächeren Medien – Dias, Datenprojektion – wird die Sache aber kritisch. Und es gibt kaum einen frustrierenderen Moment als den, wenn Sie als einziger erkennen, was auf dem Bild gerade zu sehen sein sollte ... Mit der geeigneten Projektionswand holen Sie aus jeder Projektion noch ein Quentchen mehr an Reflexion, Bildkontrast und Brillanz heraus.

Die kritischen Faktoren: Größe, Neigung, Reflexion

Größe: Nach DIN liegt der maximale Betrachterabstand bei der vierfachen Bildbreite. Aber auch zu große Bilder sind schlecht, weil sie nicht mehr auf einen Blick erfaßbar sind. Außerdem werden wie bei einem Mosaik die einzelnen Bildpunkte sichtbar, aus denen das Bild aufgebaut ist. Deshalb sollte die erste Reihe mindestens einen Abstand der 1,5fachen Bildbreite zur Leinwand haben.

Neigung: Wird das Bild von unten projiziert, kommt es zur „Trapezverzeichnung" – das Bild ist oben breiter als unten. Man spricht deshalb auch vom „Schlußstein-Effekt" oder vom „Keystoning" (das ist in einem Gewölbe der Schlußstein). Das ist nicht nur unschön, es kann auch Größenverhältnisse verzerren, und vor allem ist das Bild immer an einer Stelle unscharf. Eine neigbare Wand dagegen können Sie rechtwinkelig zum Projektionsstrahl einstellen und so ein rechteckiges Bild erzielen.

Reflexion: Die erste Frage ist, ob Sie eine Auflicht- oder eine Durchlichtprojektion wünschen – also ob von der Rückseite durch die Wand hindurch projiziert werden soll. Aber auch bei der konventionellen Auflichtprojektion entscheidet das Material der Oberfläche über die Reflexionsstärke: Wieviel Licht wird in welchem Winkel zurückgeworfen? Wenn Sie um jedes bißchen Licht ringen müssen (weil der Raum sehr hell oder Ihr Medium lichtschwach ist), dann werden Sie das reflektierte Licht gerne in der Raummitte beim Publikum bündeln wollen – und dafür in Kauf nehmen, daß man seitlich kaum mehr etwas ausnehmen kann. Daher die Frage: Wie „breit" oder „schmal" ist Ihr Raum?

Wir unterscheiden drei verschiedene Projektionsarten:

- Auflichtprojektion,
- Durchlicht- oder Rückprojektion,
- Hochreflexprojektion.

Bild 4.5 zeigt die Unterschiede.

Projektionstechnologie

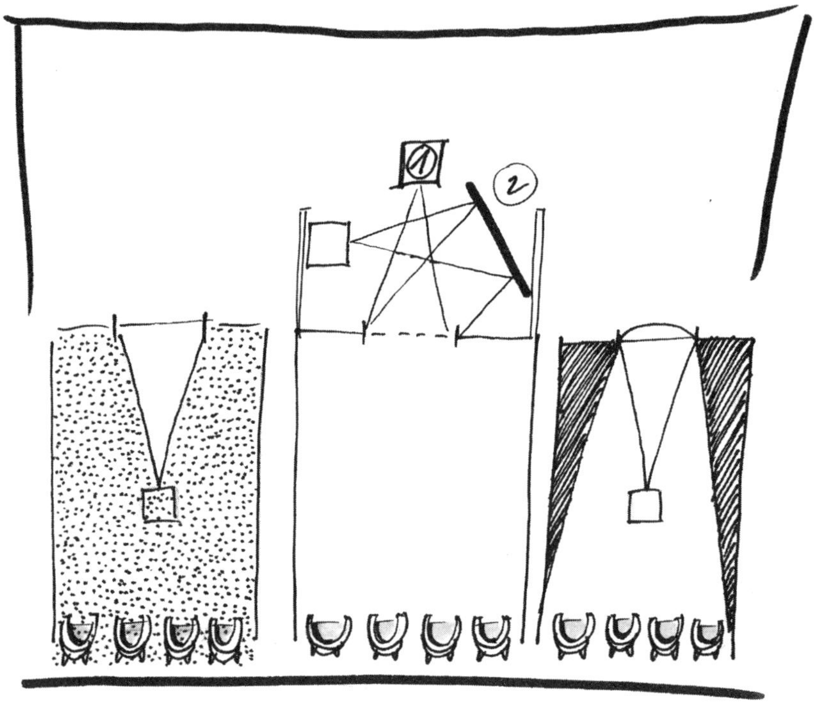

4.5. Bei lichtschwachen Medien (Dia, Datenprojektion, Videofilm) entscheiden Material und Aufstellung. Links sehen Sie die konventionelle **Auflichtprojektion** (das Licht kommt aus dem Zuschauerraum und trifft auf die Projektionsfläche auf); sie ist problemlos, aber viel Licht geht verloren, deshalb müssen Sie den Raum etwas abdunkeln. Bei der **Durchlichtprojektion** (Mitte) wird das gesamte Licht auf der durchlässigen Fläche umgesetzt: Das gibt auch bei vollem Raumlicht ein optimales farbkräftiges Bild. Dazu brauchen Sie allerdings ausreichend Distanz für den Projektor hinter der Projektionsfläche (1) und die Möglichkeit, spiegelverkehrt zu projizieren. Oder aber Sie projizieren direkt über einen Spiegel (2). Bei der **Hochreflexprojektion** (rechts) verwendet man konkave Flächen mit einer speziellen Beschichtung, die das Licht zur Raummitte bündeln. Dort ist das Bild deutlich besser, am Rand hingegen und insbesondere direkt neben der Projektionsfläche sieht man entsprechend weniger. Ein weiterer Nachteil: Diese Projektionswände sind starr und eignen sich daher nicht für mobilen Einsatz.

Medienwechsel: Wozu und wann?

Achtung: Wir sprechen hier nicht von der Verwendung eines zweiten visuellen Hilfsmittels als Ergänzungsmedium, wie zum Beispiel eines Flip-Charts oder einer Tafel, wo Sie zwischendurch die Antwort auf eine Frage skizzieren oder einen spontanen Gedanken entwerfen. Hier interessiert uns der Medienwechsel nur in der Form, daß Sie für eine bestimmte Sequenz Ihrer Präsentation ein anderes Hilfsmittel vorbereitet haben, also zum Beispiel vom Overheadprojektor auf Diaprojektion umsteigen.

Ihr Publikum liebt es, wenn Sie die Medien wechseln, denn das ist interessant, zeigt Ihr Bemühen um eine gute Kommunikation und gibt Gelegenheit, sich wiederum einmal anders hinzusetzen. Es liebt also den Medienwechsel, aber nur unter folgenden Voraussetzungen:

- **Wenn er reibungslos funktioniert,** also ohne peinliche Pannen („Wo ist denn ein Verlängerungskabel?").
- **Wenn der Grund für den Medienwechsel einsichtig ist.** Für die Erklärung eines Prinzips ist die Folienpräsentation sehr gut geeignet; große Mengen von Realaufnahmen (vom Mikroskop bis zur Architektur) sind (noch) beim Diaprojektor besser aufgehoben, aber auch hier holen PC & Co. rasch auf.
- **Wenn keine Unruhe oder Hektik aufkommt.** Wir lieben Abwechslung, aber nicht zuviel. Insbesondere stört es uns, wenn wir uns als Zuschauer dauernd an andere Lichtverhältnisse anpassen müssen. Meine Empfehlung: nicht weniger als fünf Minuten pro Medium.

Sonderfall Doppelprojektion

Darunter verstehen wir die Projektion auf zwei getrennte Flächen, egal ob durch gleiche oder verschiedene Medien. Zum Beispiel könnten Sie mit einer Folie eine schematische Darstellung des Herzens projizieren, mit dem Diaprojektor parallel dazu verschiedene Schnitte oder Mikroskopaufnahmen aus diesem Organ. Damit können Sie dem Publikum helfen, sich zu orientieren. Kritisch ist bei diesen Techniken die Abstimmung der Lichtverhältnisse: Dias sind eben lichtschwächer als Folien. Auswege sind der Dim-Schalter am Overheadprojektor (für weniger helles Licht) oder besonders lichtstarke Linsen für Ihren Diaprojektor.

„Soll ich ein ‚starkes' oder ein ‚schwaches' Medium einsetzen?"

Nicht bloß unerfahrene Präsentatoren stellen diese Frage oft. Und erhalten darauf von Profis zwei konträre Antworten:

> „Ein unsicherer Vortragender braucht ein verläßliches, beeindruckendes Hilfsmittel. Eine professionelle, sauber gemachte Diaserie gibt Ihnen Sicherheit, denn Sie wissen, daß Ihre visuellen Hilfsmittel gut ankommen."

> „Unsichere Präsentatoren sollten sich an ganz einfache Hilfsmittel halten – Hände weg von Diaserien und dergleichen! Im Vergleich zu einem perfekten Medium werden die Unzulänglichkeiten des Vortragenden in peinlicher Weise überzeichnet. Unweigerlich macht er dann auch einmal etwas falsch, drückt auf den falschen Knopf – und kommt dann völlig außer Fassung. Ein einfaches Hilfsmittel – ein Flip-Chart, eine handgezeichnete Folie – signalisiert dagegen ehrliche Geradlinigkeit. Das honoriert jedes Publikum."

Wie immer liegt die Wahrheit in der Mitte. EINE Entscheidung müssen Sie vorweg treffen: Wollen Sie als Person wirken – oder möchten Sie hinter den angebotenen Inhalten zurücktreten? Dieses Buch ist für diejenigen geschrieben, die den ersten Fall anpeilen, und dann lautet meine Empfehlung so:

Wählen Sie das stärkste Medium, das Sie auch in der Streßsituation Ihres Vortrages noch gut „meistern" können!

Das Wichtigste aus diesem Kapitel

- Das für Sie beste Medium ergibt sich, sobald Sie wissen, welchen Eindruck Sie bei wem und unter welchen Umständen machen wollen.
- Einwandfreie Sicht – ohne Ermüdung – ist oberstes Gebot. Beachten Sie daher bei einem Mediamix die unterschiedlichen Lichtstärken der verschiedenen Technologien!
- Bringen Sie Abwechslung – aber nicht als Selbstzweck.

Auch das modernste, teuerste, blendendste Medium ist Ihr Knecht. SIE müssen der Star bleiben, denn was zählt, ist IHRE Persönlichkeit!

Strategisches Konzept (1) Zielgruppenorientierung und Zielsetzung

Kapitel 5

Was interessiert wen? – Zuhörer analysieren und die Informationen auf die Zielgruppe abstimmen

Vorurteil 1: „Ich weiß genau, was interessant ist."
Vorurteil 2: „Möglichst viel bedeutet für jeden etwas."
Vorurteil 3: „Fachleute interessieren sich immer für alle Fachinformationen."

Wenn Sie an dieser Stelle ungeduldig werden und schon „zur Sache kommen" wollen – dann ist dieses Kapitel genau für Sie geschrieben:

- Was passieren kann, wenn Sie vorher nicht genug über Ihre Zielgruppe nachdenken.
- Warum Ihre Informationen uninteressant sein können.
- Was Ihnen das Denken in „Schnittstellen" bringt.
- Wie Sie in letzter Minute Ihr Publikum analysieren.

Wenn Sie weder analysieren noch abstimmen ...

Leider keine frei erfundene Szene: „Jetzt möchte ich Ihnen gerne unsere Umsatzentwicklung zeigen." Der Geschäftsführer schaltet den Projektor ein. Vor den Augen der ausländischen Geschäftspartner erscheinen die Umsatzzahlen der letzten fünf Jahre in den sieben Sparten des Unternehmens.
„Auf den Cent genau!" wie der anwesende Oberbuchhalter stolz vermerkt – er hat das Material selbst zusammengestellt. Dazwischen geben Prozentzahlen Auskunft über Wachstum und Spartenanteile. Insgesamt befinden sich an die 130 Informationen auf der Projektionsfläche.
Das weitere Szenarium hängt von verschiedenen Faktoren ab. Friedfertige Gäste schlafen einfach ein – insbesondere nach einem guten Mittagessen.
Natürlich hätten SIE das ganz anders gemacht: Sie hätten die vier oder fünf wichtigsten Ereignisse in Schlagworten aufgelistet und die Entwicklungen in

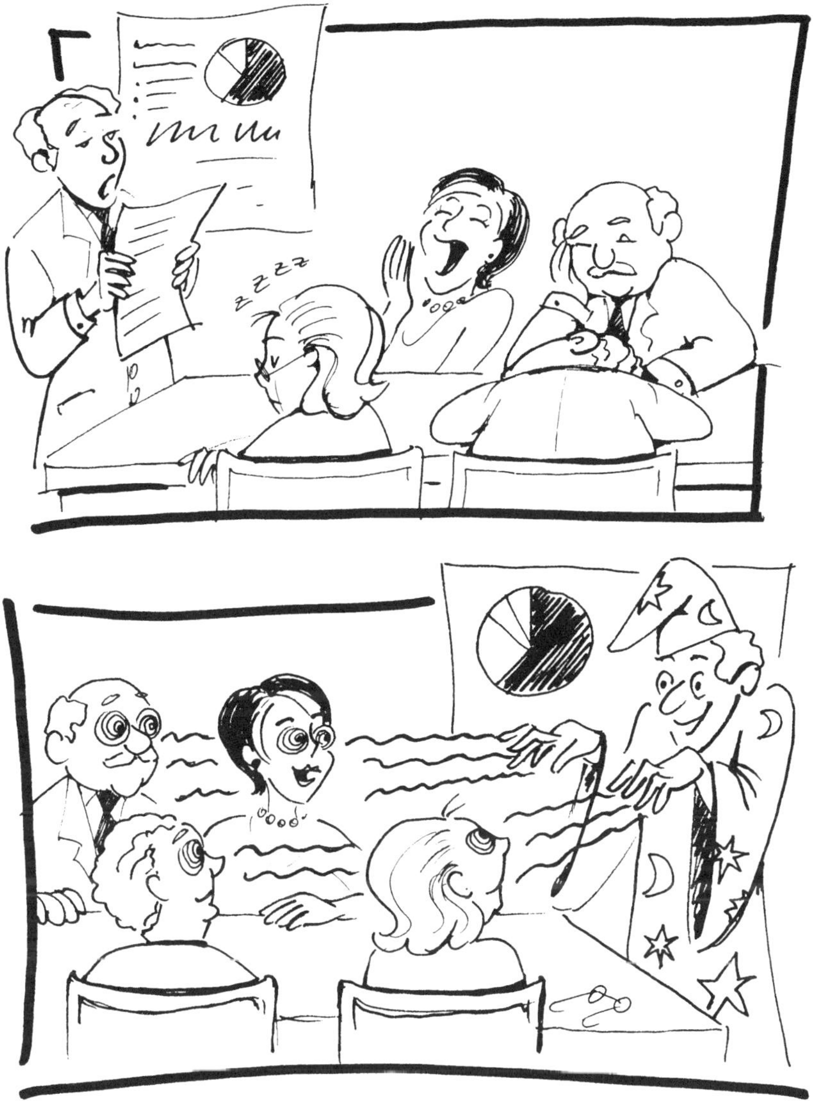

5.1. Natürlich dürfen Sie nicht zum frustrierenden, einschläfernden Langweiler werden – aber vermeiden Sie auch das andere Extrem: Wer versucht, als Show(wo)man mit Taschenspielertricks die Zielgruppe in seinen Bann zu ziehen, scheitert spätesten am nächsten Morgen, wenn die Partner die große Show als Schaumschlägerei erkennen!

einem übersichtlichen Diagramm dargestellt. Sie hätten sich nämlich vor der Präsentation genau gefragt, was Ihre Zuhörer interessiert – und was ganz sicher nicht.

Vergessen Sie, was Sie anzubieten haben!

Sie erwarten, daß sich das Publikum Ihren Ideen wohlwollend öffnet, ausgestattet mit viel Zeit, Geduld und Interesse? Das ist realistisch, wenn Sie in einem Seniorenheim als beliebter Volksschauspieler einen Vortrag über ein Verjüngungsmittel halten. Ansonsten können sie davon ausgehen, daß Ihre Zuhörer vorwiegend von einer einzigen Frage bewegt werden: „Was bedeutet das Ganze für mich?"
In erster Linie interessieren wir uns dafür, ob und in welcher Weise sich eine Nachricht für uns persönlich auswirkt. Das charakterisiert nicht nur uns Menschen, es sichert auch allen anderen Lebewesen das Überleben. Sie sollten in der Präsentationsvorbereitung daher eher MIT diesem Egoismus arbeiten als DAGEGEN.
Vorteile (oder Nachteile!) sind oft in Geld meßbar, zum Beispiel mehr Umsatz oder Kostensenkung oder ein höheres Gehalt. Aber das Feld der Bedürfnisse, das Sie ansprechen können, ist viel weiter:

- Was bedeutet es für das Prestige meiner Firma, wenn wir in Videokonferenzen investieren?
- Wie wirkt sich ein MIS (Management-Informationssystem) auf meine Macht aus?
- Was bedeutet dieses Forschungsergebnis für meine nächste Publikation?
- Kann ich als überlasteter Top-Manager diesen Unternehmensbereich beruhigt für eine Weile aus den Augen lassen und mich auf etwas anderes konzentrieren?
- Werden meine Sekretärin/Ehefrau, meine Kollegen/Parteifreunde unser neues CD (Corporate Design) loben oder kritisieren?

In jedem Psychologielehrbuch finden Sie Bedürfnisse, die Sie ansprechen, mobilisieren und nützen können. Die Voraussetzung: Vergessen Sie, was Sie selbst für wichtig halten, stellen Sie auch das zurück, „was unbedingt gesagt werden muß". Streichen Sie vor allem einmal vorläufig alles, auf das Sie selbst so stolz sind: die Schwierigkeiten, die Sie überwunden haben, die wissenschaftliche Kühnheit Ihres Gedankens, die vergangenen Erfolge und das Leistungsprofil Ihrer Anlagen. Konzentrieren wir uns ganz auf jene Personen, ohne die gar nichts läuft und für die Sie die Präsentation vorbereiten möchten: Ihre Zielgruppe als Ganzes oder einzelne Schlüsselpersonen.

Was bewegt Ihre Zuhörer?

Was wir – im Zusammenhang mit Präsentationen – von anderen Menschen wahrnehmen, ist deren Verhalten als Reaktion auf uns und unsere Informationen und Argumente:

- Zustimmung, Unterstützung – oder Ablehnung;
- Fragen und Einwände;
- Wünsche, Forderungen, Bedingungen.

5.2. Jeder Mensch agiert von einer „Plattform" von Interessen, Bedürfnissen, Vorurteilen aus. Daraus erklärt sich sein Verhalten – auch seine Reaktion auf Ihre Vorschläge. Deshalb müssen wir uns in der Vorbereitung mit den Interessen Ihrer Zielgruppe beschäftigen. Das tatsächliche Verhalten (Zustimmung oder Ablehnung) hängt aber auch von verschiedenen wirtschaftlichen und persönlichen Begrenzungen ab.

Klar, daß Ihnen positive Verhaltensweisen willkommener sind als negative: Ihre Partner sollen zustimmen (und nicht ablehnen), interessierte Fragen sind Ihnen lieber als kritische Einwände.
Bild 5.2 zeigt Ihnen, daß alle Ihre Partner auf einer (dicken) Plattform aus Interessen stehen. Diese Interessen tragen – und treiben! – Ihre Zuhörer und erklären, warum sich jemand Ihrem Vorschlag gegenüber wie verhält: Ist ein Abteilungsleiter sehr daran interessiert, daß sein Bereich als erster Neuerungen erprobt, dann können Sie bei einem entsprechenden Vorschlag mit Unterstützung rechnen. (Für die psychologisch versierten Leser: Ich verwende hier die Kurzbezeichnung „Interesse“ für alles, was Menschen bewegt und unterscheide nicht zwischen Bedarf, Bedürfnissen, Strebungen, Motiven usw.).

Wer andere bewegen will, muß wissen, wodurch sie zu bewegen sind.

Die abgebildeten Interessen klingen sehr nach persönlichem Nutzen: Gesundheit, Geld, Erfolg, Sicherheit, Macht – das wollen wir doch alle? Haben diese Begriffe nur für den einzelnen Bedeutung? Versuchen Sie doch einmal, diese Begriffe auf ein Unternehmen zu übertragen: Dann wird aus „Macht“ die „beherrschende“ Macht am Markt, gegenüber Lieferanten, der Kommune usw. „Geld“ ist nicht nur das persönliche Einkommen, sondern Dividende, Cash-flow, Return on Investment, Shareholder Value.
Es zahlt sich aus, zwischen wirtschaftlichen/beruflichen Interessen einerseits und persönlichen/privaten Interessen andererseits zu unterscheiden. Besonders dann, wenn Sie entweder eine Zielgruppe vor sich haben, die sehr einheitlich (homogen) aufgebaut ist, oder wenn Sie sich auf eine äußerst wichtige Einzelperson besonders gründlich vorbereiten wollen.

FOCUS-Finder – eine homogene Gruppe oder eine entscheidende Zielperson unter der Lupe

Angehörige der erwähnten Gruppen mögen mir verzeihen, wenn ich im folgenden so pauschal mit Ihnen umgehen – natürlich sind alle Menschen einzigartig, aber was hilft Ihnen diese Erkenntnis, wenn Ihre Zielgruppe lautet: „50 Mitglieder des Rotary-Clubs Wien-Süd“? Selbst wenn Sie über ein Psychogramm jedes einzelnen Teilnehmers verfügten – was würden Sie mit diesen Informationen anfangen? Wenn Sie mit dem FOCUS-Finder arbeiten, nehmen Sie sich einfach einen „typischen“ Repräsentanten der Zielgruppe (einen Zahnarzt, einen Architekten, ein Mitglied des Marketing Clubs, einen Wirtschaftsredakteur, einen Unternehmensberater, einen Rotarier ...) heraus

FOCUS-Finder – homogene Zielgruppen analysieren

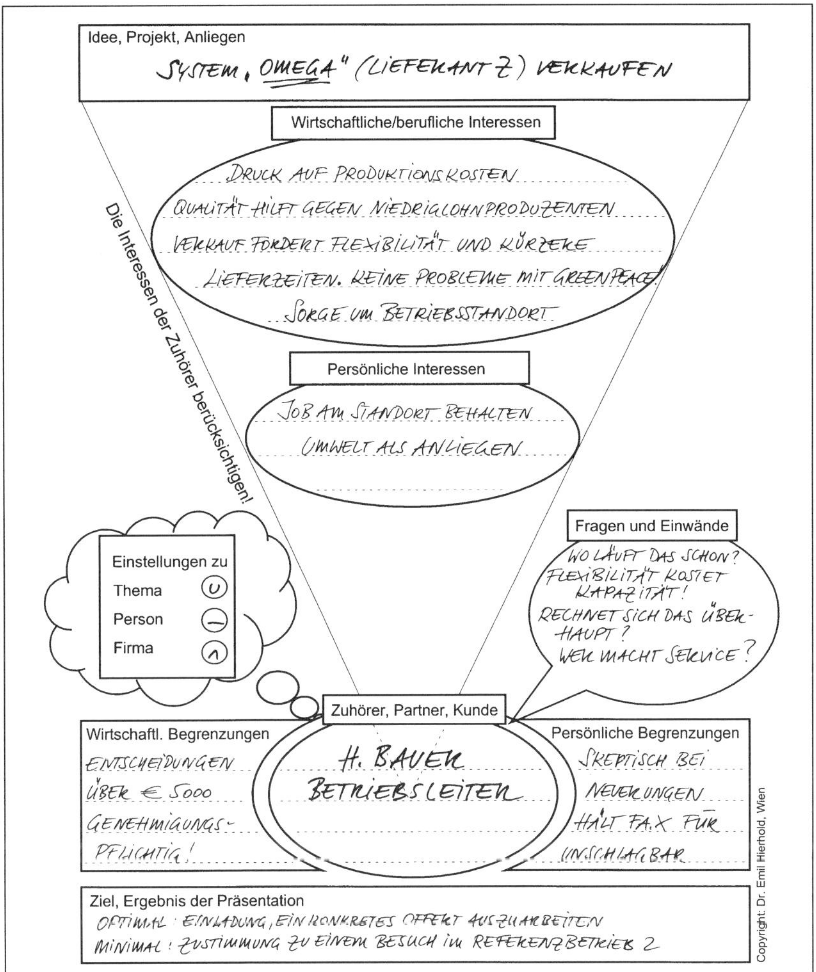

5.3. Der FOCUS-Finder eignet sich entweder für homogene Zielgruppen (Rechtsanwälte, Landwirte, Technik-Studenten ...) oder zur Analyse einer besonders wichtigen Schlüsselperson. In unserem Beispiel beabsichtigt ein Verkaufsingenieur der Firma Z eine Präsentation des neuen Omega-Steuerungssystems an die Kunde-AG – und er analysiert daher den Betriebsleiter der Kunde-AG, die Schlüsselfigur. Auf ihn hin wird er seine Argumentation optimieren, die anderen Teilnehmer an dieser Präsentation dagegen entsprechend weniger berücksichtigen.

und stellen sich vor, daß Sie Ihre ganze Präsentation nur an diese Person richten würden. In genau der gleichen Situation befinden Sie sich natürlich automatisch, wenn Sie sich auf den wichtigsten Entscheidungsträger als Schlüsselperson konzentrieren: den Leiter des Rechnungswesens, Firmenchef Huber, Bürgermeister Bauer. – Was tragen Sie für den gewählten Repräsentanten der Zielgruppe bzw. für Ihre Schlüsselperson in den FOCUS-Finder ein?

1. Wirtschaftliche/berufliche Interessen

Was bewegt den Menschen als Funktionsträger in einem Unternehmen – als Einkaufschef, als Qualitätsverantwortlicher, als Marketingleiter? Es sind Interessen, die sich aus der Stellenbeschreibung ableiten lassen. Entscheidungskriterien und (Produkt-)Eigenschaften, auf die einer achten muß, wenn er „einen guten Job machen" möchte. Was gehört hierher?

- Die **Kosten-Nutzen-Relation** (das Preis-Leistungs-Verhältnis).
- **Funktion** – wird das, was Sie anbieten, auch tatsächlich funktionieren?
- **Wettbewerbsvorteile** – werden wir damit die Nase vorn behalten oder aufholen können?
- **Produktqualität** – hilft die Maßnahme, unsere Qualität zu erhalten oder zu steigern?
- **Rentabilität** – rechnet sich die Investition?
- **Vorschriften** – erfüllen wir damit gesetzliche Auflagen, verhindern wir ein rechtliches Risiko?
- **Image** – paßt die Maßnahme zu unserer CI, zu unserer Unternehmenskultur, steigert sie unser Ansehen in der Öffentlichkeit, bei den Kunden?

Reicht es, sämtliche wirtschaftlichen oder beruflichen Interessen des Gesprächspartners zu erfüllen? Abgesehen davon, daß das gar nicht so einfach ist – es reicht nicht aus! Wir Menschen sind eben keine nüchternen Entscheidungsautomaten, sondern Wesen aus Fleisch und Blut und mit höchstpersönlichen Wünschen, die oft nicht mit der offiziellen Funktion übereinstimmen:

2. Persönliche/private Interessen

Sie beeinflussen maßgeblich jede Entscheidung – erfahrene Unternehmensberater meinen, daß 80 % aller Entscheidungen aus persönlichen, emotionalen Gründen getroffen werden. Hierher gehören:

- das eigene **Ansehen** steigern,
- ein „**guter Chef**" sein,

- **Sicherheit** – den Job behalten wollen,
- **Einkommen** sichern – Prämien kassieren,
- **Macht** verteidigen – interne Konkurrenten abblocken.

Wirtschaftliche und persönliche Interessen bewegen Ihren Gesprächspartner – eine gezielte Ansprache kann Ihnen dabei helfen, daß er sich Ihrer Position nähert. Aber zwei andere Faktoren könnten das verhindern:

3. Wirtschaftliche Begrenzungen – „Kein Geld!"

Der Laborleiter, dem Sie eine neue Mikroskopanlage verkaufen möchten, würde Ihnen gerne einen Auftrag erteilen: Er findet Ihr Gerät technisch einwandfrei und vom Preis her angemessen; außerdem spielt er gerne mit neuen Geräten. Und er weiß auch, daß Ihr Unternehmen ihn außerdem zu einem Kongreß einladen würde. Seine wirtschaftlichen und persönlichen Interessen

5.4. Ihre Zielgruppe als lebensbedrohende Raubtiere? Diese Sorge ist vor allem dann berechtigt, wenn Sie sich nicht rechtzeitig überlegen, was den anderen bewegt – worauf er oder sie Appetit hat! Wer den richtigen Nutzen anbietet, die richtigen Interessen anspricht und seine Idee entsprechend verpackt, verwandelt die hungrige Löwin in ein schnurrendes Kätzchen.

sind also voll auf Ihrer Seite. Aber leider: Das Investitionsbudget für dieses Jahre ist ausgeschöpft! Was könnte die Entscheidungsfreude sonst noch einschränken?

- Klare Kompetenzrichtlinien,
- vorgegebene Entscheidungswege,
- vorgegebene Lieferanten, die zu bevorzugen sind,
- andere Prioritäten.

Ebenso gibt es im „menschlichen" Bereich Begrenzungen:

4. Persönliche Begrenzungen – „Nur über meine Leiche!"

Wir wollen gar nicht unterstellen, daß Ihr Gesprächspartner von einem Konkurrenten „gekauft" wurde. Was kann jemanden hindern zuzustimmen, auch wenn es wirtschaftlich Sinn machen würde?

- Vorurteile („Verpackungen aus Kunststoff kommen nicht an!");
- Rollenverständnis („Ich als Betriebsrat/Deutscher/Beamter/Christdemokrat ...");
- schlechte Erfahrungen – mit Neuerungen, Produkten aus den Reformländern, Amerikanern, Rothaarigen;
- Beziehungen und Verflechtungen – zum Beispiel mit dem langjährigen Lieferanten.

Diese Begrenzungen werden Sie besonders genau ansehen müssen, wenn Sie sich im nächsten Kapitel Ihr Ziel für Ihre Präsentation setzen – wenn einer etwas nicht entscheiden DARF, in welche Lage bringen Sie den, wenn Sie ihn um diese Entscheidung ersuchen?

TARGET-Analysator für kleine Gruppen und unterschiedliche Interessenlage

Wie gehen Sie nun vor, wenn es mehrere Entscheider gibt, Sie gar nicht so viel Zeit für Details haben, aber trotzdem Ihre Zielgruppe – oder wenigstens die wichtigsten Subgruppen oder Personen daraus – näher unter die Lupe nehmen möchten?
Hier hilft der TARGET-Gruppenanalysator, mit dem Sie bis zu vier Personen (oder Untergruppen) kurz analysieren können. Setzen Sie einfach in jedes der

TARGET-Gruppenanalysator

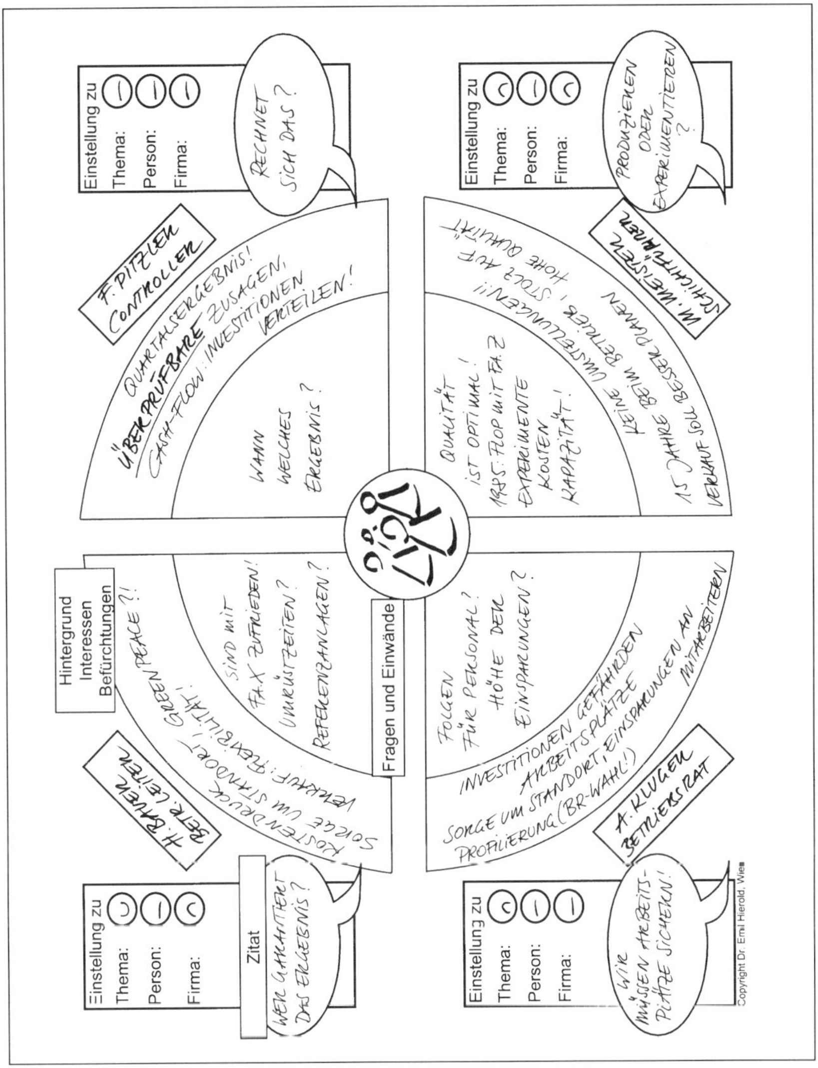

5.5. Beim TARGET-Gruppenanalysator nehmen Sie nicht eine Einzelperson ins Visier, sondern bis zu vier Personen oder ebenso viele Untergruppen. Der Präsentator des Omega-Steuerungssystems hat es sich überlegt und seine Analyse auf weitere drei Personen ausgeweitet. Dafür ist sie (bezogen auf die Schlüsselperson – Bild 5.3) weniger intensiv.

schrägstehenden Kästchen einen Namen oder eine Bezeichnung (Bild 5.5 auf Seite 61), und überlegen Sie dann:

Hintergrund, Interessen, Befürchtungen: Einfach eine verkürzte Form der Bestandsaufnahme und ohne Rücksicht, ob es sich um wirtschaftliche oder persönliche Interessen handelt. Sind das Entwicklungsingenieure, eine Finanzfachfrau, Krebsforscher, eine Medienexpertin, ein Anwalt? Was sind die wichtigsten Dinge, die diese Gruppe bzw. ihn/sie wahrscheinlich bewegen?

Fragen und Einwände: Mit welchen Reaktionen werden Sie rechnen müssen? Was wird für die betreffende Person unlogisch, unglaubwürdig sein oder einfach eine Verständnisfrage provozieren?

Einstellungen zu Thema, Person, Firma: Machen Sie sich rechtzeitig klar, wie die „Atmosphäre“ sein wird, dann trifft es Sie weniger, wenn aus einer bestimmten (vorhersehbaren) Ecke ein feindseliger oder kritischer Kommentar kommt. Und umgekehrt können sie bewußt Personen zur Unterstützung heranziehen, mit deren positiver Einstellung Sie rechnen dürfen.

Zitat – eine „typische“ Aussage: Überlegen Sie, was diese Person zu diesem Thema sagen könnte! Ganz automatisch werden Sie wahrscheinlich eine eher kritische Äußerung niederschreiben – wie werden Sie darauf reagieren?

Sie sehen, daß die beiden Analysewerkzeuge zwei Aufgaben für Sie erfüllen: die Vorbereitung auf die Präsentation selbst und auf die Fragerunde im Anschluß daran.
Falls Sie meinen, daß sich eine so intensive Beschäftigung bestenfalls bei ganz großen Vorhaben rechnen könnte: Für die entscheidende Einstimmung auf den anderen brauchen Sie bei etwas Übung nicht länger als fünf Minuten ruhigen Nachdenkens. Und das zahlt sich allemal aus.

Jeder Gesprächspartner spürt instinktiv,
wenn Sie sich ernsthaft mit ihm beschäftigen.

Und wie gehen Sie vor, wenn es keine identifizierbaren Schlüsselpersonen gibt und wenn die Gruppe nicht nur inhomogen zusammengesetzt ist, sondern Sie nicht einmal wissen, wer überhaupt anwesend sein wird?

Ein Sonderfall: Die inhomogene Gruppe

Eine Situation, die gerade bei Informationsveranstaltungen, aber auch bei Fachvorträgen besonders häufig auftritt: Sie kennen die Teilnehmer nicht. Was wissen sie bereits? Wofür interessieren sie sich?
Bereiten Sie eine Informationsabfrage vor, die Ihnen noch in letzter Minute Hinweise und Warnungen geben kann. Dazu eignen sich am besten Pinwände mit vorbereiteten Fragen, die von den eintreffenden Teilnehmern mit Klebepunkten beantwortet werden (Farbtafel 1). Wichtig ist dabei, daß Sie bei jeder Frage eine Bandbreite für die Antworten vorgeben.
Diese Technik bietet noch einen weiteren unschätzbaren Vorteil für Sie: Nicht nur Sie selbst wissen anhand der Punkteverteilung, welcher Wissensstand oder welche Interessenlage im Publikum gegeben ist. Auch die Teilnehmer verstehen nun den Grund dafür, warum Sie einen einfachen Punkt ausführlich erklären – es kleben nämlich viele Punkte in der Spalte „ahnungsloser Anfänger". Umgekehrt akzeptieren diese Anfänger einen fachchinesischen Hinweis: Sie sehen die Klebepunkte in der Spalte „Experte".

Anonyme Punkte machen Spaß und bringen rasche Einsicht in Interessen und Wissensstand der Zielgruppe.

Sollten Sie immer noch nicht überzeugt sein, daß Publikumsanalyse ein wichtiger Schritt in Ihrer Vorbereitung ist, dann denken Sie an das Ende Ihrer Präsentation – wenn die Fragen kommen ... Spätestens dann sind Sie heilfroh, daß Sie sich vorher den Kopf etwas darüber zerbrochen haben, wer sich wofür interessiert – und warum. Die meisten Fragen sind aus Ihrer Analyse logisch abzuleiten; es ist dann lediglich Ihre Entscheidung, die Fragen im Vortrag selbst vorwegzunehmen oder in der Diskussion darauf zu warten.

Nach diesem intensiven Ausflug in die Psyche Ihrer Zielgruppe sind Sie bereit für die Konsequenz, die sich aus diesen Überlegungen ergibt: Ihre Informationen sind IHRE Welt – interessant für Ihre Zielgruppe ist alles nur, wenn der Zuhörer einen Bezug zu sich und seiner Bedürfnissphäre sieht. Nur jener Teil Ihrer Informationen bewegt Ihre Zielgruppe, der sich aus ihrer Sicht als für sie selbst und ihre Interessen als nützlich, wichtig – oder gefährlich! – zeigt. Diese Bereiche der Deckung zwischen Ihrem (Informations-)Angebot und dem (Informations-)Bedürfnis Ihres Zuhörers nennen wir Schnittstellen. Je mehr und je größere Schnittstellen, desto besser.
Die Tatsache, daß ein Auto einen Vierradantrieb besitzt, ist – ausgenommen für einen Techniker – an sich völlig uninteressant. Interessant wird der Vier-

radantrieb erst durch seine Eigenschaften wie zum Beispiel die bessere Verteilung der Antriebskräfte. Aber auch diese Eigenschaft ist einem Normalverbraucher so lange gleichgültig, so lange er nicht „gelernt" hat, was das wiederum bedeutet: nämlich bessere Kontrolle über das Fahrzeug in kritischen Situationen.

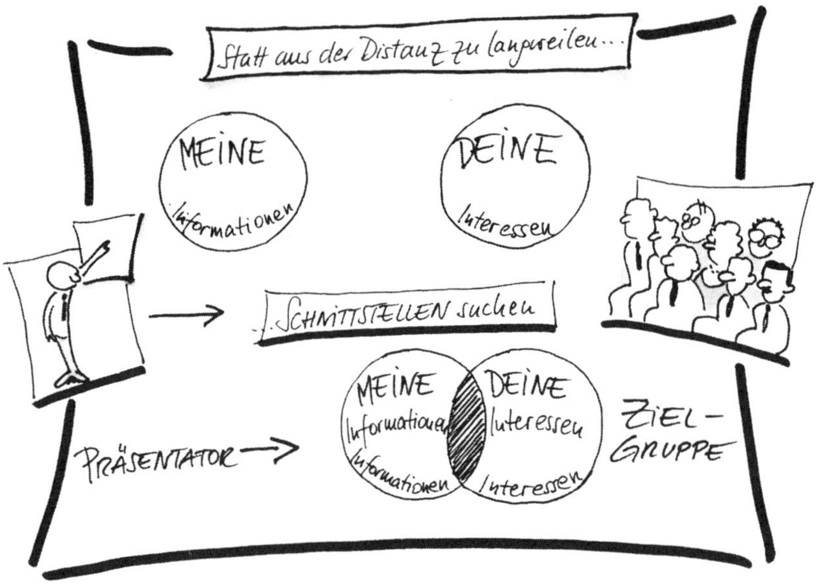

5.6. Gefahr für kompetente Fachleute! Je mehr Sie wissen, desto größer kann die Distanz zu den wahren Interessen Ihrer Zielgruppe werden. Erwarten Sie nicht, daß sich Ihre Zuhörer die Mühe machen, unverständlichen und bedeutungslosen Informationen entgegenzugehen – es ist Ihre Aufgabe als Kommunikator, den anderen zu zeigen, wie diese davon betroffen sind. Dazu müssen Sie sich Ihrer Zielgruppe nähern!

Aber auch das genügt noch nicht. Wir haben nämlich leider kein „Bedürfnis nach Kontrolle". Unsere „Schnittstellen" liegen tiefer: vielleicht im Bedürfnis nach Sicherheit (Fahrzeugkontrolle bei nasser Straßenoberfläche) oder im Bedürfnis nach Prestige oder Status (rasantere Kurventechnik).
Jeder gute Verkäufer schildert sein Angebot erst dann in leuchtenden Farben, sobald er weiß, auf welche „Farbreize" sein Kunde positiv reagieren wird. Genau deshalb haben Sie Ihre Zielpersonen unter die Lupe genommen und deren Interessen erforscht: Sie wissen jetzt, wo Sie ansetzen müssen, um Schnittstellen zu finden und zu vergrößern.

5.7.

Wie Sie Zielpersonen über „Schnittstellen“ ansprechen

Präsentationstyp	Präsentator, Vortragender	Thema	Zielgruppe	Interessen (Bedürfnisse)	Schnittstellen zu den Interessen der Zielpersonen
Arbeitssitzung Vorstandspräsentation	Controller	Quartalsergebnis	Vorstand	a) kurzfristige Gewinnmaximierung b) verfügbare Gelder sofort in Marketingmaßnahmen investieren	Welche Auswirkungen ergeben sich auf das zu veröffentlichende Quartalsresultat? Wo ergeben sich Überschüsse, die kurzfristig disponierbar sind?
Fachvortrag Posterpräsentation	Facharzt für Zahnheilkunde	neue Behandlungsmethoden bei Zahnfleischentzündung	Fachkollegen	a) in der eigenen Praxis erfolgreiche Therapieentscheidungen treffen b) die eigene Meinung nicht ändern müssen	Unter welchen Bedingungen können Behandlungsergebnisse verbessert werden? Wieweit stimmen Elemente der neuen Methode mit meinem Weltbild überein?
Fachvortrag Informationsveranstaltung Schulung	Dozent für Steuerrecht	das neue Einkommensteuergesetz	a) Steuerberater b) Student c) Gewerbetreibende	a) Klienten richtig beraten, Haftungsfälle vermeiden b) bei der Prüfung durchkommen c) weniger Steuer zahlen	Wo gibt es Zweifelsfälle, auf die der Berater besonders aufpassen muß? Welche Bereiche muß ich für die Prüfung unbedingt beherrschen? Bei welchen unternehmerischen Entscheidungen ist eine genaue Überlegung wichtig?
Motivationskonferenz	Marketingleiter Verkaufsleiter	die neue Werbekampagne für Produkt X	Mitarbeiter im Außendienst	a) am Prestige einer erfolgreichen Firma beteiligt sein b) mehr Provision verdienen	Warum wir auf den gemeinsamen Erfolg stolz sein können. Wie ich argumentieren muß, um rascher zu einem Abschluß zu kommen.

Zielgruppenorientierung – der Schlüssel zum Erfolg

Was Ihre Zuhörer schätzen	Was Ihre Zuhörer ablehnen
bedürfnisorientierte Präsentationen	fehlender Nutzen, kein Bezug zu Bedürfnissen
gute Sicht- und Hörverhältnisse	kleine Schriften, unverständliche Stimmen
einfache, leicht verständliche Informationen	komplizierte und mit Details überladene Informationslawinen
neue, interessante Tatsachen und Gedanken	aufgewärmte und unerhebliche Informationen
mit Fakten untermauerte Aussagen	unbewiesene Behauptungen und als Tatsachen hingestellte Meinungen
notwendige Fachausdrücke – mit Erklärungen	Fachchinesisch und unverständliche Abkürzungen
knappe, präzise Informationen	langatmige, vage und nichtssagende Ausführungen
übersichtliche Strukturen und Inhaltsangaben	fehlende Gliederung, rätselhafte Zusammenhänge
Zusammenfassungen und Wiedereinstiegshilfen	einen ungegliederten Informationsfluß mit abruptem Ende
klare Entscheidungsgrundlagen, Vorschläge oder Anweisungen	schwammige Aussagen und unausgegorene Ideen
emotionale Anregung und Inspiration	Langeweile und Peinlichkeiten
ehrliche Wertschätzung	Schmeichelei und Arroganz
den Dialog – MIT jedem Partner über SEINE Anliegen (auch, wenn nur Sie sprechen)	einen MONOLOG – ZU einer Masse („Publikum") über IHRE eigenen Interessen (auch, wenn Sie nur an fünf Personen präsentieren)

5.8.

Zielgruppen-Blitzanalyse

Wenn Sie wenig Zeit für die Vorbereitung haben und an einen bestimmten Zuhörerkreis nur ein einziges Mal präsentieren, dann versuchen Sie wenigstens, die folgenden drei Fragen zu beantworten:

- Was kann ich bei meinen Zuhörern an Wissen voraussetzen?
- Warum genau sind meine Informationen für dieses Publikum wichtig?
- Welche Informationen braucht der Zuhörerkreis, um die Relevanz meiner Ausführungen zu verstehen?

Mit etwas Einfühlungsvermögen müßten Sie in der Lage sein, diese Fragen so zu beantworten, daß Sie eine interessante Präsentation schaffen. Können Sie diese Fragen nicht einigermaßen zufriedenstellend beantworten, dann sollten Sie unbedingt jemand um Hilfe bitten, der diese Zuhörer in irgendeiner Form bereits kennt. Wenn auch das nicht möglich ist, dann bedenken Sie: Eine Absage schadet Ihrem Ansehen weniger als eine gescheiterte Präsentation!

Ist ein Vortrag sehr wichtig für Sie, oder werden Sie an eine bestimmte Zielgruppe noch öfter präsentieren, dann zahlt sich eine detaillierte Analyse aus. Neben den beiden hier behandelten Instrumenten FOCUS-Finder und TARGET-Analysator hilft Ihnen die „Checkliste Zielgruppenanalyse" im Anhang 3.

Das Wichtigste aus diesem Kapitel

- Niemand interessiert sich für Ihre Informationen – aber jeder dafür, was etwas für ihn persönlich bedeutet.
- Wer einen anderen Menschen bewegen will, muß wissen, was diesen Menschen bewegt: Welche Interessen führen zu welchem Verhalten?
- Finden Sie Schnittstellen zwischen Ihren eigenen Informationen und den Interessen Ihrer Partner – je größer, desto besser!
- Die Analyse Ihrer Zielgruppe hilft Ihnen nicht nur bei der Vorbereitung der Präsentation, sondern bereitet Sie auch auf kritische Fragen und Einwände vor.

Kapitel 6

Ziele setzen!

Vorurteil 1: „In einer Präsentation muß man sich auf das Gefühl für den Augenblick verlassen – Ziele engen viel zu stark ein."

Vorurteil 2: „Ziele sind etwas für Verkäufer. Der Fachvortragende hat lediglich eine Informationsaufgabe."

In diesem Kapitel erfahren Sie,

- warum Präsentationsziele für Sie wichtig sind;
- wie Sie Ziele für Ihren Vortrag formulieren;
- was Ihnen höchstpersönlich Zielsetzungen bringen;
- welche Auswirkung Ihre Zielsetzung auf Ihre Präsentation hat.

Ist Zielformulierung unnötiger Aufwand?

Überall werden Ziele diskutiert, formuliert, vereinbart, überprüft – nur bei Präsentationen heißt es oft: „Ich weiß genau, was ich zu sagen habe." Hier hat sich die klare Unterscheidung zwischen „Ziel" und „Aufgabe" noch nicht durchgesetzt. Zur Klarstellung: „Ziel" ist eine geplante und überprüfbare Veränderung in der Außenwelt, „Aufgabe" hingegen der (an mich selbst erteilte) Auftrag, eine bestimmte Tätigkeit durchzuführen. Beachten Sie, welchen Unterschied es für Ihre Präsentation macht, ob Sie sagen: „Ich werde meine Zuhörer über A, B und C informieren" (= Aufgabe) oder ob Sie sagen: „Ich möchte, daß das Komitee dem Projekt X zustimmt" (= Ziel).
Dieses Konzept akzeptieren üblicherweise alle Vortragenden aus dem Geschäftsleben; Fachvortragende, Professoren und Marktforscher sagen sehr oft: „Das gilt alles nur für Verkäufer im weitesten Sinn – diese müssen überzeugen. ICH habe lediglich objektive Informationen weiterzugeben." Wir werden das gleich überprüfen.

Wie Sie ergebnisorientierte Ziele formulieren

Die Zielformulierung ist kein aufwendiger Prozeß. Beantworten Sie eine einzige Frage:

Was soll das Ergebnis meines Vortrages/meiner Präsentation sein?

Damit es aber nicht ganz so leicht für Sie wird, diese Frage mit einem Nicken geistig abzuhaken, eine kleine Formvorschrift: Denken Sie an Ihren nächsten Vortrag, und ergänzen Sie dazu den folgenden Satz:

Ich will mit meiner Präsentation erreichen, daß ...

Mit dieser Formulierung zwingen Sie sich weg vom Denken in „Aufgaben" zu einem Denken in „Ergebnissen".
Nehmen Sie an, Sie sind Geschäftsführer eines Unternehmens und wollen dieses einem Interessenten vorstellen – einem möglichen Partner, einem Kunden, einem politischen Mandatar.

6.1. Was wollen Sie mit Ihrer Präsentation erreichen? Mit großem Erfolg als Präsentator gefeiert werden? Oder sollen die Entscheidungsträger nicken und sagen: „Das ist eine brauchbare Idee. Erzählen Sie uns mehr darüber." Beides können richtige Ziele sein – aber Ihre Präsentation wird sehr unterschiedlich ausfallen!

Zielformulierung 1: „Ich will unsere Firma, ihre Entwicklung und ihre Leistungen darstellen.“

Zielformulierung 2: „Ich will den Interessenten überzeugen, daß unser Erfolg vor allem auf bester Produktqualität beruht.“

Zielformulierung 3: „Der Interessent soll sich bereit erklären, an einer Betriebsbesichtigung – Schwerpunkt Qualitätssicherung – teilzunehmen.“

Vorschlag 1 ist unbrauchbar: Es handelt sich um eine reine Aufgabenstellung an sich selbst, ohne überprüfbare Auswirkungen auf die Realität. – Vorschlag 2 ist besser, da Sie etwas Konkretes anstreben: Eine Veränderung der Einstellung bei Ihrem Zuhörer. Der Nachteil: Dieses Ziel ist nicht so ohne weiteres überprüfbar. Wie erkennen Sie, ob Sie jemanden überzeugt haben? – Vorschlag 3 ist einwandfrei: Sie können unmittelbar nach der Präsentation feststellen, ob Sie dieses Ziel erreicht haben oder nicht. Weitere Beispiele finden Sie in Bild 6.2.

Offizielle Ziele sind nicht alles!

Sie brauchen Ihre Ziele, um selbst disziplinierter zu arbeiten, um von Ihren Mitarbeitern konstruktive Beiträge zu erhalten und um Ihrem Vorgesetzten den notwendigen Aufwand für eine Präsentation zu erklären. Diese offiziellen Ziele reichen aber nicht aus.
In der Vortragssituation sind Sie selbst im Mittelpunkt des Interesses, und die Informationen, die Sie aussenden, sind nur zum Teil sachlicher Natur. Mit jeder Bewegung, mit jedem Wort, mit jedem Bild, das Sie zeigen, und auch mit Äußerlichkeiten wie mit Ihrer Kleidung senden Sie unentwegt Signale über sich selbst und über Ihre Beziehung zu den Zuhörern. Watzlawick formulierte das als eines seiner Grundgesetze so:

„Man kann nicht NICHT kommunizieren.“

Das bedeutet, daß jeder Aspekt unseres Verhaltens Signalcharakter hat und auch als Signal aufgenommen wird. In diesem Sinn ist Schweigen ein ebenso wichtiges Signal wie Sprechen – und Aufstehen ebenso wie Sitzenbleiben. Auch wenn Sie sich noch so fest vornehmen, sich nur auf den Inhalt zu konzentrieren – Ihre Zuhörer bilden sich über Sie eine Meinung, die weit über den Inhalt Ihres Vortrages hinausgeht. Sie können natürlich sagen: „Ich will überhaupt keinen Eindruck machen, mein Eindruck steht hier nicht zur

6.2.

Offizielle Präsentationsziele

Sinnvolle Zielformulierungen	Überprüfungskriterien nach der Präsentation	Konsequenzen für die Vortragsvorbereitung
Geschäftsleitung von der Rentabilität der Investition X überzeugen.	Rentabilität wird ausdrücklich akzeptiert.	Konzentration auf finanzielle Aspekte (nicht: technischer Vorsprung, Qualitätssicherung ...).
(Präsentation von Marktforschungsergebnissen) Aufmerksamkeit auf Schwachstellen lenken, Zuhörer nicht frustrieren.	Fragen der Teilnehmer konzentrieren sich auf die identifizierten Schwachstellen, ohne die Informationen „wegzuschieben“ oder zu verniedlichen.	Problematik der „bad news“ einkalkulieren (abpuffern, Gesichtsverlust vermeiden); objektive Feststellungen, keine Werturteile. Durch positive Zusammenfassung eine konstruktive Diskussionsatmosphäre schaffen.
(Fachvortrag: Erfahrungen mit neuer Diagnosetechnik im Vergleich zu traditioneller Methode) Kollegen sollen die neue Technik verstehen und die Testanordnung akzeptieren. Keine „Antagonisierung“ der Traditionalisten.	Fragen konzentrieren sich auf neue Technik und deren Konsequenzen; keine kritischen Fragen zur Testanordnung und Validität der Ergebnisse.	Wertaussagen über neue Technik vermeiden („besser“, „zuverlässiger“ ...). Vergleich nicht als „Urteil“ darstellen, sondern als Hilfsmittel zum Verständnis; durch Punktabfrage erheben, wieviel Erfahrung Zuhörer mit traditioneller Methode haben.

Debatte, es geht schließlich um Sachfragen." Das hilft Ihnen allerdings nichts, Sie machen auf jeden Fall irgendeinen Eindruck. Mein Rat: Treffen Sie eine bewußte Entscheidung, WELCHEN Eindruck Sie machen wollen. Damit sind wir beim ersten und wichtigsten inoffiziellen Ziel, das Sie sich in jeder Kommunikationssituation setzen sollten:

Welchen Eindruck will ich machen?

Denken Sie an eine bestimmte Vortragssituation, und überlegen Sie, welchen Eindruck Sie in dieser Situation gerne machen würden:

> entscheidungsfreudig, innovativ, humorvoll, entschlossen, verständnisvoll, kompetent, diszipliniert, originell, pragmatisch, überzeugend, genau, gründlich, erfinderisch, weitblickend, erfahren, objektiv, vertrauenswürdig, kreativ, streitbar, intellektuell …

6.3. Ihr Präsentationsziel bestimmt die Mittel! – Gerade bei der Wahl von Schaubildern (Diagrammen) ist entscheidend, ob Sie beeindrucken, manipulieren oder möglichst objektiv informieren wollen.

Viele dieser Eigenschaften werden auf Sie zutreffen. Eigenschaften, die nicht in Ihre Persönlichkeit passen, sollten Sie gleich vergessen: Wer ein ernsthafter Typ ist, sollte gar nicht versuchen, um jeden Preis humorvoll zu wirken, damit würde er nur peinlich Schiffbruch erleiden.
Konzentrieren Sie sich auf jene Eigenschaften, die bereits auf Sie zutreffen: Nehmen Sie sich vor, diese oder jene Facette Ihrer Persönlichkeit bewußt einzusetzen. Natürlich nicht alle auf einmal und nicht bei jeder Präsentation. Wahrscheinlich fällt es Ihnen gar nicht so schwer, sich für eine konkrete Vortragssituation jene Eigenschaft auszusuchen, die Ihnen besonders nützen kann. Maximal drei solcher Eigenschaften (je weniger, desto wirkungsvoller) notieren Sie sich als Antwort auf die Frage: Welchen Eindruck will ich machen?

Der zweite Teil Ihrer inoffiziellen Ziele ist abermals eine Antwort, nämlich auf die Frage:

Was will ich AUSSERDEM NOCH in dieser Präsentation für mich persönlich erreichen?

Erfahrene Verhandler wissen, daß es bei Konferenzen nicht nur die offizielle Tagesordnung gibt. Vieles steht auf der „versteckten Tagesordnung“ (hidden agenda) und ist zumindest genauso wichtig. Dort findet sich zum Beispiel der Machtkampf zwischen Herrn Mayer und Herrn Müller, die Revanche für eine vergangene Niederlage, der Vorschlag einer Allianz usw.
In einer Präsentationssituation wird zwar nicht primär verhandelt, trotzdem aber werden Dinge in Bewegung gesetzt, die mit dem eigentlichen Thema des Vortrages nichts zu tun haben. Was Sie dabei für sich persönlich erreichen können, ist beispielsweise:

> einen größeren Aufgabenbereich erhalten; eine Gehaltsverhandlung günstig beeinflussen; als Vortragender zu einer renommierten Veranstaltung eingeladen werden; als Partner/Mitarbeiter akzeptiert werden; in einen anderen, interessanten Bereich versetzt werden; einem (Fach-) Kollegen eins auswischen; ein Stellenangebot von außerhalb der Organisation erhalten; mehr Mitarbeiter/ein größeres Budget zugeteilt bekommen …

Diese höchst persönlichen Ziele unterscheiden sich in zwei Punkten von den offiziellen Zielen: Erstens sind sie Ihre Privatsache und gehen niemanden etwas an; zweitens ist üblicherweise ihre Erreichung unmittelbar nach der Präsentation nicht oder nur schwer überprüfbar, und damit sind es keine eigentlichen Ziele. Trotzdem sollten Sie sie sehr wichtig nehmen, denn von diesen Zielen kann eine ungeheure Schubkraft für Sie selbst in der Vorbereitungsarbeit ausgehen.

Ihr Präsentationsziel ist Kompaß und Entscheidungshilfe.

Die Arbeit der Zielformulierung rechnet sich für Sie nur, wenn Ihnen dieses Ziel hilft, eine „bessere" Präsentation vorzubereiten. Deshalb sind nur jene Ziele sinnvoll, aus denen Sie eine konkrete Maßnahme ableiten können, eine Entscheidung über Ihr Auftreten, über die eingesetzten visuellen Hilfsmittel, über die Art, wie Sie den Vortrag beginnen oder schließen, über die Atmosphäre im Vortragsraum usw. (Bild 6.4).
Wie wichtig dieser Vorbereitungsschritt ist, sehen Sie am besten aus einem Beispiel, in dem es um eine Präsentation „Aktueller Stand des Projektes Z" geht. Es mag nun für Sie wichtig sein, daß am Ende Ihrer Präsentation möglichst viele Fragen gestellt werden. Dafür gibt es verschiedene Gründe: Sie wollen, daß sich alle Teilnehmer besonders gründlich mit dem Thema auseinandersetzen und es auf diese Weise besser erarbeiten. Oder Sie wollen demonstrieren, wie souverän Sie mit Fragen umgehen können, oder Sie wollen das Chaos demonstrieren, in dem sich dieses Projekt (ohne Ihr Zutun) derzeit befindet.

Wollen Sie Fragen verhindern ...

Eine diametral entgegengesetzte Zielsetzung wäre, möglichst keine Fragen nach der Präsentation beantworten zu müssen. Vielleicht aus Zeitgründen oder um den Eindruck zu erwecken, daß alles vollkommen klar ist. Oder weil Sie befürchten müssen, daß einige sehr unangenehme Dinge auftauchen.
Sobald Sie sich über Ihre Zielsetzung klar geworden sind, können Sie das tun, was Sie sonst vielleicht intuitiv, aber nicht so konsequent berücksichtigen: den Aufbau der Präsentation mit diesem Ziel vor Augen. Wenn Sie keine Fragen wollen, werden Sie zum Beispiel mögliche Einwände bereits im Vortrag vorwegnehmen. Oder den Zeitplan so gestalten, daß am Ende Ihres Vortrages das Mittagessen bereits serviert wird. Oder Sie signalisieren, daß ein Fragesteller sich entweder disqualifiziert oder außerhalb der Gruppe stellt ...

... oder herausfordern?

Ganz andere Maßnahmen werden Sie dann setzen, wenn Sie eine lebhafte Diskussion provozieren wollen: Sie werden nicht nur ausreichend Zeit für die

Persönliche Präsentationsziele (Die „hidden agenda" – 1)

Welchen Eindruck wollen Sie machen?	Mögliche Konsequenzen für Ihre Präsentationsvorbereitung
„kompetent"	Eigene einschlägige Erfahrungen möglichst früh bekanntmachen: sich vorstellen oder entsprechend vorstellen lassen.
	Beispiele wählen, in denen Sie als Problemlöser vorkommen.
	Exakte Daten zitieren, verfügbar haben.
	Verständnisfragen ausdrücklich jederzeit zulassen.
	Komplexe Zusammenhänge mittels Spontanmedien (Tafel) skizzieren.
„gründlich"	Sitzordnung mit Namensschildern oder nach sichtbarem Konzept.
„gut organisiert"	Weniger Punkte, aber diese vollständig behandeln, „abhaken".
„gut vorbereitet"	Reservefolien nicht überblättern, sondern in zweiter Schachtel aufbewahren.
	Alle Medien voll einsatzbereit, störungsfreier Wechsel.
„dynamisch"	Das Gesprächsthema im ersten Satz ansprechen.
	Verstärkt Fragen und Aufforderungen einsetzen (weniger Behauptungen).
	Ideen, Fragen und Anregungen aufgreifen und festhalten, aber nicht ablenken lassen.
	Verschiedene Medien einsetzen, aber keine selbst bewegten (Film, Video).
	(Vorbereitete) Skizzen an Tafel, Flip-Chart entwerfen, mit großen, dicken Strichen.
„glaubwürdig"	Informationsdichte reduzieren.
	Eindruck der Transparenz verstärken: zwischendurch zusammenfassen.
	Geplanten Vortragsinhalt bekanntgeben und demonstrativ abhaken.
	Exakte Daten und genaue Quellenangaben.
	Tatsachen und Interpretation (Ihre Meinung) säuberlich trennen.

6.4. Überlegen Sie genau, welcher Eindruck in dieser bestimmten Präsentationssituation der richtige ist – und bleiben Sie im Rahmen Ihrer Persönlichkeit! Mehr als zwei Eigenschaften sind unzweckmäßig.

Persönliche Präsentationsziele (Die „hidden agenda" – 2)

Was wollen Sie sonst noch erreichen?	Konsequenzen für Ihre Präsentationsvorbereitung (Verdeckte Botschaften an den/die Entscheidungsträger)
„Einen zusätzlichen Mitarbeiter bewilligt erhalten"	„Was ich von deinen Lieblingsideen noch verwirklichen könnte, wenn ich von administrativer Arbeit entlastet wäre ..." „Welche imagefördernden Untersuchungen wir anstellen könnten, wenn wir jemanden für die Auswertung hätten." „Welche Gefahren deiner(m) Sicherheit/Prestige/Macht drohen, wenn wir auf diesem Gebiet nicht mehr tun."
„Meine Position für die nächste Gehaltsrunde verbessern"	„Welche finanzielle Bedeutung meine (erfolgreiche) Tätigkeit hat." „Was meine Abteilung (im Vergleich zu anderen) netto erwirtschaftet, einspart, produziert ..." „Wie viele persönliche Probleme du bei mir gut aufgehoben weißt." „Wie ich dir helfe, die Mitarbeiter in deinem Sinn zu Höchstleistungen zu motivieren."
„Als Vortragender eingeladen zu werden"	„Ich bin ein Vortragender, mit dem der Veranstalter keine Probleme hat: gut vorbereitet, kompetent, gut organisiert, pünktlich." „Durch mich gewinnst du selber an Ansehen: Ich beziehe dich nach Kräften in meinen Vortrag ein." „Ich sorge für eine angenehme Atmosphäre: Du brauchst keine Sorge betreffend unerfreuliche Konfrontationen zu haben."

6.4. Fortsetzung

Diskussion lassen und eine oder zwei Fragen vorbereiten, die Sie an sich selbst richten, um die Diskussion in Gang zu bringen. Sie werden bewußt unklare Formulierungen wählen, wenn Sie eine Aufgabe an einen der Anwesenden skizzieren – das zwingt geradezu zur Fragestellung. Sie werden bei jeder einzelnen Frage signalisieren, daß Sie diesen positiven Beitrag schätzen.

Der „Teppich-Check"

Wenn Sie sich bis hierher geduldet und mit der „eigentlichen" Präsentation noch nicht begonnen haben, dann haben Sie zwei wichtige Grundlagen für Ihre Präsentation gelegt: die Zielgruppenanalyse und die Zielsetzung. – Zeit für einen kurzen Zwischenstopp, gerade dann, wenn Sie ein ambitionierter Präsentator, ein ehrgeiziger Verkäufer, ein erfolgsorientierter Kommunikator sind: Ist Ihr Präsentationsziel realistisch? Weil „realistisch sein" auch „am Boden (am Teppich) bleiben" bedeutet, heißt diese Überprüfung bei mir der „Teppich-Check":

Überlegen Sie besonders die wirtschaftlichen und persönlichen Begrenzungen der Zielpersonen, die über Ihren Vorschlag zu entscheiden haben: Können/dürfen/werden Ihnen die ihr O. K. geben – selbst wenn es Ihnen gelungen ist, Ihre Zielpersonen völlig zu überzeugen? Wie sieht es mit der Kompetenz, mit der Entscheidungsgewalt dieser Personen aus? Und – selbst wenn diese entscheiden könnten – würden sie das hier und auf der Stelle tun?

Realistische Ziele – am Teppich bleiben!

Welcher Vorstandsvorsitzende genehmigt ein Millionen-Projekt nach einer ersten Präsentation? Ist es nicht vernünftiger (realistischer!)

- sich ein grundsätzliches O. K. dafür zu holen, daß dieser Ansatz richtig ist? Oder
- sich den Auftrag zu holen, dieses Projekt bis zur nächsten Sitzung genauer anzusehen und ein detaillierteres Konzept vorzulegen? Oder
  sich ein Budget von 1.500 Euro für eine Vorstudie bewilligen zu lassen?

Auch der Omega-Repräsentant (Bilder 5.3 und 5.5) sieht sich jetzt noch einmal kritisch seine Zielgruppe an und erkennt, daß er bei der ersten Präsentation keine echte Chance hat, einen Auftrag in dieser Größenordnung an Land zu ziehen. Deshalb definiert er seine Ziele neu:

- „Auftrag zu einer konkreten Offerte erhalten."
- „Zustimmung zu einem Besuch im Referenzbetrieb Q."

Und auf seiner versteckten Agenda wird sich sicherlich die Aufgabe finden:

- „Für mein Unternehmen, die Firma Z, das Image eines verläßlichen Lieferanten aufbauen."

Das Wichtigste aus diesem Kapitel

- Klare, überprüfbare Ziele helfen Ihnen bei der Vorbereitung.
- Prüfen Sie, ob Ihre Ziele nicht nur ambitioniert, sondern auch realistisch sind.
- Neben Ihrer Sachinformation liefern sie stets auch einen „persönlichen Eindruck" – planen Sie diesen!
- Ihr Präsentationsziel bestimmt auch den Mitteleinsatz.

Schritt 2

Strategisches Konzept (2) Informationen und Argumente überzeugend aufbauen

Kapitel 7

Weniger ist mehr – das Fünf-Minuten-Präsentationsprinzip

Vorurteil 1: „Komplizierte Themen kann man nicht kurz abhandeln."
Vorurteil 2: „Nach fünf Minuten ist sowieso alles klar."

Bevor wir darangehen, Ihre Präsentation zu strukturieren, einige fundamentale Dinge:

- Warum es sich für Sie auszahlt, Ihre wertvollen Inhalte auf fünf Minuten zu reduzieren.
- Was Präsentatoren von Sportlern und Betriebsberatern lernen können.
- Was mit den Informationen passiert, die nicht in die fünf Minuten hineinpassen.

Keine Zeit, keine Zeit!

Ob wir den Zeitmangel beklagen oder als Prestigesymbol für unsere Wichtigkeit stilisieren – er ist da. Wer ist Ihnen daher selbst lieber: ein Vortragender, der Ihnen ein komplettes Informationsgebäude liefert und dazu 45 Minuten braucht, oder einer, der Ihnen folgendes Angebot macht:

„Mein Angebot: In fünf Minuten das Wesentliche –
dann entscheiden Sie,
ob und welche Informationen Sie noch benötigen."

Ich habe noch keinen Manager getroffen, der nicht die zweite Möglichkeit gewählt hatte. Und bei Fachvortragenden oder Informations-Präsentationen schätzen es die Zuhörer ebenfalls, am Anfang nicht nur zu wissen, worum es geht, sondern auch, was das Ergebnis ist. Jede Fachzeitschrift beweist das: Am Anfang des Artikels finden Sie die Kurzfassung – die Netto-Information.

Wie nützen Sie diese Erkenntnis für Ihre Präsentation?

7.1. Auch wenn Sie felsenfest davon überzeugt sind, daß jede Ihrer Informationen von umwälzender Bedeutung ist: Berücksichtigen Sie, daß wir alle unter Informationsüberflutung leiden, und reduzieren Sie Ihre Inhalte auf das absolute Minimum!

Vom schnellen Start ...

Bild 7.2 bietet auf den ersten Blick etwas, das Sie aus der Deutschstunde kennen: die Aufsatzgliederung in Einleitung, Hauptteil und Schluß. Aber die Worte dieser drei Teile sind bewußt anders gewählt: Sehen Sie die ersten 30 Sekunden Ihres Auftritts wirklich als Start in einem sportlichen Wettkampf. Was dort zählt, gilt auch für Sie: Schnelligkeit zählt! In 30 Sekunden können Sie es schaffen,

- Kontakt zu schließen (Aufmerksamkeit zu erzielen, zu begrüßen ...),
- mit einer Schlagzeile das Thema anzureißen.

... über den Inhalt ...

Hier sagen Sie das, was Ihnen (und hoffentlich Ihren Zuhörern) wichtig ist. Die Tatsachen und Ihre Schlußfolgerungen können Sie nach der beabsichtigten Wirkung einteilen:

- **Informationen** – sachliche Aussagen über Vorgänge und Tatsachen: objektiv, wertfrei, unparteiisch;
- **Argumente** – Aussagen, mit denen Sie etwas Bestimmtes bewirken wollen: beweisen, verstärken, verhindern, durchsetzen.

Sie haben es sicher gleich bemerkt: Auch die sachlichste Information bleibt nicht wirkungslos im Raum stehen, sondern bewegt Gedanken, Einstellungen – und Handlungen. Ob Sie das beabsichtigen oder nicht. Und andererseits muß jede Argumentation auf (sachlichen) Informationen aufgebaut sein, wenn sie wirken soll. Warum ist diese Unterscheidung dann wichtig? Was ist Ihre Aufgabe in dieser Präsentation?

- Wollen Sie eher objektiv informieren – zum Beispiel ein Fachreferat halten oder über das Ergebnis einer Marktforschung berichten?
- Oder wollen Sie einen Vorschlag, ein Programm durchbringen, ein Projekt „verkaufen"?

Für diese diametral unterschiedlichen Aufgabenstellungen benötigen Sie unterschiedliche Werkzeuge. Solch typisch „argumentative" bzw. „informative" Strukturen lernen Sie im nächsten Kapitel kennen. Jedenfalls müssen Ihre Aussagen, Ihre Tatsachen „relevant" sein – Bedeutung haben für Ihre Zuhörer. Das kennen Sie schon: Schnittstellen zu den Bedürfnissen sind der Schlüssel zum Interesse Ihres Publikums! Vier Minuten haben Sie für den Inhalt Zeit. Das reicht für drei bis fünf Argumente oder Informationen. Für das Wesentliche, die Essenz.

... in ein kräftiges Finale!

Was zählt im Wettkampf? Reicht es, sich mit letzter Kraft ins Ziel zu schleppen? Das Motto „Nicht siegen, dabeisein ist alles!" gilt sicher beim jährlichen Firmen-Fitneßlauf oder beim Sackhüpfen am Betriebsausflug, kaum aber im beruflichen Alltag. Sie brauchen einen kurzen, aber wirkungsvollen Abschluß. In 30 Sekunden haben Sie Zeit, eine merk-würdige Abschlußbotschaft zu formulieren, das Wichtigste mit Nachdruck nochmals zu betonen.

Die Details später – aber mit vertauschten Rollen!

„Fünf Minuten reichen niemals für meine komplexen Themen." Ja und nein. Fünf Minuten sind mehr als ausreichend, damit Sie sich selbst und Ihr Thema „verkaufen" können:

- „Ein kompetenter Vortragender."
- „Ein interessantes Thema."
- „Das ist ein guter Vorschlag."
- „Das sind also die Zusammenhänge."

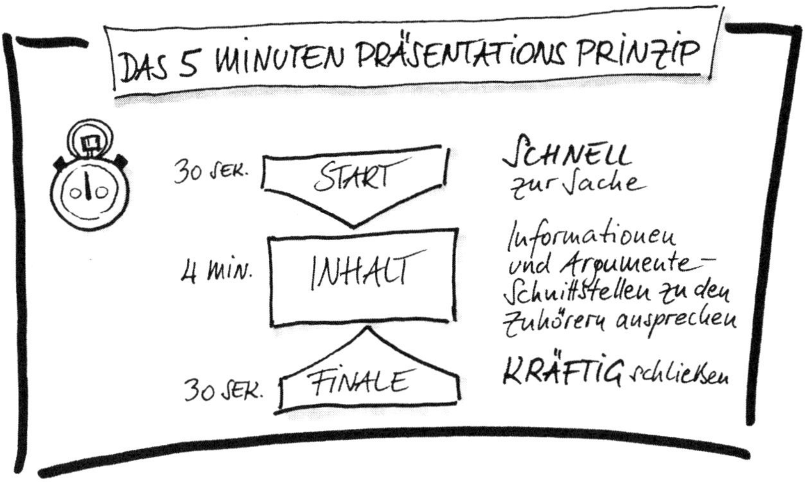

7.2. Es ist grundsätzlich möglich, JEDES Thema in fünf Minuten so darzustellen, daß sich die Zielgruppe eine Meinung darüber bilden kann – und bereits die Entscheidung auf der emotionalen Ebene trifft. Bis zum offiziellen O. K. kann es dann allerdings noch Stunden dauern ... – Gleichzeitig ein Beispiel sowohl für unterschiedliche Umsetzungsmöglichkeiten (Handzeichnung gegen PC-Grafik) und für unterschiedlichen Bildeinsatz: oben ist die Stoppuhr als Symbol für „Zeitdruck" als illustratives Element hinzugefügt, unten dominiert sie das Fünf-Minuten-Prinzip und signalisiert: „permanenter Zeitdruck".

Nach fünf Minuten (meist schon viel früher!) haben Sie also auf der Beziehungsebene gewonnen – und dort fällt die Entscheidung. Natürlich reicht diese Zeit nicht aus, alle Fakten darzulegen. Wozu brauchen Ihre Zuhörer weitere Details, wenn sie schon innerlich „Ja!“ gesagt haben? Wir halten uns gern für rationale Lebewesen, schließlich nennen wir uns ja „Homo sapiens“, und da wollen wir unsere gefühlsmäßige Entscheidung durch „objektive Fakten“ absichern – oder schlicht rationalisieren.
Nach Ihren interessanten fünf Minuten sind aber die Rollen vertauscht. Jetzt sind Sie nicht mehr der, der mit Nachdruck seine Informationen hämmern muß. Sie sind jetzt „gefragt“ – im wörtlichen Sinne, wenn Sie gleich nach diesen fünf Minuten in die Diskussion gehen: „Jetzt interessiert Sie sicher, wie wir zu den Fakten gekommen sind, auf denen wir unseren Vorschlag aufbauen. Zu welchem Aspekt wollen Sie weitere Informationen?“ Oder bei einem Referat vor einem größeren Publikum leiten Sie selbst in die Detailausführungen ein: „Soweit der Überblick. Jetzt die Schritte im einzelnen. Wahrscheinlich fragen Sie sich, wie das Ganze begonnen hat …“ Auch in diesem Fall beantworten Sie die (stummen) Fragen eines stimulierten Publikums.

Zeitplanung für Kurzpräsentationen

ARGU-Strukt (Überzeugungs-Präsentation)		**INFO-Strukt (Kompakte Informationen)**	
	Sekunden		Sekunden
Schlagzeile	30	Thema	5
Situation	50	Bedeutung und Hintergrund	25
Negative Folgen	20	Menü – maximal drei Info-Blöcke zu je 30 bis 90 Sekunden, z. B.:	10
Zielrichtung	10	Info-Block 1	60
Vorschlag	90	Info-Block 2	120
Positive Ergebnisse	50	Info-Block 3	50
Nächste Schritte	20	Fazit	20
Auflösung	30	Ausblick	10
	300		300
	= 5 Minuten		= 5 Minuten

7.3. Wenn die Zeit knapp ist, kommt es auf Sekunden an – einen gesprochenen Satz budgetieren Sie mit 5 bis 15 Sekunden. (Mehr über ARGU- und INFO-Strukt lesen Sie in den nächsten beiden Kapiteln.)

Die kritische halbe Seite – lernen von McKinsey & Co.

Erfolgreiche Betriebsberater wissen:

1. Unverschämte Honorare müssen mit dicken Berichten gerechtfertigt werden.
2. Kein Mensch liest diese Berichte.

Was tut man daher? Die 500 Seiten des Berichtsbandes werden auf 20 Seiten reduziert – die „Zusammenfassung". Leider noch immer viel zuviel – nicht nur für Aufsichts- und Betriebsräte, sondern auch zuviel, um später zitierbar zu sein. Daher wird weiter verdichtet: auf eine halbe Seite, dem „Top Executive Summary" – was soviel wie „Essenz für den obersten Boß" bedeutet. Und die liest JEDER. Fragen Sie einmal einen Berater, wieviel Zeit er für diese lächerlich kurze Botschaft aufwendet. Aber er weiß, warum.
Diese halbe Seite entspricht Ihrer Fünf-Minuten-Präsentation – so wie dort im Hintergrund 500 Seiten lauern, haben Sie weit mehr Material zu bieten – aber eben erst NACH den fünf Minuten.
Wie geht es Ihnen, wenn Sie an die folgenden Möglichkeiten denken:

- Alle Vorredner haben überzogen, für Sie sind statt der geplanten 30 nur mehr 15 Minuten Redezeit übrig …
- Der Interessent, dem Sie ein Projekt präsentieren, wird nach zehn Minuten von einem wichtigen Kunden „überfallen".
- Ihr durch Europa jettender Konzernboß muß ein früheres Flugzeug nehmen – „Bitte nur fünf Minuten ...".

Mit Ihrer Fünf-Minuten-Präsentation sehen Sie diesen Katastrophen gelassen entgegen – die Botschaft haben Sie abgeliefert, das Wichtigste ist gesagt. Was Sie jetzt kürzen, sind Details und Hintergrundinformationen.

Das Wichtigste aus diesem Kapitel

- In fünf Minuten entscheidet sich Ihr Schicksal, der Rest ist Verzierung.
- Präsentationen und sportliche Bewerbe verlangen schnellen Start und kräftiges Finale.
- Die Investition in die ersten fünf Minuten zahlt sich auch bei umfangreichen Themen aus: Die folgenden Details fallen auf einen aufbereiteten Boden – und plötzliche Kürzungen verlieren ihren Schrecken.

Kapitel 8

Präsentationsaufbau (1) – Informationen und ARGUmente wirkungsvoll STRUKTurieren

Vorurteil 1: „Möglichst schnell den Vorschlag auf den Tisch."
Vorurteil 2: „Die Entscheider wollen den Prozeß nachvollziehen können, wie ich zu meinem Vorschlag komme."

In diesem Kapitel konzentrieren wir uns auf den Aufbau des Hauptteiles Ihrer Präsentation. Sie erfahren,

- welchen Unterschied es zwischen überzeugungsorientierten Präsentationen einerseits und informationsorientierten Fachvorträgen andererseits gibt;
- nach welchem Prinzip jede erfolgreiche Überzeugungs-Präsentation funktioniert;
- welche Reihenfolge Ihrer Argumente und Informationen am sichersten wirkt;
- wie Sie die Interessen Ihrer Zielgruppe so ansprechen, daß Ihre Chancen steigen und
- was Sie konkret verlangen müssen, um Ihr Präsentationsziel zu erreichen.

Überzeugen oder informieren?

Wenn Sie diese Frage mit „Beides!" beantworten, dann haben Sie völlig recht: Ohne Informationen können Sie nicht überzeugen, und auch die objektivsten Informationen beinhalten überzeugende Botschaften (zum Beispiel über Ihre Glaubwürdigkeit und Kompetenz). Trotzdem wollen wir zwischen zwei Extremen so klar wie möglich unterscheiden:

1. **Die Informations-Präsentation, oft in Form eines Fachvortrages oder Referates eines Spezialisten:** objektiv, informativ, sachlich, wissenschaftlich (aber trotzdem interessant und schwungvoll!) – damit beschäftigen wir uns im nächsten Kapitel.

2. **Die Überzeugungs-Präsentation**, die Mitarbeiter, Vorgesetzte, Kunden oder Journalisten nicht nur rational gewinnen, sondern auch emotional aufrütteln, mitreißen, begeistern will (aber trotzdem seriös und fachlich fundiert sein soll!). Regelmäßig sind es Führungskräfte und Verkäufer, die solche Aufgaben haben.

Im vorigen Kapitel haben wir gesehen, warum es für Sie entscheidend ist, die wesentlichen Inhalte auf fünf Minuten zu beschränken. Aber wie gehen Sie mit dieser knappen Zeitspanne um?

„Überzeugen" bedeutet, für ein wichtiges Problem eine nützliche Lösung präsentieren.

Wenn Sie jemand für etwas gewinnen wollen (ein Budget genehmigen, ein Projekt freigeben, in ein Gerät investieren), dann funktioniert das meist nach dem Prinzip „Problem – Lösung". Irgend etwas ist nicht so, wie es sein soll, und Sie haben einen Vorschlag, wie es (besser) geht. So laufen Märchen ab – und ihre moderne Entsprechung, die Werbung:

- Sie können **nicht ruhig schlafen?** – Hier sind unsere Tabletten, unsere Alarmanlage, die Versicherung.
- Sie haben ein **schlechtes Gewissen** als Hausfrau? – Waschen Sie mit Persil, kochen Sie mit Maggi, servieren Sie Jacobs-Kaffee!
- Die **Kosten explodieren** – engagieren Sie uns als Berater, kaufen Sie dieses Gerät, verwenden Sie unser Verfahren!

Was wir schon aus diesen Primitiv-Beispielen lernen können:

Beginne niemals mit deinem Vorschlag – beginne stets mit dem Problem deiner Zielgruppe!

Das ist gar nicht so leicht für alle jene Typen, die am liebsten ins Büro des Chefs stürmen und voll Begeisterung rufen: „Ich habe eine Superidee! Wir sollten ..." Und auch die meisten Präsentatoren finden es schwer, NICHT sofort zu Beginn der Präsentation mit dem Vorschlag herauszurücken.

Bei übersatten Zielpersonen genügt „Problem – Lösung" nicht.

Genügt es, auf ein Problem hinzuweisen, um schon die volle Aufmerksamkeit zu erzielen, ein „Problembewußtsein" zu schaffen? Viele „Probleme" mußten erst künstlich geschaffen werden, um ihre Befriedigung zu ermög-

8.1. Zarte Andeutungen („Wir könnten vielleicht überlegen …") genügen nicht – Sie brauchen klare Botschaften, besonders aber klare Aktionsvorschläge am Ende Ihrer Präsentation. Sagen Sie ganz deutlich, was als nächstes passieren soll, von wem Sie welche Maßnahmen erwarten, „wo es langgeht"!

lichen: unzufriedene Haustiere, ein Schatten im Tischtuch, das fehlende Handy oder die fehlende Kreditkarte.
Im Geschäftsleben ist es wiederum so, daß Entscheidungsträger sich oft vor anstehenden Problemen kaum retten können – hier geht es weniger um die Dramatisierung als um die Rangfolge von Problemen: Welches ist das wichtigste (oder wenigstens das dringendste)?
Und auch bei der Lösung genügt es schon lange nicht mehr, einfach „eine" Lösung anzubieten: Warum gerade dieses Waschmittel? Warum gerade jene Beratungsfirma? Warum gerade diese Versicherung?

Was ist also zu tun, wenn Sie Ihren Vorschlag durchbringen möchten, gegenüber Auch-Problemlösungen den Zuschlag erhalten wollen? Ihr Vorschlag muß möglichst viel (zusätzlichen) Nutzen stiften, nicht nur quantitativ, auch qualitativ: zum Beispiel dadurch, daß sich der Entscheider bei Ihrem Vorschlag besonders darauf verlassen kann, daß er funktioniert.

Das Eisen schmieden, solange es heiß ist – jede Überzeugungs-Präsentation muß mit einem Aktionsvorschlag enden!

Sobald es Ihnen also gelungen ist, zu zeigen, daß a) das Problem wirklich gelöst werden muß und daß b) Ihr Vorschlag am besten dazu geeignet ist, sollten Sie darauf dringen, daß das Ganze nicht mit einem Kopfnicken endet, sondern daß etwas „passiert“.
Sie finden das alles ganz logisch und eigentlich ganz selbstverständlich? Wunderbar – dann interessiert Sie sicher ein Arbeitsbehelf, der Ihnen hilft, genau diese Überlegungen zeitsparend bei der Präsentationsvorbereitung einzusetzen:

Das ARGU-Strukt-System, Arbeitstechnik für überzeugende Präsentationen

Dieses Arbeitsblatt, das wir auf den folgenden Seiten verwenden, finden Sie im Anhang als Kopiervorlage. Es ist mehr als ein einfaches Formular, denn es enthält die Essenz einer zielgruppenorientierten, logisch aufgebauten Überzeugungs-Präsentation. Die Schrittfolge, auf der das ARGU-Strukt aufbaut, ist uralt: Jeder erfolgreiche Verkäufer verwendet sie – egal, ob er Versicherungspolizzen oder (als Manager) ein strategisches Unternehmenskonzept (an den Aufsichtsrat) „verkauft“.

Fünf „Leuchttürme“ für Ihre Überzeugungsoffensive!

Entscheidend ist, wo und womit Sie beginnen: nicht ganz oben und nicht mit den Details eines Präsentationselementes. Die Technik besteht darin, „Überschriften“ (Titelzeilen) für die fünf Kernelemente festzulegen. Diese Titelzeilen sind für uns „Leuchttürme“, die uns dann helfen, die ganze Ausarbeitungsphase sicher und schnell zu bewältigen.

Zuerst die Kernelemente – Titelzeilen genügen!

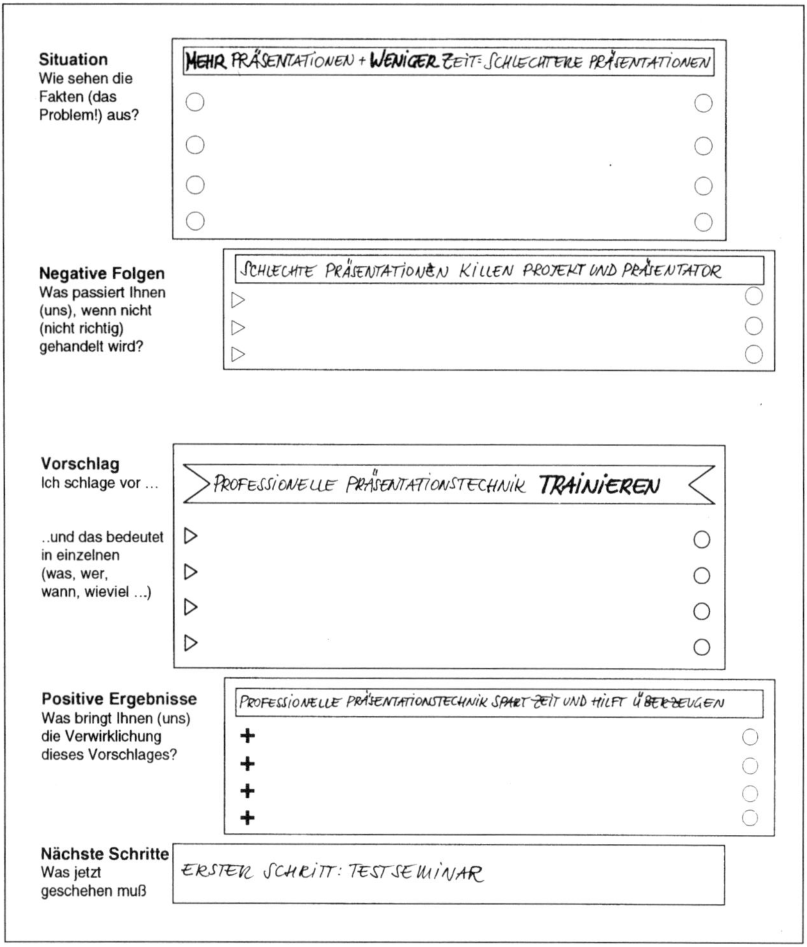

8.2. Die Titelzeilen der fünf Kernelemente des ARGU-Strukts skizzieren die gesamte Präsentation. In diesem Fall konzipiert ein Trainingsanbieter seine Argumentation, um die Weiterbildungsverantwortlichen eines Unternehmens für Präsentationsseminare zu gewinnen. Er will mit dem Problem (der Situation) beginnen, dessen negative Folgen dramatisieren (warum man etwas tun muß), dann seine Lösung vorstellen (den Vorschlag) und aufzeigen, warum diese Lösung besonders attraktiv ist (positive Ergebnisse). Und natürlich wird er mit einer konkreten Aufforderung, was jetzt geschehen soll, schließen (nächste Schritte).

Titelzeilen haben „Leuchtturm-Funktion“

8.3. Die Titelzeilen jedes einzelnen Elementes sind mehr als bloße „Überschriften“ – sie sind die „Leuchttürme“, die Ihnen in der Vorbereitungsphase helfen, die wirklich wichtigen Argumente nicht aus den Augen zu verlieren. Gleichzeitig gibt Ihnen die Titelzeile das Programm für die Ausarbeitung vor, da Sie jede Titelzeile mit Details und Fakten ausführen müssen.

Für den Omega-Repräsentanten, der die erweiterte Betriebsleitung der Kunde-AG für sein Steuerungssystem gewinnen möchte, lauten diese fünf **„Titelzeilen“**:

- „Produktion bei Kunde-AG unter Kosten- und Leistungsdruck“
- „Druck gefährdet den Betriebsstandort“
- „In ein Omega-Steuerungssystem investieren“
- „Omega sichert über Flexibilität und Wirtschaftlichkeit den Standort“
- „Vorstudie ausarbeiten“

Sehen wir uns diese Elemente im einzelnen an – und dabei auch gleich die typischen Worte, mit denen Sie in der Präsentation dieses Element einleiten könnten:

Die Situation – wie sehen die Fakten (das Problem!) aus?

Beschreiben Sie die Situation – das Problem – mit einem Satz! Was ist das Charakteristische dieser Situation, was ist kritisch? Diese Zeile, die Sie jetzt schreiben, wird meist eine Behauptung sein, die wir – wie alle anderen „Überschriften" – später mit Fakten und Details untermauern werden.
Vermeiden Sie jeden Hinweis auf Ihren Lösungsvorschlag („Ohne zentrales Steuerungssystem keine Flexibilität") – das würde den logischen Ablauf stören.

Schnittstelle 1 – die negativen Folgen

Dieses Element benötigen wir aus den oben geschilderten psycho-logischen Gründen ganz dringend: Ihre Zuhörer haben vielleicht die Situation verstanden und akzeptieren auch, daß es ein Problem gibt. Aber wahrscheinlich haben sie die Tragweite Ihrer Aussagen noch nicht erfaßt. Sie müssen verhindern, daß die Zuhörer Ihre Informationen innerlich achselzuckend zur Seite schieben.
Das gelingt Ihnen, wenn Sie sich an die Schnittstelle erinnern: Welche Bedeutung haben die Informationen aus der Situationsbeschreibung für die persönliche und berufliche Sphäre des Publikums?

„Was passiert Ihnen, wenn nicht (oder nicht richtig) gehandelt wird?"

Die dramatische Schilderung der Konsequenzen aus der gegenwärtigen Situation bewirkt je nach Ihrer Aufgabenstellung,

- daß die Zielpersonen das Problem als ernst/wichtig/dringend einschätzen;
- daß Sie selbst sich als jemand legitimieren, der das Problem in seiner ganzen Tragweite verstanden hat (das ist besonders dann wichtig, wenn Sie – zum Beispiel als Berater – zur Lösung eines Problems gerufen wurden. In dieser Situation ist dem potentiellen Auftraggeber sehr wohl bewußt, daß ein schwieriges Problem vorliegt, daher wäre ein weiteres Dramatisieren überflüssig und unklug).

Der Vorschlag – als „Marke" präsentiert!

Diese „Überschrift" ist ganz kurz: der Kurztitel Ihres Vorschlages, die (Kurz-) Bezeichnung, unter der Sie – und alle anderen – sich später auf diesen Vorschlag beziehen werden; zum Beispiel:

- „Das Omega-Steuerungssystem"
- „Das HPS-Präsentationstraining"
- „Das ABC-Qualitätskonzept"
- „Das Turbo-Informationsprogramm"
- „Das Huber-Schulungskonzept 2000"

Was alles zu diesem Vorschlag gehört, haben Sie ohnedies im Kopf. Was wir davon in unserer Kurzpräsentation brauchen, werden wir etwas später auswählen.

8.4. Gehen Sie davon aus, daß Ihre Zielgruppe unkonzentriert, ungeduldig und oberflächlich ist. Stellen Sie sicher, daß Ihre zentrale Aussage eindeutig „rüberkommt". Daß Sie damit an die Grenzen der Penetranz stoßen, ist kalkuliertes Risiko. (Aber man kann alles übertreiben!)

Schnittstelle 2 – die positiven Ergebnisse

Verlassen Sie sich nicht darauf, daß sofort alle die Brillanz Ihrer Idee begreifen und in Jubel ausbrechen! Setzen Sie Ihren Vorschlag in Beziehung zu den Interessen Ihrer Zuhörer – Sie wissen schon, die Schnittstelle!

„Was bringt Ihnen/uns dieser Vorschlag?“

Führen Sie die wichtigsten positiven Ergebnisse an, die wichtigsten Vorteile für Ihre Zuhörer! Das entscheidende Wort in dieser Frage ist natürlich (genau wie bei den negativen Folgen) das „Ihnen“: Welche vitalen Interessen Ihrer Zielpersonen werden durch Ihren Vorschlag im positiven Sinn angesprochen? Welche Bedürfnisse werden mit der Realisierung Ihres Vorschlags befriedigt? Welche Gefahren gebannt? Konkret: Verhindert Ihr Vorschlag genau jene „negativen Folgen“, die Sie in der ersten Schnittstelle angesprochen, dramatisiert hatten? Von „uns“ sprechen Sie übrigens bei internen Präsentationen, wenn Sie selbst und die Zielgruppe die gleichen – wirtschaftlichen – Interessen haben: zum Beispiel „die Marktposition UNSERES Unternehmens“, „die Erfüllung UNSERER Jahresziele“.

Ohne konkrete Maßnahme kein Überzeugungserfolg – was ist der nächste Schritt?

Bei jeder Überzeugungs-Präsentation wollen Sie etwas erreichen – die Genehmigung eines Projektes, die Unterstützung für einen Vorschlag, die grundsätzliche Zustimmung zur Marschrichtung. Jetzt kommt das Ziel ins Spiel, das Sie sich für diese Präsentation gesetzt haben: Was – konkret! – soll die Zielgruppe/die Schlüsselpersonen – JETZT – tun?

- Sie mit einer konkreten Offerte beauftragen?
- Einen Termin für ein Probeseminar reservieren?
- Die erste Phase des Projekts bewilligen?

Wenn Ihnen Schweigen als Zustimmung genügt, dann reichen hier (als „Überschrift“) die Worte „Terminplan Phase 1“.
Die fünf Kernelemente Ihrer Präsentation stehen wie Leuchttürme – sie werden Ihnen helfen, sich auf die wirklich notwendigen Fakten zu konzentrieren und Ihnen auch bei der Gestaltung der Präsentationsunterlagen sowie später in der Diskussion gute Dienste leisten. Es fehlen uns aber noch drei Elemente, die Sie für den Erfolg Ihrer Überzeugungsaufgabe bzw. als professioneller Präsentator benötigen (Bild 8.5).

Drei wichtige Verstärker für Ihre Argumentation

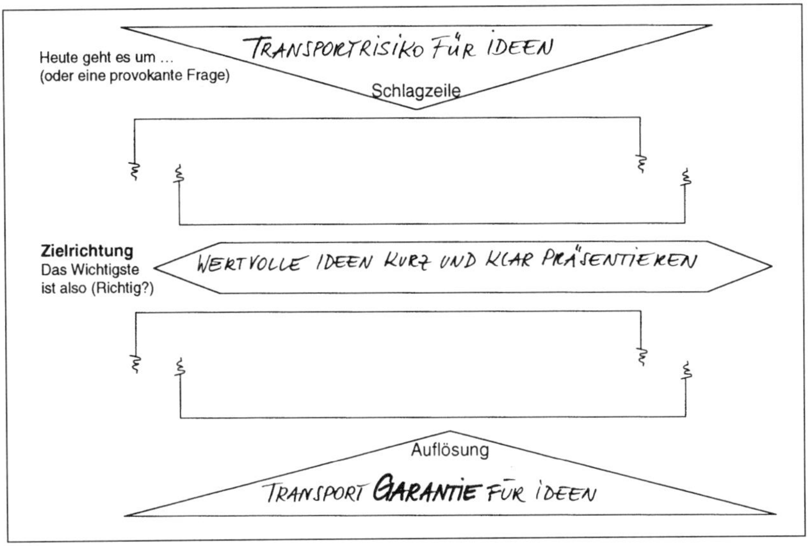

8.5. Die drei ergänzenden Elemente des ARGU-Strukt unseres Trainingsanbieters (Bild 8.2): im Zentrum die strategisch wichtige Zielrichtung, mit der er sich die Zustimmung holen wird, daß a) etwas geschehen muß und daß das b) in jener Richtung liegt, der auch sein Vorschlag entspricht. Die einleitende Schlagzeile bündelt die Aufmerksamkeit auf die Fragestellung, die Auflösung beantwortet die in der Schlagzeile gestellte (provokante) Frage.

Die Zielrichtung – ein strategischer Brückenkopf

Die Versuchung ist groß, nach einer gelungenen Dramatisierung des Problems sofort den Vorschlag zu präsentieren – lange genug haben Sie damit ja ohnehin gewartet! Bedenken Sie: Eine Idee, zu der Entscheidungsträger einmal „Nein!“ gesagt haben, ist schwer wiederzubeleben. Es zahlt sich aus, die Chancen für Ihren Vorschlag zu optimieren – und deshalb meine Empfehlung: Halten Sie Ihren Vorschlag noch für 10 bis 15 Sekunden zurück!

Das wichtigste ist also ... – richtig?

Formulieren Sie die Richtung, in der die Lösung zu finden ist – verraten Sie aber noch nicht, was Sie eigentlich vorschlagen wollen! Dann holen Sie sich ausdrückliche oder stillschweigende Zustimmung zu dieser Zielrichtung – ein deutliches oder wenigstens spürbares „Nicken". Das Wort „Richtig?" in diesem Modul auf Ihrem Arbeitsblatt soll Sie daran erinnern. Das ist natürlich nicht wörtlich zu nehmen:

„Sehe ich das richtig, daß es für Sie besonders wichtig ist, daß Sie die Flexibilität und Wirtschaftlichkeit des Betriebes sichern wollen?"

„Sind wir uns einig, daß das wichtigste für Führungskräfte ist, wertvolle Ideen kurz und klar zu präsentieren?"

„Als erstes müssen wir die Ausschußrate im Bereich Z reduzieren – richtig?"

„Für uns alle ist es besonders wichtig, die richtigen Informationen zum richtigen Zeitpunkt zu bekommen – ohne Mehraufwand. Sehen Sie das auch so?"

Wozu benötigen Sie diese Zustimmung, die ja gar nicht Ihren Vorschlag betrifft? – Sehr oft werden Sie mit Ihrem Vorschlag nicht oder nur teilweise durchkommen, Sie werden auf Widerstände treffen. Dann ist es für Sie ein ungeheurer Vorteil, daß Sie sich auf ein gemeinsam verabschiedetes Zwischenergebnis zurückziehen können. Daß Sie bei einem „Aber ..." oder einem „Nein!" sagen können: „Aber wir sind uns doch einig, daß wir die Ausschußrate senken müssen/daß Sie schnellere und bessere Informationen brauchen?!"

„Aber wir sind uns nach wie vor einig darüber, daß das wichtigste ist ... – richtig?"

Erst NACH diesem „Nicken" ist die Zeit reif für Ihren Vorschlag. Machen Sie sich aber klar, daß das jetzt ein (überlegter, ausgereifter) Vorschlag ist und keine (unausgegorene) Überlegung: Das muß sich in Ihren Worten (bestimmte Ausdrucksweise), in Ihrer Stimme (fest, klar, laut) und Ihrem Ausdruck (zuversichtlich) widerspiegeln.

Ein Logik-Check: Fließt Ihre Argumentation?

Bis jetzt stehen sechs Zeilen auf Ihrem Arbeitsblatt (oder in Ihrem Computer) – die „Überschriften" (Titelzeilen) der fünf Leuchttürme plus Zielrichtung. Auf diesen sechs Zeilen ruht Ihre ganze Präsentation – egal, ob sie fünf oder 55 Minuten dauern wird. Es zahlt sich also aus, diese sechs Zeilen nochmals zu überprüfen:

Stellen Sie sich vor, Sie hätten die Präsentation bereits gehalten und würden jetzt das Ganze abschließend zusammenfassen. Verbinden Sie die sechs Zeilen so, daß die Zeilen aufeinander aufbauen, schlüssig aufeinanderfolgen. Bei unserem Omega-Repräsentant würde das auf Basis seiner „Leuchttürme" (Bild 8.6) etwa so klingen:

> „Ihr Produktionsbetrieb ist unter Kosten- und mehrfachen Leistungsdruck geraten: Lieferzeiten werden kürzer und die Umweltauflagen steigen. Dieser mehrfache Druck gefährdet Ihren Betriebsstandort – eine Situation, die Ihnen Sorge bereitet. Das wichtigste ist daher, daß Sie die Attraktivität dieses Standorts erhöhen – richtig?" – („Ja!") – „Deshalb schlage ich eine Investition in das Omega-Steuerungssystem vor. Diese Investition erhöht Ihre Flexibilität und Wirtschaftlichkeit und hilft so, den Standort zu sichern. Um sicherzustellen, daß dieses Projekt realistisch ist, empfehle ich als ersten Schritt eine Vorstudie."

Das Gerüst einer Überzeugungs-Präsentation

1 ☐
2 ☐ Produktion unter Druck: Kosten, Lieferzeit, Umwelt
3 ☐ Druck gefährdet Betriebsstandort
4 ☐ Attraktivität des Standorts erhöhen!
5 ☐ Omega-Steuerungssystem
6 ☐ Omega-Investition rechnet sich
7 ☐ Vorstudie ausarbeiten
8 ☐

8.6. Fünf „Leuchttürme" und die Zielrichtung sind fixiert (siehe Bild 5.3 und 5.5). Die Module 1 (Schlagzeile) und 8 (Auflösung) fehlen noch. – Das Bild zeigt die „Gliederungsansicht" des Präsentationsprogrammes MS PowerPoint.

Stimmt diese Logik? Wenn nicht, ändern Sie die Geschichte – JETZT brauchen Sie nur ein paar Zeilen ändern, später sind es ganze Folien, die Sie wegwerfen oder umbauen müssen!
Sind Sie zufrieden mit Ihrer Argumentationslinie, dann fehlt nur noch ein kleiner Schritt, um die Vorarbeiten professionell abzuschließen:

Die professionelle Klammer: Schlagzeile und Auflösung

Mit den Worten „Heute geht es um …" leiten Sie eine klare und provokante Schlagzeile ein. Denken Sie an die Artikel von Wirtschaftsmagazinen, von Zeitungen, an die Einleitungssekunden der Abendnachrichten im TV. Die Schlagzeile muß Interesse wecken, sollte das Problem anziehen und kann ohne weiteres etwas ungewöhnlich, aufrüttelnd sein. Eine gute Möglichkeit, mit negativen Punkten zu starten, ohne deshalb gleich alle zu frustrieren, ist die provokante Frage:

- „Bei Kreditentscheidungen pokern?"
- „Ewiger Informationsfrust?"
- „Kein Ausweg aus dem Qualitätssumpf?"
- „Genügt perfekte Qualität?"

Nehmen Sie aber um Himmels willen niemals Ihren Vorschlag in der Schlagzeile vorweg („Heute geht es um das Omega-Steuerungssystem") – sonst schwächen Sie diese Struktur entscheidend!
Die Auflösung ist dann der professionelle Abschluß, in dem Sie die anfangs aufgeworfenen Frage beantworten bzw. Ihre Schlagzeile in neuer (positiver) Form präsentieren:

Thema	Schlagzeile	Auflösung
Präsentationsseminare verkaufen	„Transportrisiko für Ideen"	„Transportgarantie für Ideen"
Steuerungssystem für Fertigungsanlage	„Genügt perfekte Qualität?"	„Mit Qualität UND Flexibilität den Standort halten"
Mobile Datenerfassung für Kaffeegroßhändler	„Kalter Kaffee"	„Espresso"
Funkgeräte für Lagerarbeiter	„Taubes Lager"	„Ohren für das Lager"
Internes Informationssystem	„Informationsfrust"	„Informationslust"
Qualitätssicherungssystem	„Kein Ausweg aus dem Qualitätssumpf?"	„Qualität auf sicherem Boden"

ARGU-Strukt-System für überzeugende Argumentation

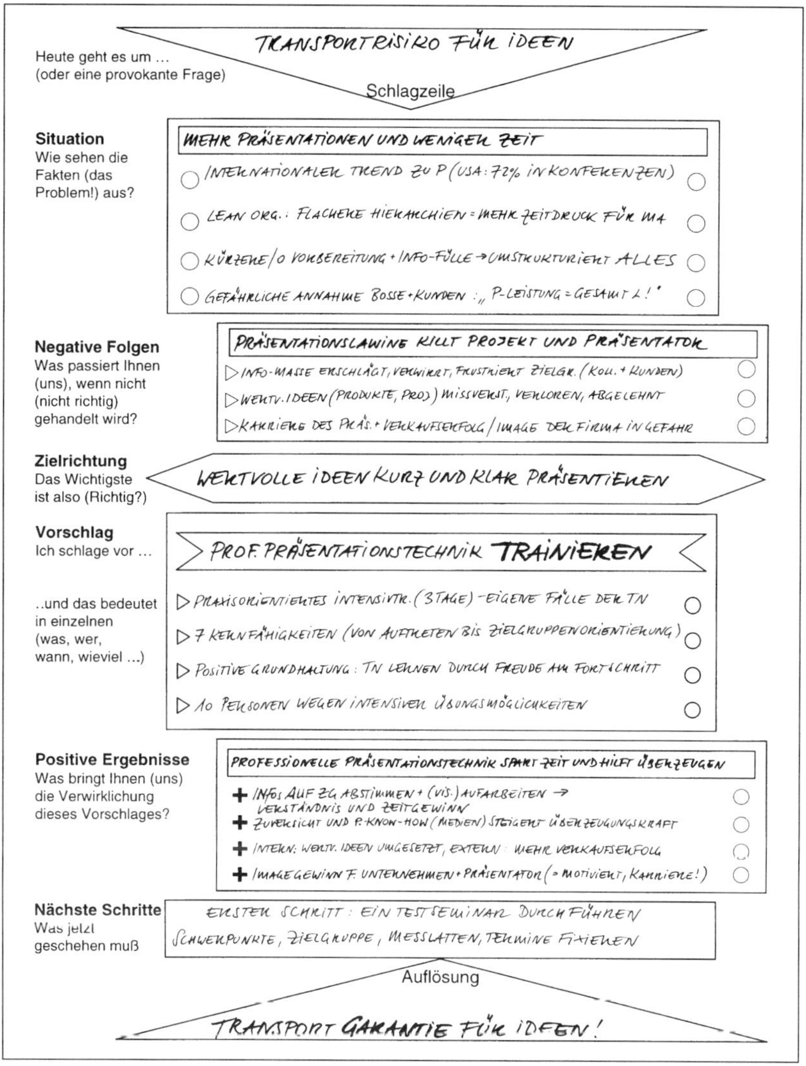

8.7. Das komplett ausgefüllte ARGU-Strukt des Trainingsanbieters. Dieses Arbeitsblatt reduziert bewußt die Menge Ihrer Information – was Sie hier nicht unterbringen, ist sicher zuviel für eine Kurzpräsentation. Die Texte links können Sie sinngemäß als rhetorische Fragen zur Einleitung der betreffenden Elemente benützen (Kopiervorlage im Anhang).

Behauptungen untermauern – Fakten und Details in die Argumentation!

Einige Elemente verlangen jedenfalls nach Details – daran erinnern Sie die Markierungspunkte in den entsprechenden Kästchen des ARGU-Strukt. Beschränken Sie sich ausschließlich auf Informationen, die zu Ihrer „Titelzeile" passen, diese beweisen, ergänzen, erklären. Wenn Sie Zahlen und Fakten bringen („Funktioniert bei Firma Q" – „8 % Einsparungspotential"), dann werden Sie diese Angaben natürlich beweisen müssen – aber nicht bereits in der Kurzpräsentation!

Wenn Sie dieses Arbeitsblatt verwenden, nützen Sie dessen eingebaute Hilfsmittel:

- Tip: Die Reihenfolge der Einzelpunkte ist noch nicht wichtig – diese legen Sie durch Ziffern in den Kreisen am rechten Rand nachträglich und ganz einfach fest.
- Tip: Die vorgegebenen Kästchen beschränken Ihren Arbeitsraum absichtlich: Was Sie hier in normaler Handschrift nicht unterbringen, wird auch den Rahmen einer Kurzpräsentation sprengen!
- Tip: Beachten Sie die Anzahl der Markierungspunkte: Das ist besonders bei der „Situation" und beim „Vorschlag" wichtig, da Präsentatoren an diesen beiden Stellen gerne „ausufern".
- Tip: Die negativen Folgen zeigen drei, die positiven Ergebnisse vier Markierungen: Das soll Sie daran erinnern, daß Sie bei den positiven Ergebnissen nicht nur alle negativen Folgen aufgelöst, neutralisiert haben, sondern ein zusätzliches Ergebnis zur Verstärkung anführen sollten.

In 15 Minuten die Basis für eine überzeugende Präsentation!

Mit dieser Basis können Sie beruhigt in die Ausarbeitung der Präsentationsunterlagen gehen.
Aber vielleicht fragen Sie sich jetzt: Das ist ja ein unglaublich komplizierter Prozeß, so viel Zeit habe ich ja gar nicht!
Ich darf Sie beruhigen: Wer mit diesem System zu arbeiten gelernt hat, ist in der Lage, jedes beliebige (ihm selbst vertraute) Thema in maximal 15 Minuten zu strukturieren – einschließlich aller Details und Fakten!

ARGU-Strukt mit PC-Unterstützung

1 ❑ Genügt perfekte Qualität?

2 ❑ Produktion bei Kunde-AG unter Druck
15–20 % Kostennachteil
Verkauf: kürzere Lieferzeiten!
95: 6 Wochen
98: 3,5 Wochen
Umrüsten: Zeit +, Qualität –
Umweltauflagen

3 ❑ Druck gefährdet Standort
Qualitätsvorsprung?
Lieferzeiten: Kostennachteil schwer argumentierbar
Standort und Arbeitsplätze!!!

4 ❑ Attraktivität des Standortes erhöhen

5 ❑ Omega-Steuerungssystem
zentral rechnen – lokal justieren
modulare Konfigurationsblöcke für rasche Umrüstung
6 Monate Vollbetrieb bei Q
Investition 5 bis 7 Mio.

6 ❑ Omega sichert über Flexibilität und Wirtschaftlichkeit den Standort
Einsparungspotential: 5–8 %
kürzere Umrüstzeiten:
1,5 -> 0,5 Stunden
mehr Flexibilität
bessere Produktqualität durch genaue Dosierung
auch bei häufigem Umrüsten
geringere Emissionen

7 ❑ Vorstudie ausarbeiten
Auftrag für Detailoffert
Besuch bei Q – Termin?

8 ❑ Mit Qualität UND Flexibilität den Standort halten!

8.8. Das komplette ARGU-Strukt des Omega-Repräsentanten, der zwar diese Struktur benützt, aber direkt am PC arbeitet (MS PowerPoint). Der **Vorteil** dieser Arbeitstechnik: Sie können rasch korrigieren, die Reihenfolge ändern und Untergliederungen einbauen. Außerdem erfordert die Umwandlung in einfache Textbilder (Bullet-Charts) nur einen Knopfdruck. Der **Nachteil:** Ohne den begrenzenden Rahmen des Arbeitsblattes brauchen Sie viel mehr Disziplin, um ein Ausufern des Textes zu verhindern!

Das Wichtigste aus diesem Kapitel

- Jede Überzeugungs-Präsentation funktioniert nach dem Prinzip „Problem – Lösung". Das bedeutet: Voraussetzung für Ihre Zielerreichung ist, daß Sie eine nützliche Lösung für ein wichtiges Problem anbieten können.
- Das ARGU-Strukt-System erinnert Sie daran, Ihren Vorschlag erst dann zu präsentieren, wenn Sie die Schnittstellen zu den Interessen Ihrer Zielgruppe aktiviert und Zustimmung zur Zielrichtung erhalten haben.
- Jedes Modul Ihrer Überzeugungs-Präsentation sollten Sie mit einer Überschrift beginnen, die Sie erst später mit Fakten und Details untermauern.
- Prüfen Sie die Logik Ihrer Argumentation, indem Sie nur diese Überschriften vorerst miteinander verbinden – und zwar bevor Sie mit der Ausarbeitung beginnen!

Kapitel 9

Präsentationsaufbau (2) – INFOrmationen klar STRUKTurieren

Vorurteil 1: „Bei interessanten Infos ist die Reihenfolge nicht so wichtig."
Vorurteil 2: „Am besten ist es, wenn sich einfach ein Gedanke schlüssig aus dem anderen entwickelt."
Vorurteil 3: „Starke, plakative Aussagen vertragen sich nicht mit dem Image des objektiven Fachmannes."

(Falls Sie, lieber Leser, direkt hierher gesprungen sind, weil Sie selbst „nur" informieren und nicht überzeugen müssen, dann überprüfen Sie doch einmal Ihre – verdeckten – persönlichen Ziele, und denken Sie daran, daß Sie selbst zu jeder Zeit von sich überzeugen wollen. So gesehen lege ich Ihnen den Abschnitt über die Überzeugungs-Präsentation sehr ans Herz. Und natürlich ist auch ein kühler Fachvortrag eine Überzeugungs-Präsentation – für Sie selbst!) In diesem Kapitel finden Sie jedenfalls:

- Welche Elemente jeder erfolgreiche (Kurz-)Informationsvortrag benötigt und wie diese am besten zu reihen sind.
- Wie Sie einen sachlichen Informationsvortrag spannend und aufmerksamkeitsweckend beginnen.
- Welche erprobten „Dreischritte" es fur Fachvortrage gibt.

Das INFO-Strukt-System für kompakte Informations-Präsentationen

Bild 9.1 zeigt Ihnen die Grundstruktur einer Informations-Präsentation, die in fünf Minuten das Wesentliche transportieren soll. Die fünf „Leuchttürme" (Titelzeilen der Module) sind hier:

- **Bedeutung und Hintergrund** – hier sprechen Sie die Schnittstellen zu den besonderen Interessen und Bedürfnissen Ihrer Zuhörer an: „Die Frage

Das komplette Gerüst einer Informations-Präsentation

1 ❑ Umwelt betrifft alle!

2 ❑ Holz – einen nachwachsenden Rohstoff sinnvoll einsetzen

3 ❑ Energie-Sparsamkeit macht Umwelt-Sinn

4 ❑ Wasser – weniger verwenden, sauberer rückführen

5 ❑ Ökologisches Verhalten aus wirtschaftlichen Gründen

9.1. Der Vortragende ist Umweltreferent eines Papierproduzenten und bereitet eine Kurzpräsentation an Mitarbeiter einer Papierfabrik vor. Seine fünf „Leuchttürme" sind die Bedeutung, drei Info-Blöcke und das Fazit. Bevor er an die Ausarbeitung der Details (und Folien) geht, überprüft er, ob diese Informationen in dieser Reihenfolge Sinn machen.

ist für Sie wichtig, weil ..." – das signalisiert, daß Sie auch als Spezialist nicht im Elfenbeinturm sitzen, sondern sich über Praxisbezug und die Probleme Ihrer Zuhörer Gedanken machen;
- **drei Informationsblöcke** – der eigentliche Hauptteil; und
- **das Fazit** – davon etwas später.

Kompakte Informationsblöcke („Info-Chunks") – der Hauptteil Ihrer Präsentation

Warum sollten Sie diesen Hauptteil überhaupt noch weiter unterteilen, wenn Sie ohnedies nur gut drei Minuten Zeit dafür haben? Zwei Gründe für die Gliederung:

1. Auch drei Minuten sind bei geballter Information zuviel auf einmal. Signalisieren Sie deshalb ganz deutlich, wenn Sie zu nächsten Punkt kommen – das macht Ihre Info-Chunks („Chunk" = Klotz, Klumpen) „ohrgerecht": „Soviel zu Punkt 1, jetzt zum zweiten Punkt, den Hauptergebnissen der Studie."

2. Besonders auf Kurzinformationen folgen regelmäßig Fragen nach Detailinformationen. Für diesen – oft wesentlich längeren – Teil Ihrer Präsentation brauchen Sie eine klare Gliederung, so daß alle jederzeit (auch in der Fragerunde!) sehen, wie die Dinge zusammenhängen.

Das Fazit – und was bedeutet das Ganze?

(„Fazit“ heißt wörtlich: „das macht“, „das ergibt“, „das bedeutet“.) Sagen Sie ganz kurz, was aus diesen Informationen folgt – für Ihre Zuhörer! Damit sprechen Sie nochmals die Schnittstellen zu den Interessen der Zielgruppe an. Was sagt dieses Fazit über Sie als Präsentator aus? Wollen Sie nicht mehr sein, als einfach ein Informations-Briefträger? Wollen Sie die Profilierungschance nützen und zeigen, daß Sie sich weiterführende Gedanken machen?

Ein Logik-Check: Paßt die „Speisenfolge“?

Sie haben fünf Zeilen vor sich, die „Überschriften“ (Titelzeilen) der fünf Kernelemente: Stellen Sie sich vor, Sie wären bei der Zusammenfassung und würden anhand dieser fünf Zeilen Ihren Vortrag wiederholen. Ergibt das einen logischen Ablauf, der von der Bedeutung über die drei Informationsblöcke zum Fazit führt? Für unser Beispiel könnte das etwa so lauten:

> „Das Thema ‚Umwelt‘ ist für uns alle wichtig. Die erste Information betrifft Holz, einen nachwachsenden Rohstoff, den wir sorgsam einsetzen. Die zweite Information betrifft Wasser, von dem wir weniger verwenden und es sauber abgeben. Die dritte Information betrifft Energie – Sparsamkeit macht Umwelt-Sinn. Aus all dem folgt, daß wir uns schon aus wirtschaftlichem Interesse ökologisch richtig verhalten.“

Überprüfen Sie bei dieser Gelegenheit besonders die Reihenfolge der drei Informationsblöcke: Ist sie logisch, hilft sie dem Verständnis, bietet sie einen Spannungsaufbau (siehe das nächste Kapitel)? Diese „Speisenfolge“ ist wichtig für den nächsten Schritt:

Menü und Rahmen – die professionelle Klammer

Das Menü – was wird serviert?

Ihre Worte „Dazu untersuchen wir folgende Bereiche …“ leiten zu einer ganz kurzen Informationsübersicht ein; zum Beispiel:

1. die Versuchsanordnung,
2. die Hauptergebnisse,
3. die Interpretation.

INFO-Strukt-System für kompakte Informationen

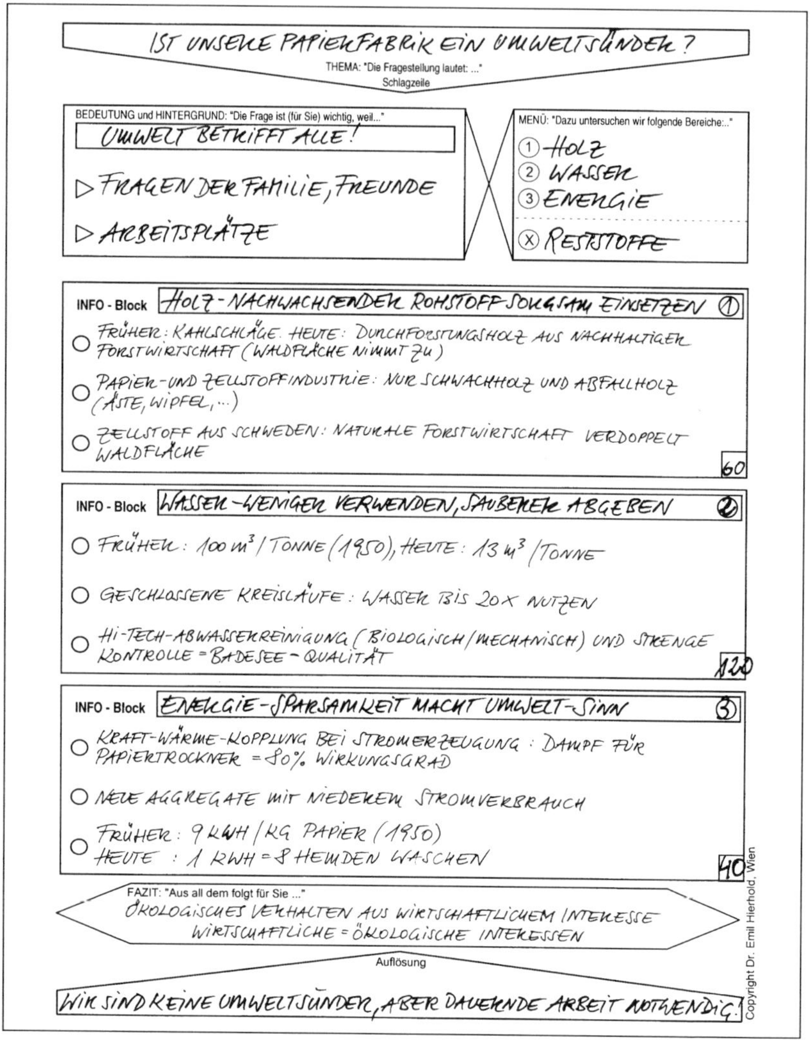

9.2. Das komplette INFO-Strukt des Umweltbeauftragten mit einer Kurzfassung aller notwendigen Fakten und Details, mit denen die Info-Blöcke gefüllt werden. In den Kästchen rechts unten definiert er sein Zeitbudget in Sekunden – das begrenzt automatisch die Anzahl der möglichen Informationen und visuellen Hilfsmittel. Die Kreise neben den Titelzeilen dienen zur Angabe der Reihenfolge und bestimmen gleichzeitig die Inhaltsübersicht im Menü.

Die gestrichelte Linie und der durchgestrichene letzte Punkt erinnern Sie daran, daß Sie gleich am Anfang sagen können, was Sie NICHT behandeln; dann gibt es keine Enttäuschungen, und alle können sich auf das konzentrieren, was Sie zu sagen haben. Unser Umweltreferent könnte an dieser Stelle ankündigen, daß „Reststoffe" als Spezialthema in diesem Kurzvortrag nicht behandelt werden, sondern er bei Interesse gern für einen Spezialvortrag zur Verfügung steht. Die Reihenfolge der Informationsblöcke ergibt sich aus dem vorhergegangenen Logik-Check, dabei verwenden Sie im Menü Kurzformen der drei Überschriften.

„Sind Sie damit einverstanden?"

Diese rhetorische Frage im Anschluß an das Menü ist im großen Vortrag eine Kontaktaufnahme zum Publikum – holen Sie sich das sichere Nicken! In der kleinen Präsentation können Sie das als echte Frage stellen – besser, ein Wunsch liegt auf dem Tisch als eine Blockade im Gehirn eines Partners.
Die beiden Elemente „Bedeutung und Hintergrund" und „Menü" sind in Ihrem INFO-Strukt mit zwei aufeinander weisenden Pfeilspitzen verbunden – das soll Sie daran erinnern, daß Sie diese beiden Elemente in der Präsentation auch vertauschen können: Dann beginnen Sie sofort nach der Schlagzeile mit der Inhaltsübersicht (dabei wird das Menü um den ersten Punkt – eben den Hintergrund – erweitert).
In gleicher Weise ist es möglich, das Fazit als eigenen Punkt anzukündigen – und ebenfalls auf die Menüliste zu setzen.

Schlagzeile – das Thema

Die Worte „Die Fragestellung lautet …" Ihres Arbeitsblattes erinnern Sie daran, daß immer nur Sie selbst wissen, worum es eigentlich geht. Gerade Fachleute vernachlässigen oft die Tatsache, daß die Zuhörer alle möglichen Dinge im Kopf haben und jeder dankbar ist, wenn er zu Anfang daran erinnert wird, worum es geht.
Natürlich können Sie Ihr Thema auch als Feststellung oder als einfaches Schlagwort formulieren, aber:

Eine Frage am Start wirkt immer interessant.

– „Umweltfragen in unserer Papierfabrik" – besser: „Ist unsere Papierfabrik ein Umweltsünder?"

9.3. Auch wenn es um etwas schwierigere und komplexe Themen geht: Ihre Aufgabe als Experte ist es, Einsichten und Aha-Erlebnisse zu vermitteln. Dazu müssen Sie oft so extrem vereinfachen, daß es Sie als Fachmann oder Fachfrau richtiggehend schmerzt!

- „Drogenproblematik bei Jugendlichen" – besser: „Wenn Sie von süchtigen Jugendlichen lesen, denken Sie dann: ICH würde das bei meinem Kind sofort merken?"
- „Der Markt für diätetische Lebensmittel" – besser: „Wie attraktiv ist der Markt der diätetischen Lebensmittel wirklich?"

Ausblick – die „Antwort" auf Ihre Schlagzeile

Damit schließen Sie Ihre Kurzpräsentation professionell ab. Beantworten Sie dazu die zu Beginn in den Raum gestellte Frage, und schließen Sie.
Bei längeren Präsentationen leiten Sie an dieser Stelle zu den Detailinformationen über, mit denen Sie die (drei) Informationsblöcke erweitern bzw. um zusätzliche Themen ergänzen.

Fachwissen übersichtlich gliedern – die innere Struktur von Informations-Präsentationen

Die folgenden Zeilen sind für jene Leser bestimmt, die sich etwas Hilfe wünschen, um ihre Informationsfülle in übersichtliche Blöcke zu zerlegen.

Wie Sie einen Fachvortrag aufbauen

Linearer Fünfsatz

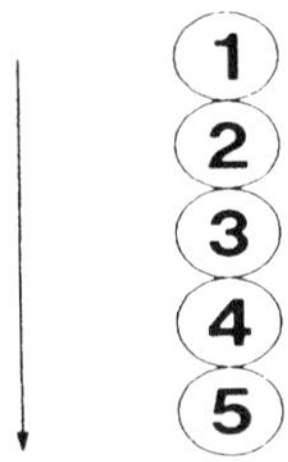

1: Der allgemeine Hintergrund

2: Die spezielle Problematik

3: Unsere Vorgangsweise –

4: – führt zu folgenden Daten:

5: Unsere Interpretation/Konsequenzen

Paralleler Fünfsatz

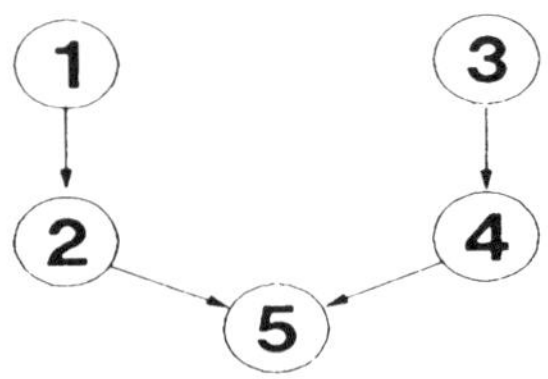

1: Schneider hat festgestellt ...

2: ... und so interpretiert.

3: Bauer dagegen stellt fest ...

4: ... und interpretiert anders.

5: Unsere neue Interpretation erklärt beide Ergebnisse

Diskrepanz-Fünfsatz

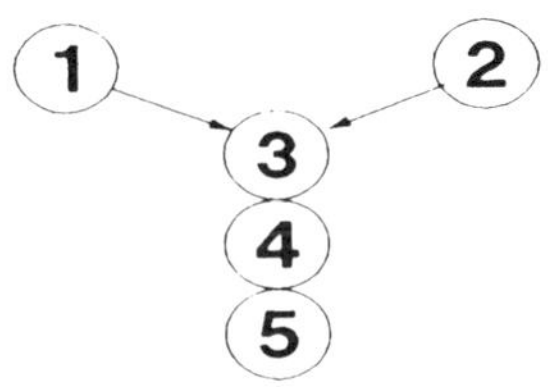

1: Schneider stellt fest ...

2: Bauer stellt fest ...

3: Das ergibt folgende Diskrepanz:

4: Was wir untersucht haben ...

5: ... weist in folgende Richtung

Divergierender Fünfsatz

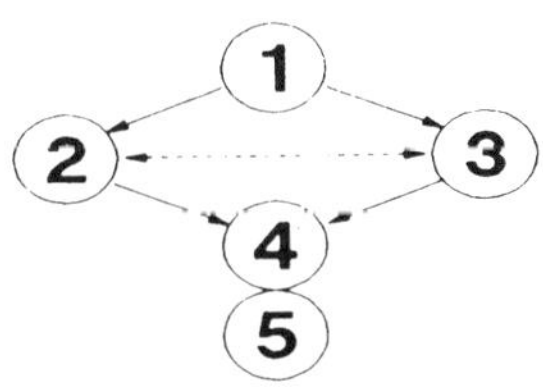

1: Problemstellung

2: Bisher unerklärbare Daten ...

3: ... dagegen unsere Resultate ...

4: das ergibt eine neue Interpretation

5: Die Konsequenz daraus ...

9.4. Diese Fünfsatz-Strukturen lassen sich auch gut miteinander kombinieren. Helfen Sie Ihren Zuhörern aber dabei, Ihrer Systematik zu folgen.

Den meisten Fachvorträgen liegt eine Gliederung in drei Abschnitte zugrunde, man nennt das auch einen „Dreischritt“:

- Ausgangslage – Vorgehensweise – Ergebnis,
- Problem – traditionelle Lösung – neuer Ansatz,
- These – Antithese – Synthese (Ergebnis).

Darauf aufbauend kommen Sie zu vier grundlegenden „Fünfsätzen“ (Bild 9.4 auf der vorhergehender Seite.)

Wie passen äußere und innere Struktur zusammen?

1. Sie suchen die für Sie geeignete Struktur (Fünfsatz).
2. Sie stellen fest, wie „schwer“ und umfangreich die einzelnen Punkte sind.
3. Sie ordnen die Elemente den Modulen des INFO-Strukts zu.

Nehmen Sie als Beispiel den Diskrepanz-Fünfsatz, den Sie – je nach Inhalt – höchst unterschiedlich in Ihr INFO-Strukt einordnen könnten: Sie könnten die Feststellungen von Schneider als Hintergrundinformation anreißen und die Punkte 4 und 5 zusammenfassen. Vielleicht ist aber Schneiders Ergebnis gar nicht so allgemein bekannt, und außerdem wollen Sie Ihre eigene Untersuchung und Ihre Interpretation prominenter darstellen. Dann bilden Schneiders und Bauers Ergebnisse den Info-Block 1, Info-Block 2 enthält die Diskrepanz, Info-Block 3 Ihre Untersuchung – und im Fazit bringen Sie Ihre Interpretation der Situation.

Das Wichtigste aus diesem Kapitel

- Auch Informations-Präsentationen verlangen eine klare innere Struktur: Bilden Sie kompakte Info-Blöcke („Chunks“)!
- Sprechen Sie die Interessen der Zielgruppe an – zu Beginn („Warum ist das Thema wichtig – für SIE?“) und am Ende („Was bedeutet das Ganze – für SIE?“).
- Bringen Sie eine Inhaltsübersicht, und grenzen Sie die einzelnen Info-Blöcke deutlich voneinander ab – auch bei einer Kurzpräsentation!

Kapitel 10

Strukturen für alle Fälle – von drei bis fünfzig Minuten

Vorurteil 1: „Wenn es länger dauert, dann dehne ich mein ARGU-Strukt einfach etwas."

Vorurteil 2: „Mit ‚Einleitung – Hauptteil – Schluß' kann ich jede Präsentation bewältigen."

Vorurteil 3: „Wenn man Zeit hat, entwickelt sich das Thema ganz von selbst."

In diesem Kapitel erfahren Sie,

- wie Sie auch in drei Minuten überzeugen können;
- welche „innere Gliederung" bei längeren Präsentationen sinnvoll sind;
- wie Sie Informationen und Argumente logisch – und psycho-logisch – reihen, um Verständnis und Überzeugungskraft zu steigern.

Wenn sogar fünf Minuten zuviel sind

Zuerst die Methode für die extreme Kurzpräsentation:

Der Drei-Minuten-Blitzvorschlag

Diese Struktur verwenden Sie, wenn Sie unter sehr großem Zeitdruck an jemand präsentieren, der das Thema im Prinzip kennt und möglichst schnell entscheiden will. Wenn Sie also zum Beispiel als Abteilungsleiter ein Projekt an die Geschäftsleitung präsentieren. In dieser Situation benötigen Sie keine Schnittstellen, und auf der Ebene der Interessen dominieren rein geschäftliche Überlegungen. Sie müssen möglichst rasch drei Fragen beantworten:

- Wie sieht die AKTUELLE Situation aus? (Nicht bei Adam und Eva beginnen!)
- Was schlagen Sie JETZT konkret vor?
- Welchen NUTZEN kann das Unternehmen von dieser Maßnahme erwarten?

Drei-Minuten-Blitzvorschlag

15" SCHLAGZEILE: "Worum geht es ...?"

STATUS FLEXITIME

30" PROBLEM / LAGE: "Wie sieht die Situation aus?"

- MITARBEITERBEFRAGUNG ABGESCHLOSSEN
- KALKULATION MODELL F LIEGT VOR
- NEUE FORDERUNG BETRIEBSRAT

90" VORSCHLAG: "Mein Vorschlag lautet ...

DELEGATION AN BETRIEBSRAT

... und das heißt im einzelnen:"

▷ KEIN NEUES MODELL ANBIETEN

▷ BR SOLL KOMPLETT-MODELL VORSCHLAGEN

▷ TERMIN-/ABLAUFSETZUNG DURCH BR

▷ RAHMENBEDINGUNG: KOSTENNEUTRAL

▷ INFORMATION ALLER MITARBEITER

z.B.: Was genau soll geschehen? Wer führt es - mit wem - durch? Was kostet es? Wann passiert was?

30" ERGEBNIS: "Was bringt die Verwirklichung des Vorschlags?"

+ KLARE VERANTWORTUNG
+ BESSERES KLIMA
+ BEFREIT GESCHÄFTSLEITUNGS-RESSOURCEN

15" ! NÄCHSTER SCHRITT: "Was muß als nächstes geschehen?" !

▶ GESPRÄCH VORSITZENDER-BETRIEBSRAT

15 Sekunden = maximal 3 Sätze!

10.1. Der Projektverantwortliche für die Einführung flexibler Arbeitszeit schlägt der Geschäftsleitung vor, die Ausarbeitung eines neuen Vorschlages an den Betriebsrat zu delegieren. Da die Geschäftsleitung das Projekt kennt, genügt es, die aktuelle Lage kurz zusammenzufassen und die konkret vorgeschlagenen Maßnahmen zu beschreiben. Wichtig (auch für die Protokollierung im Rahmen einer Sitzung): Wer tut was bis wann?

Alternativen präsentieren – mit dem DUO-Strukt

Mit dieser Kurzpräsentationsstruktur (Kopiervorlage im Anhang) präsentieren Sie Alternativen, aus denen dann Ihr eigentlicher Vorschlag abgeleitet wird. Alternativen werden Sie sinnvollerweise erst dann präsentieren, wenn Ihre Zuhörer für das Problem schon „aufgewärmt" sind. Sie sparen deshalb Situationsbeschreibung und negative Folgen und starten gleich mit der Zielrichtung.
Etablieren Sie klare Bezeichnungen für Ihre beiden Alternativen, und beschreiben Sie sie wiederum in den wesentlichen Einzelheiten.
Dann kommt der für Ihre Zuhörer und Entscheidungsträger wichtigste Abschnitt: Pro und Kontra – die Gegenüberstellung. Da Sie die Alternativen bereits global umrissen haben, können Sie sich jetzt wirklich auf die Unterscheidungskriterien beschränken (Leistung, Preis, Verfügbarkeit, Organisation usw.).
Wozu brauchen Sie dann noch einen Aktionsvorschlag? Nützen Sie die Gelegenheit, sich als kompetenter, professioneller Manager zu profilieren: Geben Sie nicht nur die von Ihnen empfohlene Alternative an, sondern schlagen Sie auch die nächsten Schritte vor!

Längere Präsentationen

Was, wenn Sie genau wissen, daß fünf Minuten zuwenig sind? Vielleicht ausreichend, um die Entscheidung aus dem „Bauch" vorzubereiten, aber nicht ausreichend, um wichtige rationale Entscheidungsgrundlagen auszubreiten?
Jetzt müssen wir unterscheiden, ob Sie ein einziges Thema ausführlich behandeln wollen oder ob Ihre Präsentation eigentlich aus einer Reihe nur lose zusammenhängender Punkte besteht, die einzeln behandelt und entschieden werden müssen.

Das Fachreferat

Diese Struktur empfehle ich Ihnen, wenn Sie als Zeitrahmen 20 bis 50 Minuten vorgegeben haben. (Die 50-Minuten-Schulstunde ist kein Zufall: Danach setzt rasch Ermüdung ein!)

Bild 10.2 zeigt Ihnen, wie's geht.

Zeitplanung für Fachreferate

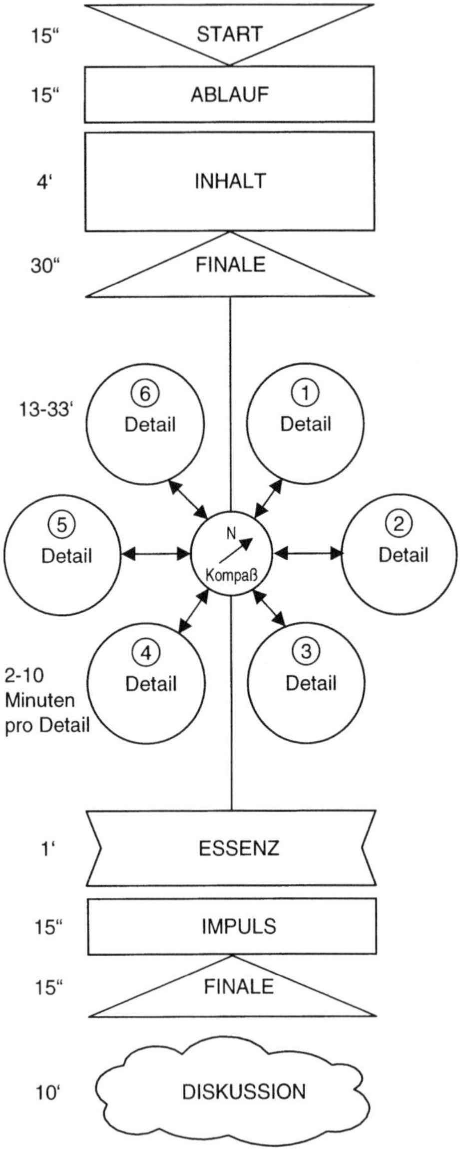

Kündigen Sie an, daß Sie zuerst einen Kurzfassung bringen und anschließend alle Detailinformationen nachliefern.

Präsentieren Sie wie gewohnt laut INFO- oder ARGU-Strukt – einschließlich Finale!

Geben Sie die Übersicht, welche Bereiche Sie jetzt im Detail ausführen werden:

Besprechen Sie die einzelnen Bereiche, aber geben Sie dazwischen immer wieder Orientierungshilfe und Wiedereinstiegsmöglichkeiten („Wir haben jetzt die rechtlichen Probleme besprochen. Als nächstes untersuchen wir ...").

Schließen Sie jede Detailinformation sauber und deutlich ab.

Wiederholen Sie die Fragestellung, die wesentlichen Ergebnisse und Botschaften.

Wenn Sie einen konkreten Aktionsvorschlag (z. B. nächste Schritte) haben – wiederholen Sie ihn jetzt.

Schließen Sie ab – wiederholen Sie Ihr Finale – kurz, aber prägnant.

Planen Sie Zeit für die Fragerunde ein.

10.2.

Der Start: Eine Fünf-Minuten-Präsentation

Kündigen Sie aber gleich nach der Schlagzeile an, daß Sie zuerst einen ganz kurzen Überblick bringen („Das für Sie besonders Wichtige in fünf Minuten!“) und dann erst die Details präsentieren werden.

Mit dem KOMPASS durch die Detailinformationen führen

Nach dem Finale kommt der „Kompaß“. Er dient der Orientierung der Zuhörer durch die Detailpunkte, die Sie jetzt servieren. Stellen Sie sich diesen Kompaß als Flip-Chart vor, das die Liste der Detailpunkte trägt, oder auch als eine Folie oder ein Dia, das Sie jetzt und zwischen den einzelnen Details immer wieder bringen.

In einem kleinen Kreis können Sie es sogar Ihren Zuhörern überlassen, ob und über welche Punkte Sie weiter referieren sollen – vielleicht ist alleine durch das Angebot bereits das Sicherheitsbedürfnis des Publikums befriedigt, und Ihr Vorschlag wird nach kurzer Diskussion angenommen!

Essenz: Die knappe und klare Zusammenfassung

Der Inhalt der Essenz richtet sich danach, welche Art von Präsentation Sie gerade halten:

- Bei einer **Überzeugungs-Präsentation** bringen Sie hier die Zielrichtung, Ihren Vorschlag und die wichtigsten positiven Ergebnisse.
- Bei einer **Informations-Präsentation** gehören zur Essenz die Fragestellung, die Bedeutung und die wesentlichen Informationen.

Wenn Sie jetzt Hemmungen haben, Ihr Finale nochmals zu präsentieren – tun Sie's trotzdem! Sie können allenfalls noch kürzen, versäumen Sie aber nicht, einen wirkungsvollen, demonstrativen Schlußpunkt zu setzen. Danach leiten Sie zur Diskussion über, für die Sie sich bitte entsprechend Ihrer Zielsetzung ausreichend Zeit reserviert haben.

Und wie strukturieren Sie Ihre Detailpunkte? Das sind natürlich wieder kleine Präsentationen, die Sie entweder nach INFO- bzw. ARGU-Strukt aufbauen oder für die Sie einen der logischen Informationsraster wählen können, die Sie am Ende dieses Kapitels finden.

Das Businessplan-Format

Entscheidungsträger im Wirtschaftsleben erwarten, daß Sie rasch zur Sache kommen – und daß diese Sachen auch entscheidungsreif aufbereitet sind. Sehr oft ist es notwendig, daß viele Themen, auch „Issues" genannt, in sehr kurzer Zeit besprochen und entschieden werden. Es handelt sich also eigentlich nicht um eine einzige Präsentation, sondern um eine Sequenz von vielen Mini-Präsentationen.
Das Businessplan-Format (Kopiervorlage im Anhang) geht von der typischen geschäftlichen Situation aus, in der Sie den „Kontakt" schon informell geschlossen haben. Es gibt auch keine „Schlagzeile", da es sich eben um verschiedene Themen handelt. Auch die Agenda, die Tagesordnung, steht bereits fest. Beginnen Sie trotzdem mit dieser Agenda, um alle einzustimmen! Das Arbeitsblatt hilft Ihnen, die wichtigsten Tatsachen zu den einzelnen Kernpunkten festzuhalten.

Jeder Kernpunkt – eine Minipräsentation!

Geschäftliche Präsentationen

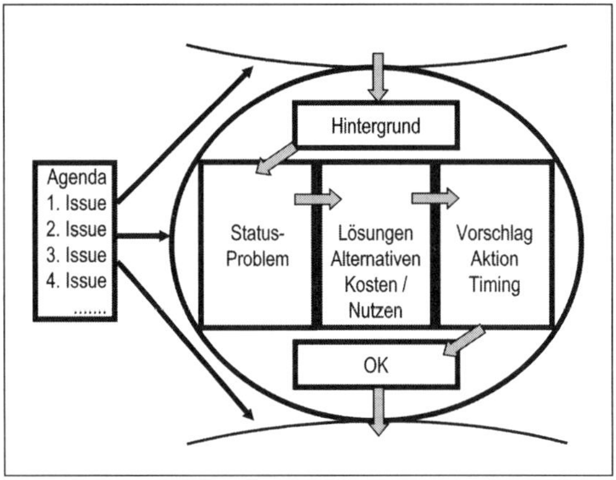

10.3. Zu Beginn präsentieren Sie die Tagesordnung/„Agenda" mit den einzelnen Kernpunkten/„Issues". Jeder dieser Kernpunkte hat dieselbe Struktur, das erleichtert das Verständnis: zuerst der **Hintergrund** mit der Einstimmung – worum geht es? Dann die drei Informationsteile **Status** (Problem/Chance), die **Lösungsmöglichkeiten** mit ihren Vor- und Nachteilen und der konkrete **Vorschlag** mit dem Aktionsplan. Nach Diskussion und Beschlußfassung wird der nächste Kernpunkt der Agenda präsentiert. – Jeder „Issue" ist eine Mini-Präsentation, die Sie auch nach ARGU-Strukt etc. aufbauen können.

Für die Ausarbeitung dieser Kernpunkte („Issues") verwenden Sie aber dann die anderen Hilfsmittel. Überlegen Sie, ob Sie einen Vorschlag „durchboxen" wollen oder ob es nur um den gleichen Wissensstand für alle geht! Das sieht dann so aus:

- Übersicht über die Marktsituation (Mengen, Verbraucher, Mitbewerber) – INFO-Strukt
- Budget für neue Werbekampagne – ARGU-Strukt
- Akquisition oder Kooperation? – DUO-Strukt

Wenn Ihnen all das zu kompliziert erscheint, dann halten Sie für jeden Kernpunkt jedenfalls die in Bild 10.3 skizzierte Struktur ein – das ist das Minimalgerüst, mit dem Sie Ihre Informationen strukturieren.

Psycho-Logik der Argumentation

1. Welche Argumente überzeugen wie?

Unabhängig von der gewählten Struktur besteht die Notwendigkeit für objektive, sachliche Informationen. Die folgenden Arten von Argumenten sollen Ihnen bei der Suche helfen:

Die Zusammenhangsdarstellung: Sie zeigen logische, kausale, zeitliche, räumliche oder strukturelle Beziehungen (Organigramme, Ablaufschemata, Pläne, Schaltskizzen, Molekularstrukturen, Versuchsanordnungen ...). Hierher gehört auch das Experiment oder die Demonstration.

Die Tatsachenfeststellung: Dabei präsentieren Sie (Material-)Eigenschaften, (Produkt-)Leistungen, (Entscheidungs-)Kriterien, Vor- und Nachteile, (Forschungs-)Ergebnisse, aber auch allgemein bekannte Tatsachen. Reales Anschauungsmaterial (Muster) gehört ebenfalls zu diesem Argumentationstyp.

Der Zahlenbeweis: Eine Sonderform der Tatsachen sind quantifizierbare Daten – Ziffern. Zahlen besitzen die Aura der Wahrheit, nur weil sie präzise sind. Sie verwenden Sie zum Beispiel für Anteilsvergleiche, Entwicklungen von Umsätzen, Temperaturen oder Preisen, für Leistungsvergleiche, Korrelationen, aber auch für einzelne (beeindruckende) Daten: „Nur 0,4 % der Österreicher sind auf dauernde Sozialhilfe angewiesen." – „Mehr als 30.000 Österreicher sind auf dauernde Sozialhilfe angewiesen."

Für eine Überzeugungsaufgabe verwenden Sie zum Teil andere Argumente als bei einer reinen Information. Ihre Argumente brauchen mehr mobilisierende Stoßkraft, Sie müssen sie stärker emotional aufladen. Dafür eignen sich besonders gut folgende Sonderformen der Argumentation:

Die „Story“: Erzählen Sie ein persönliches Erlebnis, ein interessantes Beispiel, bringen Sie einen Vergleich, vielleicht sogar ein Gleichnis (wie in der Bibel oder in Fabeln). Rein logisch beweist so etwas sehr wenig, aber durch eine lebhafte, farbige Geschichte bewegen Sie psycho-logisch eine ganze Menge!

Expertengutachten und Garantie: Damit sprechen Sie zum Beispiel das Sicherheitsbedürfnis Ihrer Zuhörer an.

2. Logische Informationsraster

Sie haben Informationen und Argumente gefunden. Jetzt müssen Sie innerhalb Ihrer Struktur die Reihenfolge dieser Bausteine bestimmen. Oft ergibt sich diese Reihenfolge zwangsläufig oder automatisch, manchmal fragen Sie sich aber, wie Sie die einzelnen Informationen anordnen könnten.

Probieren Sie die folgenden bewährten Muster:

- **Analytisch:** Problem – Ursache 1; Ursache 2 – Ursachen für Ursache 1 …
- **Final:** Vorgeschlagene Maßnahmen – geplante Wirkung 1; geplante Wirkung 2 – Auswirkungen von Wirkung 1 …
- **Chronologisch:** 1990 war die Lage so …; 1995 hat sich folgendes geändert …; 2000 passierte dann …; heute stehen wir bei …
- **Geographisch:** Das Bild der Gesamtregion …; in den einzelnen Gebieten/Ländern ist die Lage so …; dabei sehen wir Unterschiede im Norden, im Süden …
- **Strategisch:** Unsere Ausgangslage ist …; wo wir hinwollen und wie wir das zu realisieren planen, welche Widerstände wir dabei erwarten …
- **Gruppenweise:** Die Auswirkungen auf die verschiedenen Personenkreise wie Patienten, Betreuungspersonal, Ärzte, Verwaltung …; die Geschäftsergebnisse bei Zahncreme, Hautpflege, Haarpflege …
- **Nach Phasen:** Der erste Schritt war …; unsere nächste Maßnahme betraf …; und schließlich beschlossen wir …
- **Nach der Bedeutung:** Das Wichtigste, Zweit-, Drittwichtigste …; die größte finanzielle Auswirkung zeigt sich in diesem Bereich, dann folgt jener …
- **Varianten/Alternativen:** Eine Möglichkeit ist …; eine andere Möglichkeit wäre …; und schließlich könnten wir noch …

Dramaturgie – die Reihenfolge ist entscheidend!

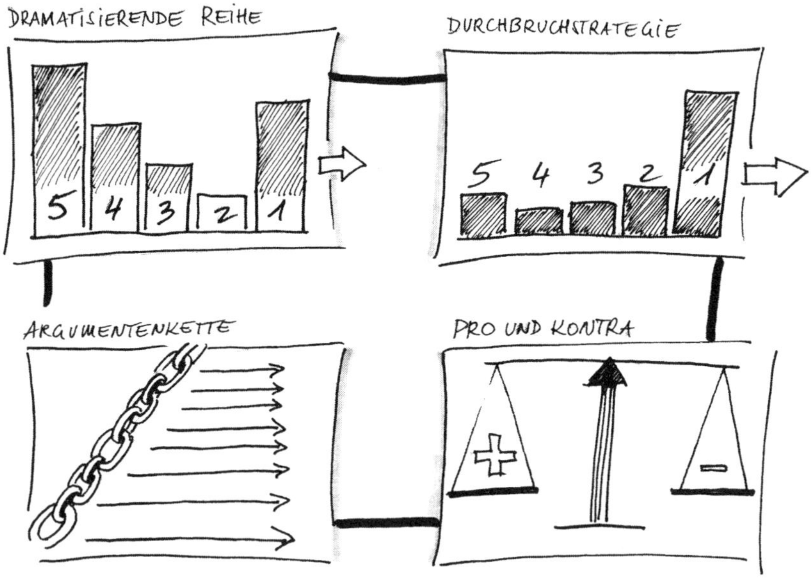

10.4. Die Reihenfolge ist besonders dann entscheidend, wenn Ihre Argumente unterschiedlich stark sind. Die Ziffern der oberen beiden Bilder zeigen die Reihenfolge, in der Sie die Argumente bringen. Bei der **dramatisierenden Reihe** beginnen Sie also mit einem starken Argument, heben aber das stärkste für den Schluß auf, während Sie bei der **Durchbruchsstrategie** alles auf die Karte des überragenden Argumentes setzen. Bei der **Argumentenkette** hoffen Sie, daß die Menge der (an sich schwachen) Argumente Eindruck macht, bei **Pro- und Kontra** achten Sie darauf, daß die Kontra-Argumente schwächer sind.

Auch die Reihenfolge Ihrer Argumente ist nicht nur bei einer Überzeugungs-Präsentation kritisch – besonders, wenn Ihre Argumente unterschiedlich stark, die Informationen unterschiedlich neu oder beeindruckend sind. Wenn Emotionen im Spiel sind, spielt die Dramaturgie eine wichtige Rolle.

3. Dramaturgie für Präsentatoren

Betrachten Sie Ihre Argumente und Informationen nüchtern – mit den Augen Ihrer Zielpersonen: wie bewegend, wie interessant, wie überzeugend sind die Fakten, die Sie präsentieren möchten? Sehen Sie sich selbstkritisch die „Kraft“ Ihrer Module an, und wählen Sie dann aus den Möglichkeiten von Bild 10.4.

Worauf Sie auf jeden Fall achten sollten

- Tip: **Geben Sie Ihren Präsentationsfahrplan bekannt!** Die Struktur, der innere Aufbau Ihrer Präsentation ist nicht nur für Sie eine Arbeitstechnik, sie ist auch für die Zuhörer zur Orientierung interessant. Damit signalisieren Sie gute Vorbereitung und Souveränität.
- Tip: **Sichern Sie die leichte Verdaulichkeit Ihres Inhaltes!** Formen Sie kleine Informationsbissen, und fassen Sie immer abschnittsweise die bisherigen Ergebnisse zusammen. Beim Übergang zwischen zwei Themen bauen Sie eine Brücke, auf der Ihnen Ihre Zuhörer folgen können. Diese Maßnahmen sind auch „Wiedereinstiegshilfen“ für jene Zuhörer, die zwischendurch kurz abgeschaltet haben (wem ist das noch nicht passiert – sogar im interessantesten Vortrag?).
- Tip: **Kontrollieren Sie die Relevanz Ihrer Informationen!** Fragen Sie sich immer wieder: Warum ist diese Information für die Zuhörer wichtig? Brauche ich diese Information wirklich unbedingt? Zielsetzung und Publikumsanalyse bieten Ihnen Anhaltspunkte: Nur jene Daten sind für den ICH-orientierten Zuhörer interessant, die MICH, MEINE Organisation, MEIN Wissensgebiet, MEINE persönliche Stellung betreffen!
- Tip: **Sprechen Sie Herz und Hirn parallel an!** Ohne Emotion wird der geistvollste Fachvortrag, die weittragendste Geschäftspräsentation steril und langweilig. Garnieren Sie „schwere Kost“ mit leichtverständlichen, farbigen Beispielen und Details!
- Tip: **Kontrollieren Sie Ihren Zeitplan!** Zwei Faustregeln:
  - Der Hauptteil einer Präsentation sollte keinesfalls mehr als 85 % der geplanten Sprechzeit ausmachen.
  - Jede Präsentation dauert um 10 bis 20 % länger als in der Vorbereitung berechnet.

Das Wichtigste aus diesem Kapitel

- Eine klare Gliederung hilft Ihnen bei der Zeitplanung, gibt Ihren Zuhörern Übersicht und erleichtert so das Verständnis.
- Längere Präsentationen gliedern Sie in viele Mini-Präsentationen. Damit sind Sie flexibel und können die Reihenfolge ändern.
- Mit zwei bis drei Strukturen werden Sie für Ihren beruflichen Alltag völlig auskommen – wählen Sie jene aus, die Sie am sympathischsten finden, und modifizieren Sie die Struktur für Ihren persönlichen Bedarf!

Schritt 3

Das visuelle Konzept – der Weg zur Bild-Idee

Kapitel 11

„Visualisieren" – warum die Kommunikation mit Bildern besser funktioniert

Vorurteil 1: „Meine Worte müssen genügen – wer nur einen Strich zusätzlich zum Verständnis braucht, ist ein Dummkopf."
Vorurteil 2: „Als visuelle Hilfsmittel genügen Texte und Diagramme vollständig."
Vorurteil 3: „Bilder gehören in Bilderbücher, nicht in ernsthafte Vorträge. Sie sind kindisch und führen zu Analphabetentum."

In diesem Kapitel erfahren Sie,

- was „Visualisieren" bedeutet und welche Wirkung Sie mit visuellen Hilfsmitteln bei Ihre Zuhörer erreichen können;
- warum der Prozeß der Visualisierung Ihnen selbst sowohl bei der Vorbereitung als auch in der Präsentation Vorteile bringt;
- welche Arten von „Bildern" es gibt und wofür Sie diese einsetzen können;
- welche Bilder grundsätzlich richtig oder falsch sind.

„Präsentatoren mit visuellen Hilfsmitteln wirken überzeugender"

Bevor wir dieses Resümee aller einschlägigen Kommunikationsstudien hinterfragen, eine Definition:

Unter „Visualisierung" verstehen wir hier die Übersetzung eines Gedankens in ein sichtbares Hilfsmittel (Flip-Chart, Folie, Dia ...), das den Informationsfluß fördern soll.

Der Vorbereitungsprozeß dafür ist zweistufig: Zuerst brauchen Sie eine visuelle Idee (eine Liste, ein Diagramm, ein Organigramm, eine Zeichnung ...) – das ist die kreative Phase. Dann folgt die Umsetzung: die eigentliche Produk-

tion einer Folie, eines Dias usw. oder der Auftrag dazu. In diesem Abschnitt beschäftigen wir uns mit der ersten Phase, der Bild-Idee.
Warum wirkt nun ein Vortragender überzeugender, bloß weil er irgendwelche Folien oder dergleichen verwendet? Einer der Gründe ist sicherlich, daß unsere Augen unser wichtigster Informationskanal sind. Man schätzt, daß durch den visuellen Kanal etwa dreimal soviel Informationen von außen an uns herankommen wie durch alle anderen Sinne zusammen. Wenn Sie an Musiker oder Gourmets präsentieren, mag das vielleicht etwas anders sein, aber Ihre übliche Zuhörerschar ist visuell orientiert. Wer daher über das Auge kommuniziert, hat mehr Erfolg.

Der Mensch – ein neugieriges Augentier

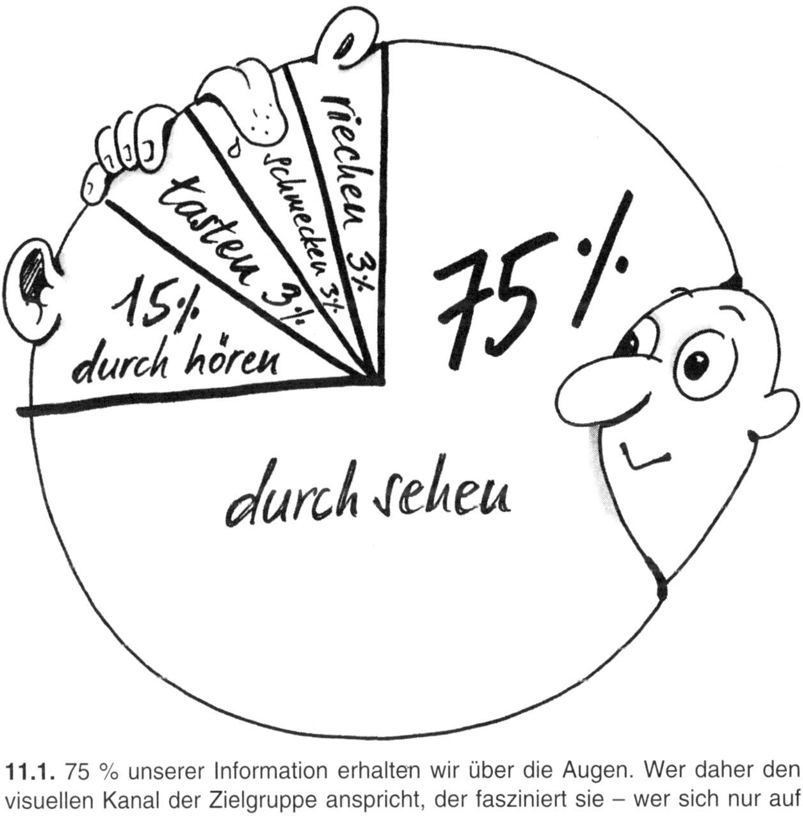

11.1. 75 % unserer Information erhalten wir über die Augen. Wer daher den visuellen Kanal der Zielgruppe anspricht, der fasziniert sie – wer sich nur auf Hören verläßt, riskiert, daß das „neugierige Augentier“ abgelenkt wird und die Botschaft nicht mitbekommt.

Eine Studie, die am Wharton Institute for Applied Research der University of Pennsylvania durchgeführt wurde, beweist eindringlich, wie wichtig der Einsatz visueller Hilfsmittel ist – bei gleichem sachlichem Inhalt!

- Bei Einzelentscheidungen siegt der Präsentator, der visuelle Hilfsmittel verwendet, in 66 % der Fälle;
- bei Gruppenentscheidungen in 72 % der Fälle.
- Der Einsatz visueller Hilfsmittel erhöht die Wahrscheinlichkeit einer Entscheidung von 58 % auf 79 %.
- Visuelle Hilfsmittel verkürzen die durchschnittliche Länge der Konferenz um 28 %.

Zusätzlich wirkt der Präsentator nicht nur überzeugender, sondern – laut Befragungsergebnis – glaubwürdiger, sicherer und besser vorbereitet. Alles gute Gründe, sich nicht nur auf das Wort zu verlassen.
Diese Ergebnisse wurden durch eine weitere Studie der University of Minnesota erhärtet und erweitert:

Die Überzeugungskraft ein und derselben Präsentation erhöht sich bei Einsatz visueller Hilfsmittel um 43 %!

Schon das allein wären gute Gründe, visuelle Hilfsmittel einzusetzen. Aber haben Sie schon einmal überlegt, welchen Einfluß die Erstellung und Verwendung eines solchen Hilfsmittels auf Sie selbst, den Präsentator, hat?

Der „Visualisierungsfilter": Beschränkung auf das Wesentliche

Diesen Effekt merken Sie schon bei dem einfachsten Hilfsmittel, das wir kennenlernen werden: die einfache Liste von Schlagworten (wir nennen das „Bullet-Chart"). Allein die Tatsache, daß Sie sich jetzt für eine beschränkte Anzahl von Worten entscheiden müssen, zwingt Sie zu einer bewußten Selektion. Den positiven Effekt einer solchen Konzentration haben wir bereits kennengelernt, als es darum ging, Ihre Informationen inhaltlich auf den Punkt zu bringen.
Wenn Sie dann in der Visualisierung weiter fortgeschritten sein werden und „richtige" Bilder bringen wollen, wird der Visualisierungsfilter abermals wirksam: Sie wissen genau, daß Sie nicht für ALLES Bilder bringen können, das würden Sie weder in der Vorbereitung noch in der gegebenen Präsentationszeit schaffen. Wieder stellt sich die Frage: Was ist wirklich wichtig? Und

Vorteile des Visualisierungsprozesses

Diese Tabelle wäre nur dann ein Hilfsmittel, wenn Sie die Ziffern gemeinsam mit Ihren Zuhörern genau analysieren wollen.

Die wichtigste Erkenntnis bei der Vorbereitung: Interessant sind gar nicht Werte und von A nicht einmal der absolute Betrag. Die zu transportierende Idee lautet: „Auf A entfällt ein Drittel."

In der Präsentation bringt das zwei Vorteile: Die Zuhörer (1) werden zu Zusehern (2), denn Ihre visuellen Hilfsmittel mobilisieren den wichtigen Empfangskanal „Auge". Zusätzlich bewirkt das vorbereitete Bild (3) einen Blitzladeprozeß bei Ihnen selbst: Alle Überlegungen aus der Vorbereitungsphase sind sofort präsent – niemals wieder „Mattscheibe"!

11.2

nur dafür werden Sie bildliche Darstellungen (Diagramme, Pläne, Fotos ...) auswählen.
Ein drittes Mal wird der Visualisierungsfilter wirksam, wenn Ihnen für einen bestimmten Gedanken, der Ihnen besonders wichtig erscheint, kein „Bild“ einfällt:

Wer nichts sehen kann, kann auch nichts ein-sehen.

Bedenken Sie: Wenn einer sich von Ihrem Vortragsinhalt kein Bild machen kann, wie soll der dann Ihre Gründe ein-sehen?
Das klingt alles recht mühsam – und es ist es auch. Jedenfalls am Anfang! Aber es gibt nicht nur Wege, diesen Prozeß zu vereinfachen und zu beschleunigen, Sie profitieren auch bereits bei der ersten Präsentation mit visuellen Hilfsmitteln überproportional von Ihrer Vorbereitungsarbeit – und es macht Spaß!

Visuelle Hilfsmittel beflügeln und stabilisieren.

Bild 11.2 zeigt warum: Der Visualisierungsprozeß in der Vorbereitung hat Sie dazu gezwungen, sich mit dem Inhalt sehr gründlich zu beschäftigen, da Sie ihn ja auf ein einziges Bild reduzieren mußten. Sobald Sie dieses von Ihnen für diesen speziellen Zweck geschaffene oder ausgewählte Bild in der Präsentation zeigen, wirkt das Hilfsmittel wie ein „Turbolader“. Blitzartig wissen Sie wieder ganz genau, welche Aussage Sie bringen wollen. Über die verschiedenen Bildelemente (Schlagworte, Symbole) rufen Sie aus Ihrem Gehirn-Datenspeicher jene Informationen ab, die Sie geben möchten.

Nie mehr Angst vor „Mattscheibe“!

Der Horror des Vergessens von wichtigen Aussagen, die Angst vor der „Mattscheibe“ – all das gehört mit bildhaften Hilfsmitteln der Vergangenheit an! Ihr eigenes Bild mobilisiert Sie, trägt Sie, macht Sie frei für die Konzentration auf den Inhalt und vor allem für die Konzentration auf Ihr Publikum: Stimmt es zu? Ist es kritisch? Ist es verwirrt oder gelangweilt?
Einen weiteren positiven Effekt eines visuellen Hilfsmittels werden Sie zu schätzen lernen, wenn Sie zu den nervösen Präsentatoren gehören, die auf und ab marschieren und nicht wissen, was sie mit ihren Händen tun sollen. Sie werden feststellen, daß Sie sich selbst stabilisieren, wenn Sie mit Ihren Händen den Blick Ihrer Zuschauer auf dem Hilfsmittel führen und daß diese Bewegungen einen großen Teil Ihrer überschüssigen Energie aufnehmen können. Doch davon später.

Vortragende mit visuellen Hilfsmitteln wirken nicht nur sicherer – sie sind es auch.

Sie kennen nun die positiven Wirkungen visueller Hilfsmittel – und hier liegt auch der Schlüssel zu den überraschenden Forschungsergebnissen: Mit visuellen Hilfsmitteln ist man aus den genannten Gründen tatsächlich sicherer, und natürlich wirkt man dann auch so! Dabei werden Sie feststellen: Schon das einfache Bullet-Chart bringt diese Wirkung, aber sie steigert sich ungemein, je analoger, je bildhafter Ihr Hilfsmittel wird.

Zwei Hälften – ein Gehirn: Digital UND analog präsentieren!

Natürlich kennen Sie den Unterschied zwischen unseren beiden Gehirnhälften – aber was hat das mit Ihrem Vortrag zu tun?
Die linke Gehirnhälfte ist verbal organisiert: Sie arbeitet mit Worten, Ziffern und abstrakten Symbolen wie zum Beispiel den Rechenzeichen plus und mal.

Wie Ihre beiden Gehirnhälften funktionieren

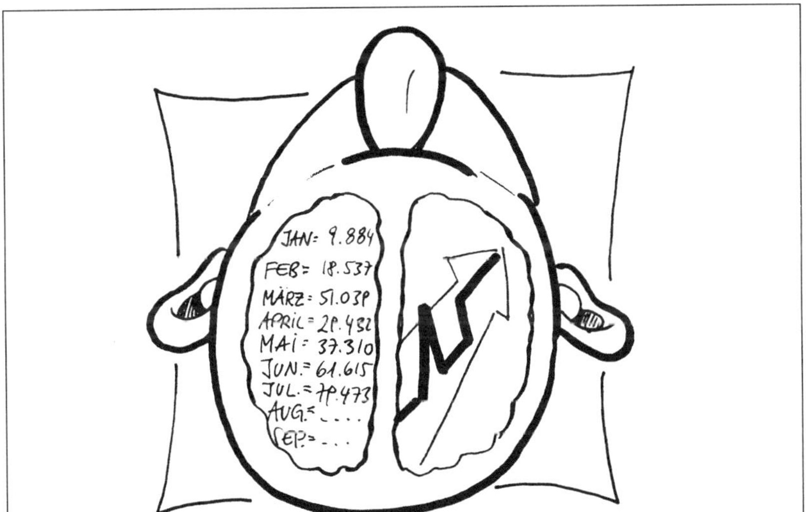

11.3. „Linkes Gehirn“: verbal, digital, logisch-exakt, analytisch; „rechtes Gehirn“: nonverbal, analog, ganzheitlich-kreativ, intuitiv.

Unser linkes Gehirn arbeitet systematisch und zeitorientiert, bei der Lösung von Problemen untersucht es Details und verwendet logische Schlußfolgerungen. Das rechte Gehirn funktioniert nonverbal: Es nimmt Gegenstände, Ideen und Zusammenhänge ganzheitlich wahr und bringt sie miteinander in Beziehung, ohne Worte zu verwenden. Es kann Muster erkennen, aber hat kein Zeitgefühl. Die rechte Gehirnhälfte entscheidet intuitiv nach Gefühl, nach Ahnungen, nach Eindrücken – und nach Bildern. Diese Entscheidungen sind oft unlogisch und nicht nachvollziehbar.

Nutzanwendung für den Vortragenden: Die linke Gehirnhälfte entspricht den abstrakten visuellen Elementen, insbesondere den Texten und Tabellen. Sie ist „digital“ organisiert – ähnlich einem Computer. Diese Darstellungsformen verwenden Sie daher, wenn Ihre Zuhörer Ziffern erinnern oder analysieren sollen oder aus Einzelheiten Schlüsse ziehen müssen. Die rechte Gehirnhälfte dagegen denkt in Bildern – von der Strukturdarstellung bis zum Abbild der Realität. Sie arbeitet „analog“. Damit sind „augenblickliche“ Erkenntnisse, Aha-Erlebnisse, Ein-Blicke „auf einen Blick“ möglich: Man erkennt Zusammenhänge, Trends usw. Die für Sie wichtigste Erkenntnis:

Effektive Kommunikation braucht Bild UND Text!

11.4. Worte allein riskieren Mißverständnisse: Das Wort „Tisch“ gehört zur linken, digitalen Gehirnhälfte und ist bei jeder Person mit einem anderen Bild (rechte, analoge Gehirnhälfte) verbunden. Gehen Sie als Präsentator niemals davon aus, daß Ihre Zielgruppe unter einem bestimmten Begriff genau das gleiche versteht wie Sie selbst.

Worüber sich heute Kommunikationsforscher einig sind: Wir sind durch unser Erziehungssystem viel zu stark logisch-abstrakt/digital/linkshirnig orientiert und müssen lernen, unsere rechte Gehirnhälfte verstärkt einzusetzen, damit wir unser kreatives, emotionales und spontanes Potential besser nützen können! Die professionelle Kommunikation, die Werbung und die Massenmedien haben das längst begriffen: Oder könnten Sie sich Werbung und Fernsehen nur mit Text ohne Bilder vorstellen?
Die Präsentatoren hinken da etwas nach, viele akzeptieren immer noch nicht, was als abgesichertes Wissen feststeht: Unser Gehirn nimmt visuell aufbereitetes Material etwa 60.000mal schneller auf als geschriebenen Text. Wer heute rasch und sicher informieren, motivieren und überzeugen will, für den gibt es nur eines: Gewichtsverlagerung vom Text zum Bild.

Die Bandbreite visueller Lösungen – von digital/abstrakt bis analog/konkret

Alles, was Sie in Ihrem Vortrag den Augen Ihres Publikums bieten, ist ein visuelles Hilfsmittel. Aber nicht alles ist gleich hilfreich, und die Bandbreite ist enorm – sie beginnt im digital-abstrakten Bereich bei dem verhältnismäßig einfach zu produzierenden, aber ziemlich freudlosen Bullet-Chart und endet bei einer dreidimensionalen Realität: einem Produktmuster, einer Demonstration oder einem Modell.
Ein buntes Bild wird zwar in jedem Fall mehr Eindruck machen als eine schwarzweiße Liste von Schlagworten – aber was bedeutet das schon? Sagt ein Bild immer mehr als 1000 Worte?
Nehmen wir an, Sie seien Ernährungsfachmann und wollten folgende Aussage einem interessierten Laienpublikum vermitteln:

„Cola-Limonaden enthalten etwa 12 % Zucker.“

Wieviel ist 12 % Zucker? Welche Umsetzung wählen Sie?

- Eine alphabetische Liste der Inhaltsstoffe mit Prozentangabe (Zucker an letzter Stelle)?
- Ein Tortenbild mit Zucker als der zweitgrößten Komponente nach Wasser?
- Die Zeichnung eines pyramidenförmigen weißen Haufens auf einer Waage mit einem darin steckenden Schild: „Zucker 12 %“?
- Das Foto einer Hand, gehäuft voll mit zwei Dutzend Stück Würfelzucker neben einer Ein-Liter-Flasche Cola?

Ihre Antwort kann nur sein: Es kommt darauf an, was ich wem und unter welchen Umständen mitteilen möchte!

Visuelle Lösungen für Ihre Präsentation

Abstrakte Lösungen	Textbild Bullet-Chart Liste	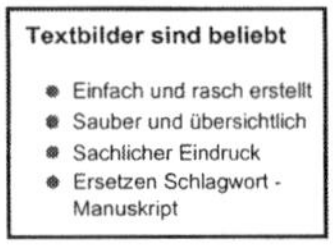 **Textbilder sind beliebt** • Einfach und rasch erstellt • Sauber und übersichtlich • Sachlicher Eindruck • Ersetzen Schlagwort - Manuskript	Inhaltsübersicht / Titel (Fakten-)Aufzählung Maßnahmen
	Tabelle Texttabelle Raster	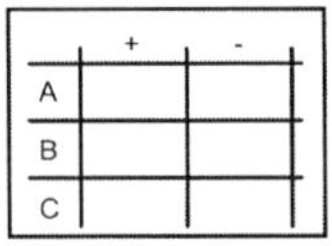	(vollständige) Übersicht Analyse Alternativen / Vergleiche
	Diagramm Zahlen-Grafik Schaubild „Chart“	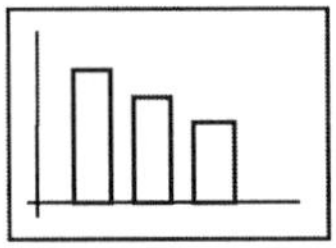	(Funktions-) Zusammenhang Trends, Abweichung, Verteilung Prognosen
	Strukturbild Organigramm Flow-Chart	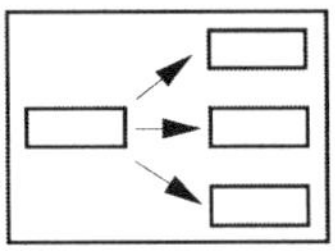	Zusammenhang Überblick Ursache - Wirkung
Bildhafte (konkrete) Lösungen	Plan Schema techn. Zeichnung Landkarte	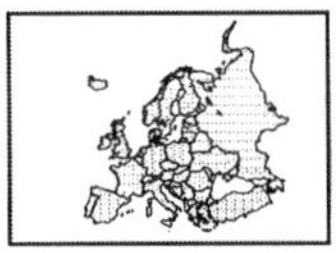	Zusammenhang Überblick Funktion, "Aha!"
	Cartoon Strichzeichnung Symbole		Dramatisierung Emotionalisierung Verständnis
	Foto naturgetreue Abbildung Faksimile		Beweis, "Augenschein" Dramatisierung Details
	Demonstration Experiment Muster	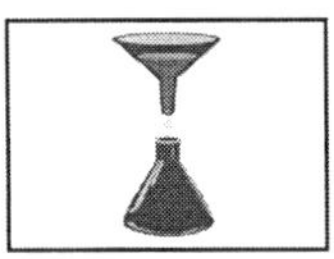	Beweis Verständnis, "Be-Greifen" Dramatisierung, "Test"

11.5. Sprechen Sie die Augen Ihrer Zielgruppe mit dem richtigen „Mix“ von visuellen Mitteln an – beschränken Sie sich nicht ausschließlich auf abstrakte Lösungen (obere Hälfte), sondern wagen Sie sich auch gelegentlich an konkrete, bildhafte, analoge Lösungen (untere Hälfte).

Ihr Kommunikationsziel entscheidet über die Wahl der „richtigen" Visualisierung

Die meisten Gedanken und Informationen lassen sich auf mehrere Arten in Bilder übersetzen; welche Möglichkeiten Sie wählen, hängt von verschiedenen Faktoren ab:

- ob Sie streng sachlich bleiben oder emotionalisieren wollen;
- ob Sie sich eine grobe Vereinfachung leisten können (der anerkannte Fachmann tut sich dabei leichter);
- welche Aussagerichtung Sie beabsichtigen (verniedlichen oder dramatisieren);
- zu welchem Ergebnis Sie bei Ihrer Zielgruppenanalyse gekommen sind;
- welchen Eindruck Sie selbst machen wollen;
- wieviel Zeit und Geld Sie zur Realisierung haben;
- wie groß Ihre persönlichen grafischen oder technischen Möglichkeiten sind.

Die Frage „richtig oder falsch?" können wir also nur in bezug auf eine ganz konkrete Präsentationssituation – einschließlich Zielgruppe, Ziel und Umstände – beantworten. Aber eine Richtung möchte ich Ihnen doch vorgeben:

Bunt ist die Welt – da darf Ihre Präsentation nicht langweilig sein!

In einer Zeit der Medienvielfalt und der Überflutung mit (besonders visuellen) Reizen von allen Seiten laufen Sie Gefahr, mit einfallslos-abstrakten Hilfsmitteln unterzugehen. Es zahlt sich aus, Versuche in Richtung „analog/konkret" zu unternehmen – und aus den Erfahrungen zu lernen. Wozu ich Sie ganz deutlich NICHT angestiftet haben will: Ihre PC-Symbolbibliothek zu plündern und auf jede (elektronische) Folie ein nettes Bildchen zu kleben!

Das Wichtigste aus diesem Kapitel

- Die Bandbreite visueller Übersetzungen reicht vom (abstrakten) Text bis zum (konkreten) Bild. Darin finden Sie für jede Kommunikationssituation die richtige visuelle Idee.
- Vortragende mit visuellen Hilfsmitteln sind nachweisbar effektiver.
- Das visuelle Hilfsmittel ist der beste Stichwortbringer: Sie selbst wirken sicher, das Publikum folgt interessiert Ihren Gedanken.

Kapitel 12

Von der Information zur Bild-Idee – wie der Visualisierungsprozeß funktioniert

Vorurteil 1: „Mir fallen keine ‚Bilder' ein."
Vorurteil 2: „Hauptsache, die Hilfsmittel sind attraktiv, bunt und dramatisch."

In diesem Kapitel gehen wir von der Theorie zur Praxis. Sie erfahren, wie Sie die inhaltliche Strukturierung Ihrer Präsentation auch für die Visualisierung nutzen:

- in welchen Schritten Sie das für die konkrete Situation beste Bild auswählen;
- warum Sie nicht „alles" bildlich darstellen sollten;
- was Sie tun können, wenn Ihnen absolut kein „Bild" passend erscheint.

Visualisierung in der Theorie ...

Zum Prinzip der Visualisierung haben Sie im vorangegangenen Kapitel wahrscheinlich genickt: Man überlege genau, welcher Gedanke für die konkrete Zielgruppe besonders wichtig ist, filtere die Essenz aus diesem Gedanken und warte auf die Inspiration. Von den verschiedenen Einfällen (siehe „Bandbreite der visuellen Lösungen") wähle man dann jenen aus, der in der konkreten Präsentationssituation am treffendsten ist. Soweit die Theorie.

... und im beruflichen Alltag

Regelmäßig starten Sie nicht vom absoluten Nullpunkt – wenn Sie etwas präsentieren müssen, so bedeutet das meist, daß Sie sich mit dieser Sache bereits längere Zeit beschäftigt haben. Sie haben Informationen gesammelt, ein Projekt ausgearbeitet, eine Studie durchgeführt. Im Zuge dieser Beschäftigung mit Ihrem Thema werden Ihnen schon visuelle Umsetzungen und Elemente in die Hände gefallen sein, oder Sie mußten sie schon für Ihre Analyse des

Problems ausarbeiten: Tabellen, Diagramme, Listen, Landkarten, Ablaufdiagramme – und vielleicht ist sogar ein Foto dabei.
Alle diese Dinge rufen Ihnen zu: „Bau mich in Deine Präsentation ein!" Und so haben Sie damit begonnen, diese Bilder in eine Reihenfolge zu bringen und dann die Lücken zu ergänzen bzw. unvollständiges oder wenig attraktives Material zu optimieren. Das Ergebnis ist dann eine Präsentation, in der das enthalten ist, was Ihnen selbst irgendwann einmal wichtig war – sonst hätten Sie es wahrscheinlich weder aufgehoben noch sich daran erinnert.
Nun haben Sie dieses Buch in der Hand, denn Sie wollen ja besser präsentieren, wirksamer vortragen. Bedeutet das, daß Sie sich von all Ihren Schätzen verabschieden sollen? Es wäre wenig realistisch, das von Ihnen zu verlangen. Aber vielleicht gibt es einen Weg, der Ihnen hilft, existierendes Material disziplinierter auszuwählen und sinnvoller einzusetzen.

Zielorientierte Visualisierung – ein praktischer Weg zu sinnvollen Hilfsmitteln

Jetzt lohnt sich die Vorarbeit, die Sie in die Ausarbeitung einer klaren und kompakten Struktur investiert haben. Sie ist nämlich die Basis: sowohl für ökonomische Vorbereitung – wer hat schon Zeit zu verschenken? – als auch für mehr Wirkung.

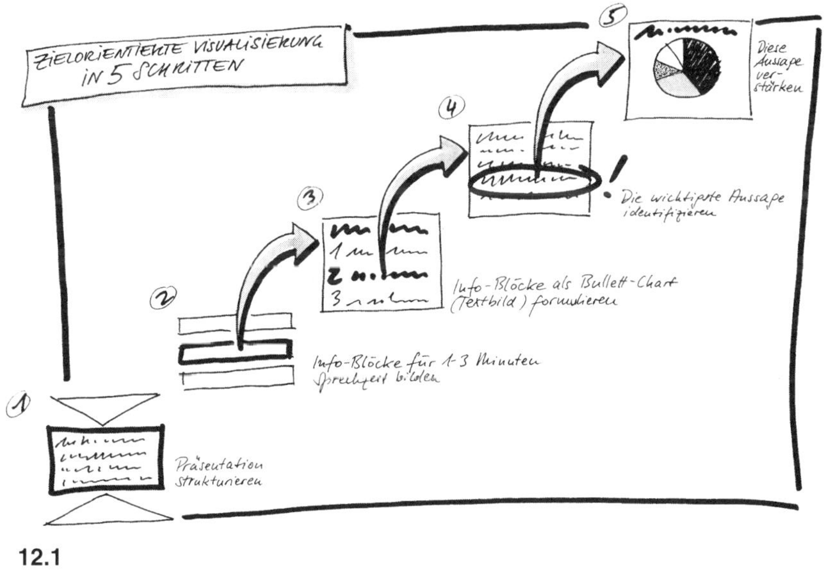

12.1

1. Strukturieren Sie Ihren Vortrag/Ihre Präsentation

Das haben Sie bereits hinter sich – mit dem ARGU-Strukt- oder dem INFO-Strukt-System. Aber auch jede andere Gliederung hilft Ihnen – zum Beispiel mit dem Auto-Inhalts-Assistenten vom MS PowerPoint; zumindest aber nach dem uralten Prinzip: „Einleitung – Hauptteil – Schluß“.

2. Info-Blöcke für ein bis drei Minuten Sprechzeit bilden

Im Hauptteil sind Sie besonders bei längeren Präsentationen in Gefahr, sich selbst und Ihre Zielpersonen zu verlieren. Hier schlägt Ihr Informationsvorsprung als Fachmann voll zu: zu viele Informationen, komplizierte Zusammenhänge, eine Überforderung Ihrer Partner droht. Deshalb ist die Gliederung in kleinere Informationseinheiten so wichtig für das Verständnis.

3. Info-Blöcke als Bullet-Chart formulieren

Bullet-Charts sind an sich eine eigenständige visuelle Lösung – eben eine Liste von Schlagworten mit Überschrift und einem Markierungspunkt am Beginn jeder Zeile; im nächsten Kapitel beschäftigen wir uns ausführlich damit. Bullet-Charts sind aber gleichzeitig der Startpunkt für jede weitergehende Visualisierung: Erst, wenn Sie Ihre Information auf dieses Maß verdichtet haben, wird es leichter für Sie, eine stärkere visuelle Umsetzung zu finden.
Auch in dieser Richtung haben Sie bei der Arbeit an der Struktur bereits vorgearbeitet: Ihre Elemente wurden unterhalb der Überschrift mit Details – Zahlen, Fakten, Beweisen – gefüllt. Diese Texte verkürzen Sie einfach, und fertig ist das Bullet-Chart.

Bullet-Charts: eine saubere Minimallösung für den Notfall!

Selbst wenn Ihnen jetzt keine weitergehende Visualisierung mehr einfallen will, oder wenn einfach keine Zeit mehr bleibt: Mit diesem Hilfsmittel können Sie bereits präsentieren. Und Sie sind dabei – wenn schon nicht in guter, so doch – in zahlreicher Gesellschaft. Über 80 % aller visuellen Hilfsmittel sind nichts anderes als solche Bullet-Charts.
Aber Sie möchten sich ja von der Masse der Präsentatoren abheben und Ihre Überzeugungswirkung verstärken.
Wir gehen also einen Schritt weiter:

Bullet-Charts: Ausgangspunkt und Leitbild

12.2. Auf dem Weg zur Visualisierung ist Schritt 3 (Info-Blöcke als Bullet-Chart formulieren) besonders wichtig: Diese kompakte und übersichtliche Darstellung ist Ausgangspunkt und Leitbild für die vielen anderen Visualisierungsmöglichkeiten, die Ihnen zur Verfügung stehen – von digital/abstrakt bis analog/konkret. Und im Notfall ist das einfache Bullet-Chart auch eine brauchbare Minimal-Visualisierung: Etwa 80 % aller visuellen Hilfsmittel bei geschäftlichen Präsentationen beschränken sich derzeit auf diesen Lösungstyp.

4. Die wichtigste Aussage identifizieren

Und wieder hat es sich bezahlt gemacht, wenn Sie der Arbeitsanleitung für das ARGU-bzw. INFO-Strukt gefolgt sind: Dann haben Sie nämlich mit der Überschrift begonnen und die Fakten bereits auf die Überschrift hin ausgewählt. Diese Überschrift (Titelzeile) ist gleichzeitig die wichtigste Aussage des betreffenden Info-Blockes und damit – gewissermaßen automatisch – die Arbeitsanweisung für die eigentliche Visualisierung.

Bei den anderen Strukturen müssen Sie jetzt noch etwas nachdenken: Angenommen, Sie haben einen Zeitraster für Ihre Darstellung wichtiger Entwicklungen auf dem Computersektor gewählt, dann entsprechen vielleicht Ihre Informationsblöcke den Dekaden ab 1950. Zu jeder dieser Dekaden (also zum Beispiel zu den siebziger Jahren) haben Sie einige Fakten aufgelistet. Sollte Ihre Überschrift jetzt lauten: „Die siebziger Jahre", dann ist das keine Aussage, die Ihnen weiterhilft. Überprüfen Sie also, was diese Zeitspanne punkto Computer charakterisiert – zum Beispiel: „Die siebziger Jahre: Großrechner dominieren". Überprüfen Sie jetzt nochmals, ob die anderen Fakten diese Aussage hinreichend unterstützen, illustrieren, dramatisieren usw.

5. Diese Aussage verstärken, verdeutlichen, vereinfachen

Für unser Beispiel mit den Großrechnern könnten Ihnen jetzt vielleicht folgende Ideen einfallen:

- eine Tabelle, welche Firmen in welchen Segmenten Anlagen installiert hatten;
- ein Kreisdiagramm mit den Anteilen der verschiedenen Rechnersysteme;
- das Foto einer bekannten Persönlichkeit mit einem Zitat aus jener Zeit über die Bedeutung der Großrechner;
- ein riesiger Großrechner (einfach ein Schrank mit IT-Symbolen), der die Weltkugel unter sich zusammendrückt.

Und genau an dieser Stelle dürfen Sie jetzt wieder an all Ihre Schätze denken, die sich auf Ihrem Schreibtisch oder in Ihrem PC befinden: die Bilder, Statistiken, Diagramme. Jetzt kann dieses Material kein Unheil mehr anrichten, denn jetzt besitzen Sie in Ihrer Aussage (Überschrift/Titelzeile) einen Selektionsfilter: Paßt das Diagramm zu dieser Aussage – oder nicht?

Vorsicht, Bilderflut!

Mit den vielen Möglichkeiten der bildhaften Umsetzung werden wir uns in den nächsten Kapiteln beschäftigen; hier aber eine Warnung vorweg: Gerade weil es (zum Beispiel mit dem PC) so einfach geworden ist, Bilder der verschiedensten Art in die Präsentationen einzubauen, besteht die Gefahr der Übervisualisierung:

Nicht ALLES visualisieren wollen!

12.3. Visualisieren, ja – aber keine Bilderflut! So sehr Ihre Zielgruppe visuell aufbereitete Information schätzt und so sehr wir „Bilder" mögen: Reduzieren Sie auch hier Ihre Informationen auf das, was zur Übermittlung der wesentlichen Aussagen wirklich absolut notwendig ist.

Beschränken Sie sich bei der Visualisierung auf die wirklich wichtigen Aussagen, und versuchen Sie nicht, jedes Element Ihres Vortrages bildhaft zu verstärken. In einer Bilderflut gehen die entscheidenden Gedanken unter, und Sie erreichen weniger als mit einer Präsentation, die sich wirklich nur auf Bullet-Charts beschränkt.

- Tip: **EIN Bild pro Folie**; den Rest der Informationen dieses Informationsblockes setzen Sie als Schlagwörter unter oder neben das Bild.
- Tip: **Ausnahmsweise mehrere Bilder** pro Folie: sinnvoll ist das nur, wenn die Bilder in einer Beziehung zueinander stehen oder bei einer schlichten Aufzählung, zum Beispiel: „unsere Kunden".
- Tip: **Verstärkt das Bild Ihre Kommunikation?** Fragen Sie sich bei jeder einzelnen Bild-Idee – VOR der Realisierung! – ob der Gedanke durch das Bild klarer wird. Wenn nicht, lassen Sie das Bild weg.

Zeitbudget berücksichtigen – wie viele „Bilder“ benötigen Sie?

Bei meinen Klienten erlebe ich immer wieder die Frustration, knapp vor der Präsentation festzustellen, daß die Zeit nicht ausreichen wird, die interessanten und mühevoll vorbereiteten Bilder (egal ob Folien oder elektronische Bilder) zu zeigen. Damit wird doppelt Zeit vergeudet: In der Vorbereitung hätte man sich Zeit sparen können, und jetzt kostet es abermals Zeit, auszusortieren, zu kürzen, sich von liebgewordenen Bildern zu trennen.
Natürlich ist Bild nicht gleich Bild – ein Cartoon aus dem Wirtschaftsteil einer Zeitung ist blitzartig zu erfassen, für ein komplexes Diagramm brauchen Sie wesentlich mehr Zeit. Und sogar eine einfache Liste von drei Schlagwörtern können Sie sehr rasch oder sehr ausführlich abhandeln. Wahrscheinlich wird Ihre Präsentation einen Mix verschiedener solcher Hilfsmittel umfassen (das empfehle ich Ihnen jedenfalls!) – und deshalb nur eine Faustregel:

Gesamtzeit in Minuten = maximale Bildanzahl;
Gesamtzeit in Minuten : 3 = minimale Bildanzahl.

Für die fortgeschrittenen Leser: Aufbausequenzen zählen dabei als EIN Bild (von Aufbausequenzen sprechen wir dann, wenn ein Bild durch Hinzufügung weiterer Elemente vervollständigt wird – entweder durch schichtweisen Aufbau mit weiteren Folien oder durch elektronisches Hinzufügen der Elemente).
Für einen Fachvortrag von 15 Minuten sollten Sie also nicht mehr als 15 Bilder vorbereiten (sonst werden Sie zum Folienklatscher, Dia-Raser oder PC-Zapper), aber auch nicht weniger als fünf Bilder (sonst wird die Sache langweilig).

Für jeden Info-Block ein Bild.

Das ist eine weitere Faustregel: Wenn Ihnen dieser Informationsblock für eine Visualisierung nicht wichtig genug ist, dann lassen Sie ihn gleich weg – er hat keine Chancen, sich gegen visualisierte Informationen durchzusetzen.
– Für die im Schritt 2 beschriebenen Strukturen bedeutet das:

- ARGU-Strukt: je ein Bild für Situation, negative Folgen, Vorschlag, positive Ergebnisse und nächste Schritte.
- INFO-Strukt: je ein Bild für Bedeutung/Hintergrund, Menü, jeden Info-Block, Fazit.

Positive Bilder – durchstreichen genügt nicht!

Probleme und Negativ-Situationen lassen sich meist leicht visualisieren: Ein übervoller Schreibtisch ist ein stärkeres Bild als ein ordentlicher Arbeitsplatz mit überschaubaren Dingen.
Was passiert nun, wenn Sie in Ihrer Präsentation das Problem visuell dramatisch darstellen, den Nutzen (weniger Arbeit durch bessere Organisation), aber nur so darstellen, daß Sie die Arbeitsberge durchstreichen? Das Problembild bleibt unverändert eingeprägt, während das Durchstreichen vom Bilder-Gehirn Ihrer Zuschauer ignoriert wird. Denn „durchstreichen" ist ein abstraktes Konzept (Negation, Null) und passiert im linken (digitalen) Gehirn.
Daher: Bringen Sie starke Problem-Bilder nur dann, wenn Sie auch über attraktive, zumindest gleich starke Lösungs-Bilder verfügen. Oder das Problem z. B. durch Animation buchstäblich „auflösen" können: Die Aktenberge verschwinden vor den Augen der Zuschauer.

Das Wichtigste aus diesem Kapitel

- Bereits vorhandene visuelle Hilfsmittel sind eine Falle: Überlegen Sie zuerst, was Sie visualisieren wollen, bevor Sie solches Material einbauen.
- Brechen Sie Ihre Präsentation in Informationsblöcke von ein bis drei Minuten Dauer auf – für jeden dieser Blöcke brauchen Sie ein Bild.
- Was ist die Netto-Information, die Aussage dieses Informationsblockes? Das ist gleichzeitig die Überschrift/Titelzeile der Folie.
- Verdichten Sie den Gedanken zu einem Bullet-Chart – mit der Aussage als Überschrift.
- Wenn Sie stärker visualisieren wollen, fragen Sie sich, welches „Bild" diese Aussage am besten unterstützt.
- Setzen Sie Bilder gezielt ein – weniger ist mehr!

Kapitel 13

Texte und Tabellen – Prägnanz für nackte Information

Vorurteil 1: „Wer schreiben kann, kann auch ein Textbild produzieren."
Vorurteil 2: „Die Gestaltung von Texten und Tabellen überlasse ich meiner Sekretärin – schließlich sitzt sie am PC."
Vorurteil 3: „Wenn schon Zahlen, dann exakt."
Vorurteil 4: „Textbilder und Tabellen sind immer eine Notlösung."

Dieses Kapitel ist besonders denen gewidmet, die in anglo-amerikanischen Präsentationskulturen präsentieren müssen, und natürlich den Finanzfachleuten. Aber auch alle anderen erfahren, wie man aus abstrakten, digitalen Hilfsmitteln mehr herausholt, was Bullet-Charts mit „Geschossen" zu tun haben und mit welchen Kunstgriffen auch exakte Tabellen noch übersichtlich und lesbar bleiben.

PCs arbeiten digital

Diese „sensationelle" Erkenntnis hat eine weitreichende Konsequenz für visuelle Hilfsmittel: Digitale Dinge – Text und Ziffern – sind schlicht leichter zu produzieren. Ein Bullet-Chart mit 25 Worten oder eine Tabelle mit zwei Spalten und drei Zeilen ist in einer Minute erstellt – alles andere dauert viel länger. Und das schönste (und gleichzeitig das schlimmste) ist: Das Ergebnis sieht am Computerschirm exzellent aus! Wen wundert es daher, daß PC-gestützte Präsentationen hauptsächlich aus diesen visuellen Lösungen bestehen? Aber bevor wir uns über diese abstrakten visuellen Lösungen grundsätzlich abfällig äußern:

Texte und Ziffern sind in ihrer verdichteten Form ein notwendiger Zwischenschritt zur „echten" Visualisierung.

Und oft sind Texte und Tabellen sogar genau das richtige Kommunikationsinstrument!
Aber Texte und Tabellen sind tatsächlich oft freudlos – doch meist ist das die Schuld des Präsentators:

Das Vortragskonzept auf „Bullets“ verdichten

Produktion bei Kunde-AG unter Druck

- 15–20 % Kostennachteil
- Verkauf: kürzere Lieferzeiten!
  - 95: 6 Wochen
  - 98: 3,5 Wochen
- Umrüsten Zeit +, Qualität –
- Umweltauflagen

Druck gefährdet Standort

- Qualitätsvorsprung?
- Lieferzeiten: Kostennachteil schwer argumentierbar
- Standort und Arbeitsplätze!

OMEGA-Steuerungssystem

- zentral rechnen – lokal justieren
- modulare Konfigurationsblöcke für rasche Umrüstung
- 6 Monate Vollbetrieb bei Fa. Q
- Investitionsvolumen 5 bis 7 Mio.

OMEGA-Investitionen rechnen sich

- Einsparungspotential: 5–8 %
- kürzere Umrüstzeiten:
  - 1,5 -> 0,5 Stunden
  - mehr Flexibilität
- bessere Produktqualität durch genaue Dosierung
  - auch bei häufigem Umrüsten
- Flexibilität und Wirtschaftlichkeit sichern den Standort

13.1. Aus seinem ARGU-Strukt (Bild 8.8) gewinnt der Omega-Repräsentant durch weitere Verdichtung einfache Textbilder. Wegen der „Einschußlöcher“ am Zeilenbeginn und wegen des Schlagwort-Charakters nennt man sie auch Bullet-Charts (bullet = Geschoß, Kugel).

- **Voll ausformulierte Sätze** machen den Präsentator zum Vor-Leser, und der Zuschauer fragt sich: „Glaubt er, ich kann nicht lesen?“
- Das Bild enthält **zu viele Informationen**, der Zuschauer ist verwirrt und fragt sich: „Worum geht es überhaupt?“
- Die **Schrift ist zu klein**, die Augen tränen, man ermüdet rasch.
- Das Ganze spielt sich **nur in schwarzweiß** ab – das wirkt nicht nur sachlich, sondern schlicht deprimierend.

Drei Forderungen an „freudlose“ Texte und Tabellen: Lesbarkeit, Übersichtlichkeit, Attraktivität

1. Lesbarkeit

Eigentlich sollte man darüber gar kein Wort verlieren müssen, denn jeder Präsentator war ja selbst schon Leidtragender und hat über zu kleine, unleserliche Schriftzeichen gestöhnt. „Kann man das von hinten lesen?“ – Sparen Sie sich selbst die Blamage einer solchen Frage und Ihren Zielpersonen das Ärgernis, und wählen Sie eine ausreichende Schriftgröße. Alles unter 5 mm für Folien und unter 20 Punkt für Datenprojektion ist sicher zu klein. (Näheres erfahren Sie noch bei den einzelnen Medien.) – Wer noch mit Vorlagen von der Schreibmaschinen arbeitet: zweimal vergrößern, dann erst auf Folie kopieren!

2. Übersichtlichkeit

Unübersichtliche Mengen von Text und Zahlen können nur verwirren – nicht nur das Publikum, sondern auch Sie selbst. Die größten Feinde der Übersichtlichkeit sind einerseits die Menge, andererseits die Präzision. Vollständige und exakte Informationen („13.604.457,13“) gehören in schriftliche Unterlagen, nicht auf die Projektionsfläche!

3. Attraktivität

Buchstaben und Ziffern sind nun einmal weniger interessant als Bilder. Wir brauchen diese digitalen Zeichen aber unbedingt, um wichtige, vielleicht abstrakte Informationen zu vermitteln. Je angenehmer, sympathischer die dargebotenen Schriftzeichen wirken, desto leichter fällt cs dem Auge und dem Sinn des Zuschauers, sich in die Inhalte zu vertiefen. – Hier bieten die grafisch meist gut abgestimmten Vorlagen der PC-Programme dem Präsentator eine wertvolle Unterstützung.

Der erste Schritt: Bullet-Charts – Text-Geschosse mit geballter Informationsladung

„Bullet“ bedeutet „Geschoß, Kugel“ und bezeichnet in der Präsentation zwei eng verbundene Dinge:

Problematische und optimierte Bullet-Charts (Textbilder)

Welche Veränderungen in der Geschäftswelt zu berücksichtigen sind:

- Wettbewerb wird weltweit
- es kommt zu technologischen Revolutionen
- die Arbeitsplätze verändern sich
- zunehmender Einsatz von multikulturellen Arbeitskräften
- Unternehmen müssen sich verstärkt auf Leistung orientieren

Business Trends berücksichtigen!

- Weltweiter Wettbewerb
- Technologische Revolutionen
- Veränderung der Arbeitsplätze
- Multikulturelle Arbeitskräfte
- Leistungs-Orientierung

Was ist neu?

Schlankere, spezialisiertere, von hoher Informationsdichte bestimmte Unternehmen.
Auf hohe Leistung ("high performance"), weltweiten Wettbewerb ("global players") und Teamwork konzentriert.

Neu in Unternehmen

- Eigenschaften:
  - schlanker
  - spezialisierter
  - dichte Information
- Orientierung:
  - Leistung
  - weltweiter Wettbewerb
  - Teamwork

Investitionsprojekte

- Neue Wasseraufbereitungsanlage in Kairo
- Hochregallager in Moskau erweitern
- Alaska: frostfeste Serviceausrüstung
- Sanierung des Bürogebäudes / Manila

Investitions-Projekte

- Kairo: neue Wasseraufbereitungs-Anlage
- Moskau: Erweiterung Hochregal-Lager
- Alaska: frostfeste Service-Ausrüstung
- Manila: Sanierung Bürogebäude

Status-Bericht Projekt C

- Abschluß letzte Testreihe
- Antrag auf Genehmigung beim Ministerium
- Ende Okt. Bewilligung wahrscheinlich
- Aktueller Plan für Produktionsbeginn: März

Projekt C: sichtbare Fortschritte

- Letzte Testreihe abgeschlossen
- Genehmigung beim Ministerium beantragt
- Bewilligung Ende Okt. erwartet
- Produktionsbeginn für März geplant

13.2. Auch bei Bullet-Charts kommt es auf das „Wie“ an – versuchen Sie, möglichst prägnant und kurz zu texten. Alles Fehlende ergänzen Sie selbst in der Präsentation.

- die kreisrunden „Knöpfe", die den Zeilenbeginn jener Schlagwort-Charts markieren, die insbesondere mit der Präsentationskultur amerikanischer Konzerne die Konferenzräume erobert haben;
- die Schlagworte selbst, die so prägnant, so knapp formuliert sein sollen, daß sie wie Geschosse wirken.

Die einfachste Form des Schlagwortes ist die Liste – Sie brauchen sie für

- **Inhaltsübersicht** (die Punkte, die präsentiert werden),
- **Referenzen** (zum Beispiel, in welchen Unternehmen schon eine solche Anlage installiert ist),
- **Komponenten** (welche Teile das Ganze bilden),
- **Maßnahmen** (was alles zu tun ist).

In den meisten dieser Fälle wäre eine weitergehende Visualisierung weder sinnvoll noch möglich.

Prägnant und ökonomisch formulieren!

Bild 13.2 zeigt Ihnen schlechte Textbilder und optimierte Bullet-Charts – mit diesen Kniffen sind Sie bereits gut gerüstet. Noch einige Rezepte zur richtigen Erstellung:

- Tip: **Richtwert 44 Worte.** In dieser sonderbaren Zahl sind ein paar Merkpunkte versteckt: 5 (Unter-) Punkte mit je 7 Worten, also 5 x 7 = 35, und noch 9 Worte für eine zweizeilige Überschrift. Das soll Sie sowohl an eine klare Gliederung erinnern als auch an eine aussagestarke Titelzeile, mit der Sie Wesentliches verankern. Natürlich ist die 44 nur ein Richtwert, aber Sie fahren gut damit. Das Beispiel rechts unten verwendet 24 Punkt für den Textkörper und 36 Punkt für die Überschrift und ist damit bestens lesbar.
- Tip: **Telegrammstil verwenden.** Warum, zeigt Ihnen das abschreckende Beispiel 13.3 unten links
- Tip: **Ein Gedanke pro Punkt.** Das hilft Ihnen, Ihre Gedanken schon in der Vorbereitung zu ordnen – und im Vortrag deutlich voneinander abzugrenzen. Eine ungeheure Erleichterung für das Verständnis!.
- Tip: **Mit Farbe gliedern und hervorheben.** Der wichtigste Schlüssel zur Übersichtlichkeit und vor allem zur Attraktivität. Folienpräsentatoren: schwarzweiße Kopierfolien beleben Sie während des Vortrages mit dicken, farbigen Strichen: hervorheben, durchstreichen, abhaken, verbinden ...

Produktion bei KUNDE AG unter Druck

- **15 – 20% Kostennachteil**
- **Verkauf: kürzere Lieferzeiten!**
  - **2000 6 Wochen**
  - **2002 3,5 Wochen**
- **Umrüsten: Zeit +, Qualität -**
- **Umweltauflagen**

Produktion bei KUNDE AG unter Druck

	Westen	Osten
∅ Kosten	100%	80 – 85%
Lieferzeiten	6 – 3,5 W	6 – 8 W
Umweltauflagen	hoch	?

- Umrüsten: Zeit ➚, Qualität ➘

Die Gestaltung von Textfolien

Visuelle Hilfsmittel haben zwei wichtige Aufgaben: sie sollen den Präsentator beim Vortrag unterstützen und sie sollen dem Publikum das Verständnis erleichtern.

Für den Präsentator ist es daher wichtig, daß er sich auf diesem Hilfsmittel rasch orientieren kann – es ersetzt den Stichwortzettel und auch ein Manuskript wird überflüssig.

Für das Publikum hingegen stellen die Folien einen „Roten Faden" dar, an dem man sich orientiert und daher den Worten des Präsentators besser folgen kann. Das hilft beim Verständnis!

Aus diesen Gründen sind voll ausformulierte Sätze nicht hilfreich, weil sie dem Vortragenden doppelt schaden: einerseits verleiten sie ihn zum Ablesen (darunter leidet der Blickkontakt), andererseits machen sie ihn überflüssig, weil das Publikum selbst lesen kann. Für prägnante Folien empfehlen wir daher wenig Text und den Telegrammstil.

➔Textfolien müssen dem Präsentator helfen und das Verständnis fördern

- **Präsentator gewinnt:**
  leichte Orientierung, befreit vom Manuskript
- **Publikum gewinnt:**
  „Roter Faden" hilft folgen und verstehen
- **Ausformulierte Sätze =**
  = doppelter Schaden für den Vortragenden:
  - **verleiten zum Ablesen - Blickkontakt leidet**
  - **Publikum liest voraus - Präsentator überflüssig.**

13.3. Oben: **Wie aus Bullet-Charts Tabellen werden:** Textbilder sind automatisch von oben nach unten strukturiert – und müssen auch so präsentiert werden. Der gleiche Inhalt als Tabelle sieht übersichtlicher aus (Sie selbst wirken „systematischer"!) und gibt Ihnen die Freiheit, zuerst die Spalten oder zuerst die Zeilen zu präsentieren.
Unten: **Wieviel Text passt auf eine Folie?** Mit dem linken Screen zeigen wir im Seminar, warum Telegrammstil so wichtig ist – der rechte Screen bringt den gleichen Inhalt übersichtlich und leicht präsentierbar auf den Punkt. Gleichzeitig demonstriert er die 9 + 5x7 = 44 Worte-Regel (siehe gegenüberliegende Seite)

Bauer GmbH Favorit trotz unklarer Finanzierung

	Alpha AG	Bauer GmbH	Celtic LLC
Kosten (Mio. sfr)	7,5	7,9	8,5
Finanzierung	1/3 1/3 1/3	?	Leasing
Lieferzeit (Monate)	4–5	6	3
Know-how	✓	✓✓	✓✓
Referenzen	✓	✓✓✓	✓✓

13.4. Texttabellen ermöglichen es durch ihre Struktur, Ihren Partnern rasch Überblick zu verschaffen.

Mit Tabellen Informationen strukturieren

	1992	1997	2002
Konsument			
Produzent			
Markt			

	Produkt A	Produkt B	Produkt C
Leistung			
Preis			
Garantie			
Referenz			

	Vorteile	Nachteile
Alternative A		
Alternative B		
Alternative C		

	Chancen	Risken	Kosten
Verfahren 1			
Verfahren 2			
Verfahren 3			

13.5. Immer dann, wenn Sie verschiedene Informationen über verschiedene Sachen darstellen möchten, bietet sich eine (Text-)Tabelle (Matrix) an: So wird ein Vergleich leichter, das Ganze übersichtlicher. Und Sie gewinnen als „Verständlich-Macher" wertvolle Punkte!

Texttabellen – Systematik für das Image, Dramatik für die Präsentation!

Schlagworte in Listenform (und auch Bullets sind bloß optisch verstärkte, prägnante Listenpunkte) müssen genau in dieser Reihenfolge abgehandelt werden. Wir sprechen von einer sequentiellen (aufeinanderfolgenden) Anordnung von Informationen. Es ist nicht sehr empfehlenswert, vom zweiten auf den sechsten Punkt und zurück auf den dritten Punkt zu springen. Die Tabelle bietet Ihnen dagegen zumindest zwei Erschließungswege: von oben nach unten (spaltenweise) oder von links nach rechts (zeilenweise). Das ist besonders dann wichtig, wenn Vergleiche angestellt werden sollen – zwischen Alternativen, Einsatzgebieten, Produkten. Die Fakten werden übersichtlicher, die Analysen leichter (das ist besonders für Zahlentabellen ausschlaggebend – siehe nächster Abschnitt).

Wer Tabellen bringt, wirkt systematisch und diszipliniert.

Eine Tabelle macht immer einen vollständigen Eindruck, sogar eine Lücke kann der Präsentator noch in diesem Sinne verwenden: „Es ist sehr bezeichnend, daß wir diese Information bis jetzt nicht erhalten haben."
Das erklärt auch, warum Sie mit einer Tabelle besonders bei rationalen Zielpersonen – Technikern, Finanzfachleuten etc. – gut ankommen.

Zahlentabellen – analysieren oder präsentieren?

Viele unserer wichtigsten Informationen sind quantitativer, digitaler Art: Finanzzahlen, Meßergebnisse, Statistiken, Preise, Lieferzeiten. Wo Genauigkeit verlangt ist, hat Analogie nichts verloren, wir brauchen Ziffern und Zahlen. Das ist ganz sicher für jenen Teil Ihrer Arbeit zutreffend, der vor der eigentlichen Präsentationsvorbereitung beginnt: die Ausarbeitung eines Projektes, die Durchführung einer Marktanalyse usw.
Dabei werden Sie sich ganz automatisch bereits der Tabelle bedient haben, um eben verschiedene Preise oder Kennzahlen für sich selbst übersichtlich zu machen, zu analysieren. In der Präsentation geht es aber nicht mehr darum, diese Zahlen zu analysieren, sondern der Zielgruppe Ihre Analyseergebnisse vorzutragen. (Wir klammern hier eine Arbeitssitzung aus, bei der Sie gemeinsam mit einem Team Rohdaten analysieren und diese vielleicht auch in einer Zahlentabelle projizieren.)

Haben Sie exakte Zahlen zu vergleichen, dann ist auch in der Präsentation die Tabelle Ihr Mittel der Wahl, denn schließlich sind viele Zahlen für Ihre Zuhörer überhaupt nicht mehr faßbar – besonders wenn es sich nicht um Fachkollegen handelt. Diese Verständnislosigkeit beginnt bei der gewählten Einheit (was soll sich der Normalverbraucher unter Megahertz, Nanosekunden, Barrel, Mikron oder Lichtjahren vorstellen?) und endet bei der Größenordnung (alles, was jenseits von „1000" liegt, ist für viele Menschen „sehr viel" oder „sehr groß"; alles unterhalb eines Tausendstels ist demgegenüber „sehr wenig" oder „sehr klein"). Die Tabelle ist der Trick, mit dem Sie dieses Problem lösen – wie Alexander den Gordischen Knoten: Es kommt plötzlich überhaupt nicht mehr auf das Verständnis der Einheiten oder Größenordnungen an, sondern nur auf relative Unterschiede oder auf Veränderungen in der Zeit. 25 Millionen Barrel sind mehr als 22 Millionen Barrel, egal, ob ich mir ein Barrel vorstellen kann oder nicht.

Horizontal oder vertikal?

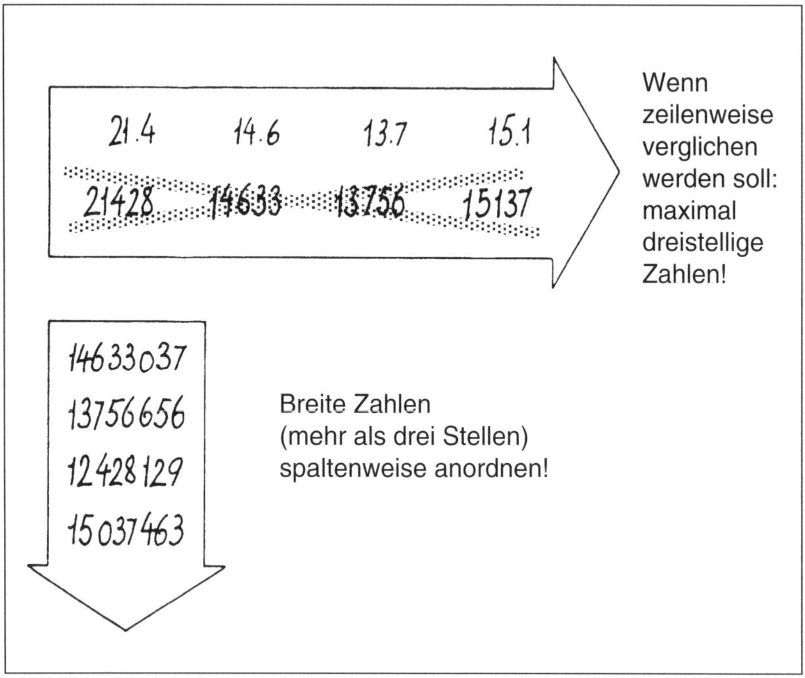

13.6. Bevor Sie eine Tabelle anlegen: Entscheiden Sie, WAS verglichen werden soll.

Spaltentitel als Problemlöser

Flaschen à 0,25l	Liter	Kasten à 24 Fl.	1000 Flaschen	1000 Liter	1000 Kasten
912	228	38	0.91	0.23	0.04
9129	2282	380	9.13	2.28	0.38
91296	22824	3804	91.3	22.8	3.80
912967	228242	38040	913	228	38.0
9129675	2282419	380403	9130	2282	380

13.7. Wählen Sie Einheiten, die Ihnen dreistellige Zahlen ermöglichen.

Horizontal oder vertikal – das ist hier die Frage!

Die erste Entscheidung, die Sie treffen müssen, ist:

Welche Zahlen sollen miteinander verglichen werden?

Von Ihrer Antwort hängt die Gestaltung Ihrer Tabelle in drei ganz wichtigen Punkten ab:

1. Größenordnungen und Einheiten

- **Bleiben Sie bei „menschlichen Mengen“.** Leichter faßbar = leichter vergleichbar (Bild 13.7).
- **Verwenden Sie schmale Zahlen.**
- **Entlasten Sie Ihre Zahlenkolonnen.** Größenordnungen (1000, Millionen, etc.) und Einheiten (Tonnen, Joule, Patienten etc.) gehören in den Spalten- oder Zeilentitel – nicht zu jedem Wert.

2. Anordnung (Struktur) der Tabelle

- **Spalten am Dezimalpunkt ausrichten,** egal ob spaltenweise oder zeilenweise verglichen werden soll.
- **Verwenden Sie horizontale Gliederungslinien,** wenn Sie mehr als drei Spalten haben.

Der Weg zur Kommunikationstabelle

	Januar	Februar	März
Verkäufe	38854 Stk	40020 Stk	41 221 Stk
Umsatz	$9 594 522.72	$9 775 739.44	$9 763 933.21
Gewinn	21.73%	22.61%	24.45%

so

	Januar	Februar	März
Verkäufe (1000 Stk)	38.9	40.0	41.2
Umsatz (Mio $)	9.60	9.78	9.76
Gewinn (%)	21.7	22.6	24.5

oder so

	Verkäufe (Stück)	Umsatz ($)	Gewinn (%)
Januar	83 854	9 594 522.72	21.73
Februar	40 020	9 775 739.44	22.61
März	41 221	9 763 933.21	24.45

13.8. Alternativen zur unübersichtlichen, verwirrenden Tabelle ganz oben: für horizontale Vergleichbarkeit auf maximal drei Stellen runden (Tabelle in der Mitte); für exakte Vergleichbarkeit große Zahlen spaltenweise anordnen. In jedem Fall: Einheiten in Zeilen- oder Spaltentitel setzen und wichtige Zusammenhänge optisch hervorheben (Tabelle unten).

- **Erwartungshaltung berücksichtigen!** Manche Zuhörer sind an eine bestimmte Form der Tabelle gewöhnt, sie haben gelernt, sich darin rasch zurechtzufinden. Wichtig ist der Effekt, nicht das Mittel – behalten Sie bewährte Muster bei, auch wenn sie an sich falsch sind. Hauptsache, Ihre Botschaft kommt an.

13.9. Wer unlesbare Tabellen oder Texte präsentiert, verscherzt es sich sehr bald mit seinen Zielpersonen; wer außerdem mit dem Finger am Overheadprojektor herumfummelt, demaskiert sich als unprofessioneller Präsentator.

3. Hervorhebungen

- **Was ist die entscheidende Beziehung?** Diese Spalte oder Zeile müssen Sie hervorheben: unterstreichen, einrahmen, mit Farbe unterlegen, Ziffern in anderer Farbe (Achtung vor „roten“ Finanzzahlen!) etc.
- **Wann heben Sie hervor?** In der Vorbereitung dann, wenn der Blick sofort auf den kritischen Zusammenhang gerichtet werden soll. In der Präsentation, wenn Sie zuerst die Systematik der Tabelle erklären und dann erst den überraschenden oder kritischen Zusammenhang aufdecken wollen.

Sonderfall: Der sinnvolle Zahlenfriedhof

Tabellen aus statistischen Handbüchern, Computerausdrucke usw. sind naturgemäß keine visuellen Hilfsmittel. Wer so etwas mittels Dias oder Folien projiziert, sollte es nur in zwei Fällen tun:

Seiten wechseln – den Blickpunkt wechseln!

13.10. Besonders Tabellen laden förmlich dazu ein, die Seite bewußt zu wechseln und so körpersprachlich zu signalisieren: einerseits – andererseits. Auch Vergleiche in der Zeit (damals – heute), des Angebots (wir – der Mitbewerber) oder im Raum (EU – USA) eignen sich für die Darstellung in Tabellen – und für den dramatischen Seitenwechsel. Aber Achtung: Wer ununterbrochen quer durchs Bild läuft, richtet mehr Schaden an als Nutzen.

1. um das Publikum zu frustrieren;
2. um die Unübersichtlichkeit oder Fülle der Rohdaten zu demonstrieren, aus denen die folgenden Zusammenhänge herausgearbeitet werden ... (und dann sofort eine saubere, übersichtliche Tabelle bringen).

Das Wichtigste aus diesem Kapitel

- Texte und Tabellen sind ein notwendiges Übel – erleichtern Sie dem Zuschauer seine Erfassungsarbeit durch Lesbarkeit, Übersichtlichkeit und Attraktivität!
- Texttabellen sind gute Stichwortbringer – MEHR sollte auch nicht draufstehen!
- Halten Sie Tabellen einfach: mit „schmalen“ Zahlen und klarer Struktur.

Kapitel 14

Diagramme statt Zahlenfriedhof – sind Torten, Säulen oder Linien überzeugender?

Vorurteil 1: „Hauptsache, die Zahlen stimmen.“
Vorurteil 2: „Ich liefere die Zahlen und überlasse die Entscheidung meiner Sekretärin/meinem Grafiker/meinem PC.“

Dieses Kapitel ist der Versuch, Ihnen das Lesen ganzer Bücher über dieses Thema zu ersparen. Sie erfahren,

- welches Diagramm Sie für welche Aussage wählen sollten;
- wofür Sie die gebräuchlichsten Diagrammtypen verwenden können und worauf Sie achten müssen;
- welche Richtlinien es für die Erstellung übersichtlicher und einfacher Diagramme gibt;
- wie Sie den schmalen Grat zur gefährlichen Manipulation bewältigen.

Wie aus Zahlen Bilder werden

Das ist übrigens der Titel eines hervorragenden Buches von Gene Zelazny, das ich Ihnen sehr ans Herz lege (siehe Literaturverzeichnis). Zahlen sind reine Abstrakta, keine Bilder, sie sprechen unsere analoge (rechte) Gehirnhälfte nicht an. Dazu müssen wir erst die Zahlen in Mengen umwandeln – in Tortenstücke, Blöcke, Saulen, Bänder usw. Dieser Prozeß bringt blitzartiges Verständnis, Einsicht in Zusammenhänge, leichtere Merkbarkeit – aber um einen hohen Preis!
Damit meine ich nicht die Mühe beim Erstellen des Diagramms – die nimmt uns heute der Computer ab. Gemeint ist der Verlust an Genauigkeit und an Objektivität. Mit jedem Diagramm heben Sie automatisch eine bestimmte Beziehung Ihres Zahlenmaterials hervor – und unterdrücken damit gleichzeitig den Rest. Das ist unvermeidlich, verlangt aber bewußte Entscheidungen angesichts eines beachtlichen Risikos: nämlich als Manipulator bezeichnet zu werden.

Die Gretchenfrage: Was wollen Sie mit dem Diagramm?

Wenn Ihre Antwort lautet: „Zahlen analysieren", dann sollten Sie die Finger vom Diagramm lassen und lieber eine Tabelle bringen. In meinen Seminaren zeige ich manchmal eine Tabelle, die die Umsätze eines Unternehmens in drei Produktfeldern über fünf Monate darstellt, und frage die Seminarteilnehmer, welche Art von Diagramm sie zur Visualisierung verwenden würden. Meist erhalte ich dann eine Fülle von Vorschlägen, die vom Säulendiagramm bis zur Torte reicht. Ich zeige dann statt einer Antwort eine Liste von vier Fragen, die VOR dieser Entscheidung beantwortet werden sollen:

1. Was beabsichtige ich mit diesem Diagramm?
2. Für wen ist das Diagramm bestimmt?
3. Wie wird das Diagramm präsentiert?
4. Was soll das Diagramm aussagen?

1. Was beabsichtige ich mit diesem Diagramm?

Die Bandbreite Ihrer Antwortmöglichkeiten reicht von „möglichst sachlich informieren" bis zu „überzeugen, vertuschen, dramatisieren – manipulieren". Sie können mit einem Diagramm einschläfern und beruhigen oder alarmieren und aufregen.

2. Für wen ist das Diagramm bestimmt?

Sind Ihre Zuschauer an Diagramme gewöhnt, wie zum Beispiel Finanzfachleute, Wissenschaftler, Techniker? Oder handelt es sich um „normale" Menschen, die höchst selten mit abstrakter Information dieser Art konfrontiert werden? Den ersteren können Sie vielleicht einen logarithmischen Achsenmaßstab zumuten, den letzteren sicher nicht.

3. Wie wird das Diagramm präsentiert?

Können Sie – wie bei der Folienpräsentation – Teile ergänzen oder mit dem Stift hervorheben? Oder präsentieren Sie per Datenprojektion ein fertiges Diagramm oder eines, das Sie schrittweise aufbauen können?

4. Was soll das Diagramm aussagen?

Das ist von allen vier Fragen die kritischste: Ohne Antwort wird die Diagrammwahl zum Glücksspiel. Wie in jeder Stufe des Visualisierungsprozes-

Trägt das Diagramm die Titelaussage?

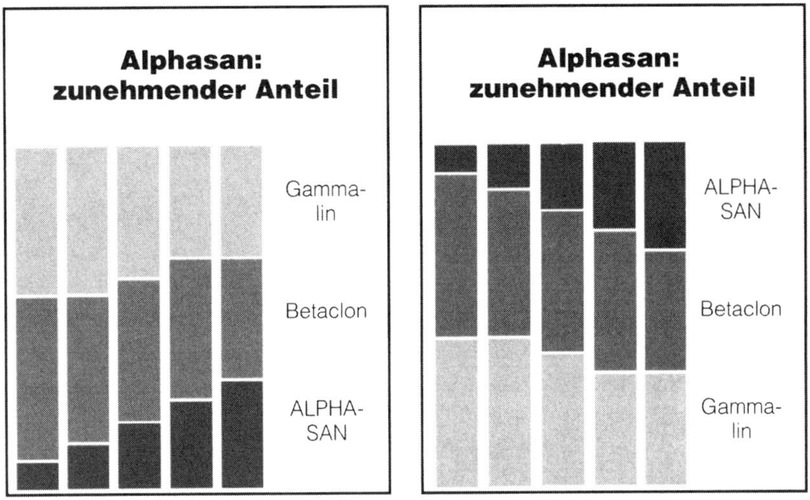

14.1. Reihenfolge und Füllmuster (und Farbe!) beeinflussen die Diagrammaussage. Das linke Bild entspricht dem Titel, das rechte nicht: Obwohl wir sehen, daß Alphansan „mehr" wird, deutet die Entwicklung nach unten, ist negativ. Auch die Füllmuster sind recht unstimmig: Der in der letzten Periode gar nicht so kleine Anteil von Alphansan wirkt durch die volle dunkle Fläche kopflastig und instabil.

ses müssen Sie sich zuerst fragen: „Welchen Gedanken möchte ich bildhaft ausdrücken?" Hier meint „Gedanke" eine bestimmte Interpretation, die Sie aufgrund des Ihnen vorliegenden Zahlenmaterials Ihren Zuhörern anbieten: Das ist die Aussage des Diagramms. Weil dieser Punkt so entscheidend ist, widmen wir ihm die nächsten Seiten.

Wir sind nach wie vor auf der Suche nach geeigneten Visualisierungswegen für die Aussagen, die Sie bei der Vorbereitung Ihrer Präsentation fixiert haben – Sie erinnern sich an die Überschriften Ihrer Module des ARGU- bzw. INFO-Strukts? Eine solche Überschrift könnte nach Quantifizierung verlangen, nach einem Beweis durch Zahlen:

- „Rabatte im Verkaufsgebiet West steigen kontinuierlich"
- „Präparat X hat gegenüber Y und Z den höchsten Gehalt an Substanz Q"
- „Mit unserer Werbekampagne haben wir weniger als 10 % Anteil an den Werbeausgaben"

Zuerst die Aussage, dann den Diagrammtyp festlegen!

Für diese Situation verwenden wir daher in unseren Seminaren als Entscheidungshilfe den AIM-Diagramm-Determinator. Die drei Spalten zeigen die wichtigste Aussage-Typen.

Anteil: Wollen Sie zeigen, wie sich ein Ganzes zusammensetzt oder aufgeteilt wird? Welchen Anteil Ihre Werbekampagne am gesamten „Werbekuchen“ bestreitet?

AIM-Diagramm-Determinator

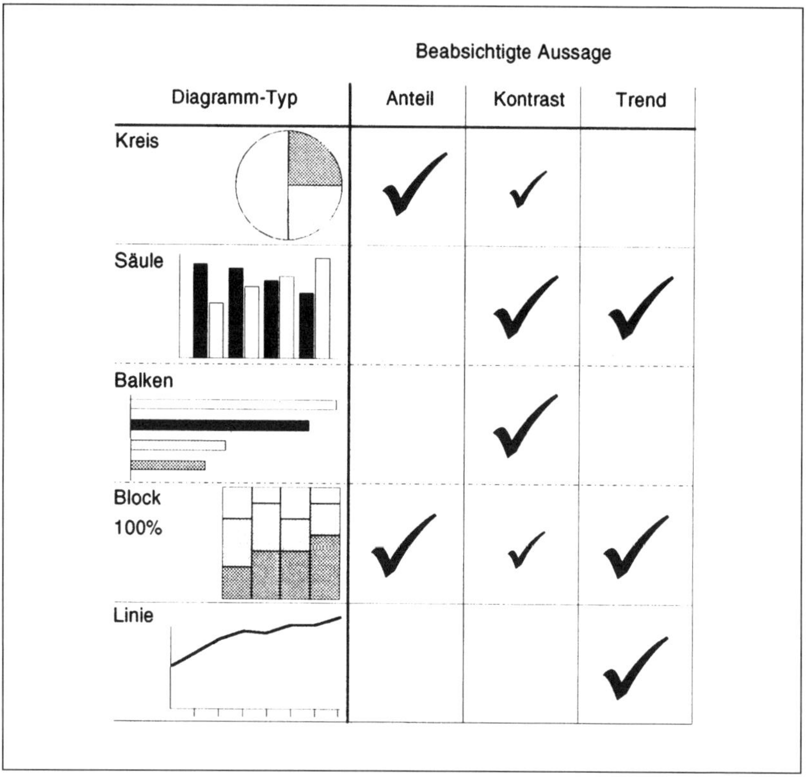

14.2. AIM (= Ziel, zielen) – Analyse Intended Message (= analysiere – zuerst! – die beabsichtigte Aussage), und entscheide dich erst dann für den Diagrammtyp.

Kontrast: Geht es um Unterschiede? Wollen Sie zeigen, wie sich verschiedene zur Wahl stehende Alternativen in punkto Leistung unterscheiden oder an welcher Stelle der Rangfolge jemand liegt? Welches Produkt mehr von der Substanz Q enthält?

Trend: Geht es darum, Entwicklungen in der Zeit darzustellen? Wie sich zum Beispiel das Verkaufsergebnis im Gebiet West in den letzten Monaten verändert hat?

Auf der linken Seite des AIM-Diagramm-Determinators sehen Sie die gebräuchlichsten Diagrammtypen, die auch jedes PC-Präsentationsprogramm beherrscht:

Kreisdiagramm (Tortendiagramm, Sektorenbild): Damit zeigen Sie Anteilsverhältnisse zu einem bestimmten Zeitpunkt oder für einen bestimmten Zeitraum (Umsatzanteile im letzten Jahr). Kontraste kommen nur zwischen sehr großen und sehr kleinen Tortenstücken gut zur Geltung, Vergleiche zwischen zwei ähnlich großen Tortenstücken sind praktisch unmöglich.

Säulendiagramm: Es stellt Mengen zu bestimmten Zeitpunkten dar. Damit ist die Säule gut geeignet, um Entwicklungen in der Zeit zu zeigen und gleichzeitig (durch Säulengruppen zu den bestimmten Zeitpunkten) Unterschiede auszudrücken. Eine häufig verwendete Sonderform sind die gestapelten Säulen, die die Entwicklung einer zusammengesetzten Menge (zum Beispiel die Verkaufszahlen mehrerer Produkte eines Unternehmens) zeigen. Der Kontrast ist dann allerdings nur mehr für das unterste Element und für die gesamte Säule sichtbar.

Balken: Damit vergleichen Sie Komponenten zu einem bestimmten Zeitpunkt. Die Anordnung der Balken nebeneinander betont auch kleine Unterschiede (die Sie zum Beispiel beim Tortendiagramm nicht sehen würden). – Ein häufiger Fehler: Säule statt Balken (siehe Bild 14.3).

Säulenblock: Damit stellen Sie Anteilsveränderungen in der Zeit dar – Anteile der einzelnen Abteilungen an den Gesamtkosten, Marktanteile, Zusammensetzung des Personals nach Qualifikation usw. Dabei opfern Sie die absoluten Informationen zugunsten der relativen Werte.

Liniendiagramm: Die Linie – auch „Fieberkurve" – verbindet Meßpunkte in der Zeit und zeigt daher besonders gut Entwicklungen. Wird sie zur Darstellung von Mengen verwendet (Staatsausgaben über die Jahre), dann glättet die Linie optisch die Entwicklung, während die gleiche Information als Säulen die Unterschiede betonen würde.

Ein gefährlicher Fehler!

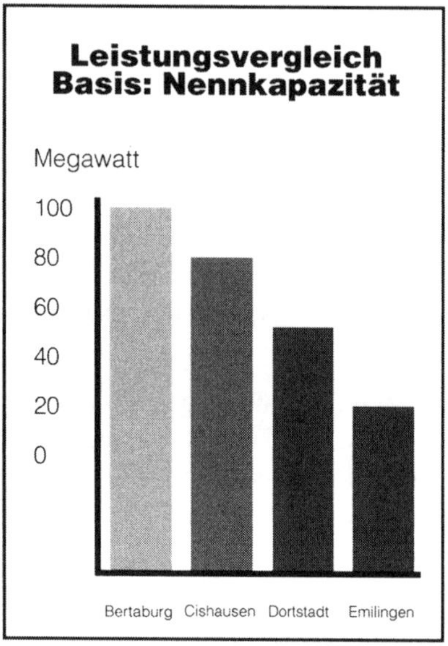

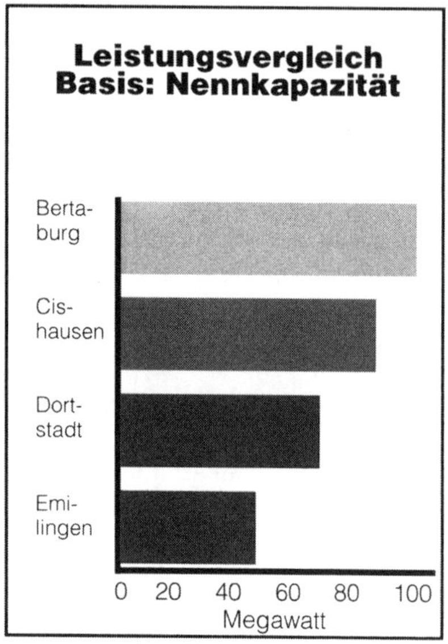

14.3. Das linke Bild suggeriert auf den ersten Blick einen fallenden Trend – obwohl die Säulen eindeutig beschriftet sind und sogar unterschiedliche Füllmuster aufweisen. Ihre Zuschauer erwarten spontan in der horizontalen Achse den Zeitfaktor und müssen dann erst bei genauerer Betrachtung den Irrtum revidieren. – Das rechte Bild ist sofort klar und bietet einen zusätzlichen Vorteil: Sie gewinnen Platz für eine ausreichend große Beschriftung der Balken. Daher: Wählen Sie für Vergleiche zu einem bestimmten Zeitpunkt stets das (horizontale) Balkendiagramm!

Die Entscheidung, WELCHES Diagramm Sie zeigen, ist für Ihren Erfolg maßgeblich und daher nicht delegierbar.

Und bedenken Sie bitte:

- Tip: Ein Präsentationsdiagramm muß einfach und leicht verständlich sein – Details und genaue Informationen gehören in die schriftlichen Unterlagen.

Richtschnüre und Fallstricke bei der Diagrammerstellung

Dieser Teil ist weniger wichtig als die grundsätzliche Entscheidung für einen Diagrammtyp. Sie können ihn deshalb vorläufig auslassen und zurückkehren, wenn Sie einmal etwas genau wissen wollen! Hier finden Sie die Antworten auf viele sehr häufig gestellte Fragen.

Wie viele Informationen passen in ein Diagramm?

- **15 bis 20 Datenpunkte** (zum Beispiel drei Linien mit je sechs Beobachtungspunkten oder zehn Beobachtungspunkte mit je zwei Säulen oder ...).
- **Liniendiagramm:** maximal vier Linienzüge.
- **Gruppensäulen:** nicht mehr als drei Säulen pro Beobachtungspunkt.
- **Kreis:** maximal sechs Sektoren.

Achtung: Das sind Richtwerte für eine durchschnittliche Präsentationssituation, in der Sie Ihr Publikum nicht überfordern wollen!

Wie ordnet man die einzelnen Säulen- bzw. Balkenabschnitte, die verschiedenen Sektoren an?

Entscheidend ist Ihre Absicht; nur wenn sich daraus nichts Spezielles ergibt, dann verwenden Sie die folgenden Rezepte:

- **Stapelsäulen und Stapelbalken:** die größten Anteile unten bzw. links.
- **Kreis/Torte:** in Uhrzeigerrichtung vom größten zum kleinsten, beginnend bei 12 Uhr.
- **Balken:** aufsteigend oder absteigend oder (wesentlich schwächer) alphabetisch geordnet.

Wie gestaltet man Flächen und Linien am wirkungsvollsten?

Das Wichtigste muß am deutlichsten sein – ansonsten gilt:

- **Je größer die Fläche, desto heller das Muster und umgekehrt:** je kleiner die Fläche, je dünner der Strich, desto intensiver die Farbe.
- **Vermeiden Sie optische Täuschungen:** keine horizontalen und vertikalen Schraffuren, gegenläufige Schraffuren nicht unmittelbar und eng nebeneinander.

- **Generell gilt für die Strichstärke:** Variable stärker als Achse, diese wieder stärker als die Rasterlinien.
- **Im Liniendiagramm verwenden Sie möglichst unterschiedliche Farben** für die Linien, mangels Farben differenzieren Sie durch die Strichstärke, nicht durch unterschiedliche Punkt-Strich-Punkt-Muster!
- **Sinnvolle Linienstile verwenden.** Setzen Sie den Gegensatz zwischen durchgezogener und gestrichelter/punktierter Linie dafür ein, Ist- und Soll-Werte zu unterscheiden.

Wie animiert man Diagramme sinnvoll?

- **„Skelett vor Detail“:** Zuerst die Mechanik (Achsen/ Kreis) als Ganzes zeigen

Wer findet die sieben „kleinen“ Fehler?

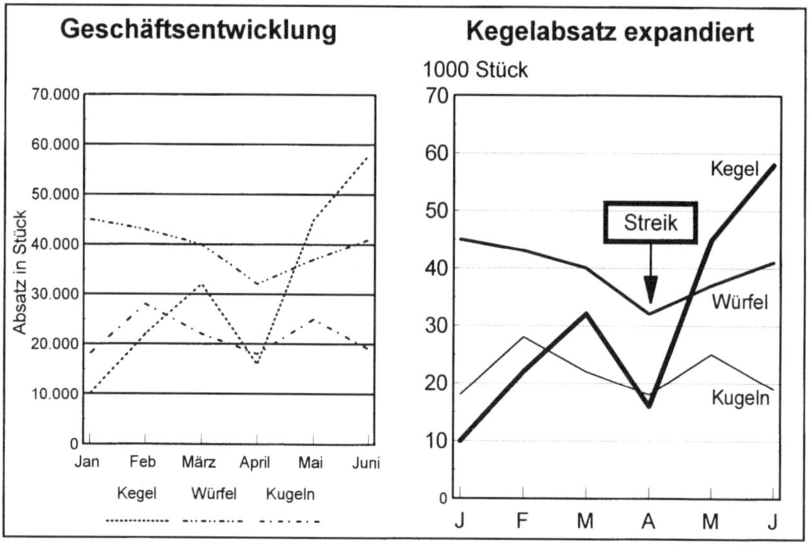

14.4. Die Fehler im linken Bild: nichtssagender Titel; zu große Zahlen an der y-Achse; y-Beschriftung vertikal (schlecht lesbar); Rasterlinien zu dick; Variable zu dünn; Variable unterscheidet sich nur durch das (abstrakte) Punkt-Strich-Muster; Legende außerhalb des Bildes (statt bei den Variablen). – Das rechte Bild vermeidet diese Fehler und nützt zusätzlich die Möglichkeit, das Auge auf den Knickpunkt der Linie zu lenken.

- **Die Variablen in ihrer Richtung** erscheinen lassen: Säulen nach oben, Balken nach rechts, Sektoren, die sich aus Teilen zusammensetzen, aus der Bildschirmmitte verkleinern, Sektoren, die sich aufteilen, vergrößern.
- **Jeder Gedanke = ein Schritt.** Vorsicht: bauen Sie keine überflüssigen Schritte ein, sonst wird es unübersichtlich.

Wie geht man bei der Beschriftung vor?

Präsentationsgrafiken vertragen wenig Text!

- **Aussagekräftige Titelzeilen.** Versuchen Sie, für Ihr Diagramm einen Titel zu finden, der Ihrer geplanten Aussage schlagzeilenmäßig entspricht! Statt: „Entwicklung der Krankenhauskosten" formulieren Sie prägnanter: „Krankenhauskosten steigen sprunghaft".
- **Variable direkt beschriften.** Ziehen Sie das Auge des Betrachters in das Diagramm hinein – nicht an den Rand! Lassen Sie daher Legenden weg, beschriften Sie statt dessen die Variablen direkt im Diagramm. (Auch wenn das in Ihrer Computergrafik einen zusätzlichen Arbeitsgang verlangt!)
- **Ordinate lesbar beschriften.** Die y-Achse beschriften Sie an ihrem oberen Ende – in waagrechter Schrift!
- **Zeiträume oder Zeitpunkte?** Bei Zeitreihen überlegen Sie, ob die horizontale Achse Zeitabschnitte oder Zeitpunkte enthält – dementsprechend setzen Sie die Jahreszahl zwischen die Teilungsstriche oder exakt zu den Teilungsstrichen.
- **Visuelle Signale und Blickfänger.** Bauen Sie sich Brücken für Ihre Präsentation, indem Sie wichtige Punkte mit Pfeilen oder Schildern hervorheben! Zu einem Einbruch in einer Verkaufskurve setzen Sie ein Schild mit dem Text „Lieferprobleme".

Soll man Ziffern ins Diagramm schreiben?

Grundsätzlich eher nicht! Einzelne wichtige Werte können Sie selbstverständlich einfügen – vor oder während der Präsentation. Versuchen Sie nicht, ein Diagramm in eine Tabelle umzufunktionieren oder („sicherheitshalber") unter das Diagramm die Rohwerte zu setzen. Wenn Sie Zahlen angeben, versuchen Sie mit zwei Stellen auszukommen. Achtung vor unbeabsichtigter Manipulation: Der Zahlenwert oberhalb des Punktes erhöht den Wert, unterhalb reduziert er ihn.

Kein Diagramm ohne Manipulation

Das ist keine Aufforderung, sondern eine Feststellung und gleichzeitig eine Warnung: Durch die Auswahl Ihrer Daten und durch die Art der Darstellung belasten Sie Ihre Information mit der von Ihnen beabsichtigten Aussage. Somit ist JEDES Diagramm eine „Manipulation“. Das ist notwendig und unvermeidlich. Ich will Sie hier nur vor jenen weitverbreiteten Fehlern warnen, die – absichtlich oder unabsichtlich – zu falschen Eindrücken führen und damit Ihr Präsentationsergebnis, Ihren persönlichen Eindruck negativ beeinflussen können.

„Es gibt Lügen, verdammte Lügen – und Statistiken“ (W. Churchill).

Reine Zahleninformation wird – wie alle digitalen Daten – sehr genau von unserem analytisch-kritischen Intellekt geprüft; für Bilder ist dieser Filter nicht zuständig. Als Bild ist das Diagramm deshalb viel leichter in der Lage, den Verstand auszuspielen und eine irrationale Botschaft abzuliefern. Das ist in verschiedener Hinsicht eine große Gefahr – Sie selbst sollten sich durch folgende Überlegung vor mutwilliger Manipulation hüten:

Intelligente Zuschauer merken sehr bald, daß irgend etwas nicht stimmt.

Ein geschickter Manipulator hat aber verbal auf die angewendete Technik hingewiesen und sich formell unangreifbar gemacht: „Dieses Diagramm übertreibt die Entwicklung vielleicht etwas, wir haben nämlich die Achsen verkürzt. Damit sehen Sie aber den Trend besser ...“
Trotzdem spürt die Zielgruppe genau, daß etwas nicht stimmt. Dieser Mißbrauch der Beziehung kann sich später rächen.

Die geplante Aussage bestimmt den Diagrammtyp

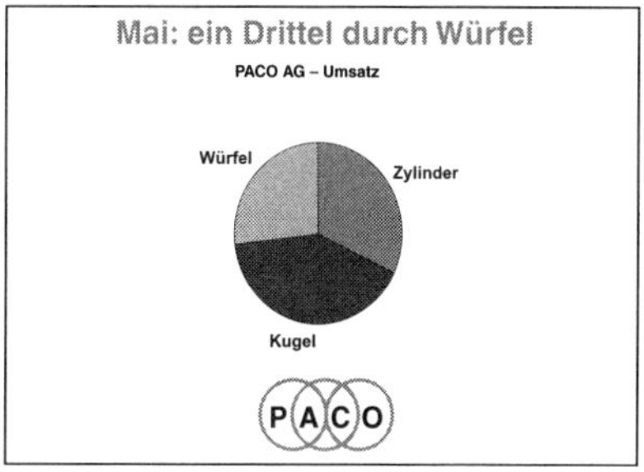

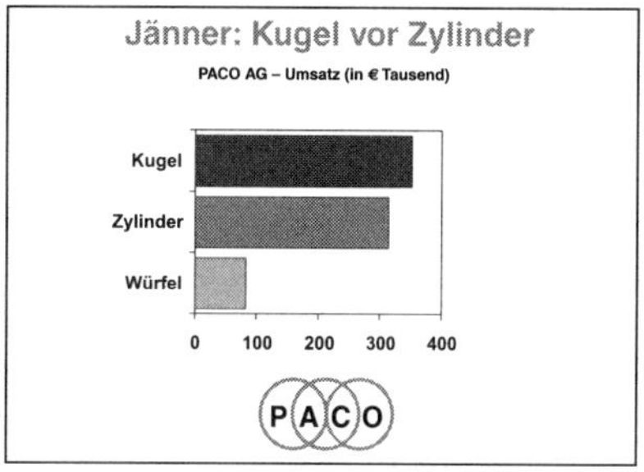

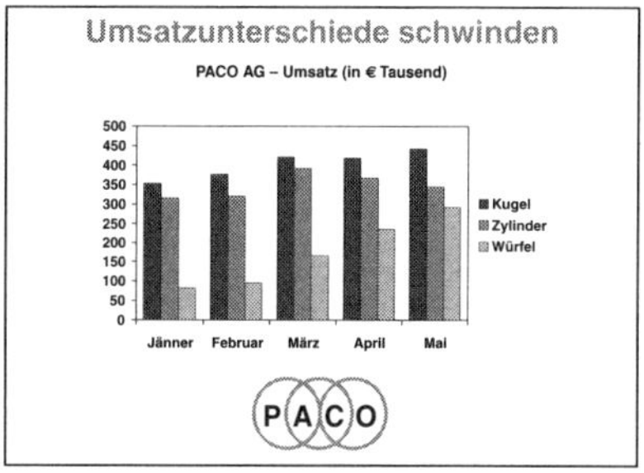

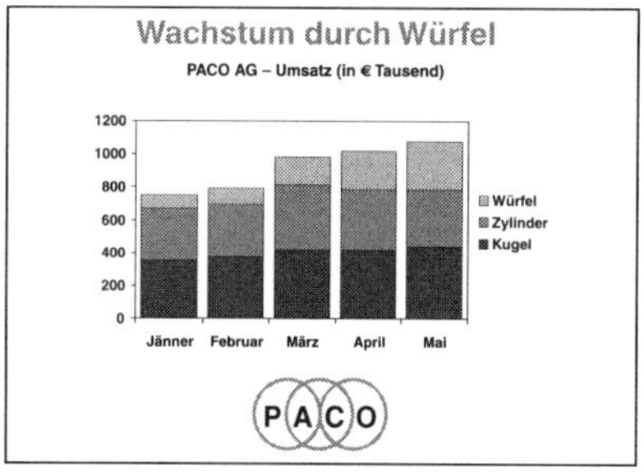

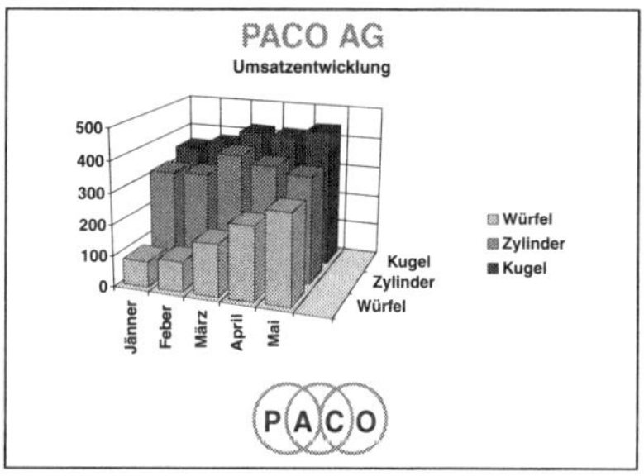

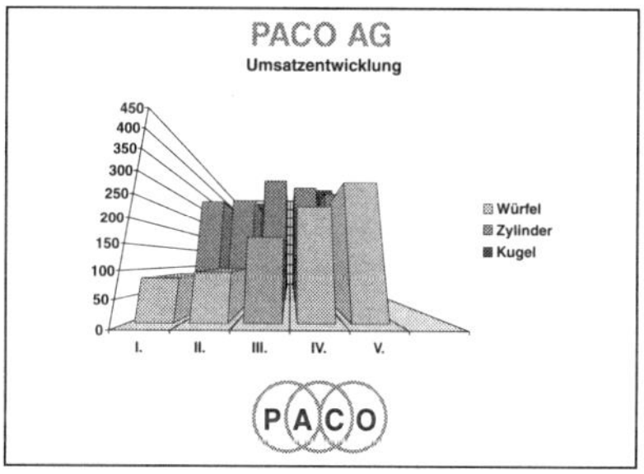

14.5. Drei Produkte der (fiktiven) Paco AG. Das **Kreisdiagramm** („Torte") zeigt die groben Anteile, der Unterschied zwischen Kugel und Zylinder ist kaum feststellbar. – Das horizontale **Balkendiagramm** (oben rechts) betont dagegen Kontraste und ist gut geeignet für Vergleiche zu einem bestimmten Zeitpunkt. – **Säulendiagramme** zeigen Entwicklungen in der Zeit, aber nicht nur: Die gruppierte Säule (Mitte links) betont, wie sich Kontraste in der Zeit verändern, die gestapelte Säule mit absoluten Werten (Mitte rechts) zeigt die Entwicklung der Summe und die des untersten Segmentes. – **Dreidimensionale Diagramme** sind meistens manipulativ und fast immer verwirrend – sogar, wenn sie nicht so wie unten rechts zusätzlich perspektivisch verzerrt wurden. (Alle Diagramme dieser Seite beruhen auf denselben 15 Rohdaten!)

Dimensionenschwindel

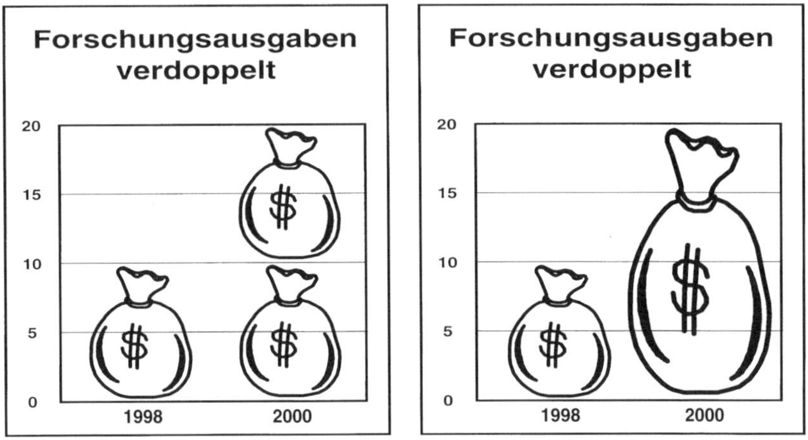

14.6. Links eine ehrliche Verdoppelung; rechts suggeriert die Verdoppelung der Höhe eines dreidimensionalen Objektes einen achtmal so großen Geldsack!

Achsenmanipulation

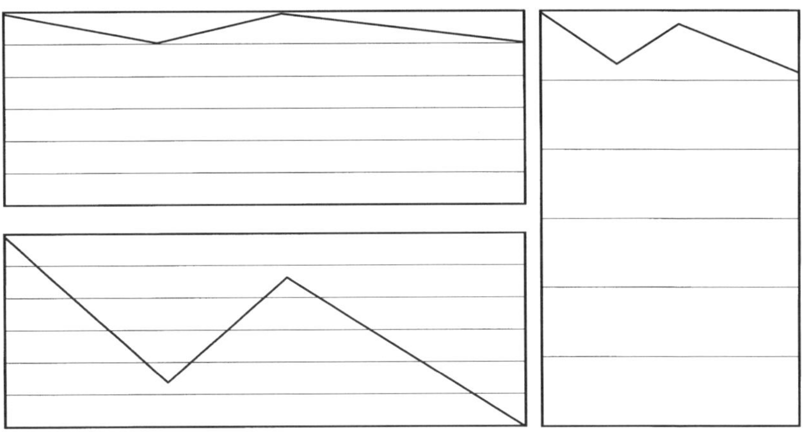

14.7. Dreimal die gleiche Entwicklung, aber drei verschiedene „Trends". Wird der untere Teil der senkrechten Achse weggeschnitten (links unten), betont das die Schwankungen einer an sich stagnierenden Entwicklung. Eine Verkürzung der horizontalen Achse (rechts) dramatisiert ebenfalls die Entwicklung – eine Dehnung verharmlost sie.

Folienkosmetik

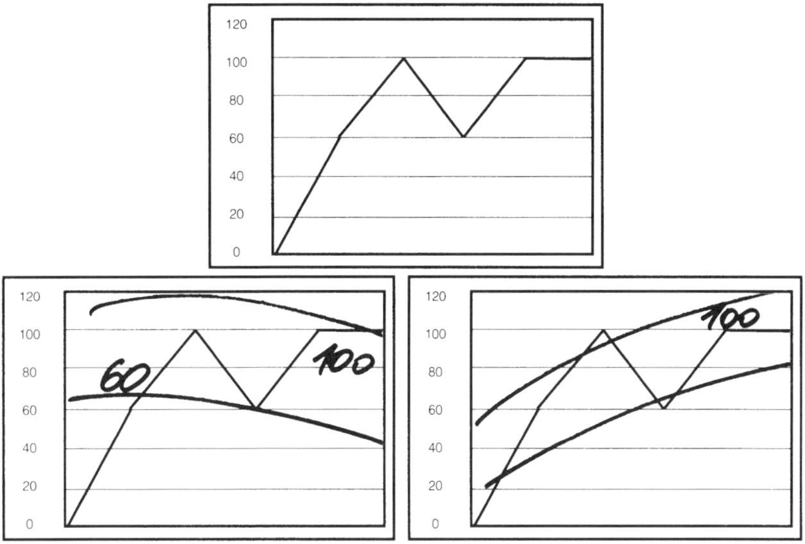

14.8. Die Ausgangsfolie aller drei Bilder ist identisch; bei den beiden unteren Variationen hat ein tüchtiger Präsentator während seines Vortrages noch zusätzliche Elemente eingezeichnet (Ziffern und „verdeutlichende" Trendlinien). Dadurch erhalten die beiden unteren Diagramme eine nahezu konträre Aussage, ohne daß sich am Basisdiagramm etwas ändert.

Das Wichtigste aus diesem Kapitel

- Die Entscheidung, WELCHES Diagramm Sie zeigen, ist für Ihren Erfolg maßgeblich und daher nicht delegierbar.
- Was wollen Sie aussagen? Das ist die Schlüsselfrage für die Wahl des Diagrammtyps.
- Ein Präsentationsdiagramm muß einfach und leicht verständlich sein – Details und genaue Informationen gehören in die schriftlichen Unterlagen.
- JEDES Diagramm ist „Manipulation", da es das Datenmaterial nur unvollständig wiedergibt.

Kapitel 15

Strukturbilder – Einsicht in komplexe Zusammenhänge und abstrakte Inhalte

Vorurteil 1: „Meine Inhalte sind so abstrakt, daß ich bestenfalls Textbilder verwenden kann."
Vorurteil 2: „Mit EINEM Bild kann man niemals ALLE Fakten darstellen."

In diesem Kapitel versuchen wir, einen Widerspruch aufzulösen: Wie kann man ABSTRAKTE Inhalte auf KONKRETE Weise darstellen? Sie erfahren dazu

- für welche Kommunikationsinhalte Sie Strukturbilder verwenden können;
- warum Strukturbilder Ihnen auf einfache Weise gute Dienste leisten;
- wie Sie über den Umweg der Sprache das richtige Strukturbild finden;
- worauf Sie bei der Gestaltung besonders achten sollten.

Abstrakte Begriffe, abstrakte Beziehungen

Wir sind nach wie vor auf der Suche nach Möglichkeiten, für Ihre wichtigen Aussagen visuell erfaßbare Umsetzungen zu finden. Im vorhergehenden Kapitel ist es uns gelungen, Zahlen (das sind ebenfalls ganz abstrakte, digitale Elemente) mittels Diagramme in Schau-Bilder umzuwandeln. Das ist ein naheliegender, weithin bekannter Weg. Nun wird es komplizierter.

Fall 1: Es geht um (abstrakte) Begriffe, um Worte, hinter denen sich vielerlei verbergen kann: „Umfeld", „Kennzahlen", „Position", „Flexibilität", „Emissionen". Es würden Ihnen nicht helfen, diese Worte durch Symbole zu ersetzen (vorausgesetzt, Sie finden solche ...), da genau dieses digitale, sprachliche Element wichtig ist.

Fall 2: Es geht um Beziehungen zwischen (abstrakten) Begriffen, zwischen mehreren Komponenten. Darauf deuten Aussagen hin, die mit Auswirkungen, Zusammenhängen, Entwicklungen zu tun haben:

- Das negative Betriebsergebnis belastet das Firmenimage, erhöht die Kreditkosten und stört das Klima (Auswirkung).
- Die X-AG ist an diesen Firmen beteiligt (Zusammenhang).
- Ereignis A führt zu Konsequenz B und schließlich zu Folge C (Entwicklung, Kausalität).

Ihr kommunikatives Grundproblem besteht eben darin, daß Abstrakta (Worte) von allen konkreten und damit vorstellbaren Elementen befreit wurden – also das genaue Gegenteil zum Bild sind.
Als Vortragender müssen Sie aber nicht nur solche abstrakten Begriffe erklären, sondern auch noch Beziehungen zwischen mehreren derartigen Begriffen erläutern. Diese Beziehungen können wiederum mehr oder weniger abstrakt sein: räumlich, zeitlich, kausal, logisch, sozial usw.
Natürlich können Sie Ihre Inhalte stichwortartig als Textbild präsentieren – aber damit wird der ohnedies anspruchsvolle Inhalt nicht leichter verdaulich. Setzen Sie statt dessen Strukturbilder ein!

Strukturbilder sind die einfachsten bildhaften Hilfsmittel

Sie brauchen dazu nur drei Elemente richtig anzuordnen:

- **geometrische Formen** (Kreis, Rechteck, Dreieck);
- **Text** für die Beschriftung;
- **Verbindungen:** durchgezogene oder gestrichelte Linien, Pfeile etc.

Strukturbilder können Sie daher mit den einfachsten Hilfsmitteln produzieren oder produzieren lassen. Wie finden Sie nun das richtige Strukturbild für Ihren abstrakten Inhalt?

Im Anfang war das Wort

Der Schlüssel liegt in unserer Sprache oder eigentlich in der Art unseres Denkens. Nach Konrad Lorenz funktioniert das Denken so, daß unser Zentralnervensystem mit einem modellmäßig repräsentierten Raum arbeitet und daß wir daher in erster Linie räumlich denken. Alle menschlichen Sprachen reflektieren das. In „Die Wunder der Sprache“ schreibt W. Porzik:

> „Die Sprache übersetzt alle unanschaulichen Verhältnisse ins Räumliche ... Da werden Zeitverhältnisse räumlich ausgedrückt: VOR oder NACH Weihnachten, INNERhalb eines Zeitraumes von zwei Jahren.

Bei seelischen Vorgängen sprechen wir nicht nur von AUSSEN und INNEN, sondern auch von ‚ÜBER und UNTER der Schwelle' des Bewußtseins, vom UNTERbewußten, vom VORDERgrunde oder HINTERgrunde, von TIEFEN und SCHICHTEN der Seele. Überhaupt dient der Raum als Modell für alle unanschaulichen Verhältnisse: NEBEN der Arbeit erteilt er Unterricht, GRÖSSER als der Ehrgeiz war die Liebe, HINTER dieser Maßnahme stand die Absicht …"

Nehmen Sie einfach irgendeinen Text her, und überprüfen Sie das: Sie finden Über- und Unterordnung, Feststellungen, daß etwas außerhalb und innerhalb der Organisation, der Firma etc. passiert. Und in den Vorsilben der Zeitwörter finden wir wahre räumliche Schätze: EINdringen, VORziehen, ZURÜCKreihen, ZUSAMMENfügen, UNTERstützen …

Wie Sie ein Strukturbild erstellen

Sie starten wiederum bei der komprimierten Form Ihres Gedanken, dem Bullet-Chart. Die eigentliche Technik umfaßt nur drei Schritte:

1. **Alle Negativa eliminieren**. Negative Dinge können nicht dargestellt werden, bestenfalls über den Umweg des Durchstreichens oder Wegnehmens.
2. **Gedanken in „räumlichen" Worten ausdrücken**.
3. **Elemente entsprechend ordnen** und – wenn notwendig – verbinden.

In den meisten Fällen definieren die Vorsilben oder Vorwörter bereits, wo ein Element auf Ihrem Bild sein muß: oben, unten, über, unter, hinter, vor … Manche Dinge haben sogar eine klare räumliche Position. Die Zeitachse verläuft von links nach rechts, ebenso ordnen Sie die Begriffspaare „vorher – nachher", „ohne – mit", „Soll – Ist". Kausale Verknüpfungen können der natürlichen Leserichtung folgen: von links oben nach rechts unten. – Achtung bei der „Zukunft": Die erwarten wir im „Hoffnungswinkel", nämlich rechts oben.

Vorsicht: Strukturbilder „wirken" logisch!

Ein sauber ausgeführtes Strukturbild entwickelt eine unerhörte Suggestivkraft: Weil es so „logisch" aussieht, sind wir geneigt, auch den darauf beruhenden Gedanken für richtig zu halten. Kommt allerdings jemand dahinter, daß das Ganze zwar logisch aussieht, aber schlicht falsch ist, wird die Sache peinlich. Deshalb: Stets genau prüfen, ob die Kästchen, die mit Pfeilen verbunden sind, auch wirklich zusammenhängen und ob die Pfeile in die richtige Richtung weisen!

Strukturbilder

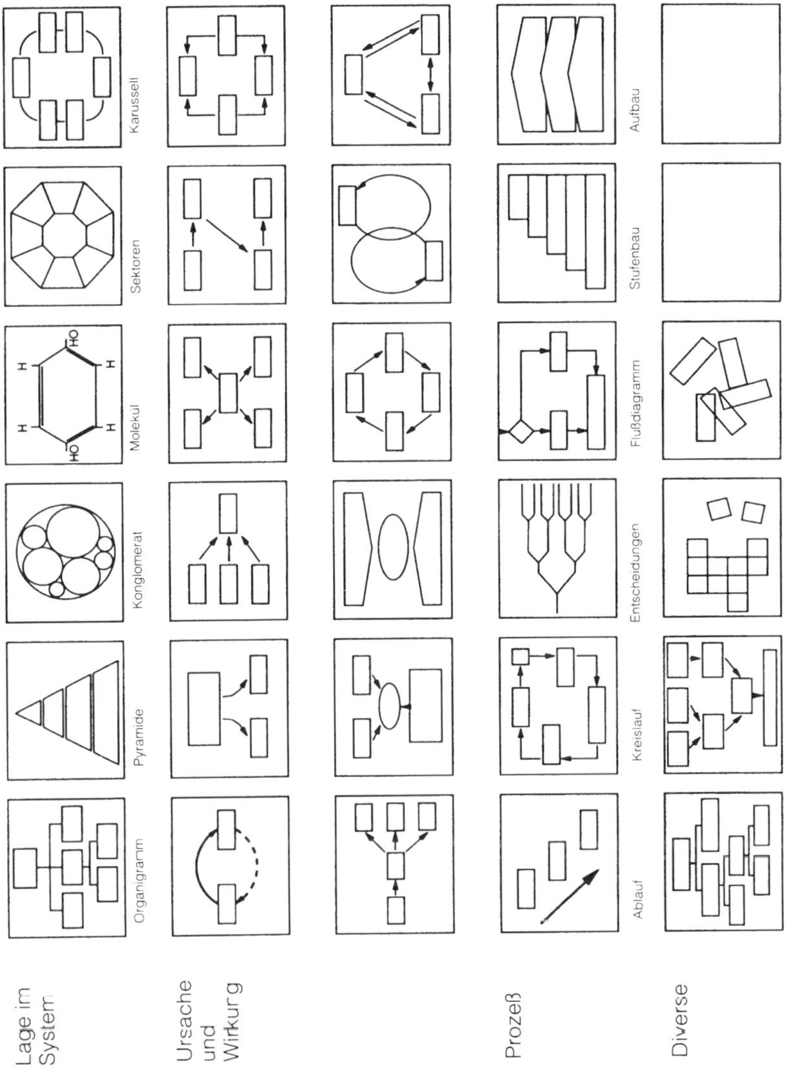

15.1. Die wichtigsten Strukturraster, mit denen Sie abstrakte Zusammenhänge sichtbar machen. Beachten Sie dabei stets: Felder beschriften, Thema oder Aussage in die Überschrift! Lassen Sie sich von dieser Übersicht nur inspirieren – und variieren Sie die Anzahl, Anordnung und Form der Elemente.

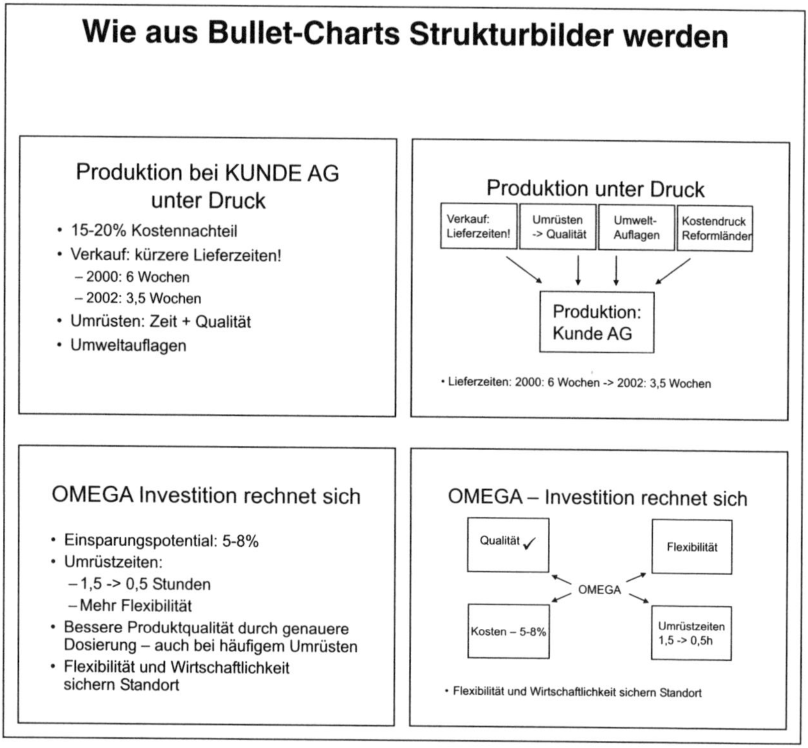

15.2. Ausgangspunkt für kräftige Visualisierungen ist oft ein einfaches Textbild (Bullet-Chart), das die Netto-Information eines Informationsblockes enthält. Die hier gewählte Strukturbild-Visualisierung beinhaltet zwar viele, aber nicht alle Elemente des Textbildes (links). Solche Elemente kommen einfach als zusätzliche Gedankenstütze unter das Bild und helfen Ihnen so, in der Präsentation nichts Wichtiges zu vergessen.

Mengenrelation

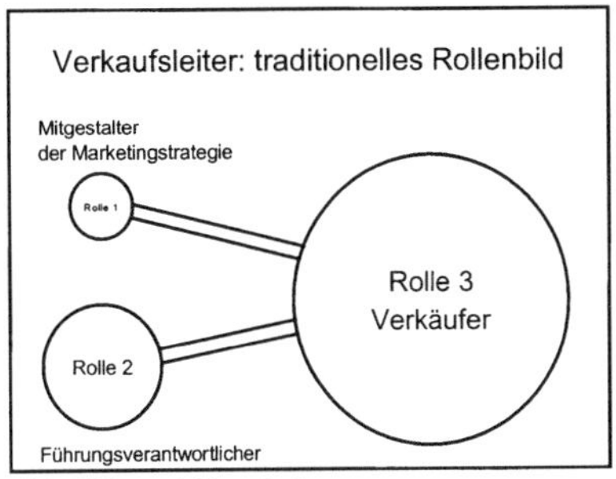

(Größen-)Beziehung

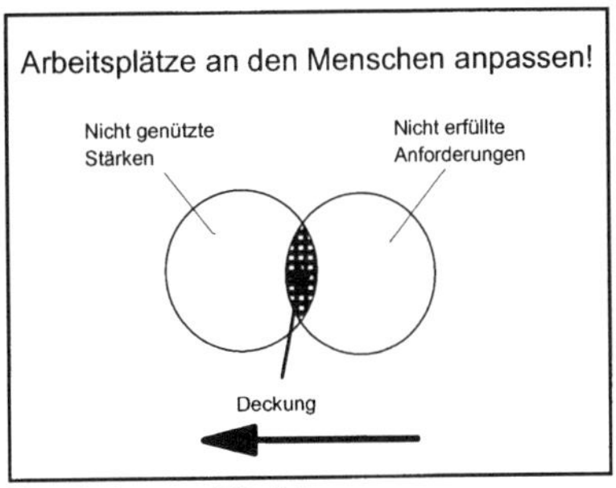

Beziehung/Richtung

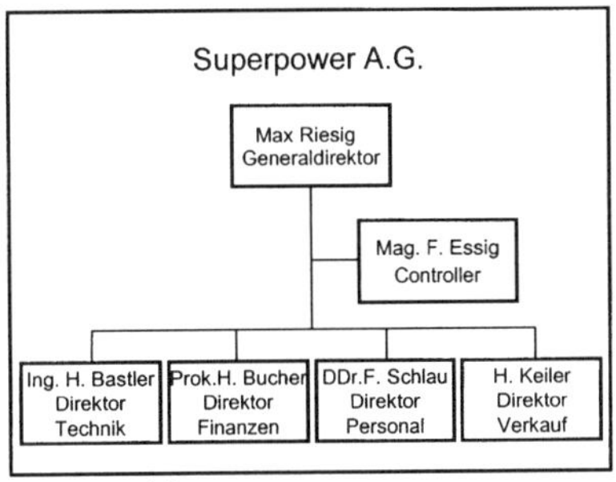

Hierarchie

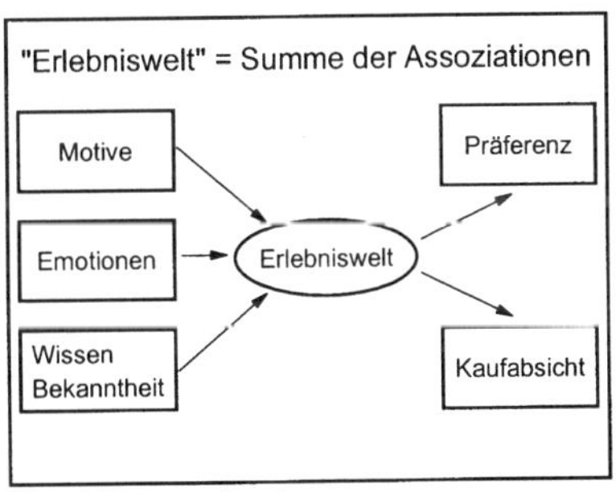

Funktionsprinzip

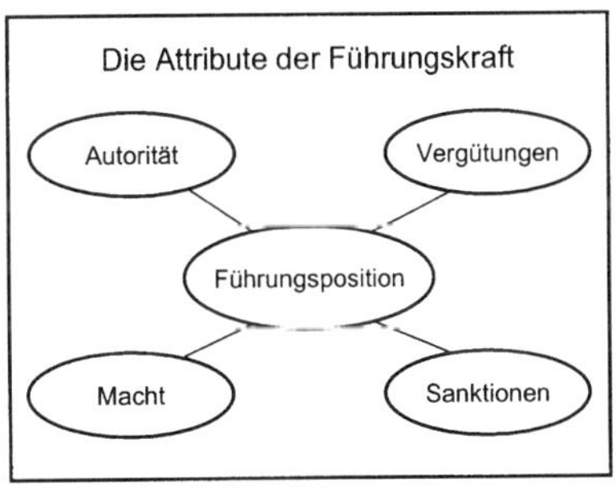

(abstrakte) Beziehung

15.3. Beispiele unserer Kunden und Seminar-Teilnehmer für visuelle Lösungen mittels Strukturbild. Beachten Sie bitte, daß gute Präsentationsgrafik selten selbsterklärend sein kann – alle Lösungen verlangen nach Erklärungen und Ergänzungen durch den Präsentator.

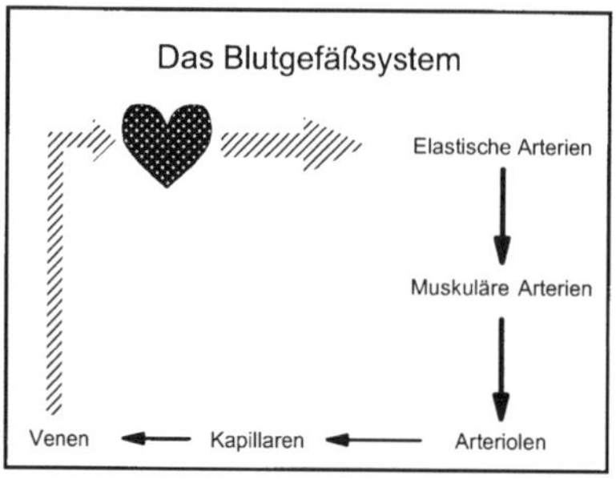

einfacher Kreislauf

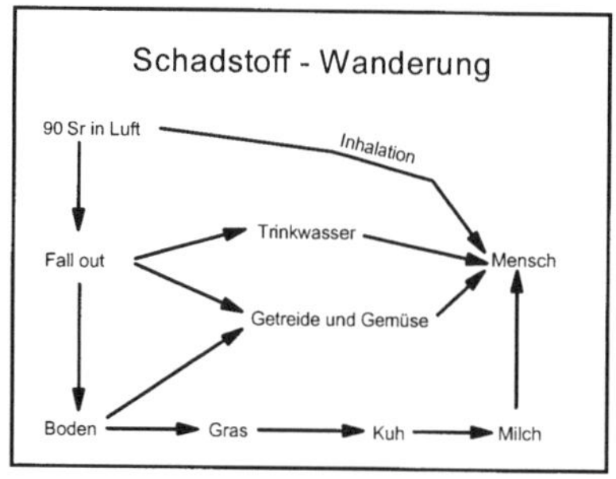

Kausalität / Ursachenanalyse

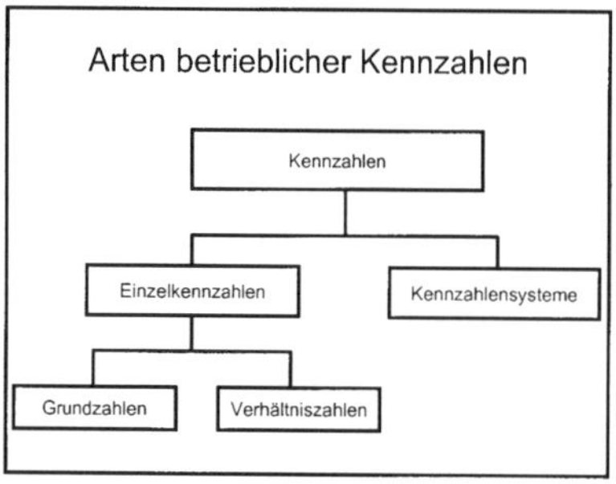

Ableitung / Deduktion

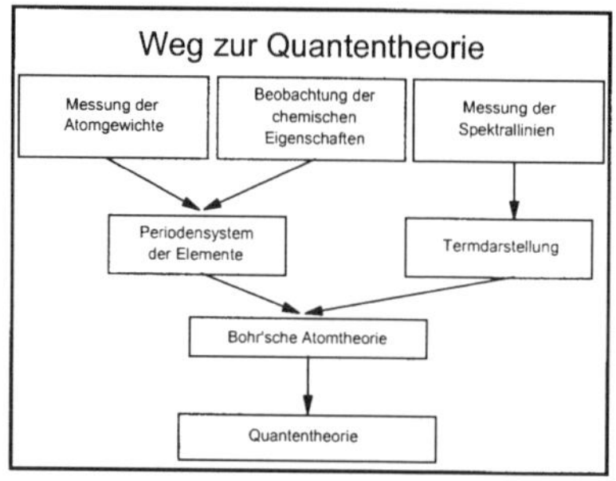

Induktion

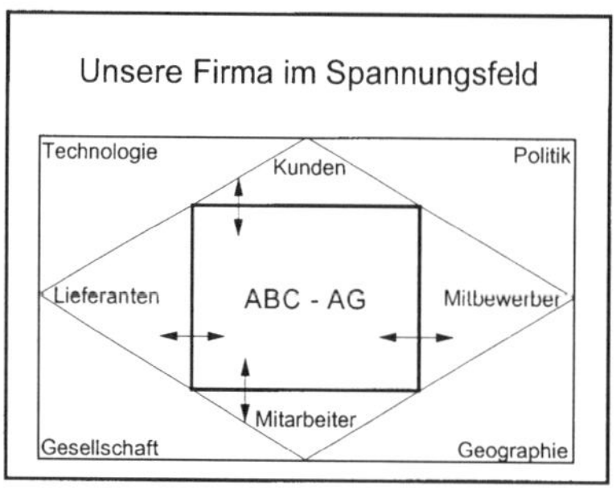

Zusammenhang

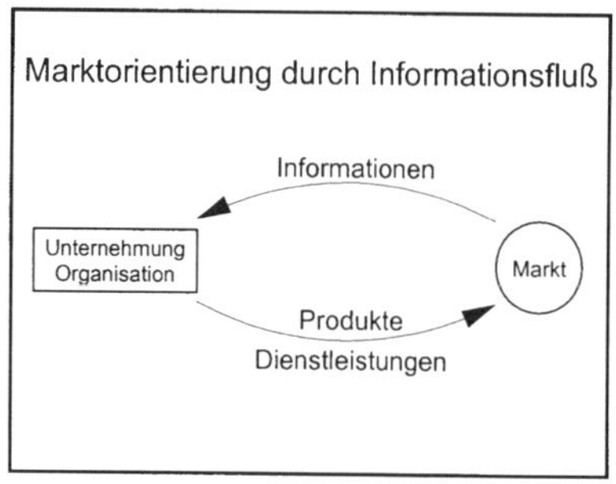

Wechselbeziehung

15.3. Fortsetzung

Bewährte Strukturbilder für das ARGU-Strukt

Situation

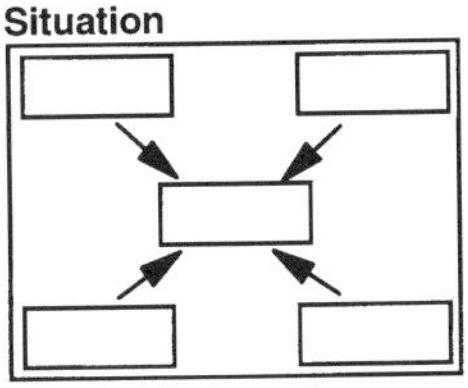

Wir sind "belagert"

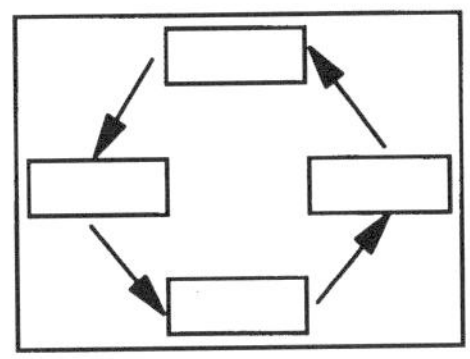

Teufelskreis

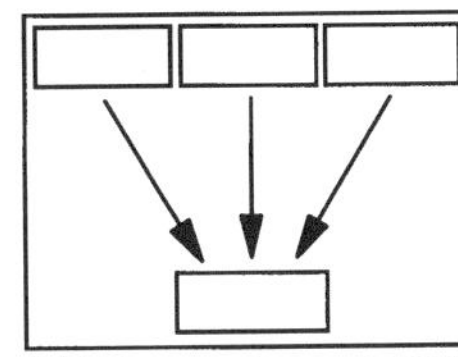

3 Faktoren setzen uns unter Druck

Negative Folgen

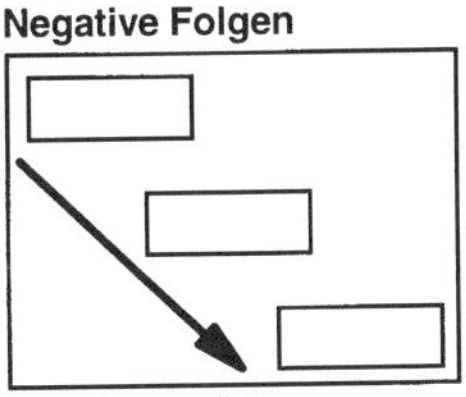

Es geht abwärts

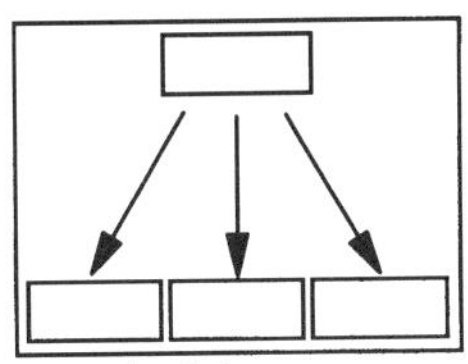

3 unerfreuliche Konsequenzen

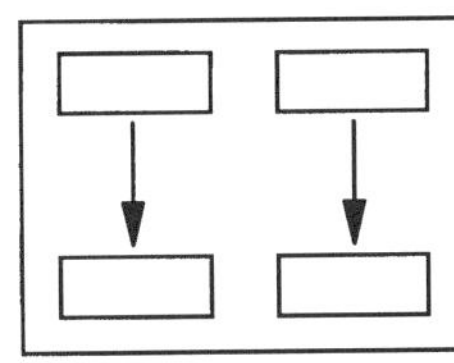

Verluste in beiden Bereichen

Vorschlag

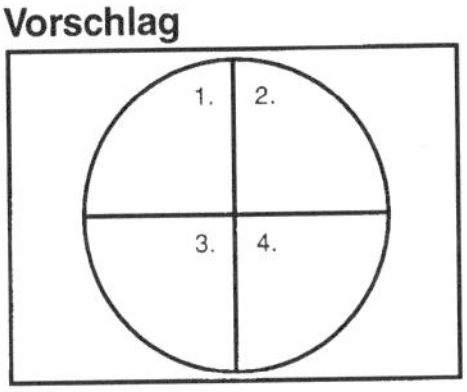

Eine "runde" Sache

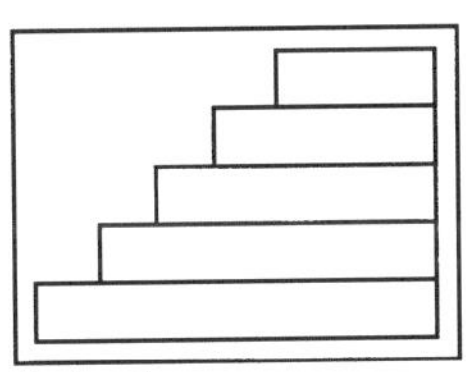

Stufenplan

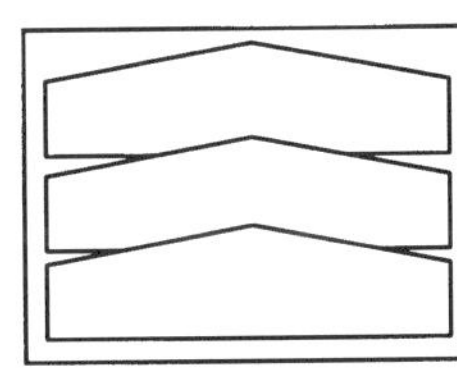

Bausteine

Positive Ergebnisse

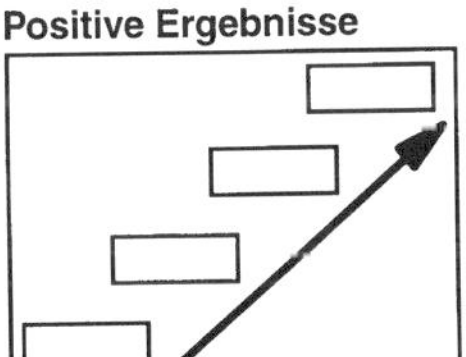

Es geht aufwärts

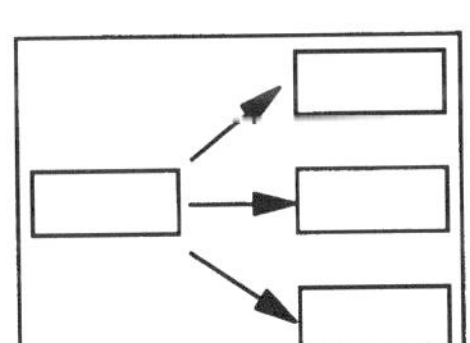

3 erfreuliche Konsequenzen

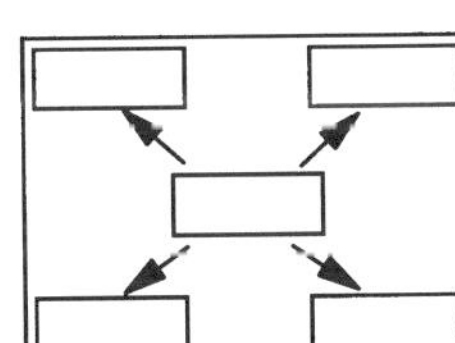

Vorteile für alle!

15.4. Eine Auswahl von Strukturbildern, die sich erfahrungsgemäß besonders gut dazu eignen, die entsprechenden Elemente des ARGU-Strukt zu visualisieren.

Strukturbilder im Präsentationseinsatz

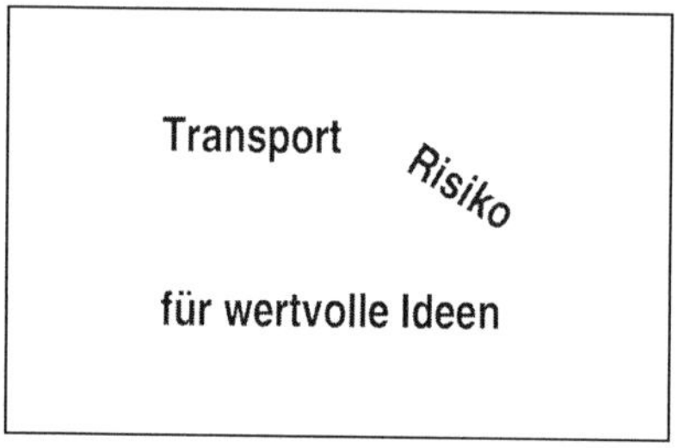

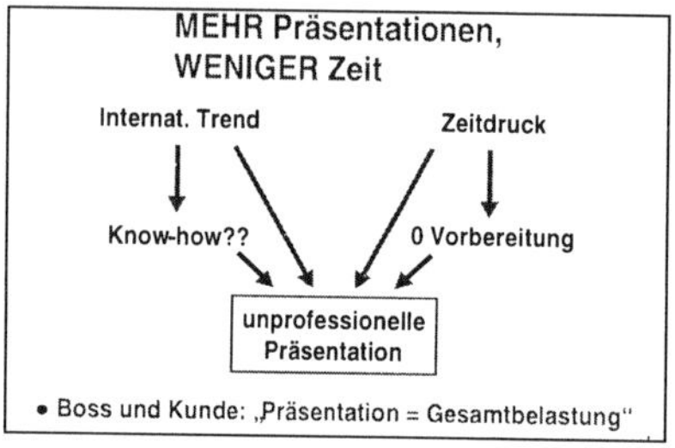

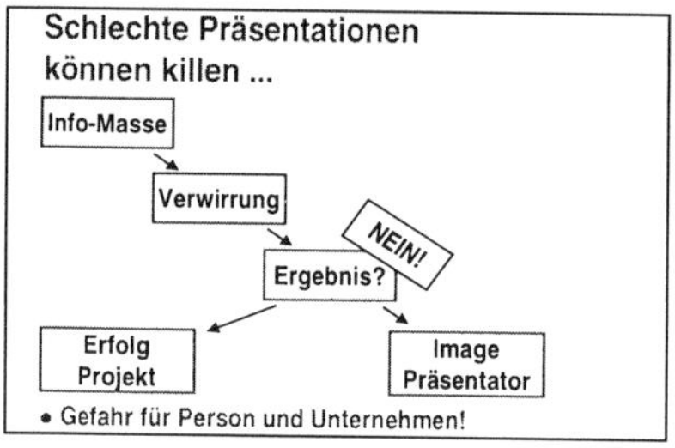

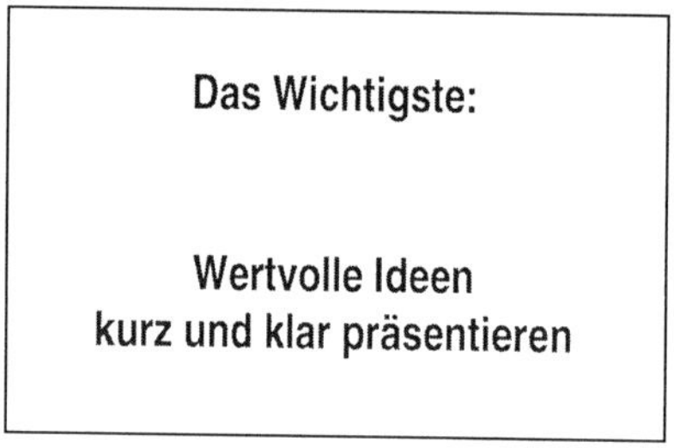

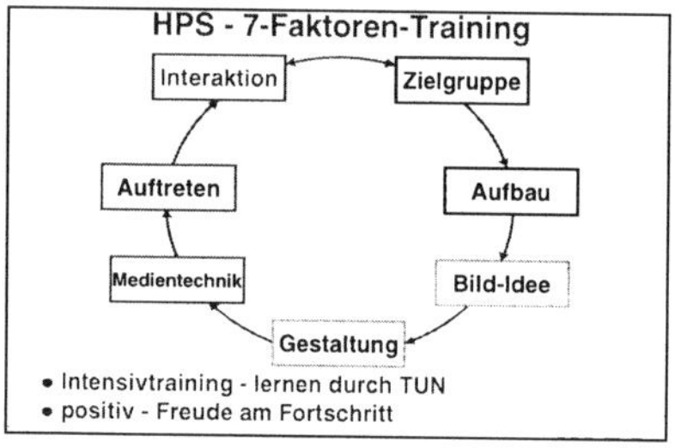

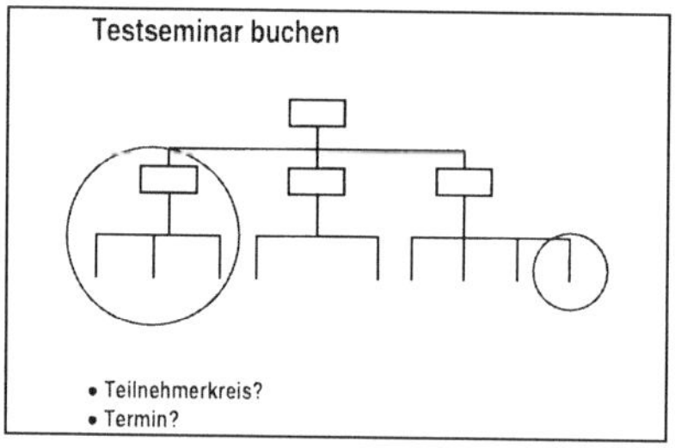

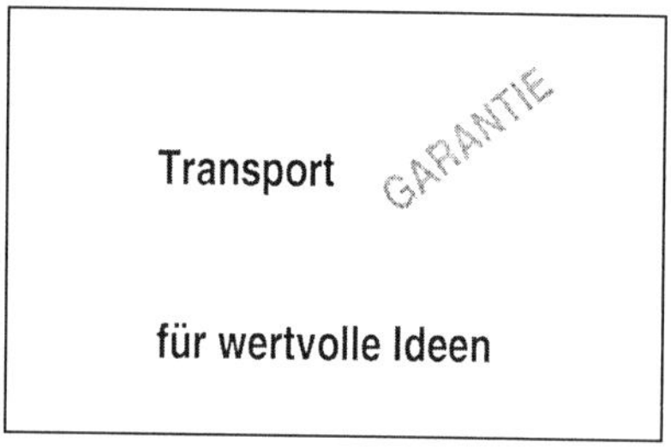

15.5. Die Präsentation des Trainingsanbieters komplett mit dieser Technik aufgelöst. Die nicht visualisierten Elemente des ARGU-Strukts (Bild 8.7) finden sich als Schlagworte jeweils unterhalb der Grafik. (Trotzdem würde ich Ihnen dringend abraten, für eine Präsentation nur einen einzigen Lösungstyp zu verwenden – Abwechslung verbessert die Erinnerungsleistung!)

Gestaltungstips für Strukturbilder

- Tip: Beachten Sie die **natürliche Blickrichtung** von links nach rechts und von oben nach unten.
- Tip: Überlegen Sie die **Präsentationsreihenfolge!** Ordnen Sie die Elemente so an, daß Sie in der Präsentation den Blick der Zuschauer nicht kreuz und quer durch das Bild führen müssen.
- Tip: **Nicht zuviel hineinpacken wollen:** Jedes einzelne Element soll klar lesbar bleiben – reduzieren Sie die Textmenge. Das Bild dient Ihnen ja schließlich nur als Stütze und muß nicht selbsterklärend sein.
- Tip: **Komplexes schrittweise aufbauen.** Zusammenhänge bewältigen Sie nicht mit einem einzigen Bild, sondern mit schichtweisem Aufbau (bei Folie, Dia und Datenprojektion leicht möglich).
- Tip: **Vorsicht mit Symbolen!** Selbstverständlich belebt es die Präsentation, wenn an die Stelle der Begriffe visuelle Kürzel (Symbole) treten. Hüten Sie sich aber davor, selbsterklärende Worte durch Bilder zu ersetzen oder zu ergänzen (es bringt wenig, das Wort „Bier“ durch eine Bierflasche oder das Wort „Gewinn“ durch einen Geldsack zu ersetzen).

15.6. Überladene und komplexe Strukturbilder sind besonders frustrierend: Als Zuschauer hat man den Eindruck, es wäre eigentlich ganz einfach und man selbst wäre möglicherweise zu dumm dafür …

- Tip: **Linien und Farben mit Sinn variieren.** Funktionaler Farbeinsatz hilft beim Verständnis: zusammengehörige Kästchen in der gleichen Farbe, wichtige Beziehungen durch kräftigere Linienzüge, unsichere oder verdeckte Beziehungen durch gestrichelte Linien.

Das Wichtigste aus diesem Kapitel

- Die meisten abstrakten Gedanken lassen sich in räumliche Zusammenhänge übersetzen und dann darstellen.
- Das Strukturbild ist mit einfachsten Mitteln herzustellen.
- Lassen Sie sich (weder als Präsentator noch als Betrachter) von der scheinbaren Logik eines sauberen Strukturbildes täuschen: Überprüfen Sie genau, ob die abgebildeten Zusammenhänge der Wirklichkeit entsprechen!

Kapitel 16

Auch für sehr ernsthafte Vortragende: Mut zu Symbolen und bildhaften Elementen!

Vorurteil 1: „Zeichnungen sind wie Micky Maus: vielleicht komisch, jedenfalls aber unseriös."
Vorurteil 2: „Irgendein Symbol finde ich immer in der Bibliothek meines PC-Programmes."
Vorurteil 3: „Ich kann nicht zeichnen."

Dieses Kapitel zeigt Ihnen

- einen Überblick, was es auf dem Gebiet der bildhaften Elemente alles gibt;
- wie Sie mit Symbolen Ihre abstrakten Folien anreichern können;
- ob und wie wichtig Perfektion ist;
- was Sie tun müssen, damit Ihr Symbol richtig zur Wirkung kommt.

Symbole, Sinnbilder, Piktogramme, Icons ...

Dieses Kapitel ist gewissermaßen das Verbindungsstück zwischen den abstrakten (Bullet-Chart, Tabelle, Diagramm, Strukturbild) und den konkreten Lösungen. Die Elemente, um die es hier geht, stellen für sich allein in den meisten Fällen keine komplette visuelle Lösung dar – Sie können sie aber dazu verwenden, um entweder abstrakte Lösungen damit anzureichern oder um mit mehreren solchen Symbolen eine komplette visuelle Lösung zu produzieren. Und damit erkennen Sie auch schon den Zweck, den Symbole in Verbindung mit abstrakteren Lösungen haben können:

- verdeutlichen, dramatisieren,
- interessanter machen,
- ein neues Thema ankündigen,
- die Aussage unterstützen.

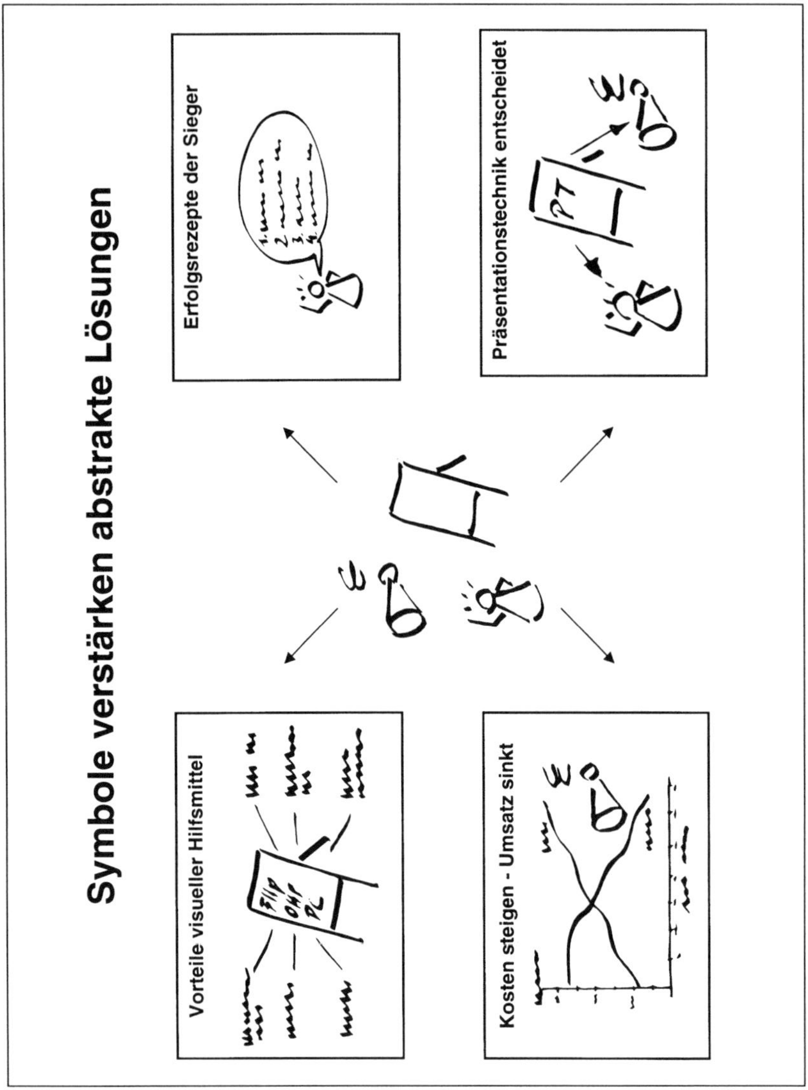

16.1. Die drei Symbole in der Mitte dieses Bildes (liegende Figur, Flip-Chart, triumphierende Figur) können Sie verschieden einsetzen: ein Strukturbild ergänzen (links oben), ein Bullet-Chart verstärken (rechts oben), die Aussage eines Diagramms verdeutlichen (links unten). Wenn Sie mehrere Symbole zusammensetzen, ergibt sich meist eine eigene visuelle Lösung (rechts unten).

Abstrakt oder konkret? Perfekt oder primitiv?

Ich verwende den Ausdruck „Symbol“ hier für alle jenen kleinen Elemente, die als „visuelle Kürzel“ die rechte Gehirnhälfte (den analogen Bereich) ansprechen und so die digitale Information (Text, Sprache) ergänzen. Verstehen wir als „Symbole“ alles, was Sie selbst bei Bedarf ganz einfach auf ein Flip-Chart oder auf eine Folie zeichnen können. Und natürlich auch die beeindruckenden Bilder, die Sie in der Bildbibliothek Ihres PC-Programmes finden.

Symbole – ein kritisches Element jeder Präsentation

„Kritisch“ bedeutet immer das Zusammentreffen von Gefahr und Chance, von Sieg oder Niederlage. In diesem Sinn müssen Sie Symbole tatsächlich als kritische Elemente behandeln. Warum?
Symbole gehören in die Welt der Analogie – sie kommunizieren blitzartig, wenn sie richtig eingesetzt werden, und sprechen mitunter sehr tiefe, emotionale Schichten an. Denken Sie nur an die Millionen Menschen, die sich unter dem Symbol verschiedener Formen des Kreuzes oder des Halbmondes begeistert ins Verderben schicken ließen.
Als analoge Elemente sind Symbole aber auch unpräzise, mehrdeutig und bedürfen der Ergänzung durch exakte Informationen. Das sind in der Regel Worte oder Ziffern, die im Bild selbst untergebracht sind oder die Sie als Präsentator zusätzlich liefern.

Was sind „gute“ Symbole?

Bild 16.2 zeigt Ihnen sechs verschiedene Möglichkeiten der Umsetzung des Begriffes „Frau“ – vom abstrakten F (für „feminin“ oder „Frau“) bis zum Foto eines hübschen Mädchenkopfes. Wenn wir das alles als „Symbole“ bezeichnen – welches ist dann das richtige?

Sie werden die Antwort schon erraten haben: Es gibt kein „an sich“ gutes Symbol, sondern nur eines, das für Ihre konkrete Präsentation geeignet ist – oder nicht.
Woran erkennen Sie ein in diesem Sinne „gutes“ Symbol?

1. Es unterstützt die Aussage des visuellen Hilfsmittels.
2. Es ist leicht zu produzieren und auch in der gewünschten Größe klar erkennbar.

Siebenmal „Frau“

16.2. Die Bandbreite reicht von ganz abstrakt (F) bis konkret (Foto), von ganz einfach (Venuszeichen) bis zur professionellen Computergrafik. Was paßt am besten zu Ihrer Aussage – und in Ihre gesamte Präsentation?

3. Es macht Ihre Präsentation interessanter, attraktiver.
4. Es paßt zum gesamten Stil Ihrer Präsentation und vor allem zu Ihnen selbst.
5. Sie selbst „mögen“ dieses Symbol und fühlen sich damit sicher.

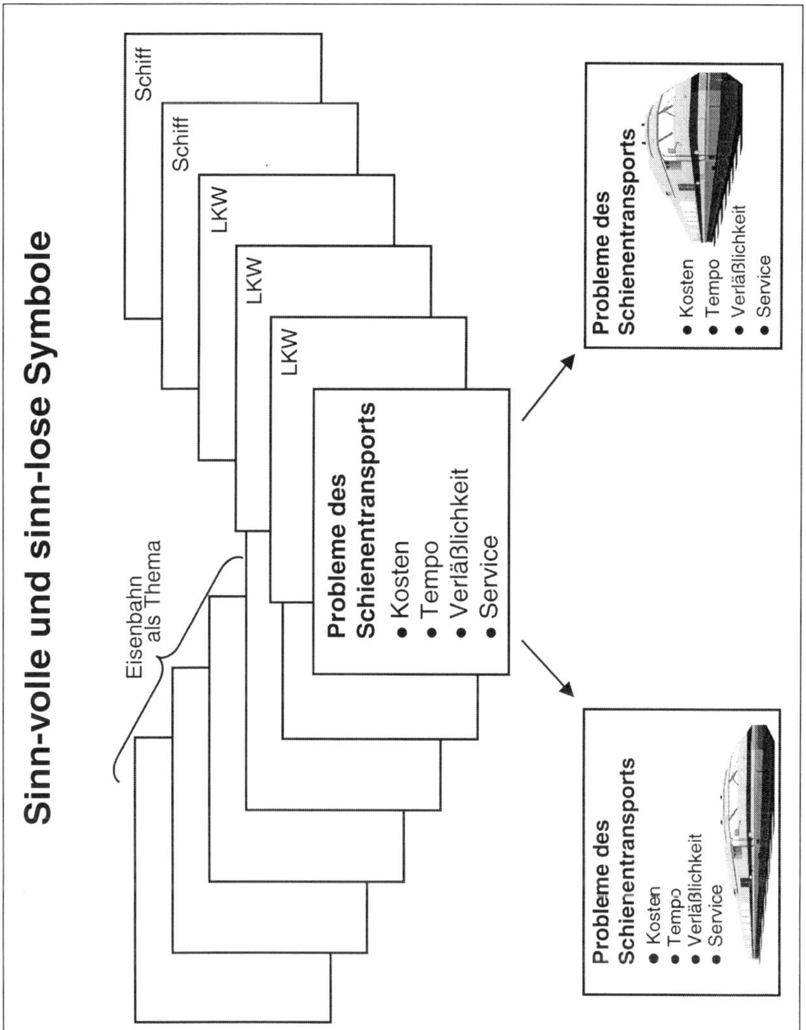

Bild 16.3. Der Sinn eines Symbols ergibt sich aus dem Zusammenhang. In der linken Präsentation wäre ein einfaches Symbol zum Thema „Bahn“ völlig überflüssig, da es ja die ganze Zeit um nichts anderes ging; ein gequetschtes Symbol hingegen dramatisiert die Botschaft des Bullet-Charts („Probleme“). – In der rechten Präsentation ging es um unterschiedliche Transportmittel, daher muß jetzt der Themenwechsel unterstützt werden – hier paßt das unverändert dazugesetzte Symbol.

Symbole – von ganz abstrakt bis ganz konkret

Sie sind auf der Suche nach bildhaften Elementen, die Ihre Präsentation unterstützen. Eine theoretische Systematik hilft Ihnen wenig – aber Bild 16.4 wird Ihre Phantasie sicher anregen. Jedes visuelle Element ist grundsätzlich als Symbol geeignet – das haben Sie bereits bei der Übersicht über die visuellen Lösungen (Bild 11.5) nebenbei kennengelernt: Dort haben wir zum Beispiel EINE Tabelle als Symbol für alle Arten von Tabellen verwendet. Daher ist es ganz logisch, daß wir praktisch alle visuellen Lösungen auch wieder als Symbole vorfinden (sogar das Bullet-Chart wäre in diesem Sinn ein Symbol für „Aufzählung" oder „wichtige Punkte").

Bei Seminarteilnehmern und Beratungsklienten stoßen wir regelmäßig auf drei Arten von Problemkreisen, wenn es um den Einsatz von bildhaften Elementen geht:

1. Das Imageproblem

„Wenn ich mit solchen Bildelementen komme, halten mich alle für unseriös oder für verspielt." – Probieren Sie's in kleinen Schritten – mit EINEM Symbol, tasten Sie sich von „abstrakt" in Richtung „bildhaft". Sie werden über die positiven Reaktionen staunen.

2. Das Beschaffungsproblem

- „Ich habe keinen Grafiker."
- „Ich kann nicht zeichnen."
- „Bilder sind aufwendig."
- „Ich weiß nicht, welches das richtige ist …"

All das sind keine Probleme für die wachsende Gruppe von Personen, die entweder über ein PC-Programm mit entsprechender Bildbibliothek verfügt oder sich mutig genug fühlt, einfache Bilder und Symbole selbst zu zeichnen. Aber auch diese Gruppe hat regelmäßig ein Problem, das sie mit all denjenigen aus der ersten Gruppe teilt, die ihr Problem gelöst haben:

3. Das Verständnisproblem

Wir greifen hier kurz in den nächsten Abschnitt vor, in dem der Medieneinsatz genau besprochen wird. Sie werden dort lesen, daß Blickführung und

Symbole und bildhafte Elemente

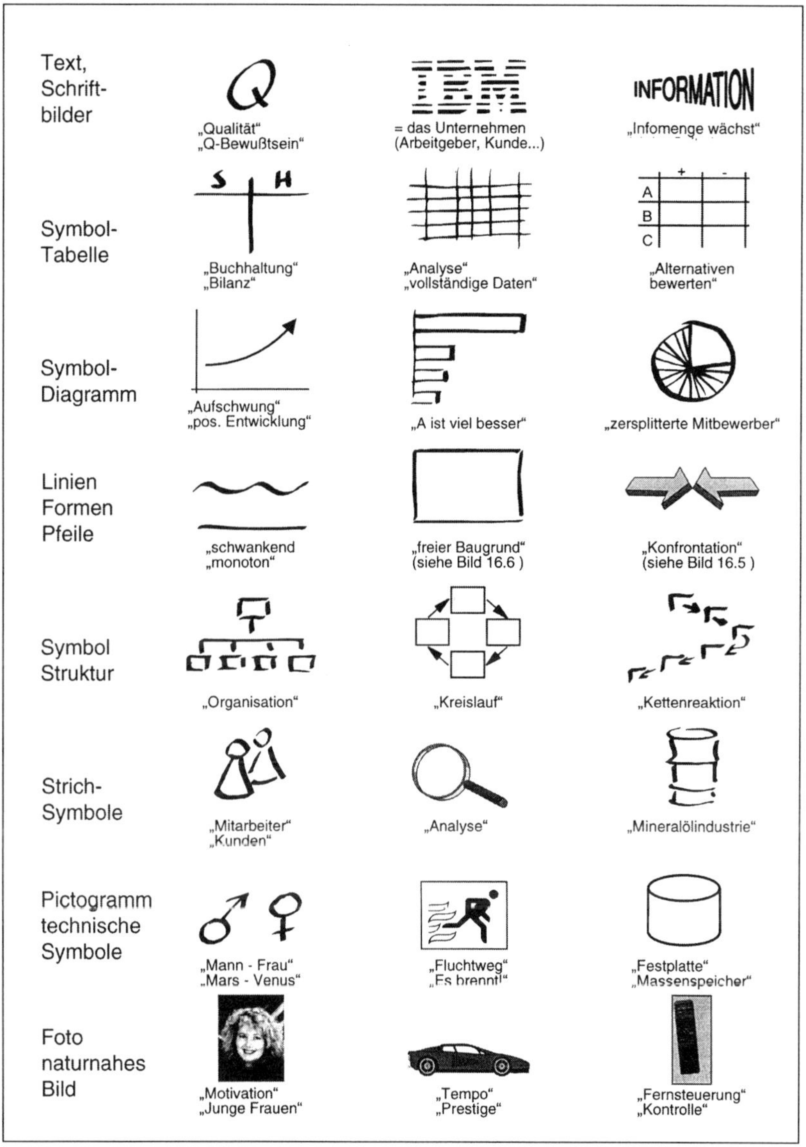

16.4. Fast alle dieser Möglichkeiten können Sie „perfekt“ (zum Beispiel aus der Symbolbibliothek Ihres PC) oder „primitiv“ (Freihandzeichnen) nützen.

Pfeilbilder

16.5. Mit Pfeilen können Sie nahezu alles verdeutlichen, was mit Kraft, Veränderung, Bewegung zu tun hat. Die vier Vorschläge je Aussage reflektieren nur einen Bruchteil der Lösungen unserer Seminarteilnehmer. (Gänzlich ohne Beschriftung kommen Sie nur bei der Spontanzeichnung aus, ansonsten sind ergänzende Bezeichnungen notwendig.)

Was ein Rechteck alles kann!

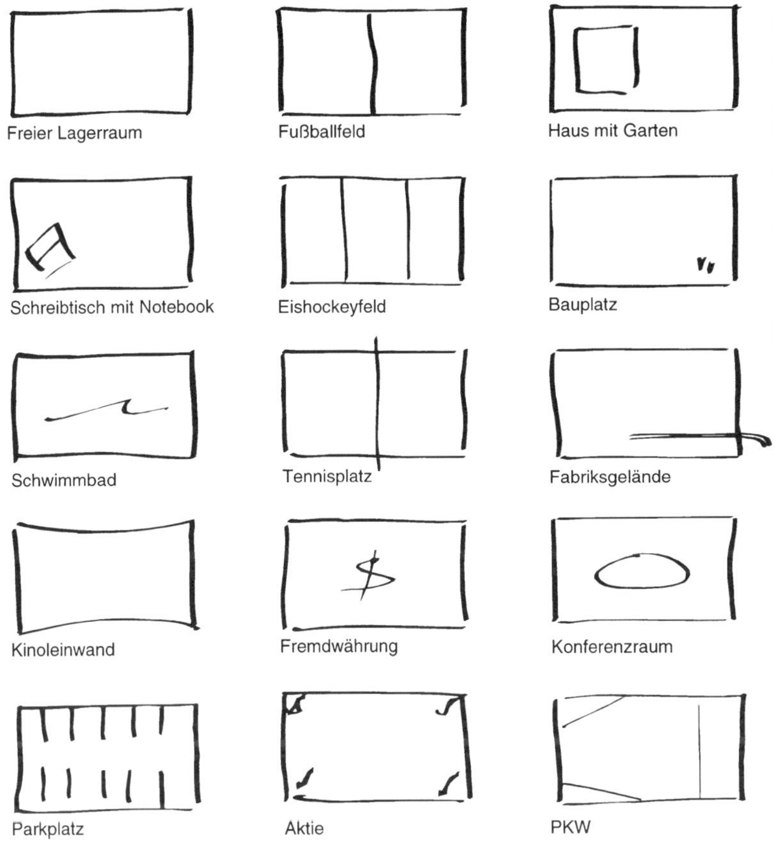

16.6. Alle diese Bedeutungen können Sie garantiert transportieren, WENN Sie in der Präsentation sofort „klären“: „Dieser Tennisplatz steht für aktive Freizeitgestaltung“ etc. Bauen Sie zusätzlich kleine visuelle Anker ein: die Grasbüschel am Bauplatz, den Gleisanschluß des Fabrikgeländes ... Entscheidend dabei – Ihre Klärung kommt sofort, bevor die Zuschauer Zeit hatten, eigene Erklärungsversuche zu starten!

Schrift-Bilder

16.7. Die Veränderung einzelner Buchstaben oder des Wortbildes verstärkt die Bedeutung eines Wortes oder gibt ihm zusätzliche Bedeutung. – Die oberen Beispiele wären am PC nur mühsam zu realisieren, die unteren sind mit MS WordArt entstanden (einem in MS PowerPoint enthaltenen Standardmodul).

Einfache Symbole rasch gezeichnet

16.8. Naturgetreu zu zeichnen ist nicht Ihre Aufgabe als Kommunikator: Bleiben Sie mit ganz einfachen Bildern im Rahmen Ihrer künstlerischen Fähigkeiten (oben), und erklären Sie immer sofort, was Sie mit diesen visuellen Kürzeln meinen! – Aber auch professionelle Grafik (unten) ist erklärungsbedürftig.

Erklärung der Elemente Ihrer visuellen Hilfsmittel ganz entscheidend sind. Der Grund dafür wird am Beispiel des Symbols besonders deutlich: Sie selbst wissen ganz genau, daß dieser Kreis einen Konferenztisch oder daß jenes Rechteck die Lagerhalle darstellt. Und selbst, wenn ein findiger Kopf diese Dinge zusammenreimt: Wie soll er wissen, daß Sie mit dem Konferenztisch eigentlich die firmeninterne Kommunikation meinen?

Was zählt, ist das Bild im Kopf.

Als Kommunikator verdienen Sie Ihr Geld nicht damit, perfekte Bilder zu produzieren – weder mit der Hand noch am PC. Aber Sie werden daran gemessen, ob es Ihnen gelingt, Bilder in die Köpfe zu tragen. Ein naturgetreues Abbild, eine bis ins letzte Detail stimmende Zeichnung, eine Fotografie sind manchmal – aber nicht einmal häufig – der beste Weg zum richtigen Bild im Kopf.

Nicht perfekt zeichnen – perfekt ERKLÄREN!

Primitives Symbol	Perfektes Symbol	Begriff nennen (Wort und Bild verbinden)	Wenn sinnvoll: anreichern, erweitern	Wenn Teil fürs Ganze: Bedeutung nennen
		Diese Kuh ...	Diese glückliche Milchkuh in Graubünden ...	... steht für die eidgenössische Milchwirtschaft.
		Dieses Notebook ...	Dieses IBM - Notebook mit 128MB Arbeitsspeicher und 20 Gigabyte ...	... steht für das mobile Büro.
	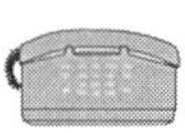	Dieses Telefon ...	Diese ISDN-Anlage mit Anschluß für Videokonferenzen ...	... steht für das globale Informations - Netzwerk.
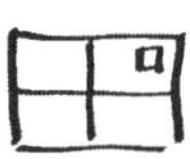		Dieses Paket ...	Dieses Paket von Quelle mit einem aktuellen Kostüm ...	... steht für den Versandhandel als Mitbewerber des Fachhandels.

16.9. Ein einfach gezeichnetes Symbol erfüllt seinen Zweck völlig, WENN Sie – sofort! – den Begriff nennen und damit digitalen Text mit analogem Bild verknüpfen. Dabei können sie Ihr Symbol mit Elementen anreichern, die überhaupt nicht abgebildet sind. Falls Ihr Symbol ein größeres Ganzes repräsentiert, sagen Sie das klar und deutlich!

Erklären, was es ist – erklären, was es bedeutet.

Entscheidende Voraussetzung für den Kommunikationserfolg – also für das richtige Bild im Kopf – ist das, was Sie als Präsentator mit diesem Bild in Ihrer Präsentation tun – konkret: Wie Sie es aufschließen, erklären, erweitern.
Bild 16.9 zeigt, mit welchen Worten Sie das betreffende Element präsentieren können. Wie weit Sie in der Anreicherung und Bedeutungserweiterung gehen, können nur Sie selbst entscheiden. Der erste Teil („Diese ...") ist aber immer wichtig und sollte Teil Ihrer Präsentationsroutine werden. Selbst wenn das Bildelement völlig klar und perfekt ist (zum Beispiel ein Foto), so sind doch Mißverständnisse niemals ausgeschlossen. Und Sie kommunizieren gehirngerecht, wenn Sie beide Gehirnhälften bedienen:

Das Wort (digital – linkshirnig) mit dem Bild (analog – rechtshirnig) verbinden!

Falls Sie noch Skrupel haben, ganz einfache, primitive visuelle Kürzel zu verwenden (zum Beispiel, wenn Sie während oder nach der Präsentation etwas schnell am Flip-Chart skizzieren), dann machen Sie doch einen Test (Bild 16.10)! Sie werden feststellen, daß Ihre Zuschauer in der Lage sind, eine Menge zusätzlicher sprachlicher Informationen an ein solches visuelles Kürzel zu binden.

PC-Symbole: Fundgrube oder Fallgrube?

Fest steht, daß es noch niemals so einfach war und so schnell ging, qualitativ erstklassige Bilder in der Präsentation zu verwenden. Das betrifft natürlich auch Symbole und andere bildhafte Elemente zur Verstärkung Ihrer Folien. Um wenig Geld für ein paar Symbol-CDs können Sie die Standardbibliothek Ihres PC-Grafik-Programmes vervielfachen und verfügen so über ein veritables Bildarchiv. Aber – verfügen Sie darüber wirklich? Beherrscht man mit einem Wörterbuch im Schrank schon die Fremdsprache? Und selbst wenn man das richtige Wort gefunden hat – macht es im Umfeld des Satzes den Sinn, den wir geplant hatten?

Tips für die Arbeit mit PC-Symbolbibliotheken

- Tip: **Zuerst die Aussage, dann das Symbol!** Überlegen Sie genau, zu welcher Aussage, für welches Element Sie ein Symbol suchen! Blättern

Was Primitiv-Grafik alles transportieren kann

16.10. Machen Sie einen kleinen Test – stellen Sie sich vor, daß diese Symbole in ihrem jeweiligen Zusammenhang wie folgt erklärt werden: „Diese duftende Schale Jacobs-Kaffee wird allen Mitarbeitern serviert – um 9.15 Uhr am Vormittag und um 15.30 Uhr am Nachmittag." – „Dieses Thermometer zeigt die Durchschnittstemperatur im Juni 2002: 16 Grad. Das war für die Jahreszeit zu kühl." – „Dieser Minolta-Kopierer schafft zwölf Seiten in der Minute und kann Bücher doppelseitig kopieren." – „Diese Pepsi-Cola-Aktien aus dem Jahr 1924 über 100 Dollar wurden vergangene Woche bei Sotheby's in London um 550 Pfund versteigert." Decken Sie nun diesen Text ab, und überprüfen Sie, welche Informationen Sie sich gemerkt haben!

Sie niemals durch Ihr Archiv mit dem Gedanken: „Irgend etwas, das zu diesem Thema paßt!" – Sie landen höchstwahrscheinlich bei einem spektakulären Symbol, das außer Ihnen kaum jemand zu schätzen weiß.

- Tip: **Einheitlicher Grafikstil.** Legen Sie den „Stil" der Symbole in Ihrer Präsentation fest: ganz einfach/abstrakt/flächig – oder naturnah, perspektivisch, räumlich.
- Tip: **Vorsicht vor „schönen" Symbolen!** Details bringen Leben, aber sie lenken ab. Wenn Ihr Symbol „Geschwindigkeit" ausdrücken soll, dann paßt zwar sicher ein roter Ferrari – aber überlegen Sie einmal: Welche Assoziationen löst das bei einschlägig interessierten Zuschauern (junge Männer jeden Alters) aus? Grundsätzlich gilt bei Symbolen: je einfacher, desto besser.

- Tip: **Vorsicht vor „abgenutzten“ Bildern** als Symbolen! Der rote Ferrari und die händeschüttelnde Gruppe von drei Menschen unterschiedlicher Hautfarbe wurden sicher in Millionen Präsentationen verwendet. Die Reaktion: „Ach ja, das habe ich auch schon gesehen!“ könnte wichtige Botschaften überlagern und Ihre Kommunikation schwächen. Das soll nicht bedeuten, daß Sie solche Symbole nicht verwenden sollten, aber nur sehr gezielt. Dabei hilft der nächste Tip:
- Tip: **Alltägliche Symbole verändern!** Gerade der PC bietet Möglichkeiten, die der Handzeichner nicht besitzt: Drehen, verformen, kopieren, vergrößern, verkleinern Sie die Symbole – damit werden Aussagen bildlich verstärkt und die Reaktion „Kenn’ ich schon!“ ausgeschaltet.
- Tip: **Foto statt Symbol!** Fotos sind „echte Bilder“, und eine erfrischende Alternative zum Einheits-Symbol-Brei. Ein (passendes!) Foto wirkt durch die konkrete Abbildung der Realität objektiver und verstärkt gleichzeitig die „persönliche Note“ der Präsentation.

(Mehr zur Bildgestaltung am PC lesen Sie in Kapitel 22.)

Selbsterklärende Begriffe illustrieren?

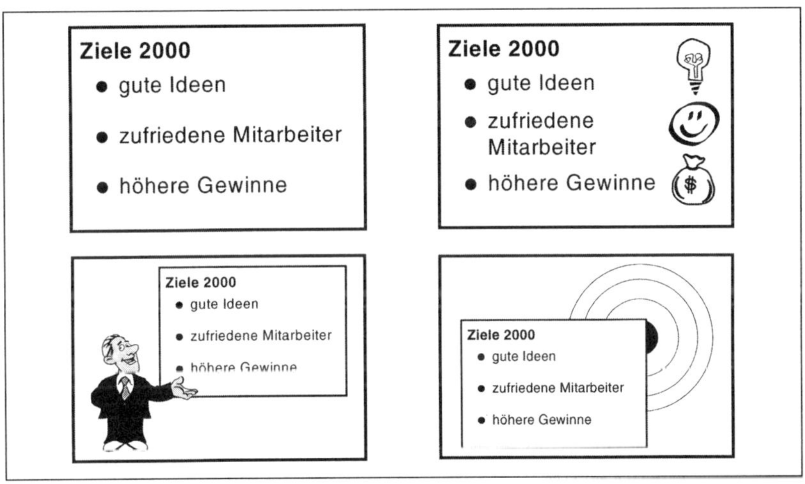

16.11. Das Bullet-Chart links oben enthält ausschließlich Begriffe, die recht gut ohne Bilder auskommen. Glühbirne, Smiley und Dollarsack fügen absolut nichts hinzu, genauso wenig wie das Wort „Ziele“ einer Verstärkung durch eine Zielscheibe bedarf. Und der Präsentator links unten ist absoluter Schwachsinn – oder wollen Sie sich selbst durch eine Comic-Figur ersetzen? Daher: sinnlose Be-Bilderung vermeiden!

Die richtige ClipArt verwenden und verändern!

16.12 Zur Visualisierung des Begriffes „Erfolg" bietet die Standard-Symbolbibliothek von PowerPoint 32 ClipArts an. Von den Lösungen 1–3 ist die erste die (relativ) beste – aber was soll der Pfeil, der das Ziel verfehlt? Und: Brauchen Sie das Männchen daneben? Verändern Sie ClipArts – und vergrößern Sie das Bild! (Lösung 4)

Das Wichtigste aus diesem Kapitel

- Symbole und andere, leicht erkennbare kleine Bildelemente helfen, wichtige Punkte hervorzuheben und unterstützen so Ihre Aussage.
- Bei Symbolen kommt es nicht darauf an, ob sie perfekt ausgeführt sind, sondern, ob sie die richtige Information tragen können.
- Aufgabe des Präsentators ist es, in der Präsentation den Begriff zu nennen, für das das Symbol steht, und – bei Bedarf – die weitere Bedeutung des Symbols auszuführen.
- Es kommt nicht darauf an, „schöne Bilder" zu bringen, sondern Bilder in die Köpfe zu tragen.
- Bei PC-Symbolen aufpassen: Nicht alles, was schön, detailreich und spektakulär ist, unterstützt Ihre Präsentation.

Kapitel 17

Cartoons – mit einfachen Strichzeichnungen Aussagen prägnant auf den Punkt bringen

Vorurteil 1: „Auf solche Ideen komme ICH ganz bestimmt nicht."
Vorurteil 2: „Meine Geschäftsleitung/meine Kunden/meine Zuhörer werfen mich raus, wenn ich mit so etwas ankomme."
Vorurteil 3: „Hauptsache, die Bilder sind originell und gut gezeichnet."

In diesem Kapitel springen wir voll in den Bereich der analogen, bildhaften Visualisierung. Wir behandeln,

- was Cartoons sind;
- wie sie (nicht) wirken;
- auf welchen Wegen Sie zu Ideen für Ihre Cartoons gelangen;
- was Sie bei der Erstellung eines Cartoons besonders berücksichtigen sollten.

Cartoons – mit ein paar Strichen ins Schwarze treffen

Hier geht es um ganz einfache Zeichnungen. Damit keine Mißverständnisse aufkommen: Das bezieht sich auf den Inhalt, nicht auf die Qualität der Ausführung. Ich meine hier Zeichnungen, die mit einfachen Strichen und vollen Flächen auskommen und auf Dinge wie Halbtöne, Perspektiven, Schatten, Details und Genauigkeit verzichten – unabhängig davon, ob Sie Ihre Idee mit einem Stift selbst zur Folie bringen, einen professionellen Grafiker damit beauftragen oder den Cartoon aus einfachen Elementen in Ihrem PC zusammensetzen.

Auch prägnante Cartoons haben nur eine einzige Aufgabe:
Ihre Aussage zu unterstützen!

Dies geschieht mit vier Methoden, die häufig gemeinsam anzuwenden sind:

1. **Vereinfachen:** Aus einer Situation, von einem Gegenstand werden alle jene Eigenschaften oder Details weggelassen, die nicht absolut zum Verständnis notwendig sind. Nach dieser Methode entstehen auch viele Sinnbilder, die wir im vorigen Kapitel kennengelernt haben: Ein Kegelmännchen zeigt eben nicht einmal, ob es sich um einen Mann oder eine Frau handelt, wie alt die Person ist, was sie trägt etc.
2. **Vergleichen:** Cartoons arbeiten mit Analogien oder Gleichnissen (X schützt wie ein Regenschirm, wie eine Käseglocke, Y bedroht uns wie eine Lawine etc.).
3. **Übertreiben:** Wie die politische Karikatur hebt ein Cartoon Details hervor und vergrößert sie.
4. **Dramatisieren:** Besonders in der Darstellung problemhafter Situationen oder im Ausmalen negativer Konsequenzen kann der Cartoon ordentlich aufrütteln.

Cartoons sind keine netten Bildchen!

Cartoons bedienen sich zwar jener Mittel, die wir aus weniger ernsten Zusammenhängen kennen (Kinderzeichnung, Comic Strip, Bilderbücher), aber sie haben bitterernste Themen zum Gegenstand. Es hat mir noch nie jemand berichtet, daß ein Thema nicht ernst genommen worden wäre, weil es mit einem (natürlich richtig eingesetzten) Cartoon präsentiert wurde.
Aber lassen Sie sich überraschen. Befassen wir uns vorerst mit der Frage, die alle Präsentatoren bewegt, die sich bisher noch nicht an diese Art der Darstellung gewagt haben: Wie kommen Sie zu Ideen für Cartoons?

Ideenquelle 1 – Ihre eigenen abstrakten Lösungen

Sie erinnern sich an den Weg, den wir vom Bullet-Chart über (Text-)Tabelle, Diagramm und Strukturbild gegangen sind? Solche Lösungen können Sie nicht nur durch Symbole verstärken (davon handelte das vorige Kapitel), Sie können sie auch komplett in Bilder umwandeln. Bild 17.1 zeigt Ihnen solche Lösungen, und im Bild 17.2 sehen Sie die Anwendung dieses Prinzips auf unser Fallbeispiel Omega.
Bedeutet das nun, daß Sie nach Möglichkeit alle Ihre Bullet-Charts, Tabellen, Strukturbilder usw. in Cartoons umarbeiten sollen? Keineswegs – denn gerade

Wie abstrakte Lösungen bildhaft werden

Bullet-Chart

Verschiedene (gegenläufige) Trends - wohin geht es?

Anforderungen, die wie eine Mauer wirken

Voraussetzungen die wir „einkaufen“ müssen

Tabelle

Zwei gleichwertige (gleichgewichtige) Alternativen

Eine Lösungsvariante „hat die Nase vorn“

Zwei Lieferanten für die Kantine: Eleganter oder hemdsärmeliger?

Diagramm

Kosten steigen, Umsatz sinkt, die Schere öffnet sich

Umweltauflagen erhöhen den Kosten"turm" und bedrohen den Gewinn

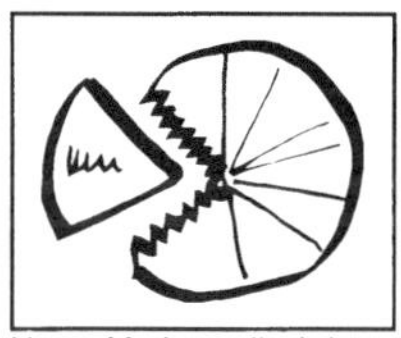

Unser Marktanteil wird von den Mitbewerbern „aufgefressen“

Struktur

Drei Sprossen auf der Leiter zum Ziel

Drei Wurzeln des (Markt-, Firmen-) Wachstums

Bedrohliche Steuergesetze haben drei Folgen

17.1. Manche „abstrakten“ Lösungen enthalten bereits Anregungen für den visuellen Lösungsweg. Prüfen Sie aber immer genau, ob Sie den Präsentationseindruck „harte Tatsachen“ zugunsten der Vereinfachung und der Dramatik aufgeben oder reduzieren möchten.

diese abstrakten Lösungen tragen natürlich auch eine wichtige Aussage über Sie selbst: „Ich bin ein faktenorientierter, disziplinierter und verläßlicher Gesprächspartner." Diese Botschaft darf nicht gefährdet werden, deshalb setzen Sie Cartoons nur dort ein, wo Sie die dramatisierende, grob vereinfachende Umsetzung dramaturgisch benötigen.

Ideenquelle 2: Die Netto-Aussage des Informationsblockes

Können Sie das Wort „Überschrift" noch lesen, ohne Aggressionen gegen so viel Wiederholung ein und derselben Nachricht zu entwickeln?
Erinnern Sie sich an den Startpunkt für die Gliederung Ihrer Präsentation – die Kette der einfachen Aussagen, die Sie in die entsprechenden Felder des ARGU- bzw. INFO-Strukts gesetzt haben? Diese Überschriften haben Ihnen zuerst geholfen, die Logik des Ablaufes zu überprüfen; dann dabei, sich auf die wesentlichen Fakten und Details zu konzentrieren; und Sie haben sie bereits verwendet, um Überschriften für Ihre Bullet-Charts herauszukondensieren.
Jetzt sehen wir uns diese Titelzeilen, diese Aussagen nochmals an: Wenn es wirklich Aussagen sind, dann enthalten sie jetzt gleichzeitig den Visualisierungsauftrag für Sie. Nehmen Sie die Aussagen unter die Lupe:

Vier Fragen, die Ihnen zu Bild-Ideen verhelfen

1. **Was ist das wichtigste Element, das wichtigste Wort?** Das kann ein Hauptwort sein (Qualität, Lagerbestand, Verunreinigung, Bruttonationalprodukt …) oder ein Zeitwort (bedrohen, fördern, beeinflussen, untersuchen …).
2. **Was wirkt worauf? Was hängt womit zusammen?**
3. **Wie sieht das Ganze räumlich aus?** Was müßte oben, unten, links, rechts, in der Mitte, an den Rand gestellt sein?
4. **Womit könnte man diese Situation vergleichen?** Denken Sie an Vergleiche (Analogien) aus der Natur, der Technik, der Kunst, dem Sport oder dem Garten (wenn Mitarbeiter Pflanzen wären, dann brauchen sie Licht, Wasser, Nahrung – sie müssen auch umgetopft und zurückgeschnitten werden …).

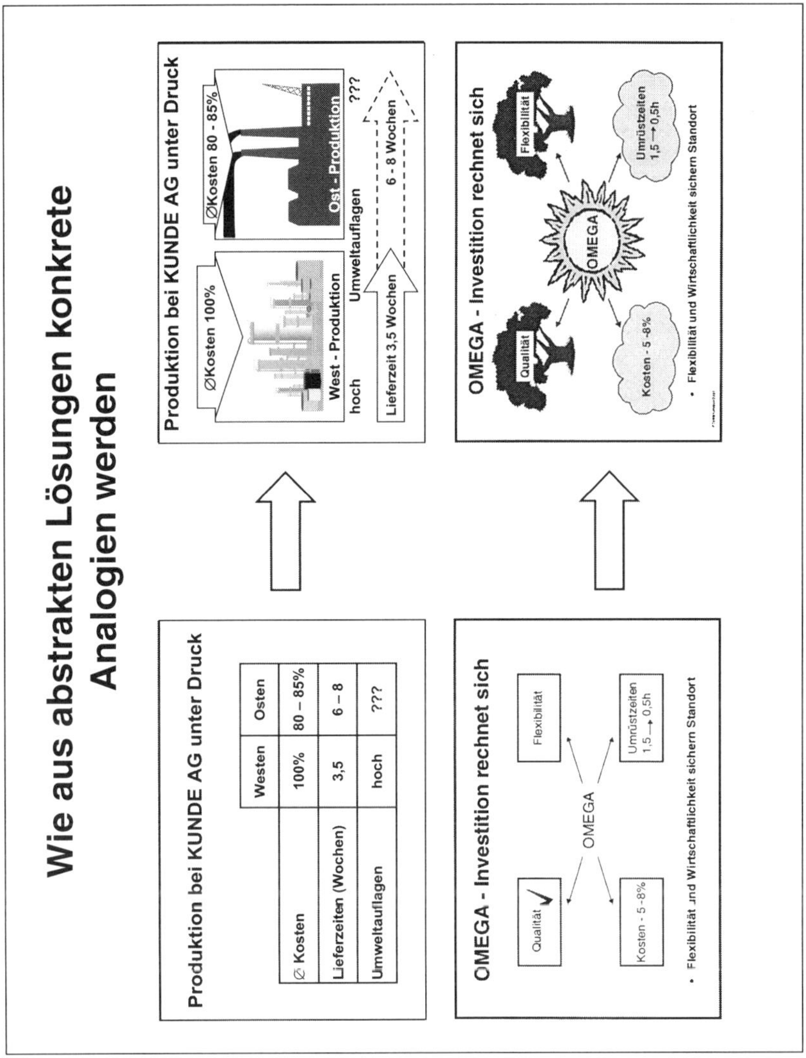

17.2. Tabelle und Strukturbild als Anregung für bildhafte Umsetzung. Die beiden Spalten „Westen“ und „Osten“ mutieren zu zwei unterschiedlich dargestellten Betriebsstätten (oben), aus der zentralen Position des Omega-Steuerungssystems im Strukturbild unten links wird eine Sonne, die im positiven Bereich Qualität und Flexibilität fördert, im negativen Bereich Kosten und Umrüstzeiten – die dunklen Wolken – reduziert. (Ausgangsbasis sind die Bullet-Charts unseres Fallbeispiels in Bild 13.1.)

Die Aussage stimuliert die Bild-Idee

17.3. Aussagekräftige Titelzeilen (Überschriften) machen es Ihnen leichter, eine bildhafte Umsetzung zu finden. Die Bild-Idee muß keineswegs selbsterklärend sein: In der Präsentation soll das Bild Raum für den Präsentator lassen, Sie müssen es „aufschließen“.

Ideenquelle 3: Ihr tägliches Umfeld – Ideen, wohin das Auge blickt!

Warnung des Autors: Visualisieren kann süchtig machen!

Sobald Sie einmal festgestellt haben, mit wie einfachen Mitteln erstklassige Kommunikation funktionieren kann, werden Sie beginnen, Ihre Ideen rund um sich zu erkennen und aufzulesen. Das ist ganz in Ordnung, denn auf diesem Weg wächst Ihr Repertoire, aus dem Sie bei Bedarf schöpfen können. Gefährlich wird es nur, wenn Sie sich von Ihrer Bild-Begeisterung dazu hinreißen lassen, ALLES bildhaft auszudrücken. Aber nicht jedes Bild ist besser als 1000 Worte – oder möchten Sie ein Goethe-Zitat, ein Shakespeare-Sonett bildhaft ausgedrückt wiederfinden?

Nicht Originalität zählt, sondern die kommunikative Wirkung.

Sind Sie ein Künstler, der für die Originalität seines Bildes, für die Kreativität der Farbgebung honoriert werden will? Sie sind Kommunikator, und Ihre Verantwortung ist es, Bilder in die Köpfe zu tragen – nur der Effekt zählt. Daher suchen und verwenden Sie visuelle Ideen, wo immer Sie sie finden!

(Vorsicht: Wenn Sie ein Bild fotografieren oder kopieren, respektieren Sie bitte das Copyright – besonders, wenn Sie das Bild öffentlich verwenden oder auf Papier aus der Hand geben.)

Allgemeine Quellen für Cartoon-Ideen

- **Werbung**: Besonders Plakate, aber auch Werbung in Zeitungen, Zeitschriften etc. enthalten oft einfache und daher verwertbare Ideen.
- **Gebrauchsanleitungen** sind nicht nur eine Fundgrube für Symbole, sondern auch für visuelle Komplettlösungen.
- **Hinweisschilder:** besonders auf internationalen Plätzen, zum Beispiel Flughäfen.
- **Wetterbericht im Fernsehen:** Hier sehen Sie auch bereits das Zusammenwirken von Präsentator und Bild (im deutschsprachigen Raum wird das Gesamtbild oft durch das etwas unbeholfene Auftreten der „Weathertainer" gestört).

Fünf kritische Fragen für den richtigen Cartoon-Einsatz

- Unterstützt der Cartoon Ihre Aussage?
- Respektiert er die Gefühle Ihrer Zielperson?
(Es ist mit dem Selbstwertgefühl nicht leicht vereinbar, wenn man sich selbst als Figur durchgestrichen findet oder sein Unternehmen als Ruine dargestellt sieht.)
- Spricht der Cartoon auch die digitale/abstrakte Hirnhälfte an?
(Eine reine Bild-Lösung ist meist gefährlich: Bauen Sie neben der Titelzeile auch weiteren Text, konkrete Ziffern – Fakten! – ein.)
- Entspricht der Cartoon dem Stil/dem Niveau der restlichen Präsentation?
(In einer hochwertigen, durchgestylten Präsentation müssen auch die Cartoons perfekt sein – das heißt NICHT, daß sie aus dem PC stammen müssen!)
- Läßt der Cartoon Raum für Ihre Erklärungen?

17.4. Ein guter Präsentations-Cartoon ist selten ein „Witz ohne Worte", sondern faszinierender Startpunkt für interessante Erklärungen des Vortragenden.

Spezifische Quellen für konkrete Visualisierungsprobleme

Nicht nur allgemeine Ideen, sondern spezifische Anregungen für die Umsetzung konkreter Visualisierungsaufgaben bieten:

- **Magazine** mit populärwissenschaftlichen Inhalten wie Geo und leicht lesbar aufgemachte Nachrichtenmagazine wie Focus.
- **Wirtschafts- und Politmagazine:** Business Week, Capital, Economist, Manager Magazin, Trend ...
- **Pressedienste** für Schaubilder/Info-Grafiken: Diese Institutionen (z. B. Globus) bereiten statistisches Material so auf, daß die Grafiken in Zeitschriften und Magazinen direkt oder mit leichter Bearbeitung veröffentlicht werden können.

Eine Fundgrube für interessante Zahlendarstellungen, für den (manchmal völlig falschen) Einsatz von Symbolen in Diagrammen und für (auch manchmal) aussagekräftige Titelzeilen.

- **Schulbücher:** Besonders in den naturwissenschaftlichen Fächern, aber auch zum Beispiel in Geschichte finden Sie heute bereits visuell hervorragend gelöste Übersichten und vereinfachte Darstellungen von Funktionen und Zusammenhängen.
- **(Fach-)Vorträge und Präsentationen:** Am meisten lernen Sie natürlich als Nutzer oder als Leidtragender – nehmen Sie nicht nur den Inhalt (das „Was") mit, sondern auch die Form der Präsentation (das „Wie").
- **Fachbücher** zum Thema Visualisierung (siehe Literaturverzeichnis).

Ein guter Präsentations-Cartoon ist kein Witz ohne Worte!

17.5. Die Cartoons dieses Buches sind a) selbsterklärend und b) auf ein Lächeln abzielend – beides wird in Ihren Präsentationen eher selten vorkommen. Die in diesem Bild enthaltene visuelle Lösung für „hoffnungsloser Zustand unseres Unternehmens" ist hingegen keineswegs heiter. Das bedeutet: Auch mit oberflächlich „lustigen" Cartoons können bitterernste Inhalte transportiert werden (siehe Karikaturen in der seriösen Tages- und Wirtschaftspresse).

Das Wichtigste aus diesem Kapitel

- Cartoons haben nichts mit „lustigen Comics“ zu tun, sondern bringen komplexe, durchaus ernste Situationen auf den Punkt.
- Digitale Lösungen (Diagramme, Strukturbilder etc.) enthalten oft schon die visuelle Grundidee für einen Cartoon.
- Der direkte Weg zur Bild-Idee – und damit auch zum Cartoon – führt über die Aussage, die schon den „Visualisierungsauftrag“ enthält.
- Unsere ganze Umwelt ist visuell orientiert und daher voll von Anregungen für einfache bildhafte Lösungen, die gut in Vorträge passen und Ihre Aussage prägnant auf den Punkt bringen.

Kapitel 18

Ganz konkret: Pläne, Fotos, Muster

Vorurteil 1: „In punkto Beweiskraft schlägt ein Foto alles."
Vorurteil 2: „Reale Dinge stehlen dem Präsentator die Schau."

In diesem Kapitel behandeln wir sehr kurz die restlichen bildhaften Lösungen. Wir überprüfen,

- wie Sie Pläne, Landkarten, technische Zeichnungen etc. nützen;
- worauf Sie beim Einsatz von Fotos achten müssen;
- was beim Einbau einer Demonstration oder der Verteilung von Mustern zu beachten ist.

Wenn die Realität ins Konferenzzimmer drängt ...

... gibt es ein paar Dinge zu berücksichtigen, egal, welche Lösung gerade ansteht. Und bei dieser Gelegenheit: Die Grenzen zwischen den Lösungen beginnen sich jetzt zu verwischen. Wann wird das Foto eines Produkts vom Symbol (bildhaften Element) zur eigenständigen Lösung? Ist die Vorführung eines Videofilms Foto oder Demonstration? Lageplan mit Modellautos: Plan oder Demonstration?
Gottlob sind Sie sicherlich weniger an wissenschaftlich exakten Definitionen als an praktischen Hinweisen interessiert. Und von dieser Sorte gibt es gerade für diese drei Lösungswege eine Menge. Hier die wichtigsten, die für alle drei Bereiche gelten:

- Tip: **Detailreichtum kostet Zeit.** Wir werden uns gleich damit beschäftigen, wie Sie diesen Detailreichtum eingrenzen; aber in jedem Fall werden diese Hilfsmittel mehr visuelle Einzelheiten enthalten als die bisher behandelten. Das bedeutet:
- Tip: **Niemals in der Kurzpräsentation!** Natürlich können Sie ein detailreiches Foto nach zehn Sekunden entfernen, aber dann hat Ihr Zuschauer das Gefühl, etwas versäumt zu haben. Und einen Plan oder eine Schaltskizze werden Sie kaum so rasch erklären können, daß Sie mit der durchschnittlichen Zeit von einer Minute pro Informationsblock durchkommen.

- Tip: **Existierendes Material ist eine Falle.** Fotos, Modelle, Pläne sind aufwendiger zu erstellen als einfache Skizzen oder Computer-Diagramme. Wenn man schon Zeit und Geld in etwas investiert hat, ist die Versuchung groß, dieses Material im Vortrag bloß deshalb zu verwenden, weil es schon vorhanden ist.

- Tip: **Die Aussage als Basis.** Was für alle visuellen Hilfsmittel gilt, gilt auch hier – überprüfen Sie kritisch: Unterstützt das Foto meine Aussage? Erhärtet die Demonstration meine wichtigste Aussage? Wenn nicht: weglassen!

Technische Zeichnungen entlasten und aufschließen

Ich verwende den Ausdruck „technische Zeichnungen" als Überbegriff für alle exakten, gelegentlich etwas abstrahierten, aber jedenfalls sehr kompletten Darstellungen der Realität: Landkarten, Grundrisse, Querschnitte, Schaltskizzen, Baupläne, Molekularstrukturen (Sie sehen: die Grenze zum Strukturbild!) usw. Für sie alle gilt:

Die wenigsten technischen Zeichnungen sind in der Präsentation direkt verwendbar.

Solche Zeichnungen wurden ja nicht für eine kurze, oberflächliche Information erdacht und angefertigt, sondern sind Hilfsmittel von Fachleuten für Fachleute. Technische Zeichnungen bringen Sie in Ihrer Präsentation üblicherweise erst dann, wenn das Prinzip verstanden ist und Details besprochen werden sollen.

Selbst dann empfehle ich Ihnen folgendes:

- Tip: **Eine vereinfachte Zeichnung erstellen** und bei Bedarf schrittweise ergänzen. Das Original können Sie dann immer noch an der Wand befestigen oder in Kopie den Unterlagen beigeben.

- Tip: **Eine zweite „Primitivschicht" über komplexe Zeichnungen (Pläne, Landkarten) legen,** zum Beispiel mit dickem Stift Konturen oder Verbindungen nachziehen und auch Beschriftungen in großen Buchstaben duplizieren.

Angenommen, Sie wollen die folgende Aussage belegen: „Die Auslage eines Modefachgeschäftes zeigt durchschnittlich pro Laufmeter zwölf Artikel." Sie fotografieren einen Ausschnitt aus der Auslage eines solchen Geschäftes –

Fotos: beweiskräftig und reich an Details

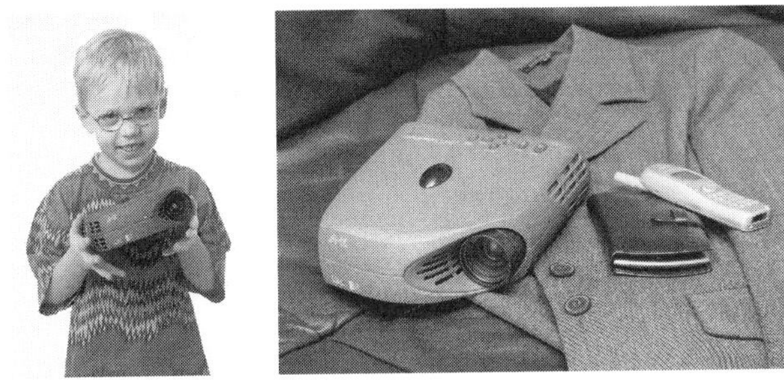

18.1. Zwei Bilder, die Produkteigenschaften mittels Foto visualisieren: Der Datenprojektor gehört heute schon zur modernen Business-Ausstattung. Er ist handlich und kinderleicht zu bedienen.

was passiert wohl mit der Aufmerksamkeit Ihrer Betrachter? Sind nicht die (konkreten) Textilien interessanter als Ihre (abstrakten) Aussagen? Heißt das nun, daß Sie auf ein solches Foto verzichten sollten? Sicher nicht, aber berücksichtigen Sie diesen Effekt bei der Zeitplanung – Sie werden zuerst die abgebildeten Artikel kurz streifen müssen, bevor Sie zur eigentlichen Aussage kommen – und das kostet eben Zeit.
Das zahlt sich durchaus aus, wenn die Glaubwürdigkeit einer entscheidenden Aussage auf dem Spiel steht. Ein Klient hatte folgendes Problem: Die amerikanische Konzernzentrale wollte eine Planstelle in der Exportabteilung kürzen, obwohl dieser Bereich mit unendlichen bürokratischen und technischen Schwierigkeiten in dem betreffenden Drittland zu kämpfen hatte. Alle Hinweise auf die komplizierte Gesetzeslage und die verzwickten Machtverhältnisse waren ergebnislos gewesen. Ein einfaches Foto schaffte es: Die beiden Sachbearbeiterinnen wurden fotografiert, jede trug einen Stapel Ordner in der Hand, der sie knapp überragte – der administrative Aufwand für ein einziges Exportprojekt!

Demonstration und Muster – die Wirklichkeit im Vortrag

Erfahrene Präsentatoren und publikumswirksame Redner wissen es:

Die dreidimensionale Realität schlägt jedes zweidimensionale Bild!

Politiker überschätzen dabei ihre eigenen – oft gewichtigen – drei Dimensionen und verzichten völlig auf Bilder. Aber auch erfahrene Führungskräfte, die manchmal mitreißende Reden und Präsentationen zu bestreiten haben, greifen oft zur Demonstration in ihrer Mikro-Form: Der Auftritts-Gag:

- ein zerknüllter Geldschein (es kommt nicht immer auf die Form an);
- die Zeitung von vorgestern (zwei Tage alt ist uralt);
- Ein Streichholz (rasch entflammt, rasch verbrannt).

Wir sprechen hier nicht von Produktvorführungen und Einschulungen, wir beschränken uns auf eine Situation, wo in Ihrer Präsentation, in Ihrem Vortrag ein echtes „Ding" auftaucht, das mit mehreren Sinnen wirken soll:

- ein Muster (zum Ansehen, Anfassen, Riechen, Schmecken);
- ein Modell;
- ein (aufgeklebtes) Bild des neuen Produktdesigns ...

Experimente MÜSSEN gelingen!

Daran erinnern wir uns noch aus dem Unterricht: Je nach Akzeptanz des Physiklehrers war die Klasse voll Schadenfreude oder voll Mitleid, wenn ein Experiment danebenging. In Ihrer Präsentation können Sie beide Emotionen überhaupt nicht gebrauchen.
Natürlich werden Sie alles tun, damit Ihr Experiment funktioniert, die Demonstration gut abläuft. Worauf man immer wieder leicht vergißt:

- Wie sind die Sichtverhältnisse aller Teilnehmer?
- Wo stellen Sie die Materialien bereit, um sie dann rasch zur Hand zu haben?
- Was müssen Sie vor Beginn der Demonstration ankündigen?
- Wo bewahren Sie nach der Demonstration die Reste, das Material, das Ergebnis auf?
- Wie sieht Ihr Notfallprogramm aus, wenn etwas nicht funktioniert?

Falls Sie nicht alle diese Fragen zufriedenstellend beantworten konnten, sollten Sie die Demonstration vielleicht auf einen späteren Zeitpunkt unter weniger kritischen Umständen verschieben.

„Ich lasse das Muster durchgehen ..."

Überlegen Sie genau, was passiert, wenn Sie EIN Ding „durchgehen lassen" (Bild 18.2). Daher gilt:

Muster verteilen – aber richtig!

18.2. Wer „ein Muster durchgehen“ läßt (oben), der verliert nicht nur die Aufmerksamkeit der Person, die gerade das Muster in Händen hält, auch die davor und danach Sitzenden sind teils neugierig (weil sie es noch nicht hatten), teils besorgt („Sieht er etwas, das ich nicht gesehen habe?“). – Deshalb: Wenn Muster, dann für jeden eines (Mitte)! Und außerdem: Den „Vampir“ austoben lassen! Das bedeutet: Geben Sie der Zielgruppe ausreichend Zeit, das Muster für sich zu entdecken. Danach entscheiden Sie, ob Sie es wieder einsammeln oder bei Ihren Partnern lassen. – Das Muster hat seine Schuldigkeit getan, jetzt geht es weiter (unten). Selbst, wenn jetzt noch jemand damit spielt, ist die größte Gefahr gebannt, und die Mehrheit Ihrer Zielgruppe wird aufmerksam weiter zuhören.

Muster für alle – oder für keinen!

Und wenn Sie Muster für alle ausgeben, überlegen Sie bitte vorher:

- Wer teilt aus, und wie lange dauert das?
- Verbleibt das Muster bei den Teilnehmern oder wird es wieder eingesammelt?
- Wer sammelt ein, und wie lange dauert das?
- Wie steuern Sie die Aufmerksamkeit der Zielpersonen, wenn diese das Muster erhalten?

Psycho-Logik der Musterausgabe

Mit einem Muster können sie neben dem eigentlichen Informationszweck einige psycho-logische Wirkungen auslösen:

- Das Verteilen eines Musters erhöht die Aufmerksamkeit, weckt Interesse, macht munter.
- Ein Muster, das ich behalten kann, stimmt mich meistens positiv.
- Wenn das Muster Teil der Lösung ist, dann macht die Beschäftigung damit auch mit der Lösung vertraut, stellt eine Bindung her: Die verchromte, ungewöhnlich geformte Schraube verbleibt auch nach dem eigentlichen Anlaßfall bei den Präsentationsteilnehmern, die gedankenlos weiter damit spielen, vielleicht irgendwann die Schraube einstecken und sich dann erinnern: „Ach ja, das war der von Omega mit der Dreifachvergütung.“ (Ein alter Verkäufertrick.)

Den Spezialfall „Vorführung eines Videofilms“ sehen wir uns etwas später an.

Das Wichtigste aus diesem Kapitel

- Technische Zeichnungen, Fotos, Muster bringen immer viel Aufmerksamkeit, aber enthalten viele (ablenkende) Details.
- Vereinfachen Sie technische Zeichnungen nach Möglichkeit, planen Sie genügend Zeit ein, um Ihre Zielpersonen nicht zu überfordern.
- Fotos haben höchste Beweiskraft; Sie brauchen aber mehr Zeit, um auch die anderen Details zu besprechen.
- Demonstrationen müssen funktionieren – und Muster sollten Sie immer für alle bereithalten.

Bildgestaltung – von der Bild-Idee zur „Super-Power-Folie“

Kapitel 19

Gestaltungsregeln – was Sie bei allen Ihren Hilfsmitteln berücksichtigen sollten

Vorurteil 1: „Die Informationen am Bild müssen vor allem vollständig sein."
Vorurteil 2: „Ein schlechtes Bild ist besser als gar keines."

Egal, ob Sie Ihre Folie selber pinseln, am Computer sitzen oder an einen Grafiker delegieren: Dem Publikum gegenüber sind immer SIE verantwortlich!
In diesem Kapitel finden Sie Regeln und Empfehlungen zu folgenden Bereichen:

- grundlegende Gestaltungsprinzipien für die Präsentation;
- wie Sie überprüfen, ob Ihre Texte gut lesbar sind;
- wie Sie Linien und Flächen, Farben und Formen einsetzen;
- was Sie beim Bildaufbau beachten sollten.

Nehmen Sie diese Regeln als Richtschnüre, von denen Sie sich nur dann entfernen, wenn Sie einen guten Grund dazu haben.

Fünf Grundregeln

1. Klarheit hat Vorrang vor Schönheit und Originalität

Als Kommunikator sind Sie verantwortlich für die Übermittlung von Inhalten. Alles andere gehört ins Showgeschäft. Daher der Prüfstein für jedes Hilfsmittel:

Unterstützt das Bild die beabsichtigte Aussage?

---

2. Ein schlecht sichtbares Hilfsmittel ist schlimmer als gar keines

Ein nicht vorhandenes Bild mobilisiert meine Phantasie als Zuschauer – ein Bild, das ich wegen der Entfernung oder aus Qualitätsgründen nicht entziffern kann, frustriert mich.

3. Dicker Strich – einfache Grafik – wenig Details

Die Chinesen sagen: „Vollständig ist etwas, von dem man nichts mehr weglassen kann.“ Bedenken Sie: Jedes Detail bringt Leben, aber es lenkt ab. Und außerdem ist unser Auffassungsvermögen begrenzt – niemals mehr als fünf Informationen pro Bild! (Bei Fotos ist das besonders schwierig – und manchmal unmöglich.)

4. Halten Sie ein einheitliches Qualitätsniveau

Für die **Freihandzeichner** von Folien: (Jawohl – Sie können auch heute noch handgezeichnete Folien zeigen. Eigentlich gerade heute wieder! Ich höre immer häufiger Berichte von Präsentatoren, die sich durch handgezeichnete Folien von der synthetischen, kalten Flut der PC-Shows positiv unterscheiden!)

- Legen Sie einen Grad der Perfektion fest – insbesondere im selben Bild: entweder durchgehende Konstruktion (Lineal, Zirkel, Schablone ...) oder Freihandskizze. Ein einziger Strich mit einem Lineal läßt alle anderen „geraden“ Linien unruhig, wackelig, unsauber aussehen!
- Ein Rahmen um jedes Bild ist eine schöne Sache, vielleicht in Verbindung mit dem Symbol Ihrer Organisation oder der Veranstaltung – aber wenn, dann konsequent durchziehen!

Für die **PC-Grafiker:**

- Die Sorge um das einheitliche Layout nimmt Ihnen das Programm ab – aber auch die Symbole sollten zueinander passen.

5. Planen Sie die Präsentationssituation ein

Vermeiden Sie Witze ohne Worte, selbsterklärende Diagramme und ausformulierte Texte! Lassen Sie Raum für Ihre eigene Rolle im Vortrag – für Erklärungen und Ergänzungen.

Text und Schrift: Einfach und leserlich!

Ob Ihre Schriftgröße ausreichen wird, können Sie verhältnismäßig leicht überprüfen, wenn Sie die Leinwandbreite und die Distanz zum entferntesten Zuschauer kennen: Daraus ergibt sich die Entfernungskennzahl (Entfernung durch Leinwandbreite). Überprüfen Sie nun zum Beispiel Ihre Folie (30 cm breit) aus jener Entfernung, die Sie durch Multiplikation der 30 cm mit der errechneten Kennziffer erhalten! Wenn Sie auch den kleinsten Text lesen können, ist alles in Ordnung.

Wieviel „Punkt" sind sechs Millimeter?

Viele Computerprogramme, die Sie bei der Hilfsmittelgestaltung unterstützen, benützen für die Schriftgröße die Fachsprache der Schriftsetzer – und diese messen in „Punkt", nicht in Millimeter. Als Richtwert gilt: Bei einer Schriftgröße von „4 Punkt" (nicht: „4 Punkte"!) ist ein Großbuchstabe 1 mm hoch.
Dementsprechend brauchen Sie für 6 mm 24 Punkt, für 12 mm 48 Punkt etc.

Faustregeln für die Schriftgröße

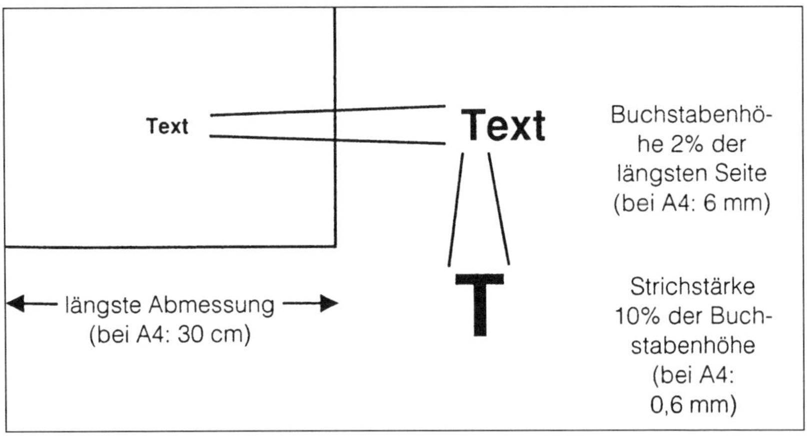

19.1. Ihre Buchstaben müssen groß genug sein – und „Körper" haben! Minimale Schriftgröße = 2 % der längsten Seite, Strichstärke = 10 % der Buchstabenhöhe.

Wieviel Punkt für Ihre Folie?

Moderne Textverarbeitungs-	(18 Pkt./ 4,5 mm)
und Präsentationsgrafik-Programme geben die	(24 Pkt./ 6,0 mm)
Schriftgröße in	(36 Pkt./ 9,0 mm)
„Punkt" statt in mm an.	(48 Pkt./ 12,0 mm)

19.2

Druckschrift oder Großbuchstaben?

Entgegen einer weitverbreiteten Meinung sind GROSSBUCHSTABEN schlechter lesbar als Druckschrift (Wechsel von Groß- und Kleinbuchstaben) – ganz einfach, weil wir viel mehr Übung im Entziffern von Druckschrift haben. Und weil der Wechsel an Ober- und Unterlängen das Wort gliedert, für unser Auge leichter erfaßbar macht. Großbuchstaben verwenden Sie zur Hervorhebung einzelner Worte, für Eigennamen usw. und natürlich dann, wenn Ihre handschriftlichen Texte sonst unleserlich wären …

Riesenschlangenbandwurmwortgebilde aufteilen! Wir können Worte nur bis zu einer gewissen Länge mit einem Blick erfassen. Diese „Blickspanne" steigt mit höherem Bildungsgrad und der Übung im Lesen. Ab 15 Buchstaben sollten Sie das Wort mit Bindestrich teilen, auch wenn das gegen den Duden verstößt.

Lesbarkeit sicherstellen – von allen Plätzen!

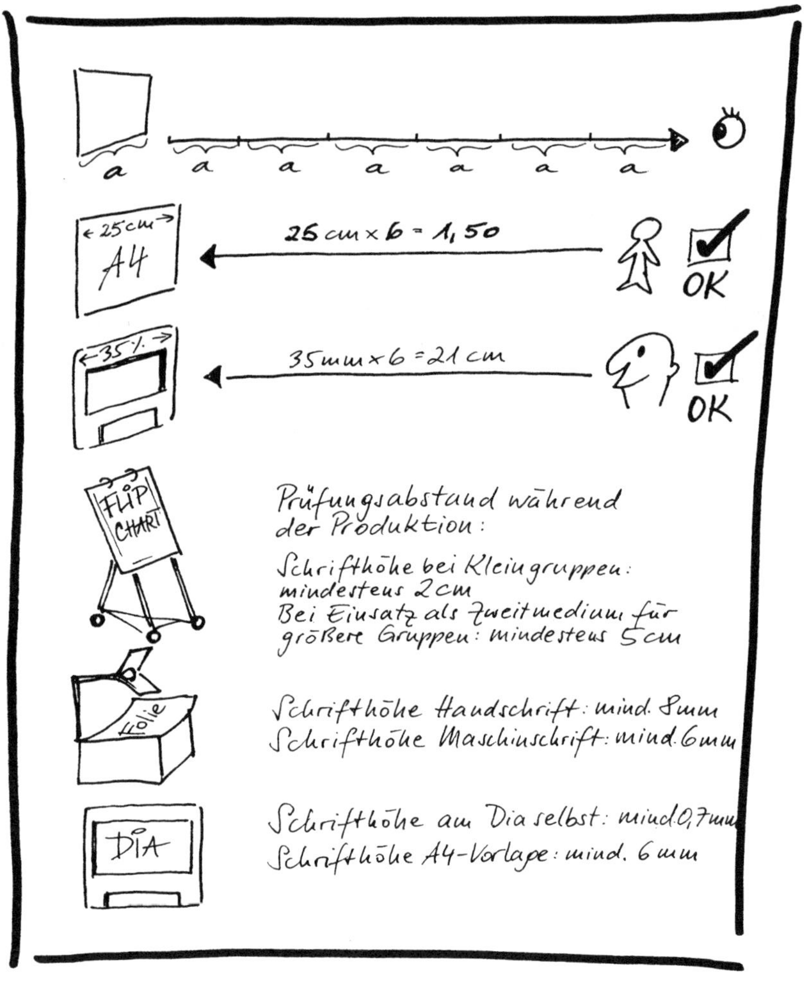

19.3. „Können Sie da hinten das lesen?“ – Im Konferenzraum oder Vortragssaal deklariert Sie diese Frage als Stümper. Überprüfen Sie die Lesbarkeit daher schon bei der Produktion mit diesem einfachen Test: Unter normalen Verhältnissen sitzt niemand weiter entfernt als die sechsfache Bildbreite (oben); dieses Verhältnis übertragen Sie auf Folie (Bildbreite abzüglich Rand: 25 cm) und Dia und prüfen diese Hilfsmittel aus dieser Entfernung. – Die im unteren Bildteil angegebenen Schriftgrößen sind Richtwerte, weil die Lesbarkeit auch vom Kontrast und von der Schriftart selbst abhängt.

Striche, Flächen, Formen

Bild 19.4 zeigt Ihnen einige Richtschnüre – mehr nicht. Die verläßlichste Kontrollinstanz ist Ihr gesunder Menschenverstand, eingestellt auf die konkrete Präsentationssituation und die bohrende Frage: „Unterstützt das Bild meine Aussage?“
Dann sehen Sie nämlich sofort, ob ein Tortenstück zu prominent wirkt, ob beim Anblick der Überblick verlorengeht oder ob sich das Auge an einem unbedeutenden, aber dick gezeichneten Detail festkrallt.

Flächen für Schwarzweiß-Folien und Handouts

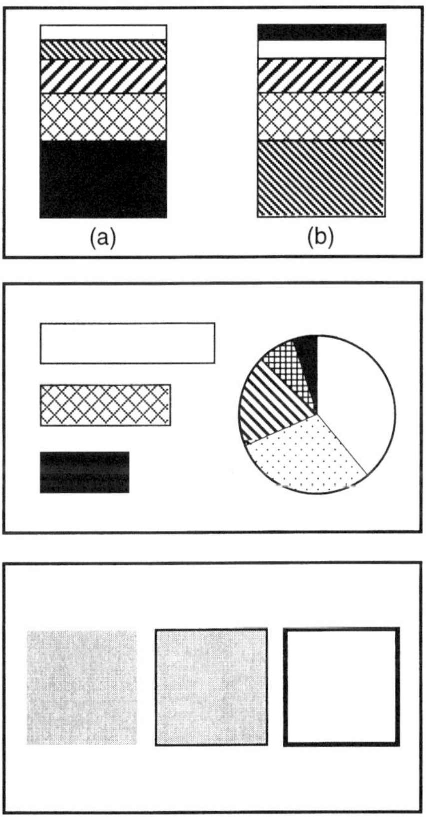

Die „Architektur-Methode“ (a) ordnet Bausteine nach ihrer Größe von unten nach oben. – Eine bewußte Akzentverschiebung (b).

Gewichtsausgleich: je kleiner die Fläche, desto intensiver das Füllmuster.

Flächen ohne Konturen sind schwächer als leere, stark konturierte Formen.

19.4

Unterschiede durch FARBEN hervorheben, nicht durch Muster!

Und gleich noch ein Wort der Warnung an die Verwender von Präsentationsgrafik-Programmen. Auch wenn Ihr Werkzeug 24 verschiedene „Füllmuster" anbietet, setzen Sie nicht Ihren Ehrgeiz darein, alle anzuwenden! Und glauben Sie auch nicht dem Bild, das Ihr Monitor zeigt: Gerade Füllmuster (Schraffuren, mit Punkten gefüllte Flächen) wirken im Ausdruck bzw. in der Projektion oft ganz anders als am Bildschirm …

Wie bauen Sie ein Bild auf?

Die Anordnung der Elemente richtet sich in erster Linie nach Ihrer Kommunikationsabsicht und danach, wie Sie Ihr visuelles Hilfsmittel in der Präsentation verwenden wollen. Berücksichtigen Sie dabei:

- **Übliche Blickfolge von links nach rechts, von oben nach unten:** Natürliche „Brennpunkte" sind die beiden oberen Ecken, das Zentrum und die rechte untere Ecke.
- **Natürliche Aufmerksamkeits-Schwerpunkte:** Mensch vor Tier vor Ding vor Farbe vor (geometrischer) Form vor Text.
- **Reihenfolge** signalisiert Wichtigkeit.
- **Größe, Strichstärke,** (Signal-)**Farbe** signalisiert Wichtigkeit.

Ein paar Design-Grundregeln finden Sie am Ende dieses Kapitels.

Halten Sie sich jedenfalls an die Grundregel:

Weniger ist oft mehr!

Dann ist auch der Aufbau einfacher. Kritisch wird die Sache aber immer dann, wenn Sie

- die Zukunft links unten abbilden;
- von einem „Aufbau" sprechen und dabei von oben nach unten vorgehen;
- eine (mäßig interessante) Textstelle zuerst besprechen müssen, bevor Sie zu dem (hochinteressanten) Symbol kommen.

Die Lösung ist oft ein Aufbaubild, bei dem die Elemente erst in der Präsentation hinzugefügt werden. Das geht bei praktisch allen Medien, nur nicht überall gleich einfach.

Sind bunte Bilder besser?

Und wenn ja – welche Farben wirken wie? Das sind sehr häufig gestellte Fragen. Vorweg: Es gibt kaum wissenschaftliche Erkenntnisse zu diesem Thema, die für den Praktiker von Nutzen sind. Ihr gesunder Menschenverstand und ein natürliches Empfinden für Ästhetik und Balance sind die wichtigsten Richtschnüre. Trotzdem ein paar Tips:

- Tip: **Grundlegende Farbsymbolik beachten!** Auch ohne mein Buch wissen Sie, daß Rot für Blut, Leben, Liebe – kurz für alle Gefahren dieser Welt – steht, daß Grün Natur, Hoffnung, Wachstum signalisiert usw. Sie sind also gut beraten, wenn Sie die negativen Folgen einer Situation, die Sie ändern wollen, „schwarzmalen" (!), und nicht ein „buntes Bild" (!) pinseln. Auch die Aufforderung „Qualitätseinbruch stoppen!" wird in einem freundlichen Grün an Wirkung einbüßen.
  Doch Vorsicht vor zuviel Farb-Psycho-Logik! „Grün" reicht vom gelblichen Fruhlingsgrün bis zum bläulichen Giftgrün. Und als Praktiker sind wir auf unsere Plakatstifte, auf die Folienschreiber und die Farbpalette des Druckers angewiesen. Das subtile Spiel mit der Farbpsychologie sollten wir daher den Künstlern und Werbegrafikern überlassen.
- Tip: **Gelernte Farbcodes benützen und respektieren!** In der Finanzwelt gibt es eben „rote" und „schwarze" Zahlen, es gibt Parteienfarben und Firmenfarben: IBM ist blau, Coca-Cola rot. Wenn Sie in einer Firma präsentieren, sehen Sie sich deren Jahresbericht oder eine Firmenzeitschrift an – in welcher Farbe stellt sich Ihre Zielgruppe selbst dar?
- Tip: **Farbcodes durchziehen!** Ordnen Sie Firmen, Produkten, Themen bestimmte Farben zu; entscheiden Sie sich für die Farbe Ihrer Titelzeile, des Fließtextes und der Hervorhebungspunkte. All das ist naturlich in einem professionellen „Corporate Design" definiert, das auch die Gestaltung visueller Hilfsmittel regeln sollte.
- Tip: **Beschränkung zeigt den Meister!** Treiben Sie's nicht zu bunt – Texte und Beschriftungen halten Sie am besten in den „traditionellen" Farben Schwarz und Blau; insgesamt sollten Sie mit drei Farben (Schwarz, Blau, Rot) auskommen. Andere Farben setzen Sie dort ein, wo diese funktional notwendig sind: Ein Baum ist eben grün.
- Tip: **Starke Farben dosieren!** Mit hellen, klaren, starken Farben setzen Sie Akzente, aber vermeiden Sie ganze Flächen in diesen Farben. Auf einer Folie genügt es oft, die Ränder eines Kreisausschnittes, eines Landes, eines

Farben sinnvoll einsetzen

Farbe	„normaler“ Farbeinsatz	betonter Einsatz
SCHWARZ	sachlich, korrekt „schwarz auf weiß“	negativ „Todesnachricht“
BLAU	freundlich, sachlich „blaue Tinte“	kühl, kalt
ROT	Signalfarbe „Achtung!“ (Gefahr)	aggressiv „Blut“
GRÜN	positiv „freie Fahrt“, „Natur“	beruhigend „Hoffnung“

19.5. Vorsicht vor zuviel Farb-Psycho-Logik!

Kästchens in diesen kräftigen Farben zu markieren. Vermeiden Sie es, kräftige Farbflächen direkt nebeneinander zu setzen; besonders bei Dias benötigen solche Flächen einen gedämpften Untergrund (helles Blau, eventuell Grau).

... und wenn ich nicht zeichnen kann?

Ein paar Rezepte für Handzeichner, die auch mir selbst sehr geholfen haben (ich bin nämlich auch kein grafisches Talent!):

- Tip: **Bleiben Sie bei einfachen Figuren!** Vermeiden Sie Perspektiven, Schatten, Details. Ein souveränes Strichmännlein ist besser als der mißglückte Versuch, „nach der Natur“ zu zeichnen!
- Tip: **Zeichnen Sie formatfüllend!** Je größer Sie zeichnen, desto sicherer wirkt das Ganze – und darauf kommt es schließlich an!
- Tip: **Dicke Linien zeichnen!** Dünne Linien sehen nicht nur wackelig aus, sie sind es meist auch.
- Tip: **Kräftige Farben verwenden!** Farben ziehen Blicke auf sich, stimulieren und wirken interessant. Da verzeiht man Ihnen gerne einen schiefen Strich.

19.6. Jedes Element für sich mag schön und geschmackvoll sein – das zusammengewürfelte Gesamtbild verwirrt, stößt vielleicht sogar ab. Daher: Bleiben Sie in Ihrer Bildgestaltung bei einem einheitlichen Stil!

Eine gute Präsentationsfolie, ein gutes Dia ...

... ist leicht lesbar:	alle Zielpersonen müssen aus jeder Position alles einwandfrei lesen können
... ist appetitlich:	macht Lust, sich mit dem Inhalt zu befassen – Farben und Symbolik steigern die Attraktivität
... ist übersichtlich:	dabei hilft Beschränkung in der Menge und überlegter Einsatz von Farbe
... ist unvollständig:	läßt Platz für Erklärungen und Erweiterungen durch den Präsentator und versucht nicht, ALLES zu sagen
... ist bildhaft:	die wichtigste Information soll auch das „analoge Hirn" ansprechen
... hat eine Titelzeile:	der wichtigste Gedanke, die zentrale Aussage gehört in die Überschrift – das „Thema" genügt meist nicht!
... ist im Querformat:	das ist nicht nur augenfreundlicher, sondern ermöglicht auch eine größere Projektionsfläche

19.7. Diese Grundsätze gelten für ALLE visuellen Hilfsmittel!

Was Sie von Design-Profis lernen können

Überlassen Sie fundamentale Design-Fragen wie z. B. Corporate Design den professionellen Gestaltern. Aber lernen können wir schon von ihnen, denn im Prinzip sind gut gestaltete Hilfsmittel das Ergebnis von vier ganz einfachen Prinzipien:

1. **Kontrast:** Vermeiden Sie Elemente, die bloß ähnlich sind. Wenn Elemente puncto Schriftart, Farbe, Größe, Linienstärke, Form usw. nicht wirklich ident sind, dann machen Sie sie ganz unterschiedlich. Damit vermeiden Sie den irritierenden „Konflikt", wenn Elemente eben bloß ähnlich sind. Also z. B. bei Überschrift und Textzeilen die Größe nicht bloß um 2, sondern um 8 Punkt ändern. Und die Farbe, und den Charakter ...
2. **Wiederholung:** Wiederholen Sie visuelle Elemente – Symbole, Farben, Formen, Abstände, Linienstärke, Markierungspunkte ...
3. **Ausrichtung:** Kein Element darf „zufällig" auf seinem Platz landen. Jedes Element braucht irgendeine visuelle Verbindung mit einem anderen Element, das ergibt einen sauberen, professionellen und frischen Eindruck. – Führungslinien helfen Ihnen dabei, z. B. einen linksbündigen Textblock an der linken Kante eines Fotos auszurichten.
4. **Nähe:** Dinge, die zusammengehören, gruppieren Sie auch nahe zusammen. Dann verschmelzen sie zu einer visuellen Einheit („Gestalt") – und das gibt einen „organisierten" Eindruck und bringt Ruhe. Konkret: Abstände zwischen den Absätzen größer als zwischen den Zeilen innerhalb eines Absatzes! Bild und Bildtext zusammenrücken ...

Das Wichtigste aus diesem Kapitel

- Klarheit und Lesbarkeit sind wichtiger als alles andere – vor allem wichtiger als die Schönheit der Ausführung.
- Überprüfen Sie stets VOR dem Vortrag, ob Ihre Texte auch in der hintersten Reihe gut lesbar sind!
- Mit einfachen Zeichnungen und dicken, farbkräftigen Linien kann auch ein grafisches Antitalent ohne Probleme „visualisieren".

Kapitel 20

Tageslichtfolien – mit dem (immer noch!) meistverbreiteten Medium überzeugen

Vorurteil 1: „Wer präsentiert denn heute noch mit Folien???“
Vorurteil 2: „Folien sind das einfachste Medium der Welt.“

Für viele Vortragende auf dieser Welt – auch in Zentraleuropa! - bleibt „Der Overhead“ noch für Jahre das wichtigste Hilfsmittel, aus verschiedenen, vor allem aus finanziellen Gründen. Diesen Präsentatoren ist das Kapitel speziell gewidmet – aber auch Ihnen, geschätzte Leser der PowerPoint-Generation, denn Sie werden nicht nur leidvoll den Moment der Panne erleben, wo Sie glücklich über Ihre Reservefolien sein werden. Sie werden auch erkennen, dass es Zielgruppen und Situationen gibt, für die der aktuelle technische Standard einfach nicht „stimmt“ – wo Sie ein „hemdsärmeligeres“ Medium brauchen, um an die Menschen heranzukommen. Sehen wir uns daher folgende Themen an:

- welche Möglichkeiten Sie für die Herstellung von Overheadfolien haben;
- welche unverzeihlichen Fehler Sie vermeiden müssen;
- welche Techniken und Tricks Ihnen zu einem besseren Ergebnis verhelfen.

Einfach oder aufwendig?

Bild 20.1 zeigt Ihnen sechs Wege zu einer Folie. Die Ergebnisse unterscheiden sich nicht nur in der Qualität, sondern auch im Preis: Eine Folie vom Farbdrucker kostet etwa zehnmal so viel wie eine selbstgezeichnete. Aber der Preis ist nicht allein ausschlaggebend für das Resultat: Entscheidend ist, dass Sie Ihr Publikum richtig einschätzen. Manchmal sind Sie mit einfachen, selbstgezeichneten Transparenten schlicht glaubwürdiger und überzeugender!

„Einfach“ bedeutet nicht „gleichförmig“.

Wie Sie Overheadfolien (Tageslicht-Transparente) herstellen

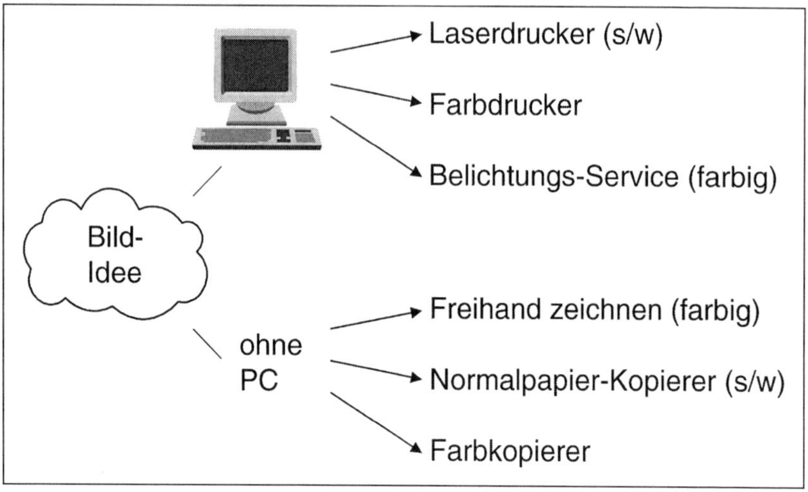

20.1. Die sechs wichtigsten Wege zur Folie – mit oder ohne PC. Natürlich können Sie auch kombinieren: einen Papier-Farbausdruck auf Farbfolie kopieren lassen oder ein handgezeichnetes Symbol in den PC „einscannen" und dann erst (farbig) ausdrucken.

Aus dem vorigen Kapitel kennen Sie noch die Empfehlung: „Standard einhalten, keine qualitativen Ausreißer nach oben oder unten". Das gilt grundsätzlich natürlich auch bei Folien: Wunderschöne Einzelfolien sind dann gefährlich, wenn der Rest freudlos, farb- und lieblos ist. Typisches Beispiel: Auf Folie kopierte Schreibmaschinenvorlagen und dazwischen ein tolles, farbiges, dreidimensionales Diagramm.
Was Sie hingegen durchaus ausprobieren sollten, ist ein „persönlicher Einschub": Unterbrechen Sie eine perfekte Folienserie mit einer persönlichen Handzeichnung. Damit können Sie Verschiedenes ausdrücken: eine brandheiße Meldung, eine höchstpersönliche Sicht der Dinge oder ein „Bonbon" für gerade diese Zuhörer.

Rezepte, Tips und Tricks für die Folienherstellung

Aus Platzgründen beschränken wir uns dabei einerseits auf allgemeine Tips, andererseits auf solche für die gängigsten Methoden der Folienproduktion:

Handzeichnung, Maschinenvorlage für Normalpapierkopierer (von der Schreibmaschine oder vom Textprogramm) und Computergrafik für (Farb-) Drucker.

Die sieben Todsünden bei Overheadfolien

1. **Zuviel Information**
   (zuviel Text, zu viele Zahlen, zu viele Details)

2. **Zu kleine Schrift**
   (auch die größten Schreibmaschinen-Buchstaben sind zu klein)

3. **Zu dünne Linien**
   (vor dem grellen Hintergrund wirkt alles Dünne kümmerlich)

4. **Nur kopiert**
   (Vorlagen werden einfach über ein Kopiergerät auf Folie gebracht, ohne weitere Aufbereitung)

5. **Keine Bilder**
   (Ziffern und Texte sind abstrakt, unanschaulich, nicht merkbar – und langweilig)

6. **Keine Farbe**
   (entweder schwarzweiß aus dem Kopierer oder mit EINEM Folienschreiber erstellt)

7. **Zu viele Folien**
   (mehr als eine Folie pro Minute ist als Durchschnitt auf jeden Fall zuviel)

20.2. Diese Sündenliste können Sie selbst einfach erweitern: Notieren Sie bei einer Präsentation, was Sie selbst als Zuschauer stört!

1. Allgemeine Rezepte zur Folienproduktion

- Tip: **Querformat.** Es gibt nur einen einzigen (technischen) Grund für das gewohnte Hochformat: „Alle meine schriftlichen Unterlagen sind hochformatig.“ Schriftliche Unterlagen sind aber praktisch nie gute Folienvorlagen (und brauchen es auch nicht zu sein) – deshalb zählt dieser Grund nicht wirklich. Demgegenüber sprechen zahlreiche Vorteile für das Querformat: bessere Ausnützung der Projektionsfläche bei niedrigen Räumen; Schlußstein-Effekt („Keystoning“) gering oder kaum merkbar; leichtere Blickführung an der Wand; augenfreundlicheres Format.
- Tip: **Rand freilassen!** Vor allem, weil gerammelt volle Folien unsauber und deprimierend wirken. Lassen Sie deshalb unbedingt links und rechts je 2 cm frei, oben und unten je 1,5 cm (bei Querformat).
- Tip: **Belebungstechniken einplanen!** Bei der Folienpräsentation können Sie das Bild verändern: ergänzen, durchstreichen, hervorheben, Teile nach

ALLE Folien im Querformat produzieren!

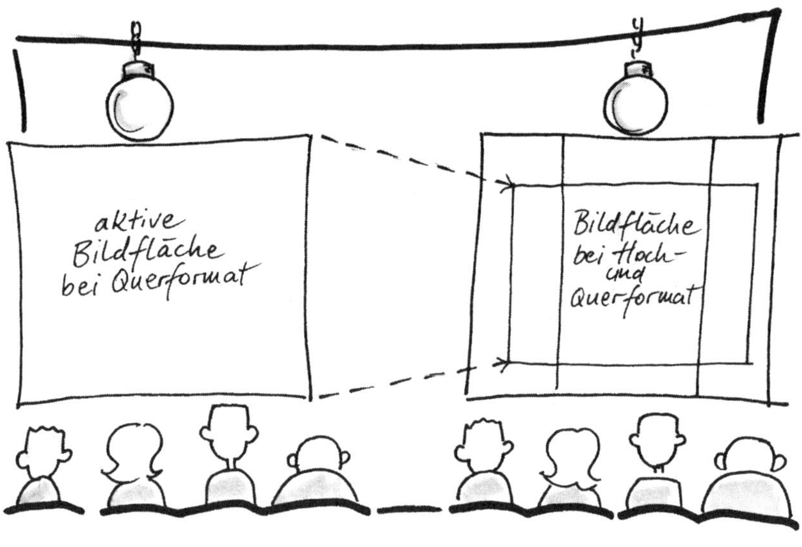

20.3. Projektionsflächen sind zwar oft quadratisch, tatsächlich ist die gut sichtbare Fläche regelmäßig ausreichend breit, aber oben und unten beschränkt. Deshalb nützen Sie mit Folien im Querformat die freie Fläche besser aus als mit Hochformat-Folien (hier müssen Sie das Bild verkleinern – und zwar um 55 %).

und nach freigeben (Achtung: Diese „Striptease"-Technik ist recht heikel – siehe dazu einen eigenen Abschnitt im Kapitel 24 über die Tageslichtprojektion!) oder Elemente hinzufügen. Planen Sie diese interessanten Techniken rechtzeitig ein – denn eine Zahl, die bereits auf der Folie steht, können Sie nicht mehr ergänzen; ein Wort, das bereits unterstrichen ist, können Sie nicht mehr unterstreichen …

- Tip: **Bild elementweise aufbauen.** Eine wesentlich bessere (allerdings auch aufwendigere) Technik als Striptease ist die Ergänzung der Grundfolie durch ein oder mehrere Folien(-stücke), die Sie auflegen oder darüberklappen („Überleger"). Für den Zuschauer ist es interessant, wenn aus der Folie langsam „mehr" wird. Achtung: Vermeiden Sie komplexe Überleger-Sequenzen, bei denen Sie in Streß kommen und damit Unruhe in die Präsentation bringen. Zwei Überleger pro Folie sind das Maximum. PC-Grafiker gestalten die Folie fertig und markieren dann alle Elemente, die nicht sofort sichtbar sein sollen. Versetzen (= entfernen + einfügen) Sie diese Elemente auf eine leere Seite und drucken Sie beide Seiten aus.
- Tip: **Negative Überleger.** Eine viel zu selten angewendete und gar nicht schwierige Überleger-Technik besteht darin, daß das gezeigte Bild aus zwei Folien besteht, von denen die eine dann entfernt wird. Auf diese Weise können Sie zeigen, daß etwas fehlt, daß eine Belastung verschwindet, daß ein Problem nicht mehr existiert: Sie entfernen zum Beispiel verwirrende Querverbindungen aus einem Organigramm, das durch diese vielen Linien vorerst richtig chaotisch wirkt, danach aber einfach und klar.

2. Gezeichnete Folien

- Tip: **Dicker Strich.** Dünne Striche und Buchstaben wirken auf der hellen Projektionsfläche unbedeutend, schwach, kümmerlich. Dicke Striche bringen nicht nur mehr Farbe, sondern wirken auch sicherer. Folienschreiber der Strichstärke „M" (Mittel, Medium) mit 0,6 bis 0,9 mm Strichbreite sind richtig. Damit sind Sie auch nicht in Versuchung, zu klein zu schreiben …
- Tip: **Wasserfeste Schreiber verwenden!** Trotz der eingeschränkten Korrekturmöglichkeiten arbeiten Sie angenehmer damit: Bei wasserlöslichen Stiften genügt schon eine feuchte Hand, um eine fast fertige Zeichnung zu zerstören. Während des schweißtreibenden Vortrages selbst ist die Gefahr dann noch größer, daß die Farbe über Ihre Hände zur Kriegsbemalung wird …

Noch einen Vorteil haben wasserfeste Zeichnungen: Auch ohne Folienhülle können Sie während des Vortrages die Folie weiter bemalen, ohne sie zu zerstören. Nehmen Sie dazu wasserlösliche Stifte, deren Striche Sie nach dem Vortrag einfach feucht wegwischen.
Wir sind mit Schwan-Stabilo-Stiften sehr zufrieden, weil die Kappen gut schließen und die Farben brillant sind. Außerdem sind sie nachfüllbar, und sogar die Spitzen kann man austauschen.

- Tip: **Löschstift & Co.** Auch wasserfeste Stifte können Sie korrigieren: Löschstifte lösen die Farbe an – ein Zellstofftuch besorgt den Rest. Spezielle Folienradierer entfernen die Farbe, ohne die Folie anzugreifen. Größere Flächen säubern Sie mit Spiritus – ein hochprozentiger Schnaps tut's auch. All das gilt aber nur für sogenannte Schreibfolien, nicht für beschichtete Folien, wie sie zum Kopieren oder für Drucker verwendet werden. **Achtung:** Schreibfolien niemals in den Kopierer stecken – die schmelzen, und das gibt eine teure Reparatur.

- Tip: **Unten Karo, oben Folie.** Die einfachste Zeichentechnik erfordert nur einen karierten Block und zwei Büroklammern: Skizzieren Sie Ihr Bild auf dem karierten Papier, fixieren Sie die Folie mit den Büroklammern darüber, und ziehen Sie die Skizze nach.

- Tip: **Auf Hauptfarben beschränken!** Gute Folienfarben sind Schwarz, Rot, Blau, Grün und Violett. Passen Sie bei Rot und Grün auf: Diese Farben sollten nicht zu kalt (blau) sein!

- Tip: **Flächen nicht anlegen!** Volle Farbflächen sind mit der Hand praktisch nicht sauber erzielbar – das kann nur ein mechanisches Zeichengerät oder eine Farbklebefolie. In der Regel genügt es völlig, wenn Sie mit Ihrem dicken Folienschreiber die Konturen des betreffenden Objektes nachziehen. Bei Schraffuren passen Sie bitte auf: Hier müssen die Linien tatsächlich parallel und in gleichem Abstand verlaufen – auch wenn sie freihand gezeichnet sind!

- Tip: **Nützen Sie die Rückseite!** Verschiedenfarbige Striche direkt nebeneinander führen oft zum Verrinnen der Farben bzw. zu einem Mischfarbenstrich. Das Rezept ist ganz einfach: Ziehen Sie alle kritischen Striche der einen Farbe auf der Vorderseite, drehen Sie die Folie um, und ziehen Sie die unmittelbar benachbarten Striche mit der anderen Farbe auf der Rückseite!
- Tip: **Standard beachten!** Gerade bei der Handzeichnung ist die Versuchung groß, zum Beispiel für die Achsen des Diagramms ein Lineal zu

Einstellfolien vorbereiten!

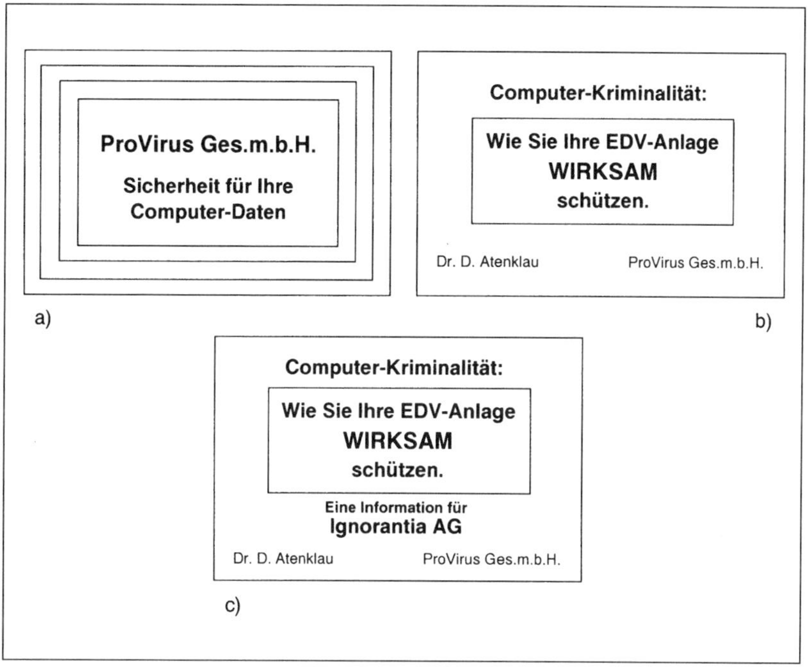

20.4. Damit überprüfen Sie auch in Anwesenheit Ihrer Zuhörer Funktion und Einstellung des Projektors, ohne dabei bereits etwas (zum Beispiel Ihr erstes Bild) vorwegzunehmen. – Typische „Themen" für solche Einstellfolien sind Firmennamen (a), Vortragstitel und Präsentator (b), vielleicht Details über Zielgruppe und Ort (c). – Falls Sie keine Einstellfolie besitzen: erste Folie verkehrt auflegen und damit überprüfen!

nehmen und den Rest – die „kurzen Striche" – freihand zu zeichnen. Tun Sie es nicht! Der erste Linealstrich zwingt Sie dazu, alles andere ebenfalls zu konstruieren. Wenn Sie das nicht wollen, lassen Sie das Lineal weg. – Anders liegen die Dinge beim Vorzeichnen Ihrer Skizze: Parallele Linien und rechte Winkel müssen das auch bei freihändiger Folienzeichnung sein, und dafür brauchen Sie das Lineal – VORHER! Die einzige Ausnahme von dieser Regel: Rahmen ziehen Sie besser mit Lineal, auch wenn alles andere mit freier Hand gezeichnet ist.

3. Folien von der Schreibmaschine Nicht lächeln – gibt es nach wie vor!!

- Tip: **Wenig, wenig, wenig!** Die größte Gefahr bei der mit der Schreibmaschine erzeugten Vorlage liegt darin, daß es so einfach geht … Das Resultat: zu viel und zu klein. Dem müssen Sie bewußt gegensteuern.
- Tip: **Vorlage vergrößern.** Geben Sie sich selbst oder Ihrer Sekretärin eine ganz eindeutige Anweisung: Der Vorlagentext darf nicht größer sein als eine Viertelseite (A6). Das lassen Sie dann so lange durch den Vergrößerungskopierer laufen, bis die Vorlage formatfüllend ist, das heißt nur mehr links und rechts 3 cm Rand bleiben. Dann erst auf Folie kopieren! Das ergibt nicht nur große, lesbare Buchstaben, sondern auch mehr „Körper" für die einzelnen Schriftzeichen!
- Tip: **Farbe ergänzen.** Textfolien sind chronisch blaß und kränklich. Ein dicker Folienschreiber (aber bitte KEIN SCHWARZER Stift!) zaubert Farbe und Leben hinein. Schon vor der Präsentation können Sie die wichtigen Punkte unterstreichen, bei Diagrammen Linien oder Blöcke nachziehen usw. Achtung: Alles, was Sie VOR der Präsentation tun, muß sauber (mit Lineal und Folienzirkel) geschehen; in der Präsentation selbst können Sie durchaus schiefe und wackelige Linien ziehen.

4. Folien zum Vortrag vorbereiten

Ihre Folien sind fertig – was ist jetzt zu tun?

- Tip: **Zwischenblätter entfernen.** Zahlreiche Folien werden mit Zwischenblättern geliefert, die durch einen feinen Klebestreifen an der Folie hängen. Entfernen Sie diese Zwischenblätter unbedingt VOR dem Vortrag! Das Abreißen dieses Blattes während der Präsentation gibt ein unangenehmes Geräusch und führt zu einem Haufen Papier am Vortragspult; andererseits kommt es immer wieder vor, daß Vortragende das Blatt übersehen und eine „blinde" Folie auflegen …
- Tip: **Die richtigen Folienhüllen verwenden.** Schützen Sie Ihre wertvollen Folien vor Beschädigung – in einer KLAREN Folienhülle, die für diesen Zweck geeignet ist! Nicht alles, was nach Folienhülle aussieht, ist harmlos: Manche Materialien enthalten Lösungsmittel, die Ihre Folien angreifen … Achten Sie deshalb auf den Vermerk: „Für (Tageslicht-)Folien geeignet" – Kartonrahmen empfehle ich Ihnen nicht: Sie sind schlecht archivierbar und schützen die Folie nicht.

- Tip: **Flip-Frames.** Das sind spezielle Folienhüllen, die an den Längsseiten aufklappbare Flappen besitzen, mit denen das quadratische Projektorformat auf das notwendige rechteckige Feld reduziert wird. Diese Flappen haben aber noch einen Zweck: Sie können darauf Ihre Stichworte notieren – exakte Zahlen oder Dinge, die auf der Folie selbst nicht visualisiert wurden. Damit sparen Sie sich Stichwortzettel, die zwischen den Folien meist verlorengehen oder stören. Achtung: Schreiben Sie Ihre Stichworte nur mit dickem, wasserfestem Folienschreiber, und beschränken Sie sich auf ganz wenig Text – Symbole sind besser!
  Legen Sie Ihre Folien auch bitte richtig in die Flip-Frames: Die Flappen sollen am Projektor durch das Gewicht der Folie beschwert werden, damit sie nicht versehentlich zuklappen. Also: Flappen nach unten!

20.5. Wer es sich zu leicht macht und einfach ganze Seiten aus einem Bericht oder einem Buch auf Folie kopiert, gewinnt wenig Freunde. Regelmäßig sind die Texte zu klein, die Linien zu dünn, zu viele Informationen auf der Folie. Außerdem signalisiert diese Vorgangsweise: „Ihr seid mir nicht wichtig genug für mehr Aufwand." Daher: Niemals Druckvorlagen direkt verwenden, sondern nur Ausschnitte kopieren und/oder Beschriftungen vergrößern und dazukleben.

- Tip: **Überleger-Technik:** Ergänzungsfolien kleben Sie besser an einer Seite fest, damit Sie sich während des Vortrages nicht über die genaue Positionierung den Kopf zerbrechen müssen, sondern einfach „klappen“ können. Wählen Sie dazu jene Seite, auf der Sie bei der Präsentation stehen werden. Kleben Sie eine vollformatige Deckfolie mit einem undurchsichtigen Klebeband von Rand zu Rand an – das sieht sauberer aus. Wenn Sie Folienhüllen verwenden, steckt die Basisfolie ja in der Hülle, und die Deckfolie ist auf dieser Hülle befestigt (siehe Farbtafel 9).
- Tip: **Folien numerieren!** Aber nicht auf der Folie selbst – ideal sind dafür die Ränder von Folienhüllen bzw. die Flappen der Flip-Frames.

… und ein persönliches Aha-Erlebnis

- Tip: **Farbfolien vom Kopierer!** Schon ab 2 € bekommen Sie sehr brauchbare Farbfolien von Farbvorlagen jeden Formats (auch direkt vom Dia!). Aber **Vorsicht**: Nicht alles, was nach Farbfolie aussieht, ist auch eine solche! Durch Bedienungsfehler am Kopiergerät werden oft falsche Farbpigmente verwendet, die dann in der Projektion nicht durchsichtig sind; das Ergebnis ist trotz einer „farbigen“ Folie ein grauweißes Bild. (Das habe ich auch erst am OHP gesehen…)

Das Wichtigste aus diesem Kapitel

- Werden Sie kein Schwarzweiß-Textfolien-Klatscher, der sein Publikum anödet!
- Der Weg zu einer guten Folie ist einfach: wenig Text, bildhafte Inhalte, lebhafte Farben, dosierte Informationsmengen.
- Beleben Sie Ihren Vortrag durch (farbige) Ergänzungen und besonders durch Überleger-Folien.

Kapitel 21

Diapositive – worauf Sie achten müssen, damit aus Ihrer Diaserie ein überzeugender Vortrag wird

Vorurteil 1: „Dias sind unersetzlich, wenn man leuchtstarke Bilder braucht!"
Vorurteil 2: „Auch bei Fachvorträgen hat das Dia ausgespielt."
Vorurteil 3: „Jedes gute Bild macht ein gutes Dia!"

Vom Standpunkt der Qualität hat die Datenprojektion dem Dia bereits den Rang abgelaufen – unter optimalen Bedingungen, versteht sich. Und bietet so viel mehr an Möglichkeiten. Aber die Naturwissenschafter – Physiker, Biologen, Pharmazeuten ... – sitzen auf Bergen fantastischer Dias, aus denen sie ihre Vorträge zusammenstellen. Die denken meist gar nicht daran, ihre Schätze scannen zu lassen! Nur dort, wo es nichts „Echtes" herzuzeigen gibt, oder wo nichts zählt, das älter ist als 6 Monate, dort ist der Umstieg praktisch vollzogen: im Management, in der Finanz und in der IT.

Jeder Amateur kann einen Lichtbildabend bestreiten – aber in diesem Kapitel beschäftigen wir uns mit „Kommunikationsdias":

- was bei der Komposition und Produktion wichtig ist;
- wie Sie die Farben aussuchen;
- was Sie über das Reproduzieren von Vorlagen wissen sollten;
- welche aktuelle Technologie Ihnen dabei hilft.

Wenn es dunkel wird ...

... dann wandern alle Blicke zur Leinwand, wir lehnen uns zurück, unsere Erwartung steigt, die Situation hat etwas Besonderes. Berücksichtigen Sie diesen Effekt bei Ihrer Vorbereitung. Die Aufmerksamkeit verschiebt sich vom Präsentator weg und zum Bild hin. Damit haben Sie auch weniger Möglichkeiten, durch persönliches Eingreifen das Bild „zurechtzurücken", aufzuwerten. Die Qualität muß von vornherein besser sein.

21.1. Längere Diaserien sind ermüdend und (wegen des dunklen Raumes) einschläfernd.

Solche Überlegungen stellt auch Ihr Publikum unbewußt an und erwartet daher mehr Qualität. Diese Qualität sollten Sie bieten oder ein anderes Medium wählen. Glücklicherweise ist Qualität mit der heutigen Technologie weder eine Frage des Geldes noch der Zeit.

Allgemeine Tips für den Diavortrag

- Tip: **Maximal 20 Minuten, maximal 50 Dias.** Zweieinhalb Dias pro Minute sind das meiste, was Sie der Aufnahmefähigkeit Ihrer Zuschauer zumuten können – und auch nur dann, wenn Sie sehr gute, das heißt sehr einfache Dias bringen. (Für die Profis unter Ihnen: Eine Aufbau-Sequenz mit mehreren Dias zählt natürlich nur als EIN Bild!)
- Tip: **Querformat!** Eine hochformatige Folie können Sie noch zur Not am Projektor hin und her bewegen, wenn das obere und untere Ende nicht gleichzeitig zu sehen sind – beim Dia geht das nicht. Sie müssen Ihre Bildgröße um mehr als die Hälfte (!) reduzieren, damit auch das Hochformat voll zu sehen ist.

- Tip: **EINE Aussage pro Bild!** Diese Aussage kann natürlich auch „Überblick über das Ganze" sein – dann folgen Sie aber mit den entsprechenden Detailaufnahmen nach und versuchen nicht, alle Einzelheiten anhand eines einzigen Bildes zu erklären.
- Tip: **Komplexe Bilder schrittweise aufbauen.** Produziert wird in umgekehrter Reihenfolge: Sie beginnen mit dem vollständigen Bild und entfernen ein Element nach dem anderen.
- Tip: **Arbeiten Sie in Dreier-Sequenz.** Solche Sequenzen kennen wir aus den Filmen: Totale – Halbtotale – Nah; von vorne – von oben – von links. Dabei können Sie die Distanz in beiden Richtungen ändern: eine Sequenz des Näherkommens, eine Sequenz des Entfernens.
- Tip: **Rechtzeitig duplizieren!** Das „Zurückblättern" mittels Fernsteuerung ist für die Zuschauer enervierend. Viel professioneller ist es, ein Bild mehrfach zu produzieren – die Kosten sind unbedeutend. Überlegen Sie, an welchen Stellen Sie die Zuschauer an ein bereits gezeigtes Bild erinnern wollen, und verwenden Sie dort ein Duplikat.
- Tip: **Maßstab einbauen!** Bei ungewohnten Größenordnungen helfen Sie den Zuschauern, sich zurechtzufinden: Bei Mikroskopaufnahmen ein Menschenhaar mitfotografieren, bei riesigen Industriekomplexen einen Arbeiter durchs Bild gehen lassen.

Platzhalter-Dias verwenden

21.2. Üblicherweise entstehen Diavorträge nicht „in einem Guß" – einzelne Dias fehlen noch oder müssen korrigiert werden. Als Platzhalter verwenden Sie Kartonrähmchen mit einem milchigen Film, den Sie mit dünnem Folienschreiber beschriften (Inhalt des geplanten Bildes) und an der richtigen Stelle einordnen. Das hilft bei Probeläufen und zeigt auf einen Blick, wo noch Elemente fehlen.

- Tip: **Glas oder glaslos?** Glaslose Diarahmung hat zwei Vorteile: Was nicht da ist, kann nicht verschmutzen, und auch die bunten (Newton-)Ringe können nicht ablenken. Dafür sind aber Ihre Dias nicht geschützt, und die Ausdehnung unter der Projektionshitze führt zu einem „Ausspringen“ der sich werfenden Dias: Die resultierende Unschärfe muß manuell oder automatisch nachjustiert werden. – Demgegenüber haben Glasdias, abgesehen von den Rahmenkosten, nur den Nachteil der Newton-Ringe. Dieses Problem reduzieren Sie dadurch, daß Sie die Dias zeitgerecht „anwärmen“ – bei einem Carousel-(Karussell-)Projektor das Magazin aufsetzen und eine halbe Stunde vorher einschalten.

- Tip: **Schwarzdias statt Ausschalten.** Ihr Vortrag hat sicher Passagen, die nicht nur ohne Bild auskommen, sondern in denen ein Bild stört oder das nächste noch nicht paßt. Oder wo Sie dem Publikum die grelle, leere Leinwand ersparen möchten, zum Beispiel beim Start und nach dem letzten Dia. Als Schwarzdia können Sie alles verwenden, was undurchsichtig ist und Diaformat hat. Vorsicht: Nicht alles, was schwarz aussieht, ist auch undurchsichtig! Die professionelle Lösung sind unbelichtete Filmstreifen in einem normalen Diarahmen. Ich ziehe einfache Quadrate vor, mit einer Seitenlänge von 4,9 cm aus starkem Karton. Das ist nicht nur billiger, Sie sehen auch auf einen Blick, an welcher Stelle im Magazin Schwarzdias stehen. Diese Lösung funktioniert aber nur bei Rundmagazinen (Carousel) einwandfrei – Projektoren mit Stabmagazinen sind empfindlicher, besonders wenn sie stark geneigt aufgestellt werden. Da sind normale Diarähmchen mit Schwarzfilm besser, nehmen Sie aber andersfarbige Rahmen, um die Schwarzdias leicht zu erkennen.

- Tip: **Dias numerieren.** Die fertigen Dias numerieren Sie – aber nicht irgendwie. Die beste Position ist das rechte obere Eck, von hinter dem Projektor aus gesehen. An diese Stelle kleben Sie kleine Etiketten in einer zum Diarahmen kontrastierenden Farbe und numerieren diese. Damit sehen Sie auf einen Blick, ob alle Dias richtig gereiht (und nicht seitenverkehrt usw.) eingeordnet sind. Den wirklichen Nutzen dieser Disziplin erleben Sie erst, wenn ein ungeschickter Operateur unmittelbar vor Ihrer Vorführung das Magazin ausleert und dank der Nummern die Sache schnell wieder in Ordnung bringen kann.

- Tip: **Manuskript-Ersatz: Minidias.** Bei der Folienpräsentation wissen Sie genau, welches Bild Sie als nächstes zeigen – Sie legen es ja selbst auf. Dieses „Vorausschauen“ ersetzen Sie im Diavortrag zumindest durch eine komplette Bilderliste, die aber den Nachteil allen digitalen Materials hat: Sie können die Elemente nicht so schnell erfassen. Besser sind deshalb „Minibilder", Duplikate Ihrer Dias als Stichwortbringer für den Vortragenden. Die professionelle Methode, wenn Ihre Dias aus dem PC kommen: Handzettel/Handouts mit sechs Minibildern je Seite.

Welche Farbe wirkt wie?

Bei Realaufnahmen oder Reproduktionen stellen sich diese Fragen nicht: Ein blauer Himmel ist blau, Phenolphthalein (eine Indikatorsubstanz) lila. Viele Rezepte beziehen sich auf die computergestützte Diaproduktion.

- Tip: **Dunkler Hintergrund – starke Kontraste.** Rechnen Sie stets mit der ungünstigen Situation eines zu hellen Raumes! Oder – bildlich ausgedrückt – halten Sie sich die Möglichkeit offen, als Vortragender nicht völlig im Finstern versinken zu müssen.
- Tip: **Schwarz verdeckt Ungenauigkeiten.** Die Dias sind im Rahmen nicht immer genau zentriert – das ist für das Publikum erst dann erkennbar, wenn ein zum Beispiel hellblauer Hintergrund genau die Grenzen des projizierten Bildes aufzeigt. Ein schwarzer Hintergrund macht diese Grenzen unsichtbar, und auch ein zu weit seitlich stehendes Bild wirkt sauber.
- Tip: **Einheitliche Farbgestaltung!** Entscheiden Sie sich für EINE Hintergrundfarbe, und legen Sie ein „Farbsystem" fest – in welcher Farbe Sie Überschriften, Legenden etc. schreiben. Grafikprogramme helfen Ihnen dabei: Für die gesamte Präsentation wird ein Layout bestimmt, das auch diese Farben definiert.
- Tip: **Maßvoll kontrastieren.** Je dünner der Strich, je kleiner die Schrift, desto stärkere Kontraste brauchen Sie (Weiß auf Dunkelblau, Hellgelb auf Schwarz). Vorsicht bei größeren Flächen: Hier führen starke Kontraste zu einem unangenehmen Nachbild. (EINE knallgrüne Kugel tanzt als rotes „Negativ" durch das nächste Bild.)

Zur Farbwahl siehe auch Kapitel 19.

Reproduktion und Schriftgrößen

Die gebräuchlichsten Diavorlagen sind einerseits Bücher und Zeitschriften, andererseits Textvorlagen vom PC bzw. einer Schreibmaschine. Beide sind ohne weitere Vorsichtsmaßnahmen als Diavorlagen problematisch.

Vorlagen für Textdias

- Tip: **Seitenverhältnis 3 zu 2 beachten.** Dias sind noch etwas schmäler als das Seitenverhältnis der DIN-Norm (A4). Überprüfen Sie, ob Ihr Präsentationsgrafik-Programm beim Seitenformat die Möglichkeit „Diapositiv“ (Seitenverhältnis 3 zu 2) bietet. Eine in diesem Format erzeugte Vorlage ist naturgemäß leicht zu reproduzieren.
- Tip: **Bildbeschriftung vergrößern.** Die Erläuterung zu Bildern in Büchern ist viel zu klein – bei einem normalen Buchformat müßte sie mindestens 4 mm hoch sein. Hier sollten Sie mit Schildchen oder Prägeschriftbändern arbeiten.
- Tip: **Lesbarkeit überprüfen!** Ihr fertiges Dia halten Sie vor einen hellen Hintergrund: Es sollte aus 30 cm lesbar sein (schlechte Sichtverhältnisse im Projektionsraum), auf jeden Fall aus 20 cm.

Vorlagen für Textdias aus der Schreibmaschine

21.3. Beschriften Sie maximal eine Fläche von 12 x 8 cm (ca. A6), und lassen Sie diese bildfüllend fotografieren (unten).

Technologie für den Diavortrag

Bildrecorder

Zusatzgeräte zum Computer, mit denen das am Bildschirm erzeugte elektronische Bild auf Filmmaterial ausgegeben wird.

Filmmaterial

Sofortbild-Technologie ist für den Präsentator nicht nur aus Aktualitätsgründen interessant, sondern weil sie die volle Kontrolle über das Material ermöglicht (vertrauliche Informationen bleiben in Ihrem Bereich). Neben gewöhnlichen Instant-Diafilmen (Polaroid) für Realaufnahmen gibt es hochkontrastierende Filme für Computeraufnahmen und einen Film, bei dem aus einer schwarzweißen Vorlage eine weiße Zeichnung auf blauem Grund wird (Polablue). „Normales" Diafilmmaterial ist dafür etwas brillanter.

Studiografik

Nehmen Sie professionelle Hilfe in Anspruch – wenn der Anlaß den Aufwand rechtfertigt. Vermeiden Sie aber, Hochklassiges und Amateurmaterial zu mixen.

Belichtungsservice

Wer nur wenige Diavorträge pro Jahr vorzubereiten hat, für den zahlt sich die Investition in Bildrecorder oder aufwendige Reprogeräte nicht aus. Ihr PC und Ihr Präsentationsgrafik-Programm genügen völlig: Sie gestalten die Präsentation und senden Sie (via Diskette oder E-Mail) an ein Belichtungsservice. 24 Stunden später erhalten Sie die fertigen Dias gegen Aufpreis auch grafisch überarbeitet. Die meisten Computergrafik-Studios bieten mittlerweile neben dem Full Service auch ein solches Belichtungsservice an.

Das Wichtigste aus diesem Kapitel

- Die entscheidenden Bedingungen für ein gutes Kommunikationsdia: kräftige Kontraste, große Schrift, EIN Gedanke – und Querformat.
- Gute Dias sind heute einfach und preiswert – produzieren Sie aber deshalb nicht zuviel!
- Ordentliche Vorbereitung lohnt sich: Schwarzdia, Dias numerieren – und ein Einstelldia.

Kapitel 22

Computergrafik vom PC – welche Hilfe Sie von Ihrem elektronischen Assistenten erwarten können

Vorurteil 1: Der Computer hilft meiner Kreativität automatisch auf die Sprünge

Vorurteil 2: Ich brauche nur PowerPoint, damit ist mein Erfolg vorprogrammiert

---

Computer oder nicht?

Professionelle Präsentationsgrafik kommt heute nicht ohne Computer aus – das bedeutet aber nicht, daß Sie selbst so ein Ding auf Ihrem Schreibtisch haben müssen. Die Entscheidung hängt unter anderem von folgenden Fragen ab:

- Welche Ausstattung besitzen Sie bereits (Computer, Drucker usw.)?
- Wie viele Bilder (Folien, Dias ...) werden pro Jahr benötigt?
- Wer soll damit arbeiten? (Eine Zentralstelle oder mehrere Personen?)
- Fallen diese Arbeiten kontinuierlich an oder blockweise?

Anschaffungskosten von Geräten und Programmen sind heute sekundär geworden, auch die laufenden Produktionskosten sind zu vernachlässigen. Entscheidend ist der Zeitaufwand bei der Erstellung – und die dabei entstehende Frustration.

Präsentationsgrafik vom Computer sollte nur jemand in Angriff nehmen, der regelmäßig und intensiv damit zu arbeiten beabsichtigt: Wer seltener als alle zwei Wochen eine Präsentation vorbereitet oder weniger als zehn Bilder im Monat, der sollte die Finger davon lassen. Computergrafik-Studios – oder ein hausinterner Spezialist – sind dann die bessere Wahl.

Von der Idee zum elektronischen Bild ...

Der erste Schritt ist in jedem Fall Ihre Skizze auf einem Blatt Papier – vorher schalten Sie den Computer nicht ein! Das Programm hilft Ihnen dann, aus Zahlen ein Tortendiagramm zu machen, Lastautos für ein Piktogramm übereinanderzustapeln, Textzeilen groß und sauber übereinanderzusetzen, einen Firmenschriftzug elektronisch abzupausen (digitalisieren) oder sogar von Originalvorlagen durch Abtasten einzulesen (scannen). In ein bis 20 Minuten entsteht auf Ihrem Farbschirm das Bild, das Sie später projizieren wollen. Sie können die Elemente verschieben, vergrößern, verkleinern ... – das geht tatsächlich ziemlich einfach.

... und vom Bildschirm zur Präsentation

Mit Ihrem Bildschirm können Sie Präsentationen bestreiten, wenn Ihr Publikum nur aus einer oder zwei Personen besteht. Für die Weiterverarbeitung haben Sie grundsätzlich drei Wege:

1. Datenprojektion direkt vom Computer

Ihr Bildschirminhalt wird mittels Videobeam oder Datenprojektor an die Wand geworfen. Genaueres siehe Kapitel 4 „Tafel, Folie, Datenprojektor ...".
Dazu erstellen Sie Ihre Präsentation komplett auf Ihrem PC am Schreibtisch, speichern das Ganze ab und rufen in der Präsentationssituation dann Bild für Bild auf.

2. Bildproduktion am Schreibtisch

Dazu braucht Ihr Computer ein Ausgabegerät wie Drucker oder Bildrecorder. Die wichtigeren sehen wir uns jetzt näher an (Plotter – Zeichenmaschinen für Pläne – kommen heute als Präsentationshilfsmittel kaum mehr zum Einsatz):

Schwarzweiß-Laserdrucker

(Setzt Computerimpulse nach dem Prinzip eines Fotokopierers um und bedruckt Papier und Folien.)
Vorteile: Leise, schnell, preiswert, robust. Aufgrund dieser Vorteile hat der Laserdrucker fast alle anderen Drucktechnologien im Schwarzweiß-Bereich verdrängt.
Nachteile: Nur schwarzweiß. Die Schrift, die Sie am Bildschirm sehen, sieht manchmal auf der Folie völlig anders aus. Achtung: Nur Kopierfolien verwenden, niemals Schreibfolien.

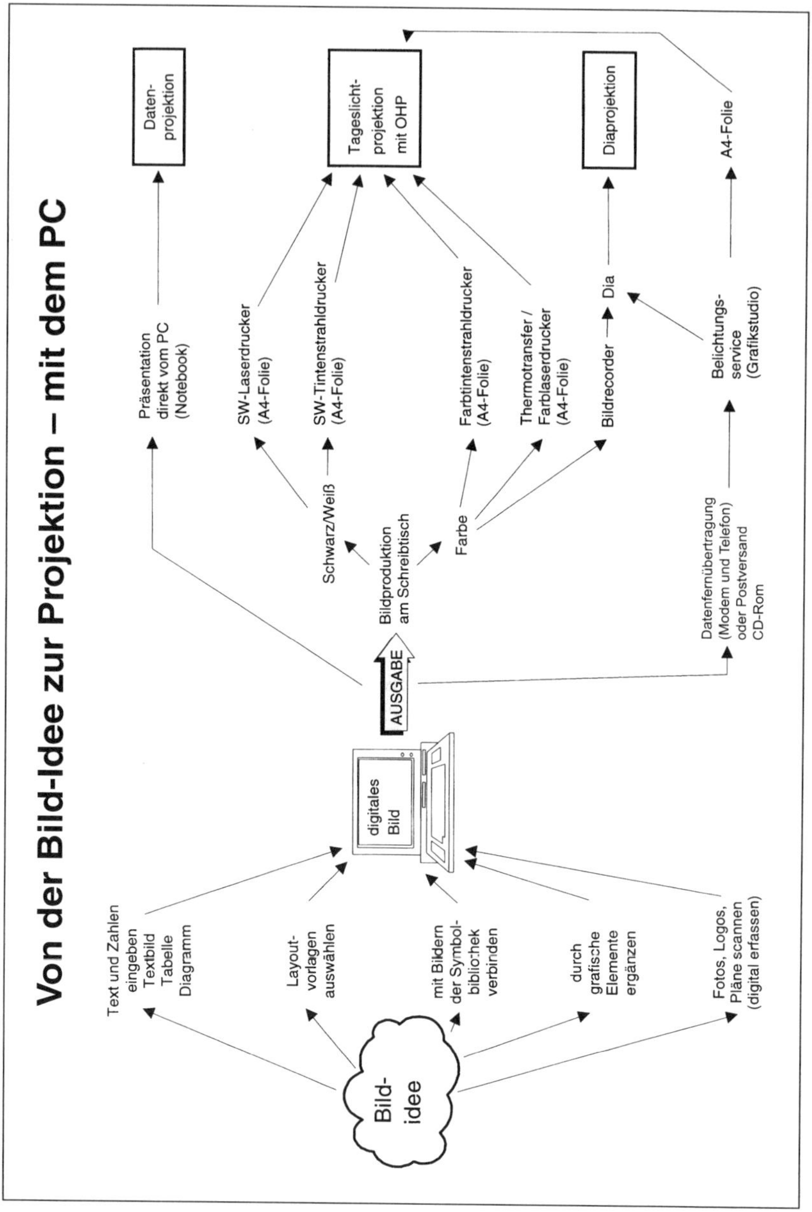

22.1. Startpunkt ist auf jeden Fall Ihre Bild-Idee – am besten als konkrete Skizze mit Text und allen Details.

Farb-Tintenstrahldrucker (Ink Jet)

Vorteile: Preiswert, robust, leicht zu bedienen. Erstklassige Qualität (Auflösung und Farbtreue), wenn Schwarz nicht gemixt werden muß, sondern aus einer separaten Tintenpatrone gespritzt wird; sparsam im Verbrauch.

Nachteile: Zeitaufwendig und tintenfressend bei großen Flächen, zum Beispiel vollfarbigen Hintergründen. Verlangt Spezialfolien mit wasserlöslicher Trägerschicht. Fingerabdrücke!

Farb-Laserdrucker

Vorteile: Mittlerweile bereits durchaus erschwinglich (Faktor 2–4 zu SW-Laserdruckern), schnell, gut geeignet für vollflächige Folien. Nahezu unentbehrlich, wenn häufig Handouts in Farbe produziert werden sollen.

Nachteile: Immer noch relativ teuer – rechnet sich nur bei größeren Mengen.

Bildrecorder

(Das Monitorbild wird in einem separaten Gerät durch vorgeschaltete Farbfilter auf Filmmaterial übertragen.)

Vorteile: Hohe Produktionsgeschwindigkeit; leuchtende Farben; minimale Kosten (normales Filmmaterial).

Nachteile: Keine – wenn Sie diese Investition richtig nützen.

3. Produktion außer Haus

Sie speichern Ihre fertige Grafik ab und senden die Daten an ein Belichtungsservice. Solche Firmen haben hochwertige Ausgabegeräte, die aus Ihrem Computerbild ein gestochen scharfes Diapositiv oder eine Folie machen.

Für den professionellen Präsentationseinsatz brauchen Sie zwei bis drei Gerätetypen: einen Bildrecorder für die Diapräsentation, einen Farbdrucker für die nach wie vor wichtige Overheadprojektion und einen Laserdrucker für schwarzweiße Entwürfe oder für die schriftlichen Unterlagen.

Welches Computerprogramm ist das richtige?

Diese Frage stellt sich nicht mehr: Als Bestandteil des Office-Paketes aus dem Hause Microsoft hat die Software PowerPoint eine absolut marktbeherrschende Position erobert. Damit führt kein Weg vorbei an PowerPoint. Man spricht deshalb auch dann von einer „PowerPoint-Presentation", wenn diese mit einem anderen Programm erstellt wurde, wie z. B. Freelance oder Harvard Graphics. Die Vorteile von PowerPoint (stellvertretend für die anderen Programme) sind rasch aufgezählt:

- **Anwenderfreundlich:** Die Grundfunktionen sind für Windows-Anwender leicht zu meistern, in längstens einem halben Tag haben Sie Ihre erste Präsentation fertig.
- **Alle Folien in einem File:** Die Zeiten, in denen Sie jedes Bild separat benennen und ablegen mußten, sind längst vorbei. Das erleichtert Änderungen in der Präsentation (anderes Layout für alle Folien, umreihen, hinzufügen einzelner Bilder) und auch später die Vorführung.
- **Professionelles Erscheinungsbild:** Die Standard-Layouts werden von Designern entworfen, deshalb ist das Ergebnis auf den ersten Blick sehr zufriedenstellend – Sie brauchen über Farbzusammenstellung, Buchstabengröße, Anordnung des Textes usw. nicht nachzudenken. Jedenfalls, solange Sie nichts anderes produzieren als Bullet-Charts!
- **Unterstützung auch beim Präsentationsinhalt:** „Assistenten" schlagen Ihnen für Ihre Präsentationsaufgabe inhaltliche Strukturen vor und führen Sie bis zur fertigen Präsentation.
- **Beeindruckende „Effekte":** Einfliegende Textzeilen, nacheinander erscheinende Bildelemente, filmische Übergänge von einer Folie zur anderen – alles ist (leicht) möglich.

22.2. Ihr PC kann Ihnen in der Produktion wertvolle Dienste leisten.
Aber die eigentlich kreative Vorbereitungsarbeit bleibt bei Ihnen – auch wenn die Werbung vieler Präsentationsgrafik-Programme anderes verspricht.

Die Nachteile ergeben sich teilweise beinahe zwangsläufig aus den Vorteilen:

- **Weltweiter Präsentations-Einheitsbrei:** Durch die Dominanz von Power Point sehen die Präsentationen einander sehr ähnlich – egal, um welches Thema es sich handelt. Wenn man nicht aufpaßt.
- **Designer sind keine Präsentatoren:** Das merkt man bei Layouts, die viele Erfahrungswerte für gute Foliengestaltung verletzen, z. B. puncto Hintergrundgestaltung, Schriftwahl, Farbwahl insbesondere der Markierungspunkte usw.
- **Achtung, Bullet-Chart-Lawine:** Das Simpelste ist die Erstellung eines Textcharts. Das führt dazu, daß endlose Sequenzen einander aufs Haar gleichender Textcharts die Zuhörer erschlagen.
- **Klägliche Diagramme und Tabellen:** Diese Funktionen sind (in Power Point) absolut unbefriedigend. Warum gerade zwei so wichtige Visualisierungmöglichkeiten derart vernachlässigt werden, weiß vielleicht Bill Gates.

Die Wahl der Software ist also kein Problem, auch die Einarbeitung nicht. Die Gefahren lauern erst in der Anwendung ...

Fallgrube Computer

Angenommen, Sie haben es geschafft: Die Geräte sind gekauft, die Software ist installiert und funktioniert, in das Programm haben Sie sich eingearbeitet. Jetzt sind Sie in akuter Gefahr, ein Opfer der Technik zu werden:

- Tip: **Werden Sie nicht zum Computerfreak!** Wer wegen einer neuen Bohrmaschine überall im Haus Löcher bohrt, wird sich bei der Familie und den Nachbarn nicht viel Freunde machen. Der Computer ist ein Werkzeug, aber kein Grund für übermäßige Bildproduktionen. Ihr Ziel sind bessere, sauberere visuelle Hilfsmittel in kürzerer Zeit – nicht „MEHR Folien oder Dias"!

- Tip: **Zurückhaltung bei den technischen Möglichkeiten!** Die grafischen Fähigkeiten Ihres Programms sind phantastisch. Das ist aber noch kein Grund, diese Fähigkeit in jeder Präsentation zu demonstrieren, schon gar nicht innerhalb eines einzigen Bildes. Auch wenn Ihr Programm 27 verschiedene Schriftarten, 3-D-Diagramme, jede Menge Überblendeffekte und aufwendige Animationstricks bietet: Halten Sie sich zurück! Eine (schwer zugängliche) Studie der Universität von Arizona für 3M zeigt, daß „Effekte" meist nicht nur nichts bringen, sondern die Kommunikationsleistung schwächen. – Aus dem gleichen Grund beschränken Sie sich bei Bildschirmpräsentationen bei den Übergangseffekten, sonst verwirren Sie Ihr Publikum.

- Tip: **Mißtrauen Sie dem Bildschirm!** Auch wenn alle PC-Programme nach dem Prinzip WYSIWYG („What you see is what you get“) arbeiten – es sieht am Bildschirm alles klarer, leuchtkräftiger, schöner aus als auf der Folie oder in der Projektion.
- Tip: **ERST die Idee, DANN der PC.** Wer sich mit bloß einer vagen Idee an den PC setzt, wird bei Spielereien viel Zeit verbrauchen. Profis skizzieren (und texten) ihre Folien, bevor sie einsteigen.
- Tip: **Bleiben Sie im Rahmen Ihres Programms!** Jedes Programm hat unterschiedliche Stärken und Schwächen, jedes hat andere Symbolbibliotheken. Betrachten Sie das als Ihren „Wortschatz“ für die Präsentation, und versuchen Sie, sich mit diesen Elementen überzeugend auszudrücken. Alles andere kostet enorm viel Zeit und ist unbefriedigend.

Bildgestaltung am PC: Grafikprogramme richtig nützen

Die folgenden Tips sind für alle elektronischen Bilder bestimmt, egal ob Sie damit Folien ausdrucken, Dias belichten oder direkt Ihre Daten projizieren. Der Einfachheit halber spreche ich aber durchgehend von „Folien“.

- Tip: **Beschränken Sie sich auf eine, maximal zwei Schriftarten je Präsentation.** Die regelmäßig ohnedies größere Titelzeile können Sie in einer zweiten (Serifen-)Schrift ausführen.
- Tip: **Wählen Sie eine Schrift, die zu Ihrem Corporate Design paßt.** Designspezialisten definieren oft eine ganz bestimmte Schrift, die im Unternehmen durchgezogen werden muß. Genau diese Schrift haben Sie natürlich nicht auf Ihrem PC – wählen Sie einfach eine möglichst ähnliche!
- Tip: **Im Zweifel wählen Sie „fett“.** Die meisten Schriften sind in ihrer Normal-Version zu dünn – besonders in der Datenprojektion. Lieber einen Schriftgrad kleiner, aber dafür fett!
- Tip: **Für Hervorhebungen: kursiv, Blockschrift, Farbe.** Entscheiden Sie sich aber für nur eine dieser Methoden – zum Beispiel Hervorhebungen in Blockschrift, wenn wenige Eigennamen vorkommen, die regelmäßig auf diese Weise gekennzeichnet sind. Kursiv setzen Sie Ihre Schrift dann, wenn Sie Zitate, wörtliche Aussagen bringen.

Wirkungsvolle Foliengestaltung am PC

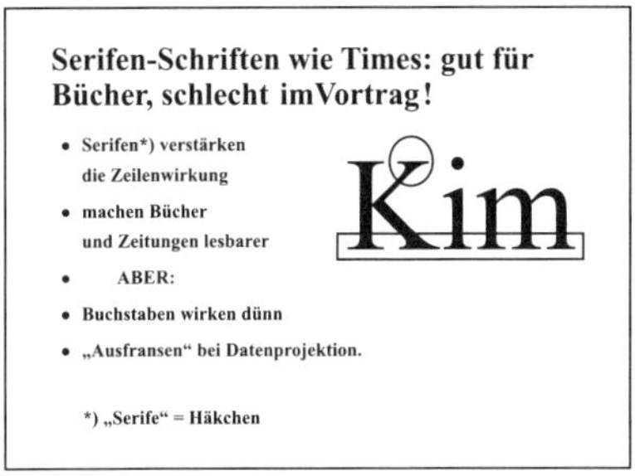

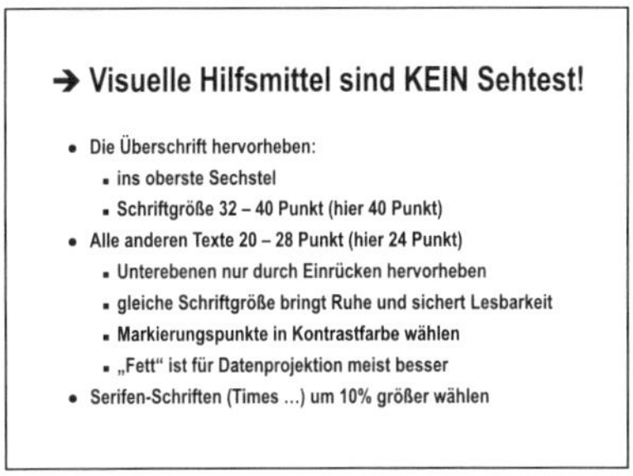

22.3. Klarheit und Leserlichkeit sind wichtiger als Schönheit und Show! Das beginnt bei der Schriftwahl, ausgenommen, Ihr CD – Corporate-Design – gibt die Schrift vor. – Den PowerPoint-Verwendern fällt die Wahl oft schwer – im Zweifel wählen Sie ein ganz einfaches, klares Design, stellen Sie Schriftart, Größe und Markierungspunkte um – aber bitte im Folienmaster!! Für Unternehmen zahlt sich ein maßgeschneidertes Layout aus, oder wenigstens eines der durchaus brauchbaren und nicht so abgenützten Layouts aus der Digital Juice-Collection (Zusatz-Software für PowerPoint).

- Tip: **Unterstreichen: nur live!** Unterstreichende Linien kollidieren häufig mit den Unterlängen. Heben Sie sich diese Technik in der Folienpräsentation für Belebungen während der Präsentation selbst auf – dann können Sie mit dickem Stift unterstreichen, und es spielt keine Rolle, ob Sie dabei einen Buchstaben berühren.

Farben: Treiben Sie es nicht zu bunt!

Die erste Frage, die sich Ihnen bei der Arbeit an einer neuen Präsentation automatisch stellt, ist die Wahl des Präsentationslayouts – und da können Sie aus Dutzenden phantasievoll gestalteten Hintergründen mit entsprechend darauf abgestimmten Schriften und Farbkombinationen wählen. Mit der Wahl eines bestimmten Layouts haben Sie dann auch automatisch die Schrift samt Farbe und Größe, die Markierungspunkte, die Ausrichtung der Zeilen und einiges mehr mitgewählt. Ganz besonders aber ein Element, das für Ihre Wahl wahrscheinlich auch ausschlaggebend war: den Hintergrund.

Der Hintergrund: Keep it simple!

Spektakuläre Hintergründe – vom dynamischen Bogen über Weltkarten bis zu Sonnenuntergängen und Skylines – beeindrucken, aber nur beim erstenmal. (Und sogar da hat dieser Hintergrund von Ihrer Aussage abgelenkt!) Mittlerweile kennt Ihre typische Zielgruppe alle diese Hintergründe und nimmt sie nicht mehr zur Kenntnis. Und wenn bei einer neuen Version des Programmes ein paar neue Hintergründe dabei sind, dann fragen sich die Betrachter bloß: „Von wo hat er diesen neuen Hintergrund?“ (siehe Farbtafel 14).

Ein Hinter-Grund soll genau das sein: eine unauffällig hinten liegende Basis für Ihre Aussage!

- Tip: **Entfernen Sie radikal alle Elemente, die nicht zu Ihrer Präsentation passen!**
- Tip: **Wenn Sie unbedingt einen „Rahmen“ benötigen:** Sorgen Sie dafür, daß die aktive Fläche für die Gestaltung möglichst groß ist.
- Tip: **Fotos sind keine geeigneten Hintergründe!** Wenn es unbedingt sein muß: Text in ein einfarbiges Feld stellen – oder das Foto so verkleinern, daß der Text daneben stehen kann.

Neben der Gestaltung der Hintergrundelemente taucht sofort die nächste Frage auf:

Dunkle Vollfläche oder glasklare Folie?

Daß diese Frage überhaupt auftaucht, ist eine Folge des Angebotes der marktgängigen Grafikprogramme. Diese stammen ausschließlich aus den USA, wo sie ursprünglich für Diapositive konzipiert wurden (viele formelle Management-Präsentationen in den USA findet nach wie vor mit Dias statt). Bei Diapositiven hat sich frühzeitig die Kultur der dunklen Hintergründe etabliert – zu Recht: In dem teilweise abgedunkelten Vorführraum würde ein grellweißes Bild äußerst unangenehm wirken.

Was spricht für jede der beiden Möglichkeiten?

- **Dunkler, vollflächiger Hintergrund:** Wirkt exklusiv, wertvoll, erinnert an Diavorträge. Nachteil: Auf einer solchen Folie können Sie nichts mehr ergänzen und auch keine Überleger (weitere Folienschichten) anbringen.
- **Folie mit klarem Hintergrund:** Wirkt sachlicher, faktischer, verträgt Ergänzungen und Überleger (weitere Folienschichten) und ist im Ausdruck einfacher.

- Tip: **Klarer Hintergrund für Folien.** Jede Art von hellem Muster wirkt in der Präsentation meist unsauber!

- Tip: **Dunkelblauer oder schwarzer Hintergrund für Diapositive.**

- Tip: **Vorsicht bei Farbverläufen!** Erstens: Diese sehen auf dem Monitor meist viel besser aus als in der (gedruckten oder projizierten) Realität. Zweitens: In irgendeinem Teil des Bildes leidet der Kontrast.

Die Farbe der Schrift: Kontrast ist alles!

Beste Lesbarkeit bei geringster Ermüdung erzielen Sie mit Schwarz auf Zartgelb. Daneben sind die besten Kontraste:

- Zartgelb oder Zartgrün auf Schwarz;
- Weiß oder Gelb auf Dunkelblau, Blau (und natürlich Schwarz) auf Weiß.

- Tip: **Vorsicht bei allen Rot-Grün-Kombinationen**, die unangenehm flimmern und manchmal unsichtbar sind: 6 % der männlichen Bevölkerung ist rot-grün-farbenblind!

Bullets und Linien – klar und farbstark

Bei den Markierungspunkten zeigen die Vorlagen-Designer mehr Zurückhaltung als Sie in Ihrer Präsentation brauchen können: Gerade für Ihre Bullet-Charts (die einen Großteil Ihrer Präsentation ausmachen werden) brauchen Sie kräftige Farbtupfer.
Strichstärke bei Linien und Pfeilen sollten Sie dicker als passend wählen. Damit meine ich dicker, als es Ihnen am Bildschirm passend erscheint. Dünne Linien wirken fahrig, unsicher – dicke Striche zeigen Kraft und Zuversicht. Flächen mit (kräftigen) Konturen ziehen die Aufmerksamkeit auf sich, Ihr Bild wirkt stabil.

- Tip: **Ändern Sie die Vorgaben für Strichstärke im Basisdesign des Folienlayouts,** damit Sie es nicht bei jeder Folie tun müssen!

Die Symbole: Passen die Farben?

Die Symbole Ihrer Bibliothek mußten ja in irgendwelchen Farben erstellt werden: Ein rotes Auto, eine blaue Hose, ein grüner Pfeil. Überprüfen und verändern Sie bei Bedarf diese Farben: Wenn Sie bei Pepsico (Firmenfarbe: Blau) als Werbeagentur den Erfolg Ihrer Kampagne mit einem roten Ferrari versprechen, assoziiert Ihre Zielgruppe damit möglicherweise den Erzrivalen Coke (Firmenfarbe: Rot).

Symbole – bitte etwas Kreativität!

(Siehe dazu auch den Abschnitt „PC-Symbole: Fundgrube oder Fallgrube?" im Kapitel 16.)

„Alle Computer-Präsentationen sehen irgendwie gleich aus." Diese Aussage ist (leider) häufig deshalb richtig, weil die auffälligen Elemente – Hintergründe und verwendete Symbole – tatsächlich aus einer beschränkten Auswahl stammen und einander gleichen. Das wird dadurch verschlimmert, daß die meisten Folien ohnehin nur Bullet-Charts sind, so daß sich auch die äußere Gestalt des Inhalts nicht unterscheidet.
Das liegt aber nicht am Werkzeug: Auch eine Schreibmaschine produziert nur Buchstaben – vom Liebesgedicht bis zum Kriminalroman. Es hängt von Ihnen ab, wie Sie das Werkzeug nützen:

- Tip: **Verwenden Sie Symbole sparsam** – nur dort, wo sie die Aussage wirklich unterstützen.
- Tip: **Verändern Sie die Symbole im Sinne Ihrer Aussage:** vergrößern, verkleinern, drehen, quetschen …
- Tip: **Eliminieren Sie Symbole aus dem Folienlayout,** wenn diese nichts mit Ihrer Präsentation zu tun haben.

Und außerdem: Müssen es unbedingt (fertige) Symbole aus der Bildbibliothek sein?

- Tip: **Verwenden Sie gescanntes Material** aus Katalogen, Zeitungen, Prospekten – ein Flachbett-Farbscanner kostet nicht mehr als ein Drucker. Und wenn Sie so etwas nicht häufig brauchen: Jedes Grafikstudio scannt gegen Gebühr. (Scanner sind Geräte, die eine Vorlage scannen = abtasten und dabei in winzige Punkte zerlegen, die Ihr PC digital erfaßt.)

- Tip: **Reale Fotos in die Präsentation!** Digitalkameras nähern sich dem Preis eines Farbdruckers und bieten für Präsentationszwecke ausreichende Farbqualität und Auflösung (72 dpi und JPEG-Format wählen).

Tips für OHP-Folien vom PC

- Tip: **Gebrauchsanweisung für Spezialfolien genau beachten!** Manche Tintenstrahler verlangen Spezialfolien, deren Farben sich erst „entwickeln" müssen – dazu legt man die fertig bedruckte Folie in eigens mitgelieferte Folienhüllen, in denen die Farbe sozusagen nachreift. Oder die Folie muß 24 Stunden zwischen zwei Papierblättern „fixieren". Wer das vernachlässigt, darf sich über blasse Farben in der Projektion nicht wundern. – Bewahren Sie die Folie auch nachher in dieser Spezialhülle auf, sonst verlieren die Farben Konturen und „bluten" nach einigen Monaten in die benachbarte Farbfläche.
- Tip: **Probedruck – beim Start!** Das Bild am Monitor kann leicht täuschen – erstellen Sie vor Beginn der Arbeit eine Folie, auf der möglichst alle Elemente vertreten sind, so daß Sie Schriftgrößen, Farbkontraste, Linienstärken usw. testen können. Drucken Sie diese Folie aus, und sehen Sie sich das Ergebnis auf einem OHP an – es zahlt sich aus!
- Tip: **Farbfolien vorsichtig anfassen!** Besonders Folien für Tintenstrahldrucker vertragen wegen ihrer wasserlöslichen Schicht keine Fingerabdrücke.
- Tip: **Überleger-Folie oder Grauschleier?** Bevor Sie am Farbdrucker Überleger (zusätzliche Folien, die das Bild der Basisfolie ergänzen) produzieren, sehen Sie eine leere Spezialfolie genau an – am besten legen Sie sie dazu auf den OHP. Berücksichtigen Sie einen allfälligen Lichtverlust – ein einziger Überleger pro Folie kann dann das Maximum sein.

Was können Sie tun, um Ihre zur Datenprojektion bestimmten Folien optimal zu gestalten?

(Wie Sie „elektronisch" präsentieren, lesen Sie im Kapitel 26; hier geht es vorerst um die Erstellung der Präsentation selbst.)

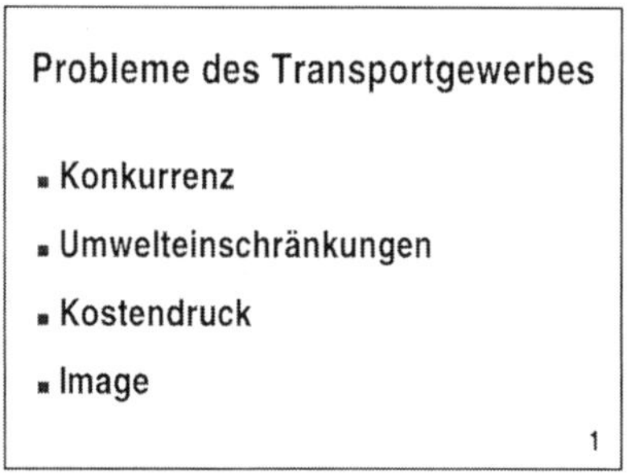

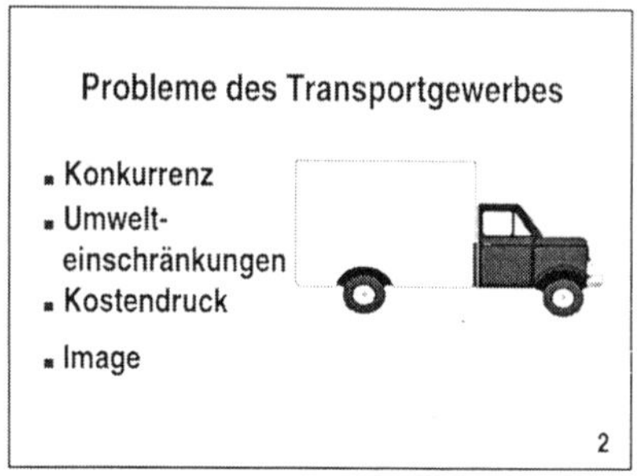

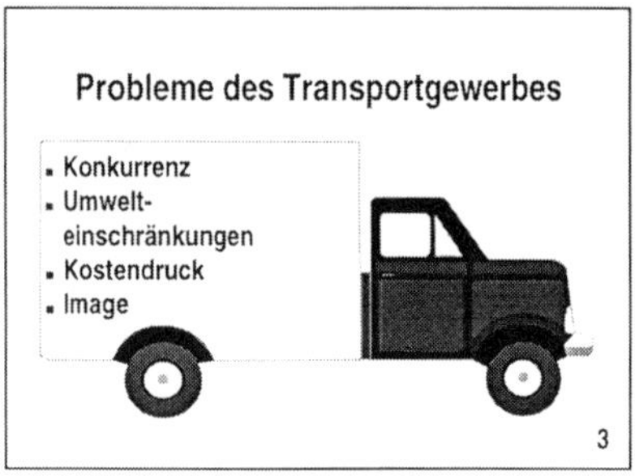

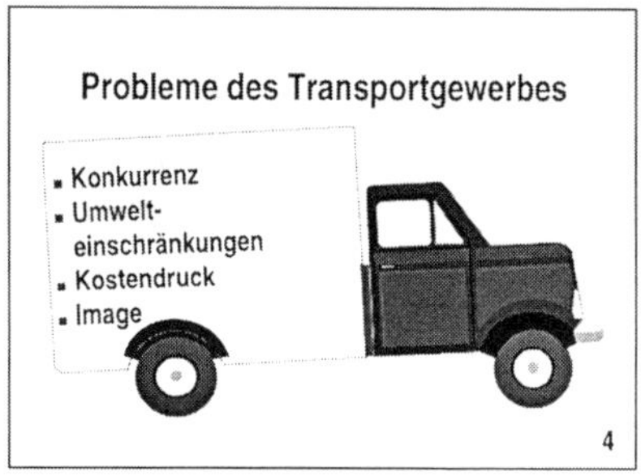

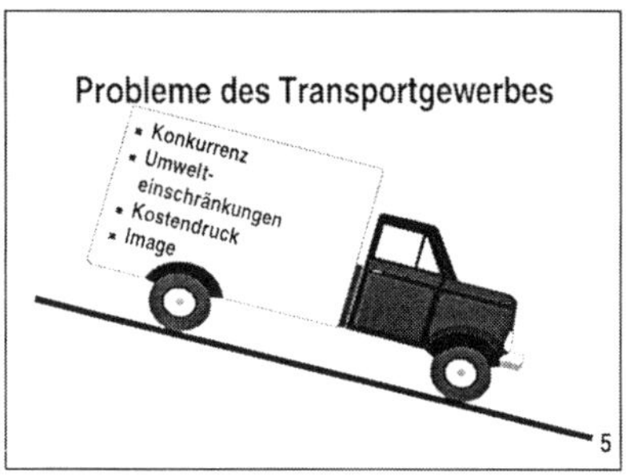

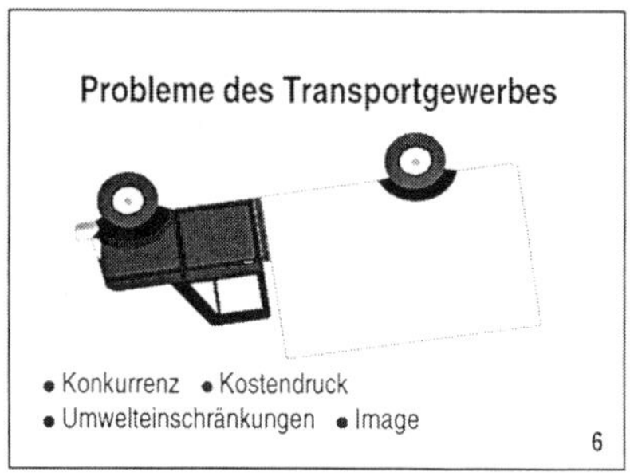

22.4. Symbole „dazukleben" ist zuwenig! Das Bild eines LKW verstärkt die Aussage der Liste mit den vier Probleme wohl kaum (2), dazu muß man mit den Elementen „spielen": die Probleme als „Last" laden (3, 4), dann geht es bergab (5), mit den entsprechenden Folgen (6). Verformungen sind für den PC ein Kinderspiel (7, 9) ebenfalls das Vervielfältigen (einfach kopieren!) von

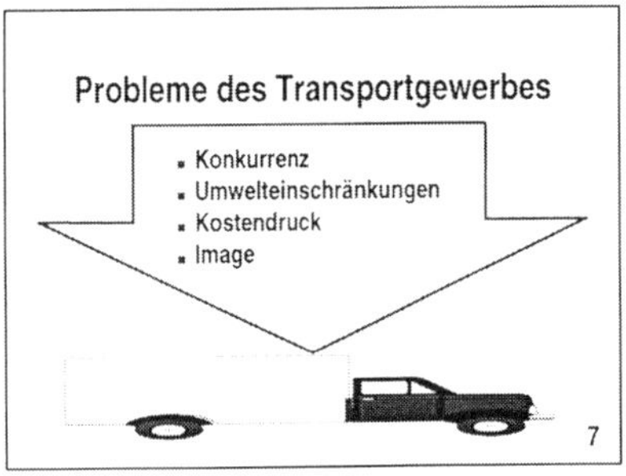

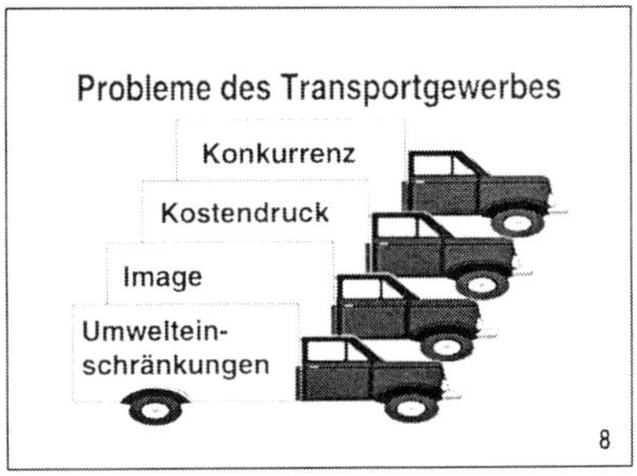

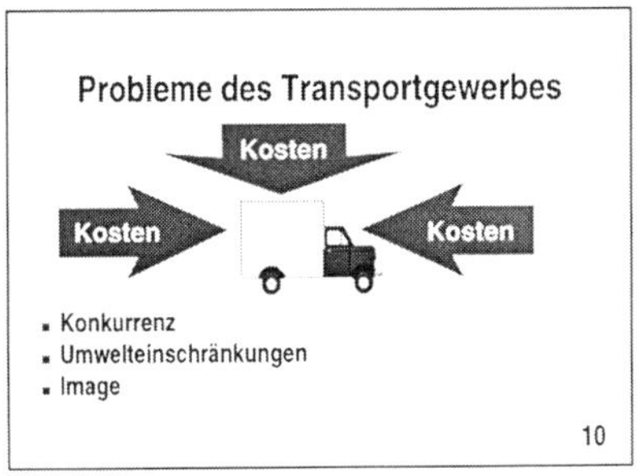

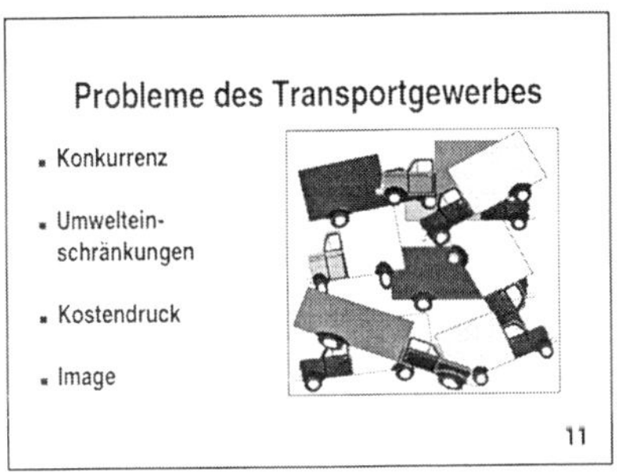

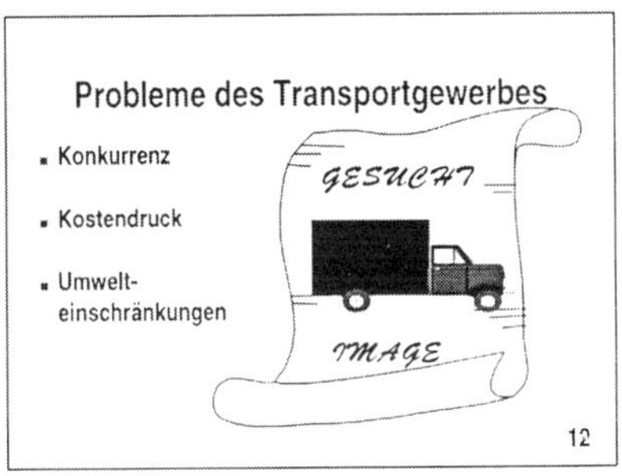

Problemen (8). Es ist aber gar nicht notwendig, stets ALLE Probleme zu visualisieren: Visualisieren Sie nur das Wichtigste, alle anderen setzen Sie als Schlagworte darunter oder daneben (10, 12). – Bild 11 visualisiert in dieser Darstellung nur den engen Markt mit dem Durcheinander der Konkurrenz – diese Lösung ist aber ausbaufähig (siehe Farbtafel 5).

Bildaufbau vom PC

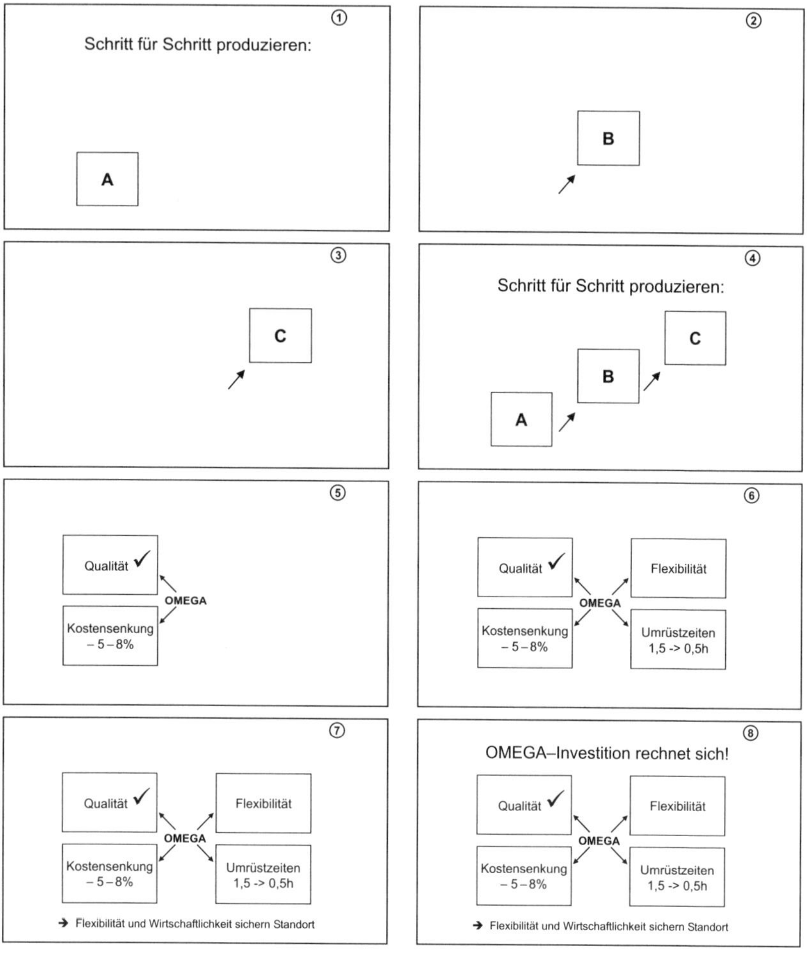

22.5. Wie Sie Bilder schrittweise aufbauen: Um auf dem OHP das Bild 4 zu erzielen, brauchen Sie drei Folien (1–3), die Sie in der Präsentation übereinander legen – wie, das zeigt Ihnen Farbtafel 9. Am PC erstellen Sie dazu zuerst Bild 4 und zerlegen es dann zum Ausdruck in seine Einzelteile. – Für die animierte Datenprojektion brauchen Sie nur das Endbild 8. Gruppieren Sie die rechte Bildhälfte und lassen Sie diese als Schritt 2 erscheinen (Bild 6), gefolgt vom Zusatznutzen in der Textzeile unten Schritt 3/Bild 7) und zum Abschluß (Schritt 4) verankern Sie die Gesamtaussage mit der Überschrift. – Alles am besten entweder „erscheinen“ lassen oder „von links rollen“!

- Tip: **Kontraste maximieren.** Schöne Verläufe bringen Ihnen nichts, wenn die Lesbarkeit verlorengeht.
- Tip: **Schrift konturieren oder schattieren.** Falls Sie gezwungen sind, mit verlaufenden Hintergründen oder geringen Kontrasten zu arbeiten: Erleichtern Sie die Lesbarkeit der Schriften durch eine dieser Methoden.
- Tip: **Visuelle Elemente vergrößern.** Das trifft besonders für Firmenlogos und andere kleine Elemente zu: Wegen der geringeren Auflösung in der Projektion wirken diese sonst sehr leicht „ausgefranst".
- Tip: **„Schlußpunkte" signalisieren: „Aufbau abgeschlossen."** Bei Aufbausequenzen in der Datenprojektion wissen Sie manchmal nicht, ob jetzt noch eine Zeile kommt. Setzen Sie daher stets an das Ende der allerletzten Zeile einen Punkt.
- Tip: **„Schwarzfolien" einbauen.** Setzen Sie an alle Stellen, wo Sie ein anderes Medium einsetzen möchten oder die ungeteilte Aufmerksamkeit auf sich ziehen wollen, einfach vollschwarze Folien, also leere Folien mit schwarzem Hintergrund.

Animation: Nur, wenn sie das Verständnis fördert!

Diese Tips helfen Ihnen, die überwältigenden Animationsmöglichkeiten beispielsweise von PowerPoint zu nützen:

- Ein Effekt darf **nie die Aufmerksamkeit auf sich selbst** ziehen.
- Jedes bewegte Element ist eine zusätzliche **Belastung für das Auge:**
- **Bewegte Texte** (wandernde Zeilen) **sind äußerst schwer zu entziffern.** Geben Sie besser die (feststehende) Textzeile von links nach rechts frei, also in Leserichtung „von links rollen"/„wipe right".
- Jede Automatik (der nächste Effekte wird nach x Sekunden ausgelöst) ist eine Belastung für Sie in der Präsentation – **steuern Sie alles manuell.**
- **Einheitlichkeit und Wiederholung** (immer dieselben Formen der Animation oder der Übergänge) sind **besser als ständig neue Effekte.**
- Tip: **Bei schnellem Durchmarsch: nicht animieren!** Falls Sie bei einem Bullet-Chart planen, zu jedem Punkt nur einen kurzen Satz zu sagen, dann verzichten Sie auf Animation, zeigen Sie das Chart gleich vollständig.
- **EIN Gedanke = EIN Animationsschritt.** Gruppieren Sie Dinge, die zusammen gehören, und lassen Sie diese gemeinsam erscheinen. Wer alle paar Sekunden ein neues Element hervorzaubert, verwirrt die Zuschauer.

- Tip: **Natürliche Richtungen beachten.** Besonders Pfeile geben schon vor, von wo das Element kommen sollte. Einen Pfeil von oben mit dem Text „Kostenbelastung“ sollten Sie daher auch von oben freigeben oder von oben ins Bild wandern lassen.
- Tip: **Je mehr Elemente, desto neutralere Effekte.** Im Zweifel lassen Sie die Elemente hintereinander einfach „erscheinen“.

Folienübergänge, wenn Sie ein „Schrittsignal“ brauchen!

Bei Dias oder Folien ist der Wechsel ganz offensichtlich – bei der Datenprojektion geschieht er geräuschlos, unauffällig. Besonders bei sehr gleichförmigen Folien brauchen Sie daher Signale, damit Ihre Betrachter überhaupt wahrnehmen, daß jetzt etwas anderes zu sehen ist.

- Tip: **Im Zweifel KEIN Übergang** (einfaches „Ersetzen“), insbesondere, wenn sich die Folien sehr stark unterscheiden (Text – Organigramm – Foto – ...)
- Tip: **Das neue Bild in Leserichtung freigeben,** NICHT einschieben! Sie erinnern sich: Bewegte Elemente, besonders bewegter Text, sind schwer lesbar. Daher wiederum: von links rollen oder ähnliches.
- Tip: **Abschnittsübergänge markieren:** vertikal/horizontal schließen bzw. öffnen, von außen bzw. von innen einblenden.

Beschränken Sie sich auf ganz wenige Übergänge, und ziehen Sie diese durch – diese Einheitlichkeit wirkt professioneller als spektakuläre Filmeffekte, die von Ihrer Botschaft ablenken!

Das Wichtigste aus diesem Kapitel

- Lassen Sie sich weder von Horrorstorys abhalten noch von Lobeshymnen verführen: Bei richtigem Einsatz kann der PC Ihnen tolle Ergebnisse um wenig Geld und in kurzer Zeit liefern – aber eben nur bei richtigem Einsatz!
- Der Computer ersetzt keine kreativen Ideen – er kann Sie bloß unterstützen.
- Die größte Gefahr: zu viel, zu bunt, zu „technisch“.

Medien und Technik als Verstärker richtig einsetzen

Einen Überblick über die gängigen Präsentationsmedien und ihre Vor- und Nachteile finden Sie im Kapitel 4.

Kapitel 23

Blicke führen und Aufmerksamkeit steuern – was Sie bei allen Präsentationsmedien berücksichtigen sollten

Vorurteil 1: „Ein Bild, das sich nicht selbst erklärt, ist schlecht."
Vorurteil 2: „Was am Bild drauf ist, sieht ohnedies jeder."

Das Zusammenspiel des Vortragenden mit den Medien (Tageslicht- oder Diaprojektor etc.) und dem gezeigten Bild unterscheidet die Präsentation vom reinen Vortrag. In diesem Kapitel erfahren Sie ein paar grundlegende Tatsachen, aus denen Sie viele Rezepte ableiten können:

- wo Sie stehen und womit Sie zeigen sollen;
- welche fünf Schritte Sie bei jedem Ihrer visuellen Hilfsmittel setzen müssen, damit Sie das meiste für Ihre Zuschauer „herausholen";
- wie Sie die klassische Todsünde des „Sprechens zur Wand" vermeiden.

Zehn Tatsachen, die Sie nicht ungestraft ignorieren können

1. Der Zuhörer kommt unvorbereitet

Je mehr Sie sich vom reinen Fachvortrag unter Experten entfernen, desto weniger können Sie voraussetzen. Ankündigungen, Einladungen – sogar das Versenden von Unterlagen vorweg – ändern daran nur wenig.

2. „Zuschauen" bedeutet nicht „Lesen"

Das Lesen eines Berichtes ist ein aktiver, eigenverantwortlicher Vorgang, bei dem der Leser das Tempo selbst bestimmt und bei Bedarf im Text zurück-

23.1. (Auf Hochdeutsch: „Da hinauf geht's! Alles klar, Leute?") Als Präsentator sind Sie in der Rolle eines Bergführers – Ihr Wissensstand ist dem Ihrer Zielgruppe genauso überlegen wie Ortskenntnis, Geschicklichkeit und Kondition des Bergführers gegenüber den Urlaubern. Der Unterschied: Es ist selten der Bergführer, der abstürzt ...

springt. Der Vortrag ist für das Publikum ein passives Erlebnis ohne Möglichkeit, Geschwindigkeit oder Sequenz zu beeinflussen.

3. Das wichtigste sind Sie selbst

Ihre Zuhörer sind gekommen, um SIE zu sehen und zu hören. Andernfalls könnten Sie ja Ihren Text und Ihre Bilder mit der Post oder per Videokassette verschicken.

4. Sprache ist schwächer als Bilder

Ihre visuellen Hilfsmittel sprechen den stärksten Informationskanal der Zuschauer an: das Auge. Mit Worten alleine können Sie sich gegen die Kraft visueller Informationen nicht durchsetzen – Sie brauchen Ihren Körper dazu.

5. Bewegung hat Priorität

Die Wahrnehmung und Identifikation einer Bewegung war für den Urmenschen überlebenswichtig: Sie bedeutete entweder Gefahr (ein Angriff) oder Chance (ein Beutetier). Wir funktionieren noch immer so, und deshalb läßt sich unsere Aufmerksamkeit am besten durch gezielte Bewegung steuern. Das wußten schon die Bänkelsänger im Mittelalter – sie zeigten stets auf den Teil ihrer Bilder, über den sie gerade sangen.

6. Ein gutes Bild ist unklar

Perfekte, selbsterklärende Bilder machen den Vortragenden überflüssig. Wir erinnern uns: Ein gutes Bild ist OHNE Ihre Führung unklar, verlangt nach Ihrem Beitrag. MIT Ihrer Erklärung aber funktioniert es sofort – und verankert den Inhalt.

7. Für das Publikum ist alles neu und interessant

Sie selbst als Vortragender kennen natürlich Ihre Bilder – Sie haben sich lange genug in der Vorbereitung damit herumgeärgert. SIE wissen daher ganz genau, was dieser Strich in jener Farbe an dieser Stelle bedeutet. Dieser Informationsvorsprung kann dazu führen, daß Sie Ihr Publikum verlieren und daß das Bild seinen Zweck nicht erfüllt.

8. Nichts ist selbstverständlich

Ein guter Ratschlag für alle Vortragenden lautet:

Überschätzen Sie niemals das Wissen Ihrer Zuhörer, unterschätzen Sie niemals ihre Intelligenz!

Wenig (Fach-)Wissen vorauszusetzen, ist etwas ganz anderes, als seine Zielgruppe für dumm zu halten. Oder für Newcomer, die Karriere machen wollen, etwas salopp formuliert:

Bosse sind blitzgescheit, haben aber grundsätzlich wenig Ahnung!

9. Rechtzeitig aufspringen!

Ein neues Bild ist wie ein wildes Pferd: Wenn Sie es nicht sofort unter Kontrolle bringen, galoppiert es davon – und mit ihm die Phantasie und die Assoziationen der Zuschauer.

10. Jedes Bild ist ein Vampir

„Echte" Vampire saugen Blut, Vortrags-Vampire saugen die Aufmerksamkeit des Publikums ab – von Ihrer Botschaft. Alles, was Sie zeigen, ist ein Hilfsmittel – solange Sie damit präsentieren. Vor und nach dieser produktiven Zeitspanne ist auch das beste Bild ein potentieller Vampir: Es lenkt Ihre Zielpersonen von Ihren Worten ab.

Ihre Position im Raum und wie Sie den Blick führen

- Tip: **Besetzen Sie die fast-zentrale Position!** Ordnen Sie Projektionsflächen und Geräte so an, daß Sie ganz nahe, aber nicht exakt im Mittelpunkt stehen. Berücksichtigen Sie das auch, wenn Sie für die Einrichtung eines Vortragsraumes verantwortlich sind. Natürlich darf das nicht zu Lasten der Sichtbarkeit Ihrer Bilder gehen …
- Tip: **Bilden Sie mit dem Bild eine visuelle Einheit!** Wenn Sie die Kraft Ihrer Persönlichkeit in die Waagschale werfen wollen: Ersparen Sie den Zuschauern eine zu große Entfernung zwischen dem Bild und dem Vortragenden – denken Sie an die Zuschauer beim Tennismatch, und vermeiden Sie diesen Effekt.
- Tip: **Greifen Sie von links ins Bild ein.** Ihre strategisch beste Position ist links vom Bild: Dort liegen Zeilenanfänge, der Ursprung des Koordinatensystems, Bewegungen gehen grundsätzlich von links nach rechts. – In Verbindung mit dem vorigen Tip bedeutet das, daß Sie nach Möglichkeit direkt links neben dem projizierten Bild stehen sollten (vom Zuschauer aus gesehen). Ausnahmen lernen wir bei der Overheadprojektion kennen.

Links vom Bild ist immer richtig!

- Tip: **Steuern Sie die Präsentation selbst!** Die Bedienung eines Projektors überlassen Sie nur dann einer anderen Person, wenn Sie mit einem vollständigen Manuskript arbeiten – und außerdem die Schlüsselwörter für den Bildwechsel präzise vereinbart haben. In allen anderen Fällen wechseln Sie selbst Folien, drücken selbst auf den Fernsteuerungsknopf. Bedenken Sie: Die wichtigste Bildführungsaufgabe ist der Bildwechsel, die kritischsten Sekunden diejenigen unmittelbar nach dem Bildwechsel.

- Tip: **Führen Sie mit Ihrem Körper, nicht mit Instrumenten.** Ihre (lebendige) Hand ist ein stärkeres Signal als der schönste Lichtzeiger. Außerdem ist die Blickführung mit der Hand ein Energieventil: Dadurch werden Sie überschüssige Energie, „Lampenfieber" leichter los. Auch Ihr Körper dient der Blickführung: Durch einen Positionswechsel unterstreichen Sie Ihre Aussage „einerseits – andererseits". – Dieser Tip ist übrigens besonders für die Datenpräsentatoren wichtig – als Kontrast zu High-Tech. Den Mauszeiger verwenden Sie zur Blickführung nur dann, wenn es räumlich und technisch nicht anders möglich ist.

- Tip: **Keine Akrobatik!** Besonders bei kleineren Vortragenden oder bei Damen sind Bildelemente oft außerhalb der bequemen Reichweite. Sie müssen diese Punkte nicht direkt erreichen – geben Sie bloß die Richtung an, und das Auge Ihrer Zuschauer folgt der Bewegung!

- Tip: **Signalisieren Sie Sicherheit durch ausgedehnte Blickführung.** Ihre zur Blickführung an der Projektionsfläche erhobene Hand vergrößert Ihre visuelle Präsenz: Sie wirken größer und damit kompetenter, glaubwürdiger usw. (Das sind uralte und sehr wirksame Verhaltensmuster: Wir machen uns größer, plustern uns auf, setzen hohe Hüte oder Helme auf und vergrößern die Schultern durch Ausstopfen und durch Schulterklappen.)

- Tip: **Handarbeit – keine „Fingerzeige".** Verwenden Sie immer die bildnähere Hand – kein „Überkreuzen" des Körpers –, und nehmen Sie Ihre ganze, geschlossene Hand. Handinnenseite oder Handkante zur Projektionsfläche.

- Tip: **Wenn schon ein Zeiger, dann ein ordentlicher!** Wenn Ihre Hand zur Blickführung wirklich nicht ausreicht, dann vergessen Sie wenigstens die lächerlichen Stäbchen von 60 cm Länge – erst ab etwa 90 cm ist es ein richtiger Stab, oder Sie nehmen gleich einen Leuchtzeiger oder Laserpointer. – Der OHP bietet Ihnen zusätzlich die Möglichkeit einer Blickführung auf der Folie – siehe nächstes Kapitel.

Links vom Bild und in der Raummitte

23.2. Greifen Sie von links ins Bild ein – am besten direkt an der Projektionsfläche oder, wenn diese zu groß oder unerreichbar ist, auf der rechten Seite des Projektors. In beiden Fällen führen Sie den Blick an der „natürlichen" Seite: Zeilenanfänge sind nun einmal links, ebenso Achsenursprünge in Diagrammen. Auf der linken Seite von Bildern ist einfach meist „mehr los"! – Wählen Sie eine zentrale Position, aber nicht den exakten Raummittelpunkt, das irritiert.

Die kritischen fünf Schritte bei jedem Bild

Sie haben visualisiert, einfache, starke Bilder vorbereitet, eine Menge Arbeit investiert. Lassen Sie sich nicht durch falsch verstandene „Dynamik" um den Erfolg Ihrer Mühe prellen! Halten Sie die folgenden fünf Schritte genau ein – Ihr Publikum wird es Ihnen mit Interesse, Verständnis und Sympathie lohnen.

1. Ankündigen

Stimmen Sie Ihre Zuschauer auf das ein, was jetzt kommt – aber ohne die Information vorwegzunehmen! Gute Ankündigungen helfen dem Zuschauer, sich auf das nächste Bild vorzubereiten, zum Beispiel durch (Denk-)Aufforderungen oder (rhetorische) Fragen:

> „Welche Meßergebnisse haben wir vorzuweisen?" – „Wie sieht nun die Situation in der Schweiz aus?" – „Stellen wir uns einmal eine ganz andere Sitzordnung in unserem Büro vor." – „Untersuchen wir die Verkaufsentwicklung in zwei wichtigen Produktbereichen."

Distanz oder Nähe?

23.3. Links vom Bild ist immer richtig – vom Zuschauer aus gesehen.
Dieser Satz gilt jedenfalls im abendländischen Kulturkreis, da hier die Zeilen links beginnen und die normale Leserichtung von links nach rechts geht. Aber auch der Abstand ist wichtig: Im obersten Bild baut sich eine „Kluft" zwischen Präsentator und Medium auf, der Zuschauer blickt hin und her.
Durch die Kontaktnahme (zweites Bild von oben) verschmelzen Präsentator und Hilfsmittel zu einer visuellen Einheit. Damit vergrößert sich der Präsentator um das Medium. – Jetzt wird die Präsentation „raumfüllend": Durch die betonte Gestik nach links vergrößert sich der Präsentator abermals (drittes Bild von oben)! – Im untersten Bild stimmt zwar die Nähe – aber niemals „überkreuzen", stets die bildnähere Hand zur Führung verwenden!

Vorsicht beim „Handauflegen“!

23.4. Die Blickführung mit der Hand ist grundsätzlich besser als die mit Zeigestab oder Laserpointer. Aber auch mit der Hand kann man einiges falsch machen: Weder der gestreckte Zeigefinger noch die Krallenhand (oben) noch die geschlossene Hand, die den Wortanfang verdeckt (Mitte rechts), wirken gut. Auch nicht ideal ist die offene Hand (Mitte links), weil diese Geste eigentlich nach vorn weist, während das gezeigte Objekt ja hinter der Hand liegt. Meine Empfehlung: Die geschlossene Hand mit der Handinnenseite zum Medium (unten links) oder die Führung mit der Handkante, wie es besonders in den USA verbreitet ist. Zeigen Sie in jedem Fall, daß Sie „die Sache in der Hand haben“ – nehmen Sie festen Kontakt mit dem Medium auf (außer bei einer schwankenden Leinwand).

Schulterschluß mit der Zielgruppe

23.5. Egal, von wo Sie sonst die Blicke durch Ihre Bilder steuern, gelegentlich können Sie an die Seite des Publikums treten und gemeinsam mit diesem das Bild betrachten – aber immer erst, wenn Sie mit der Erklärung fertig sind! Damit bündeln Sie die Aufmerksamkeit auf eine (wichtige) Darstellung und signalisieren: „Ist das nicht tatsächlich schlimm/toll/unerklärlich …?!“ Als „Teil der Gruppe“ dürfen Sie in Richtung Bild sprechen. – Ob Sie links oder rechts stehen, hängt von Ihrer Startposition ab – wählen Sie den kürzesten Weg! Bleiben Sie aber nicht auf halbem Weg stehen, denn dort zählen Sie nicht als Teil der Gruppe und zeigen dieser daher den Rücken.

Brauchbare Übergangstexte/Ankündigungen finden Sie auch im ARGU-Strukt:

„Was passiert uns, wenn wir nicht richtig handeln?“
„Was bringt Ihnen dieser Vorschlag?“

2. Zeigen

Schließen Sie Ihre Ankündigung sprachlich mit einem Punkt, einem Fragezeichen, einem Rufzeichen oder einem Doppelpunkt ab – machen Sie eine Pause, während Sie die Folie wechseln, das Bild präsentieren. Gegen ein neues Bild haben Ihre Worte nicht nur keine Chance, sie stören den Wahrnehmungsprozeß bloß. Geben Sie Ihren Zuschauern ein oder zwei Sekunden, um das Bild einfach aufzunehmen. Für Sie selbst ist dieser kurze Zeitraum ebenfalls wichtig: Jetzt aktualisieren Sie alle die Gedanken, die Sie bei der Vorbereitung, während der Erstellung des Bildes hatten.

Die Seiten wechseln – zugewendet bleiben!

23.6. Nicht nur bei einer Tabelle ist es gelegentlich notwendig, die Seiten zu wechseln: Manchmal ist einfach auch viel auf der anderen Seite zu zeigen. Vermeiden Sie es aber, beim Seitenwechsel dem Publikum Ihren Rücken zuzuwenden! – Übrigens: Mehr als einmal „hin und her" pro Bild ist definitiv zuviel!

3. Das Bild klären – „Sie sehen ..."

Jetzt sind Sie in größter Versuchung, einen Schritt zu überspringen und gleich mit der Bedeutung zu beginnen, die das Bild Ihrer Absicht zufolge für das Publikum hat. Ihre Zuschauer sind aber noch nicht „reif" für diese Botschaft – Sie müssen zuerst erfassen, was eigentlich alles auf Ihrem visuellen Hilfsmittel zu sehen ist. Nehmen Sie sich 10 bis 30 Sekunden, und führen Sie die Blicke Ihrer Zuschauer durch alle (!) visuellen Elemente Ihres Bildes. Lassen Sie Ihrem Bild gewissermaßen die Luft aus, demontieren Sie seine Neuigkeit.
Bei diesem Schritt stehen Sie unter doppeltem Zeitdruck: Einerseits ist das Auge und die Auffassungsgabe Ihrer Zuschauer sehr schnell, andererseits quält Sie Ihre Überlegung: „Wozu erkläre ich eigentlich etwas, das bei etwas Nachdenken sowieso klar ist?" Beide Probleme lösen Sie nicht durch schnelles Sprechen, sondern durch einen Telegrammstil, der praktisch nur die abgebildeten Dinge beim Namen nennt, während Sie jeweils auf den angesprochenen Gegenstand weisen.

> (Klärung einer Absatzstatistik:) „... die Absätze in 1000 Tonnen ... Geschäftsjahre 97 bis 02 ... Rot die Diagnostika ... Blau therapeutische Produkte ..." – (Vorstellung eines Lageplans:) „... der Empfangsraum ... Chefsekretariat ... das Direktionszimmer ... die Telefonzentrale ... Rot die Verkabelung für das Computer-Netzwerk ..."

Dabei verwenden Sie einen Zeiger, der den Blick auf das besprochene Objekt führt – ohne es zu verdecken, ohne zu irritieren.

Zeichen der Schwäche vermeiden!

- Tip: Gehen Sie davon aus, daß ohne Ihre Erklärung nichts selbstverständlich ist, mit Ihrer Erklärung aber alles klar wird. Man kommt zu Ihrem Vortrag nicht, um perfekte Zeichnungen zu sehen, sondern wegen IHRER Inhalte – entschuldigen Sie sich deshalb nicht für mangelndes zeichnerisches Talent, sondern stellen Sie einfach klar, was was ist!

4. Expansion – „... das bedeutet ..."

Jetzt erst kommen Sie zu dem für Sie selbst wichtigsten Punkt: Was Sie mit Ihrem Bild eigentlich sagen wollen, der Aussage des Hilfsmittels. Für die Expansion, für die Erweiterung des Bildes – seine Bedeutung oder Tragweite –

Visuelle Elemente kraftvoll und knapp erklären

Nicht so ...	... sondern so!
„Das soll den Lageplan des Fabriksgelände in ... darstellen."	(Umfassende blickführende Bewegung:) „Das Fabriksgelände in ..."
„Ich hoffe, daß Sie das als Injektionsspritze erkennen, und damit meine ich den ärztlichen Beruf."	(Das Symbol zeigen:) „Diese Injektionsspritze steht für den ärztlichen Beruf."
„Auf der X-Achse habe ich die Jahre aufgetragen."	(Auf die Achsen zeigen:) „Die Jahre 2000 bis 2002 ..."
„Wie sie sofort erkennen ..."	„Sie sehen X ... Y ... Z. Daraus können Sie erkennen ..." (Nicht mit Behauptungen eröffnen!)

23.7. Telegrammstil und klare Feststellungen! Vermeiden Sie Langatmigkeit und Signale der Schwäche: „Ich habe versucht ...", „Das soll ... darstellen", „Ich kann zwar nicht zeichnen, aber ...".

gibt es einen für Sie genau erkennbaren richtigen Zeitpunkt: Wenn die Blicke Ihrer Zuschauer vom Bild zu Ihnen wechseln. Das signalisiert die Frage: „Und was willst du damit sagen?" Durch den vorhergehenden Schritt der Klärung ist Ihr Publikum jetzt auch bereit dafür und in der Lage, das zu erfassen, was Sie meinen und für richtig halten. Jetzt sind Sie natürlich auch nicht mehr unter Zeitdruck (es gibt keine Rätsel mehr am Bild), und deshalb können Sie auch wieder in normalen Sätzen sprechen:

> „Das bedeutet, daß wir diesem **negativen Trend** entgegenwirken müssen." – „Sie sehen, daß wir überall äußerst **kurze Wege eingeplant** haben." – „Wie können wir diese **unterschiedlichen Meßergebnisse** erklären?"

Die fettgedruckten Worte sind die Aussage, die – hoffentlich – auch in der Titelzeile steckt. Deshalb ist oft dort der letzte Führungspunkt.

5. Resümee

Jetzt ist es Zeit, sich von dem gezeigten Bild zu verabschieden. Sie tun das, indem Sie die Bedeutung der sichtbaren Elemente kurz zusammenfassen:

> „Wir sehen also, daß der Absatz eines wichtigen Produktes einen negativen Trend aufweist, der die Ertragskraft unseres Unternehmens gefährdet.“

6. Überleitung = 1. Ankündigung

Helfen Sie Ihren Zuhörern, Ihrem Gedankengang zu folgen! Je einsichtiger Ihre Überleitungen sind, je bequemer die Brücken von Gedanken zu Gedanken, desto zwingender und desto verständlicher werden Ihr Vortrag und Ihre Schlußfolgerungen.

> „Welche Alternativen haben wir, um dieser Gefahr zu begegnen?“ – „Die Forschungsergebnisse von Mayer, Huber und Schmied ergeben ein ganz anderes Bild: ...“ – „Damit haben wir den technischen Teil abgeschlossen und kommen nun zu den finanziellen Aspekten.“

Damit ist dieser „sechste Schritt“ eigentlich der erste für das nächste Bild (23.8).

Die Kunst der Blickführung – oder: Wie Sie NICHT Ihren Rücken zeigen

Die Aufgabe scheint auf den ersten Blick unlösbar: Sie stehen neben der Projektionsfläche oder neben dem Flip-Chart, sollen den Blick Ihrer Zuschauer führen und dabei die ganze Zeit Blickkontakt haben. Schließlich müssen Sie doch auf das Bild sehen, um die Hand (oder den Zeigestab) richtig plazieren zu können!
Das ist richtig. Kritisch ist aber nicht der uns zugewendete Rücken des Vortragenden an sich, sondern die Tatsache, daß er zu uns spricht, während er verkehrt steht. Das stört, verärgert – und ist nicht notwendig. Dazu brauchen Sie die Technik des TOUCH (Berühren) – TURN (Umdrehen) – TALK (Sprechen) (Bild 23.8).
Sie unterbrechen Ihre Sprache ganz einfach jedesmal, wenn Sie sich zu Ihrem Bild umdrehen – das fällt Ihnen um so leichter, je mehr Sie „Telegrammstil“

sprechen, wie Sie es während der Phase „Klären“ ohnedies tun sollten. Schweigend suchen Sie sich den Punkt, auf den Sie zeigen wollen und berühren ihn (TOUCH). Lassen Sie Ihre Hand auf dem Punkt, und drehen Sie sich (noch immer schweigend!) um (TURN). Jetzt erst beginnen Sie zu sprechen (TALK).
Verwenden Sie dazu soweit als möglich die Handinnenseite – dort haben wir wesentlich mehr Sensoren. Die brauchen Sie zum Beispiel, um zu verhindern, daß die Projektionsfläche Wellen schlägt. Außerdem wirkt die Bewegung mit dem Handrücken zum Bild abwertend.
Jede einzelne Touch-Turn-Talk-Sequenz dauert nur ein paar Sekunden – diese gehören aber zu den wichtigsten bei der Präsentation eines neuen Bildes.

Wortgetreu ablesen?

Praktisch jedes Hilfsmittel enthält Text als Überschrift, als Punkteliste, als Beschriftungselemente – und viele Vortragende fragen sich: „Wozu vorlesen? Lesen kann ja jeder.“
Natürlich können Ihre Zuschauer lesen (vorausgesetzt, Ihre Schrift ist groß genug ...), und sie tun es auch – noch dazu schneller, als Sie selbst laut lesen können. Daher die voreilige Schlußfolgerung: „Mit eigenen Worten umformulieren – das wirkt intelligenter.“
Was bedeutet eine solche Vorgangsweise für Ihr Publikum? Sie überfordern es gehörig! Zur Aufgabe, das Bild und Ihre Aussage zu erfassen, kommt noch eine zweite Herausforderung auf die Zuschauer zu – sie müssen überprüfen: Sind Schrift und Ton identisch? Handelt es sich um eine Zusatzinformation oder irrt sich der Vortragende? Alle diese Fragen belasten den Zuschauer – Ihre Präsentation soll aber kein Ratespiel sein, Sie wollen ja klare Botschaften senden. Meine Empfehlung daher:

Wortgetreu, nicht sinngetreu!

- Lesen Sie ALLES ab, was auf dem Bild zu sehen ist.
- Führen Sie dabei entsprechend den Blick Ihrer Zuseher.
- Halten Sie sich an die Worte, die auch die Zuschauer sehen – aber machen Sie ohne weiteres aus einem Hauptwort ein Zeitwort (aus „Unsere Empfehlungen ...“ wird „Wir empfehlen folgendes ...“).

Auf Stimme und Sprache – nicht nur, aber auch im Zusammenhang mit der Blickführung – treffen wir nochmals im Schritt 6, wenn es um Ihr persönliches Auftreten geht.

1. Ankündigung (kein Bild sichtbar): „Sehen wir uns die Entwicklung zweier wichtiger Produktgruppen an." (OHP: schweigend die Folie wechseln.)

2. Zeigen: Schweigend das angekündigte Bild freigeben, eine Sekunde wirken lassen.

3. Klären: das Publikum durch die einzelnen Elemente führen – im Telegrammstil nach der Touch-Turn-Talk-Methode.

3a. Touch (Berühren): schweigend das zu klärende Objekt berühren.

3b. Turn (Umdrehen): umdrehen, Hand als „Zeiger" lassen.

23.8. Die Kunst der Blickführung nach der Touch-Turn-Talk-Methode (Schritte 3a bis 3c). – Das anfänglich schwierigste Element dabei: Die Pause, mit der Sie Ihren Sprachfluß unterbrechen, während Sie den Blick zur Projektionsfläche wenden, um dort den nächsten Punkt Ihrer Erklärung zu identifizieren.

3c. Talk (Sprechen): das Objekt nennen – „die Verkäufe in 1000 Dollar". – Falls Sie länger als drei bis fünf Sekunden über diesen Punkt sprechen, dürfen Sie natürlich loslassen

Für jedes Element wiederholen!

4. Expansion/Interpretation: „Sie sehen einen negativen Trend beim Produkt A, der sich seit der Einführung des Produktes X verstärkt hat …"

5. Resümee (Ihre wichtigste Aussage – meist identisch mit der Überschrift/Titelzeile): „Die Entwicklung zeigt eine Gefährdung unseres wichtigsten Geschäftsbereiches …"

6. Überleitung = 1. Ankündigung (kein Bild sichtbar): „Welche Alternativen haben wir?"

Erst wenn Sie diesen Punkt gefunden und Ihre Hand dort verankert (Touch) UND sich (noch immer schweigend) umgewendet haben (Turn), sprechen Sie weiter (Talk).

Das Wichtigste aus diesem Kapitel

- Für SIE ist klar, was IHR Bild bedeutet – für die Zuschauer nicht. Helfen Sie durch eine kurze, aber vollständige Führung durch ALLE Elemente der Darstellung!
- Das „Sprechen zur Wand" ist eine schlimme Sünde – mit der Technik des „TOUCH – TURN – TALK" vermeiden Sie es, Ihrem Publikum den Rücken zuzuwenden.
- Bei der ersten Erklärung stehen Sie unter Zeitdruck – sprechen Sie nicht schnell, sondern im Telegrammstil, und führen Sie konsequent die Blicke.

Kapitel 24

Die Tageslichtprojektion – die Kunst, aus einem „einfachen" Medium MEHR herauszuholen als die anderen

Vorurteil: „Der Overheadprojektor ist ganz primitiv – da kann nichts passieren."

Dieses Kapitel ist (nicht nur, aber auch) für alle wichtig, die schon lange oder sehr häufig mit Folien präsentieren. Wir behandeln ein paar immer wieder auftauchende Fragen, die auch für andere Medien wichtig sind:

- Sollen Sie sitzend oder stehend präsentieren?
- Soll man am Projektor zeigen – oder an der Projektionsfläche?
- Gehört die Projektionsfläche in die Raummitte – oder an die Seite?
- Worauf muß man bei den verwendeten Geräten und Materialien achten?

Warum manche abschalten, wenn Sie einschalten ...

Der Overheadprojektor wird von den meisten Vortragenden unterschätzt: Man hält ihn für ein ganz einfaches Gerät, bei dem eigentlich nichts schieflaufen kann. Das Ergebnis sind dann Präsentationen, bei denen Sie praktisch alle „Todsünden" erleben können.
Solche Vorträge führen dann dazu, daß geschädigte Zuhörer schon ein unangenehmes Gefühl bekommen, wenn sie einen Overheadprojektor sehen: Sie haben Angst vor dem rücksichtslosen Folienklatscher ...

Wir versuchen, diese Todsünden auszuschalten und gehen dabei ganz systematisch vor. Die erste Frage ist daher:

Sollen Sie sitzen oder stehen?

Die Antwort auf diese Frage steht erst am Ende einer Überlegung. Anfangspunkt ist Ihr Präsentationsziel: besonders der von Ihnen geplante Eindruck,

Die sieben Todsünden des Overheadpräsentators

1. Spricht zur Wand – mit dem Rücken zum Publikum.
2. Verdeckt mit seinem Körper die Sicht auf das Publikum.
3. Bringt zu viele Folien und wechselt die Folien zu rasch.
4. Zeigt in Richtung Projektionsfläche, ohne daß die Zuschauer genau wissen, worauf er zeigt.
5. Fährt mit hektischen Bewegungen am Projektor hin und her – womöglich noch mit den bloßen Fingern.
6. Spricht in den Projektor hinein oder verschanzt sich dahinter.
7. Findet im eigenen Foliensalat die gesuchte Folie nicht.

24.1. Auch diese Liste läßt sich spielend erweitern: Beobachten Sie einen Präsentator und notieren Sie, wodurch Sie selbst irritiert oder frustriert werden!

konkreter: Ihre Einschätzung, ob Sie sich selbst als Person zusätzlich zu Ihren Fakten mit in die Waagschale werfen wollen oder müssen.
Eines steht nämlich fest:

Ihre Persönlichkeit kommt ausschließlich im Stehen voll zur Geltung.

Nicht aber, wenn Sie sitzen und sich dabei noch hinter einer Barrikade verschanzen. Wenn Sie über einen Standpunkt nicht nur reden, sondern diesen auch beweisen wollen, dann müssen Sie sich mit Ihrem ganzen Körper zeigen.

Wer andere bewegen will, muß sich selber bewegen.

Ein weiterer Ansatzpunkt ist die **Situation im Vortragsraum,** die Sie oft einfach so hinnehmen müssen, wie sie ist: zum Beispiel mit einer Projektionsfläche in der Mitte und einem unteren Rand von 1 m über dem Boden. Damit müssen Sie genau überlegen, welche Möglichkeiten Sie haben, ohne die Sicht Ihrer Zuschauer zu blockieren.

Schließlich ist Folie und Folie nicht dasselbe: Es macht einen Unterschied, ob Sie eine fixfertige Folie nur auflegen müssen oder ob Sie den Projektor als Schreibtafel einsetzen möchten. Im ersten Fall haben Sie nur ganz kurz am Projektor zu tun (zum Folienwechsel), im zweiten müssen Sie praktisch die ganze Zeit neben dem Gerät verbringen.

Wann stehen Sie, wann sitzen Sie?

Der geplante Charakter Ihrer Präsentation (Ihr Vortragskonzept) bestimmt den Einsatz des Mediums: Wenn Ihre Beziehung zu den Zuhörern informell und entspannt ist, können Sie ohne weiteres sitzen; ist die Beziehung gespannt, kritisch oder formell, brauchen Sie das ganze Gewicht Ihrer Persönlichkeit – dann empfehle ich Ihnen, stehend zu präsentieren.

Ihr Vortragskonzept bestimmt den Einsatz des Mediums

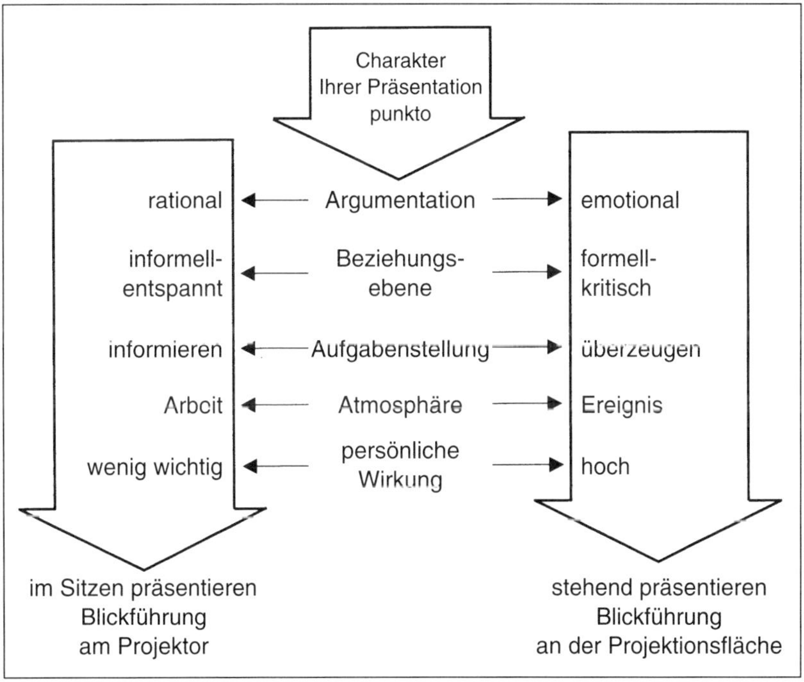

24.2.

Jetzt können wir noch die von Ihnen geplante Folientechnik einbeziehen und erhalten dann die Antwort auf die Frage, wie Sie den Overheadprojektor sinnvoll und wirksam einsetzen (Bild 24.3). Die Blickführung an der Wand geschieht genau nach der im vorigen Kapitel behandelten Methode – mit einer einzigen Abweichung: Sie berühren („Touch“) NICHT die Projektionsfläche. Das gibt sonst unschöne Wellen. Damit Sie diese Berührung vermeiden bzw. auf ein Minimum beschränken, ist Ihre Handhaltung wichtig: Mit der Handinnenseite haben Sie wesentlich mehr Gefühl.

Wie Sie den Overheadprojektor sinnvoll und wirksam einsetzen

	Ist der Einsatz Ihrer Person für das Präsentationsziel		
	weniger wichtig	wichtig	entscheidend
	dann präsentieren Sie		
	sitzend	stehend	stehend
	und führen dabei den Blick		
	am Projektor	am Projektor	an der Projektionsfläche
Dafür eignen sich:			
fertige Folien; Überlegertechnik	+	++	+++
vorbereitete Folien, die Sie ergänzen, streichen, ...; Striptease-Technik	++	+++	+
leere Schreibfolien, Folienrolle; skizzieren, schreiben	+++	++	**0**

+++ = bestens geeignet **++** = gut geeignet
+ = nicht empfehlenswert **0** = nicht einsetzen

24.3. Sie können diese Tabelle auch von links verwenden: Wenn ich diese Art Folien/Technik einsetzen will, dann muß ich dabei sitzen/stehen ...

Blickführung am Projektor

24.4.
Verwenden Sie als Zeiger niemals Ihre Hand, sondern einen (eckigen!) Stift, einen Kugelschreiber oder besser einen durchsichtigen Folienzeiger – aber in einer neutralen Form!

Wenn Sie ein neues Objekt anvisiert haben, stellen Sie Ihren Zeiger ruhig – loslassen, oder mit der Spitze anpressen, das stabilisiert.

Klopfen Sie nicht auf den Projektor!
Im harmlosesten Fall stört das Geräusch, macht nervös – im schlimmsten Fall wird es als Autoritätsanspruch mißverstanden.

Lösen Sie Ihren Blick so oft als möglich vom Projektor!
Das fördert nicht nur Ihren Kontakt zur Zielgruppe, sondern schont auch Ihre Augen.

Fünf Positionen für die Folienprojektion

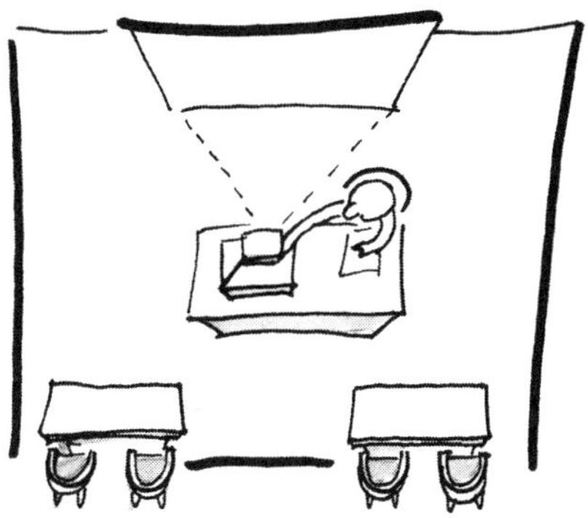

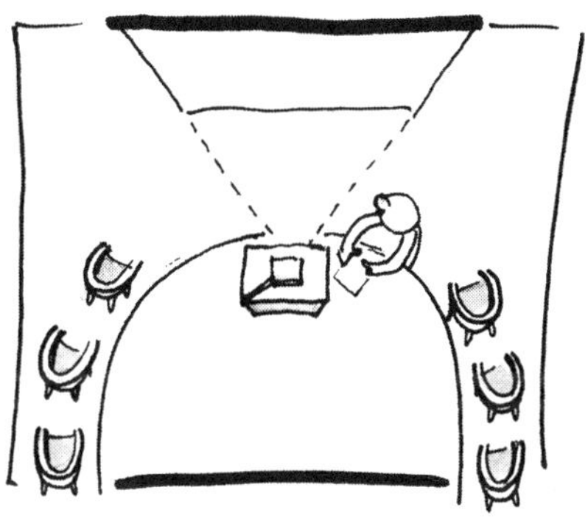

24.5a. Präsentation im Stehen (links)
Die Präsentation mit fertigen Folien (oben): Blickführung an der Leinwand, zum Folienwechsel pendeln Sie nach vorn. – Diagonale Projektion (Mitte): Falls Sie unbedingt am Projektor selbst zeigen möchten oder aber häufig schreiben/ergänzen müssen UND der Raum nicht hoch genug ist für echte „Über-Kopf-Projektion", dann drehen Sie die Projektionsfläche nach links, stellen sie möglichst hoch und achten auf eine ordentliche Neigung. – Vor großem Publikum und bei ausreichender Raumhöhe (unten) können Sie am Projektor den Blick führen, ohne daß Sie die Sicht verdecken. In dieser Position funktioniert auch die Arbeit mit einem fest montierten Mikrophon, da Sie selbst ohnedies „fixiert" sind.

24.5b. Präsentation im Sitzen (rechts)
Egal, ob Sie an einem separaten Arbeitstisch (oben) oder gemeinsam mit Ihrer Zielgruppe am Konferenztisch sitzen (Mitte), positionieren Sie so, daß Sie den Blick bequem am Gerät führen können und daß die Sicht aller Teilnehmer, auch von der rechten Raumseite, frei ist. Ihre Blick- und Sprechrichtung ist ausnahmslos zu den Zuschauern, nur ausnahmsweise zwecks Bildüberprüfung zur Projektionsfläche (Mitte).

Bei der Blickführung am Projektor (Bild 24.4) bedenken Sie bitte:

- Eine KLEINE Bewegung für Sie ist eine GROSSE Bewegung im projizierten Bild.
- Ein unmerkliches Zittern wird zu störender Fahrigkeit.
- Eine Bewegung, die Sie aus der Sicht des Publikums von links nach rechts ausführen, erscheint auf der Projektionsfläche von rechts nach links.
- Ihr Gesicht ist zwar dem Publikum zugewandt, Kontakt haben Sie aber erst, wenn Sie Ihre Augen vom Projektor heben.

Wie Sie die Geräte aufstellen – und sich selbst

Die genaue Anordnung läßt sich aus den bisherigen Überlegungen ableiten – die gebräuchlichsten Konstellationen finden Sie abgebildet. Überlegen Sie auch, welche Sitze Sie besser, welche Sie schlechter im Blickfeld haben. Und von wo die beste Sicht herrscht. Gerade bei den Präsentationen im kleineren Kreis ist es Ihnen möglich, Ihre wichtigen Ansprechpartner richtig zu positionieren – aber bitte BEVOR jemand schon Platz genommen hat!

Falls Sie noch keinen Overheadprojektor besitzen ...

... oder wenn Sie noch ein paar Geräte dazukaufen, dann helfen Ihnen vielleicht diese Anregungen:

- Tip: **Leinwandgröße und -entfernung berücksichtigen.** Ist der Projektor für stationären Einsatz geplant, dann zahlt es sich aus, die ideale Brennweite zu ermitteln. Dafür müssen Sie Ihrem Händler nur zwei Informationen geben: das Format Ihrer Projektionsfläche und die Distanz zum Projektor.
- Tip: **Reflexionsgeräte nur für Mobileinsatz!** Bei Reflexions- oder Auflichtprojektoren sitzt die Lichtquelle oberhalb der Folie und wird über eine Fresnell-Spiegellinse unterhalb der Folie nach oben reflektiert. Dabei muß das Licht zweimal die Folie (und die Hülle) passieren, das bedeutet Lichtverlust. Außerdem ist die Spiegelfläche für Sie als Vortragender besonders hell und anstrengend für die Augen. Für den stationären Einsatz sind Durchlichtprojektoren daher unbedingt zu empfehlen (bei diesen sitzt die Lampe unterhalb der Folie im Gehäuse).
- Tip: **Für Datenprojektion nur lichtstarke Durchlichtprojektoren!** Sollten Sie jemals die Absicht haben, mittels Flüssigkristall-(LC-)Display

Computerdaten über Ihren Projektor zu zeigen, kommt nur ein Durchlichtprojektor mit Metalldampflampe und mindestens 6000 Lumen Lichtleistung in Betracht, weil jedes Display viel Licht schluckt.

- Tip: **Eingebaute Reservelampe – mit Leuchtanzeige.** Ein problemloser Lampenwechsel während der Präsentation sollte selbstverständlich sein; oft weiß man aber nicht, ob die Reservelampe überhaupt funktioniert – eine diesbezügliche Fehlfunktion wird bei manchen Projektoren über eine kleine Leuchtanzeige an der Außenseite des Gerätes signalisiert.

- Tip: **Geräuschloser Ventilator – in die richtige Richtung!** Das Surren eines Ventilators stört, besonders wenn er sich über Thermostatsteuerung (unkontrolliert) ein- und ausschaltet. Achten Sie aber auch auf die Lage der Entlüftungsöffnung: Sie sollte zum Publikum weisen, weder nach links noch nach rechts. Sonst haben Sie das Problem, daß Ihnen Ihre Notizen oder Zwischenblätter davongeblasen werden!

- Tip: **Markanter Ein- und Ausschalteknopf.** Sie selbst werden nach einiger Zeit sicherlich wissen, wo die entsprechenden Schalter sitzen und wie sie zu bedienen sind. Für Gastvortragende sollte die Suche nicht zu einem Intelligenztest werden.

- Tip: **Korrekturlinse.** Im Hochformat und bei senkrecht stehender Projektionsfläche ergibt sich der „Schlußstein-Effekt" (Keystoning): Die senkrechten Linien laufen nach oben hin auseinander, das Projektionsbild wird breiter. Die damit verbundenen Unschärfen in einem Teil des Bildes wirken ebenfalls störend. Dieses Problem reduzieren spezielle Korrekturlinsen, insbesondere erzielen Sie damit eine gleichmäßige Bildschärfe.

Zubehör, das Ihnen das Leben leichter macht

- Tip: **Neigbare Projektionsfläche.** Eine nach oben in Richtung Zuschauer neigbare Projektionsfläche verhindert den Schlußstein-Effekt (siehe oben). Auf diese Eigenschaft sollten Sie sowohl bei fest eingebauten als auch bei mobilen Wänden bestehen.

- Tip: **Wasserfeste UND wasserlösliche Folienstifte.** Die wasserfesten brauchen Sie nicht nur für vorbereitete Folien, sondern auch dann, wenn Sie den Projektor als Schreibtafel verwenden – sonst ist die Gefahr des Verwischens und der Flecken auf Gesicht und Händen groß. – Wasserlösliche, dickere Stifte sind für Ergänzungen, Streichungen besonders dann sehr gut geeignet, wenn Sie die Folie mehrmals verwenden wollen; dann genügt einfach ein feuchtes Papiertaschentuch nach dem Vortrag.

Den Projektor abblenden – aber richtig!

24.6.
Es gibt Momente, in denen der Lichtfleck an der Wand stört: wenn Sie die Aufmerksamkeit auf sich lenken wollen, oder während des Folienwechsels, weil Sie das nächste Bild noch nicht zeigen möchten. Natürlich können Sie einfach ausschalten. Die Alternative: unsere Projektorklappe (Flip-Flap), die Sie mit Klettstreifen montieren. Flip-Flap hat gegenüber der „Schaltermethode“ einige Vorteile: Die Lampen leben länger, das Ventilatorgeräusch bleibt gleichmäßig, und im Arbeitsbereich gibt es keine Lichtkontraste.
Bei Metalldampflampen besonders zu empfehlen!

- Tip: **Neutrale Zeiger am Projektor.** Falls Sie den Blick der Zuschauer direkt am Projektor führen möchten, verwenden Sie dafür einfache Objekte aus farbigem, durchsichtigem Kunststoff. Unsere Teilnehmer finden unsere rote „Presenter-Mouse“ mit kleinem Handgriff (Bild 24.4 unten) recht praktisch. – Im Notfall tut es auch ein kantiger Stift – sonst rollt er davon ...

- Tip: **Keine Folienwechsler!** Ein solcher Aufsatz läßt (hüllenlose) Folien per Fernbedienung auf den Projektor gleiten. Ich halte den OHP für ein simples Gerät, das man nicht „aufrüsten“ sollte. Jedenfalls setzt sich diese Technik nicht durch. Das führt dann dazu, daß der Anwender ordentlich bestaunt wird – und das lenkt wieder von der Botschaft ab!

- Tip: **Leuchtstifte für Folien.** Von Schwan-Stabilo gibt es Projection-Film-Highlighters-Markierungsstifte in verschiedenen Farben, mit denen Sie auf der Folie Textstellen oder Zahlen so hervorheben können wie mit den bekannten Leuchtstiften auf Papier. Diese Stifte sind besonders dann nützlich, wenn Sie an sich mit freudlosen, schwarzweißen Texten und Tabellen arbeiten müssen, aber trotzdem Leben in Ihren Vortrag bringen möchten.

Praxistips für Overheadpräsentatoren

- Tip: **Kampf dem Foliensalat!** Für größere Folienmengen empfehle ich Ihnen zwei Schachteln, die etwas größer sind als Ihre Folien einschließlich Hüllen. Sie arbeiten aus der einen Schachtel auf den Projektor, dann VERKEHRT (das heißt mit dem Gesicht nach unten) in die zweite Schachtel.
- Tip: **Höhe adjustieren.** Bei einer Präsentation im Stehen sollten Sie sich weder zum Overheadprojektor noch zu den vorbereiteten Folien zu weit hinunterbeugen müssen – spezielle Tische ermöglichen die individuelle Einstellung. Wenn Sie unter weniger optimalen Bedingungen präsentieren müssen: Ein Aktenkoffer hebt Ihre Folien auch um etwa 15 cm.
- Tip: **Nicht im Licht STEHEN!** Einerseits verdecken Sie die Sicht, andererseits wissen Sie nie, was Ihnen gerade auf Ihren Körper projiziert wird. – Scheuen Sie sich aber nicht, durch das Bild zu marschieren, um die Seiten zu wechseln.
- Tip: **Projektionsfläche nicht berühren** – das gibt unschöne Wellen. Ausnahme: ein Detailpunkt, den Sie mit Ihrem Zeigestab exakt zeigen müssen. In diesem Fall pressen Sie den Zeigestab fest gegen die Projektionsfläche.
- Tip: **Sprechen beim Folienwechsel?** Allenfalls bei der Präsentation im Sitzen; beim Stehen müssen Sie den Blick zu weit absenken und laufen daher Gefahr, in das Gerät hineinzusprechen. Außerdem gilt grundsätzlich:

Bewegung lenkt ab von Ihren Worten – Pausen verankern die Aussage.

- Tip: **Stimmt das projizierte Bild?** Kontrollieren Sie gelegentlich Ihr Bild, auch wenn Sie vom Projektor aus arbeiten (sitzend oder stehend). Vieles kann passieren, was ein anfangs einwandfreies Bild beeinträchtigt: Der Projektorspiegel sinkt ab, die Leinwand verdreht sich, die Feststellschraube für die Scharfeinstellung gibt nach … – Vergessen Sie aber nicht, sich rechtzeitig von der Wand wieder zu lösen!

Barrieren vermeiden!

24.7.

Verschanzen Sie sich nicht hinter dem Vortragstisch (oben), auch wenn Sie Platz für Ihre Unterlagen (Folien) benötigen. – Rücken Sie den Tisch so zur Seite, daß Sie neben dem Projektor gerade noch ausreichend Platz für die Folien haben (Mitte), oder Sie stellen einen kleinen Tisch an Ihre rechte Seite, von dem aus Sie Folien nehmen und wieder dorthin zurücklegen – lassen Sie dabei aber eine breite „Lücke“ (unten).

- Tip: **Erste Folie auflegen.** Beginnen Sie niemals zu sprechen, bevor Ihre erste Folie ordnungsgemäß auf dem Projektor liegt – natürlich ohne diese Folie zu zeigen. Damit entlasten Sie sich während der stressigen ersten Minuten von einer zusätzlichen Tätigkeit.
- Tip: **Der Last-Minute-Check:** Machen Sie es sich zur Routine – insbesondere unter fremden Arbeitsbedingungen –, unmittelbar vor Ihrem Vortrag folgende Dinge zu überprüfen:
  - Wo ist der Ein- und Ausschalter?
  - Funktioniert der Projektor?
  - Ist das projizierte Bild in Ordnung?
    (Hier hilft eine Einstellfolie – Bild 20.4.)
  - Liegen FUNKTIONIERENDE Folienschreiber bereit?
  - Wo ist ein Zeiger (für Wand oder Projektor)?

Striptease für Präsentatoren?

Die Striptease-(Demaskierungs-)Technik besteht darin, daß Sie nur ein Stück Ihrer Folie zeigen, während der Rest von einem Blatt Papier zugedeckt ist. Nach und nach geben Sie Ihr Bild frei und verhindern dadurch ein Vorausschauen des Publikums. Diese Technik wird von vielen Zuschauern als unangenehme Bevormundung erlebt, besonders wenn der Vortrag an sich schwach und grafisch nicht gut gestaltet ist. Daher:

- Tip: **Vorsicht bei Striptease!** Setzen Sie Striptease daher nur dort ein, wo es wirklich notwendig und daher für den Zuschauer akzeptabel ist! – Striptease ist bei Textbildern auch dann überflüssig, wenn lediglich solche Stichworte zu sehen sind, die ohne Ihre Erklärung keinen Sinn ergeben.
- Tip: **Negativeffekt abfangen:** Erklären Sie, warum Sie diese Folie nicht komplett zeigen: „Konzentrieren wir uns ganz auf diesen Punkt – ich decke deshalb den Rest der Folie ab." Oder zeigen Sie zuerst das ganze Bild kurz, bevor Sie sich an seine zeilenweise Abhandlung machen.
- Tip: **Feigenblatt entfernen!** Nehmen Sie nach Freigeben der letzten Zeile das Blatt völlig vom Projektor; wenn Sie dies nicht tun und dann die Folie wechseln, entsteht der Eindruck, unter dem letzten Stück Papier wäre noch etwas (Wichtiges!) verborgen gewesen.
- Tip: **Achtung, Rutschgefahr:** Im untersten Drittel der Folie kann das Abdeckblatt durch seine eigene Schwere vom Projektor gezogen werden – lassen Sie das unterste Drittel daher frei, besonders, wenn Sie mit freistehenden Projektoren arbeiten, die nicht in einen Rahmen eingepaßt sind.

Folien-Striptease – eine problematische Technik!

24.8. Dieser Präsentator hat nichts zu lachen: Das zeilenweise Freigeben geht der Zielgruppe bald auf die Nerven. Zusätzlich verwendet er ein gelochtes Abdeckblatt und blockiert wahrscheinlich auch die Sicht der rechts sitzenden Zuschauer.

Striptease nur sehr sparsam – und jedenfalls professionell – einsetzen!

- Tip: **Spannung steigern:** Die verdeckte Information ist viel interessanter als der Rest! Eine meisterhaft eingesetzte Striptease-Sequenz habe ich bei einem Vortrag erlebt, in dem ein Fachmann über seine Erfolge mit einem neuen Produkt berichtete. Auf einer Folie war seine Kundenliste zu sehen, aber nur zwei Namen waren sichtbar – der Rest der Liste war verdeckt. Er bat um unser Verständnis, daß er diese Namen nicht preisgeben wolle, um keinen Neid zu erwecken. Natürlich wollten alle wissen, wer auf dieser Liste sonst noch stand. – Sie haben es erraten: Nach kurzem inneren „Kampf" fiel das Stück Papier und alle sogen die unverhüllte Kundenliste gierig ein. Ohne diese Technik wäre sie nur halb so interessant gewesen …

Präsentieren ohne Blickführung?

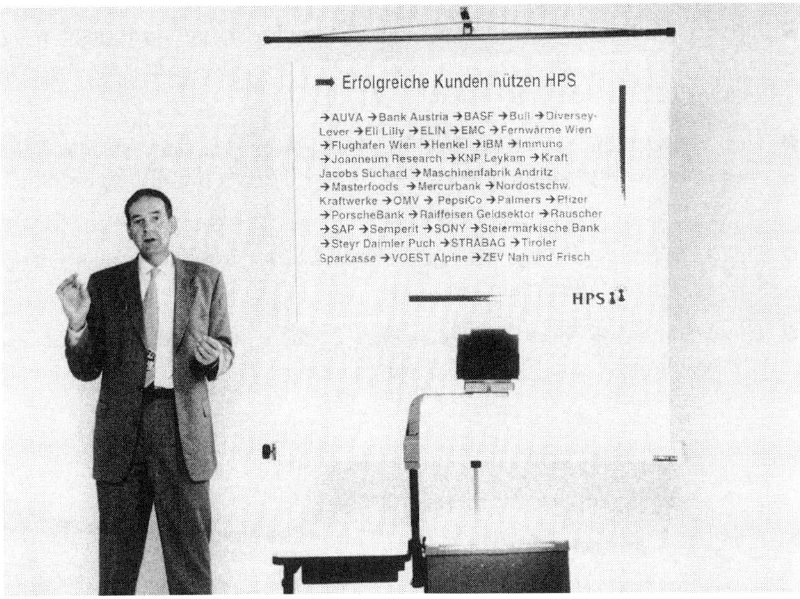

24.9. Eine Grundregel lautet: „Jedes Element, das Du zeigst, mußt Du auch erklären." – Hier wird sie richtigerweise durchbrochen. Die zahlreichen Elemente einer Referenzliste bilden den visuellen Hintergrund für die Ausführungen des Präsentators über den Kundenkreis. Der Zuschauer ist in der Lage, überblickartig zu erfassen, was für ihn interessant ist (bekannte Namen, Unternehmen seiner Branche) und trotzdem einem parallelen Sprechtext zu folgen.

Sprechzeichnen am Projektor

Das haben Sie sicher schon erlebt: den Vortragenden, den Trainer, der eine Frage der Zuhörer zu einem kurzen Exkurs nützt und dabei direkt auf dem Overheadprojektor zeichnet. Scheinbar spielerisch entstehen ganz einfache, farbige Strukturen, und wir sehen als Zuhörer, was der Vortragende meint.

Aber Sie kennen auch das andere Extrem: der Vortragende, der keine fertigen Folien mitbringt, sondern seinen ganzen Vortrag in Form von Schlagworten auf diesen Projektor schreibt, Zeile um Zeile, Seite um Seite.

Wenn Sie dieses faszinierende Spontanmedium richtig einsetzen, ist es sehr wirkungsvoll. Dabei gibt's einige technische Hürden und das Problem, das schon in der Bezeichnung zum Ausdruck kommt:

Sprechen und zeichnen gleichzeitig?

- Tip: **Stellen Sie den Projektor möglichst hoch ein,** und positionieren Sie sich so, daß Sie auch während des Zeichnens weder die Sicht auf die Projektionsfläche verdecken noch im Licht stehen.
- Tip: **Verwenden Sie einen Rollfolienprojektor,** bei dem Sie die Folie nach oben wegkurbeln können; Einzelfolien fixieren Sie mit einem Stück Klebeband.
- Tip: **Verwenden Sie nur die oberen zwei Drittel der Folie** – aber nützen Sie den horizontalen Raum aus.
- Tip: **Verwenden Sie mindestens zwei Farben pro Zeichnung,** keinesfalls beschränken Sie sich auf Schwarz!

24.10. Viel mehr kann ein Präsentator kaum falsch machen: lässig mit der Hand in der Tasche in das Gerät hineinsprechen, mit den bloßen Fingern den Blick führen, die Sicht verdecken und außerdem noch seinen Schatten auf die Wand werfen.

- Tip: **Nehmen Sie alle Ihr Folienstifte bei den Kappen fest in die Hand,** und ziehen Sie den jeweils benötigten Stift aus der Kappe. Halten Sie Disziplin beim Farbenwechsel! Stecken Sie den nicht mehr benötigten Stift wieder zurück in die Kapsel in Ihrer Hand, dann nehmen Sie den nächsten Stift.

- Tip: **Kürzen Sie Text unbedingt ab,** auch wenn das keine geläufige Abkürzung ist. Schreiben langweilt die Zuschauer.

- Tip: **Zeichnen Sie schweigend die einzelnen Elemente, und erklären Sie sie dann mit Blick zum Publikum** – vermeiden Sie es, in den Projektor hineinzusprechen oder länger als ein paar Sekunden ohne Blickkontakt zu zeichnen.

- Tip: **Achtung, Spione!** Nehmen Sie nach der Präsentation beschriebene Folien wieder an sich, besonders wenn Sie in einem Hotel tagen. Sonst freut sich die Konkurrenz über Ihre Rabattkalkulationen.

Das Wichtigste aus diesem Kapitel

- Ihr Vortragskonzept bestimmt den Einsatz des Mediums und beantwortet die Frage, ob Sie sitzen oder stehen sollen.
- Vermeiden Sie die beiden schlimmsten Fehler: die Sicht zu verdecken und mit dem Rücken zum Publikum zu sprechen!
- Mit den richtigen Techniken und Hilfsmitteln können Sie aus diesem oft falsch eingeschätzten Medium viel herausholen.

Kapitel 25

Der Diavortrag – wie Sie vermeiden, zur „Stimme im Schlafsaal“ zu werden

Vorurteil: „Hauptsache, ich habe schöne Dias.“

Hier geht es nicht um den Lichtbilderabend („Meine zwölfte Reise nach Mallorca“) und auch nicht um die gemeinsame Bildanalyse im kleinen Kreis; wir konzentrieren uns auf die Management-Präsentation und den Fachvortrag. Dazu erfahren Sie in diesem Kapitel:

- Lösungsansätze zur zentralen Frage: heller Raum oder wirkungsvolle Bilder?
- Worauf Sie bei der Vorbereitung des Vortragsraumes achten müssen;
- welche Geräte und Materialien Sie brauchen;
- was für Sie selbst bei Ihrem Vortrag besonders wichtig ist.

Das Dilemma: Dunkel oder hell?

Mit der Wahl des Mediums „Diaprojektion“ haben Sie bereits einige Vorentscheidungen getroffen: Dias sind „starke“ visuelle Hilfsmittel, Ihre körperliche Aktion beschränkt sich auf das Wechseln der Bilder und die Blickführung – das Gewicht verschiebt sich vom Vortragenden zum Bild. Dieses „Dilemma der Diaprojektion“ lösen Sie nach dem Prinzip:

So hell wie möglich, so dunkel wie nötig.

- Tip: **Stufenlose Helligkeitskontrolle.** Zu einer professionellen Lichttechnik gehört die Schaltposition „Dia“, die für diesen Raum ideale Lichtverhältnisse automatisch herstellt.

- Tip: **Leinwandbeleuchtung reduzieren.** Wenn das nicht durch entsprechende Schalter möglich ist, greifen Sie zu einer brutaleren Methode: Schrauben Sie die Glühbirnen nahe der Projektionswand heraus!

- Tip: **Spezialobjektive benützen:** Für den stationären Einsatz wählen Sie das lichtstärkste Objektiv für die kürzestmögliche Projektionsdistanz. Für unterwegs brauchen Sie ein lichtstarkes Zoomobjektiv, im Zweifel für kürzere Projektionsdistanz.
- Tip: **Projektor so nahe wie möglich.** Die Lichtstärke sinkt mit dem Quadrat der Entfernung! Je näher der Projektor, desto lichtstärker das Bild. Die Kehrseite: Der Projektor steht mitten unter den Zuschauern, ist gefährdet und stört.
- Tip: **Rückwandprojektion** („back screen", Durchlichtprojektion): Dabei steht der Projektor HINTER der (lichtdurchlässigen) Projektionsfläche, alle Dias müssen seitenverkehrt eingeordnet sein. Das bringt nicht nur leuchtstarke Bilder sogar in hellen Räumen, sondern ist auch die professionellste und effektivste Methode, die deshalb bei Multi-Vision-Vorführungen eingesetzt wird.
- Tip: **Spotlight auf den Platz des Vortragenden.** Verlassen Sie sich nicht auf die Leselampe am Rednerpult – die Beleuchtung von unten läßt Sie unnatürlich und gespenstisch aussehen.

Das Dilemma der Diaprojektion

Heller Raum	Dunkler Raum
Dias blaß	Dias leuchtstark
Präsentator wirkt als Person	„Stimme im Dunkel" oder „Gespenst am Pult"
Publikum wach	Publikum schläft
Ablenkungen im Raum	Konzentration auf Bilder

25.1. Kontrollierte Lichtverhältnisse helfen – aber trotzdem bleibt die Entscheidung bei Ihnen. Was ist Ihr Ziel in dieser Präsentation?

Die Vorbereitung des Projektionsraumes

Optimieren Sie:

- Tip: **Bildgröße maximieren.** Wenn Sie dem Rat gefolgt sind und ausschließlich Dias im Querformat haben, sind Sie wesentlich besser dran. In jedem Fall aber ist das größte Bild das beste Bild. Zu diesem Zweck gehen Sie aber nicht mit dem Projektor auf Distanz, sondern wählen ein Weitwinkelobjektiv.

- Tip: **Lesbarkeit sicherstellen.** Dazu projizieren Sie eines Ihrer Dias mit kleiner Schrift und überprüfen die Sichtverhältnisse aus der letzten Reihe. (Wenn Sie den Gestaltungstips gefolgt sind, dann müßte Ihr Text aus der sechsfachen Leinwandbreite gut lesbar sein!) In einem großen Saal, der vielleicht gar nicht voll wird, sperren Sie die hintersten Sitzreihen mit Schnüren oder Tesa-Band ab.

- Tip: **Projektor absichern.** Neuralgische Punkte sind die Kabelverbindungen, an denen jemand hängen bleiben und den Projektor zumindest verstellen könnte. Kleben Sie alle freiliegenden Kabel mit breiten Klebebändern fest, und lassen Sie die Kabel beim Projektor so locker, daß ein plötzlicher Zug nicht sofort auf das Gerät wirkt. Den Sitzplatz, auf den der Ventilatorwind bläst, reservieren Sie für Ihren Helfer.

- Tip: **Technik erforschen:** Wie schaltet man den Projektor ein? Wie funktioniert der Lampenwechsel? Welche Knöpfe geben das Magazin für einen schnellen Wechsel frei? Welche Knöpfe der Fernsteuerung haben welchen Effekt?

- Tip: **Fernsteuerung markieren.** Kennzeichnen Sie den „Vorwärts-Knopf“ mit einem Klebepunkt in einer Leuchtfarbe; im Notfall tut es auch ein Folienschreiber auf einem Stück Klebeband.

- Tip: **Einstell- und Schwarzdias nicht vergessen.** Für den Vortrag unterwegs brauchen Sie ein Einstelldia zur Kontrolle unmittelbar vor Vortragsbeginn, ansonsten Schwarzdias – zumindest vor dem ersten und nach dem letzten Bild.

Materialauswahl

Ich beschränke mich hier auf jene Erkenntnisse, für die ich selbst Lehrgeld bezahlt habe.

Diaprojektion vor großen und kleinen Auditorien

25.2. Vor großem Publikum (a) ziehen Sie Ihr Rednerpult möglichst nahe und seitlich zur Leinwand, und deponieren Sie dort Ihre Unterlagen, Fernsteuerung, Lichtzeiger etc. Sie selbst verstecken sich aber nicht so hinter dem Pult wie unser Präsentator im Bild. – Im Konferenzraum (b) positionieren Sie sich nahe dem Zentrum und führen ebenfalls mit der linken Hand. Überprüfen Sie, ob und welche Sitzplätze zum Beispiel durch den Ventilator benachteiligt sind. – Im abgedunkelten Raum oder bei großer Bildfläche und ohne Lichtzeiger führen Sie akustisch: „Links oben sehen Sie ..., das rote Feld rechts unten zeigt Ihnen ...“

- Tip: **Carousel-Projektor.** Diese Rundmagazinprojektoren von Kodak sind Industriestandard für professionelle Präsentationen. Damit vermeiden Sie Probleme, egal, wo Sie vortragen. Die Magazine sind genormt, überall verwendbar und fassen 80 Dias, die weder herausfallen können noch klemmen.

- Tip: **Der „Notkoffer“.** Ein paar Kleinigkeiten können lebensrettend sein:
  - Verlängerungskabel (5 m);
  - Reservelampe;
  - drei leere Diarähmchen (falls eines zerbricht);
  - ein fusselfreies Reinigungstuch;
  - drei Schwarzdias (falls Sie eine Information einschieben wollen, für die Sie kein Dia haben).

- Tip: **Drahtlose Fernsteuerung.** Damit sind Sie die Probleme des fußangelnden Kabels los.
- Tip: **Laserpointer oder Lichtpfeil.** Das brauchen Sie in dunklen Räumen und bei großer Projektionsfläche.

Verschiedene Vortragstips

- Tip: **Begrüßung bei vollem Licht!** Wenn Sie das Raumlicht spürbar reduzieren müssen, dann tun Sie das so spät wie möglich.
- Tip: **Bewußt LAUTER sprechen!** Wir neigen instinktiv dazu, in dunklen Räumen leiser zu sprechen; dem müssen Sie gegensteuern. Außerdem verhindert Ihre kräftige Stimme das – ebenfalls automatische – „Zurückschalten" der Zuschauer.

25.3. Im dunklen Raum geht viel von Ihrer Wirkung verloren – und die Augen Ihrer Zielgruppe werden nicht lange so offen bleiben ... Deshalb: Raumlicht so hell wie möglich und die Stimme anheben!

- Tip: **Keine kunstvollen Übergänge!** „Die Testergebnisse auf dem nächsten Bild zeigen Ihnen – klick – oh, Pardon, das gehört noch zur Versuchsanordnung. Da haben wir nämlich ..." Wenn Sie nicht hundertprozentig sicher sind: jedes Bild zu Ende besprechen, Pause, nächstes Dia aufrufen und überprüfen.
- Tip: **Lichtzeiger kreisen.** Ein stationärer Lichtpunkt zittert immer – unvermeidlich durch die Distanz und die Muskelspannung. Kreisen Sie besser das gemeinte Objekt kurz ein, und schalten Sie das Gerät gleich wieder aus – das Auge bleibt bei der markierten Stelle.
- Tip: **Bilder genießen lassen!** Eine Todsünde der meisten Präsentatoren: Sie sind zu schnell unterwegs. Dias sind meistens nicht nur starke, sondern oft auch „schöne" Bilder. Geben Sie Ihrem Publikum unbedingt Zeit, das Bild ganz aufzunehmen, zu genießen!
- Tip: **Nichts weglassen!** Was Sie bei der Folienpräsentation ungestraft tun können, geht beim Dia nicht: das „Vorblättern" mittels Fernsteuerung. Das verursacht beim Zuschauer Frust über Bilder, die es zwar gibt, die ihm aber vorenthalten wurden.

Das Wichtigste aus diesem Kapitel

- Kontrollierte Lichtverhältnisse sind entscheidend: so hell wie möglich (damit man SIE sieht) und so dunkel wie nötig (damit die Bilder wirken können).
- Bei der Materialauswahl sind Lichtstärke und Verläßlichkeit entscheidend.
- Wirken Sie dem „starken" Medium Dia entgegen: durch lautere Stimme, konsequente Blickführung – und durch keine zu langen Diaserien!

Kapitel 26

Datenprojektion – ein Drahtseilakt wird zur Routine

Vorurteil 1: „Wer heute aktuell sein möchte, kommt an der Datenprojektion nicht vorbei."
Vorurteil 2: „Die ganze Technik lenkt bloß vom Menschen und der wichtigsten Aussage ab."
Vorurteil 3: „Jeder hat dafür Verständnis, daß beim Computer was schiefgehen kann."

Trotz des Titels wird in diesem Kapitel nur wenig Fachchinesisch vorkommen, und ich empfehle es auch jenen Lesern, die mit diesem Einsatzbereich des PCs noch keine Erfahrung gesammelt haben. In irgendeiner Form – als Präsentator, als (leidgeprüfter) Zuschauer, als Vorgesetzter eines High-Tech-Präsentators oder als Auftraggeber – kommt diese Thematik ganz sicher auf Sie zu!
Womit wir uns beschäftigen:

- Für welchen Zweck Sie „Datenprojektion" benötigen (WAS Datenprojektion ist, haben Sie schon in Kapitel 4 kennengelernt).
- Wie Sie sich selbst und die verschiedenen Geräte sinnvollerweise anordnen (ergänzend zu Kapitel 23).
- Was Sie tun können, um als Mensch in diesem High-Tech-Umfeld zu bestehen.
- Wie Sie die vorzeitige Ermüdung Ihrer Zielpersonen verhindern.
- Was Sie tun können, um sich auf Notfälle vorzubereiten.

Dabei gilt das meiste aus dem Kapitel 24 „Tageslichtprojektion" auch für die Datenprojektion – für lichtschwache Datenprojektionen gelten außerdem noch viele Empfehlungen aus dem Kapitel 25 „Diavortrag".

Das Gerät: LC-Display, ade!

Aus den Gründen, die Sie im Kapitel über die Medienwahl gelesen haben, gehört dem leichten, mobilen und lichtstarken Datenprojektor die Zukunft. LC-Displays werden als Reservegeräte noch eine Weile Verwendung finden,

große, stationäre Videobeams für Großprojektionen höchster Qualität unersetzlich bleiben.
In diesem Kapitel beschränken wir uns jedenfalls auf den Datenprojektor.

Die elektronische Bilder-Serie (PC-Präsentation/PowerPoint-Presentation)

Darunter verstehe ich hier das typische Ergebnis einer Präsentationsvorbereitung mit einem PC-Grafikprogramm wie zum Beispiel PowerPoint: Die ein-

Sollen Sie Ihre Präsentation mit PC und Datenprojektor unterstützen?

ja	nein	
☐	☐	Sind Ihre Partner mit Datenprojektion als Medium vertraut?
☐	☐	Verwenden Ihre Mitbewerber bzw. Ihre Kollegen dieses Medium bereits?
☐	☐	Beherrschen Sie das Anwenderprogramm, in dem die Bilder erstellt wurden?
☐	☐	Haben Sie genügend Zeit, um VOR der Präsentation die ganze Bildreihe auf Ihrem Notebook und mit dem gewählten Präsentationsgerät durchzuspielen?
☐	☐	Ist Ihr Datenprojektor so lichtstark, daß Sie ohne Abdunkelung des Konferenzraumes ein gut lesbares Bild erzielen?
☐	☐	Können Sie mittels PC und Datenprojektion eine Information besser, klarer, verständlicher zeigen als mit einem traditionellen Medium?
☐	☐	Möchten Sie ihren persönlichen Eindruck in Richtung „up to date“, „technisch“, „perfekt“ verstärken?
☐	☐	Haben Sie trotz Bedienungsaufwand genügend geistige und emotionale Kapazität frei, um sich auf Ihre Partner zu konzentrieren?

26.1. Haben Sie weniger als fünfmal ein „Ja“? Dann sollten Sie entweder für die fehlenden Dinge sorgen oder vorläufig bei traditionellen Medien bleiben.

zelnen Elemente Ihrer Präsentation – vom Start bis zum Finale – erstellen Sie als „Screens“ oder (elektronische) Folien, also als fertige Bilder am Bildschirm. Manche dieser Bilder werden Sie in Einzelphasen zerlegen, die sich erst in der Präsentation zu einem kompletten Bild aufbauen, bei manchen werden Sie spezielle Überblendeffekte einsetzen, manche werden Sie einfach hintereinander zeigen – in jedem Fall ergibt sich eine Art elektronische Diaserie, bei der Sie die „Dias“ auf Knopfdruck präsentieren.
Diese Präsentation, die Sie an eine Zielgruppe von etwa 6 bis 26 Personen halten, steht im Zentrum dieses Kapitels. Die Präsentation an eine Kleinstgruppe ist Thema eines eigenes Buches: „Verkaufsfaktor P – Kritische Entscheiderteams durch perfekte Präsentation gewinnen“. Den showähnlichen Einsatz von Datenprojektion – wie zum Beispiel für die Vorführung eines Multimedia-Spektakels oder eines Videofilmes – klammern wir hier genauso aus, ebenso die zunehmende Popularität von Datenprojektion für das Heimkino.
Zwei Sonderfälle der Präsentation mit Datenprojektor behandeln wir am Ende dieses Kapitels:

- die (Computer-)Demonstration vor großem Auditorium und
- „Was wäre, wenn …?“ – die Live-Analyse während der Fragerunde.

Keine Medien-Monomanie – mixen Sie Medien menschlich!

Die Versuchung ist groß: Man sitzt am PC, und – vorausgesetzt, Sie halten sich an den bewährten Aufbau – die Präsentation entsteht flüssig und kompakt, komplett. Eigentlich haben Sie Ihre ganze Story in einer Show, in einer Datei, eigentlich gibt es keinen Grund dafür, ein anderes Medium einzusetzen …
PC-Präsentationen besitzen einen ähnlichen Effekt wie Diaserien: Der Präsentator tritt gegenüber dem Medium in den Hintergrund. Die Gründe:
- Die Bilder sind perfekt.
- Der Bildwechsel passiert aus der Entfernung (Tastendruck).

Bei Diapräsentationen überwiegen oft konkrete Inhalte (Menschen, Mikroskopaufnahmen, Landschaften, Gebäude, technische Details), bei PC-Präsentation hingegen abstrakte Inhalte, Bullet-Charts, Tabellen, Diagramme. – Resultat:

**PC-Präsentationen wirken zwar technisch-perfekt,
aber un-menschlich und kalt.**

Den (kalten) High-Tech-Eindruck abfangen!

Durch den richtigen und bewußten Medienmix wirken Sie diesem Eindruck entgegen (ausgenommen natürlich, dieser Eindruck gehört zu Ihrem Ziel!). Was Sie zusätzlich tun können:

- Tip: Bereiten Sie die **Inhaltsübersicht** Ihrer Präsentation auf einem Plakat oder einem Flip-Chart vor – wechseln Sie jedes Mal zu diesem Hilfsmittel, wenn Sie einen Punkt abschließen und den nächsten ankündigen.
- Tip: **Skizzieren** Sie einen einfachen Zusammenhang mittels Strukturbild auf einer Wandtafel oder am Flip-Chart – auch, wenn Sie das genausogut im Rahmen Ihres PC-Programmes könnten.

26.2. Selbst wenn Sie Ihr Notebook nicht herzen und küssen – Ihre Zielgruppe spürt sehr bald, ob Sie sich mehr für die Technik interessieren oder für die Anliegen und Probleme der Menschen!

- Tip: Verwenden Sie eine **Schautafel** (Landkarte, Lageplan, Gerätedarstellung, menschlicher Körper ...) als Hintergrund und als verbindendes Element. Zeigen Sie daran etwas, über das Sie gerade in Ihrer PC-Präsentation handeln. Auch dann, wenn Sie diese Bilder entweder in der Präsentation unterbringen könnten oder es vielleicht ohnedies klar ist, was Sie meinen.
- Tip: Falls Sie als Zweitmedium einen Overheadprojektor einsetzen: Verwenden Sie **KEINE computergenerierten Folien!**

Dieser Medienmix hat nicht nur einen psycho-logischen Grund, sondern auch einen physiologischen, medizinischen:

Angestrengte Augen aktivieren!

Auch hochauflösende Datenprojektion unter günstigen Raumlichtverhältnissen ist für das Auge anstrengender als Folien- oder Diaprojektion – ganz einfach, weil diese Millionen Bildpünktchen immer wieder neu aufgebaut werden. Was Sie tun können, um einer rascheren Ermüdung entgegenzuwirken:

- Tip: **Reduzieren Sie die Dauer Ihrer Präsentation!** Für ununterbrochene Sequenzen sind nach unseren Erfahrungen 20 Minuten das Maximum, mit Unterbrechungen sind 50 Minuten möglich.
- Tip: **Führen Sie den Blick überdeutlich** – mit Körpereinsatz! Jede zusätzliche Bewegung – besonders, wenn sie nicht aus dem Bild selbst kommt – aktiviert. Je größer, desto besser der Effekt:
- Tip: **Wechseln Sie bewußt oft Ihren Standort.** Jede dieser Bewegungen aktiviert nicht nur die Augen Ihrer Zuschauer, sondern ist auch für Ihren eigenen Eindruck wichtig: Wenn Sie immer an derselben Stelle verharren, „verschmilzt" Ihre Gestalt mit dem Hintergrund des Raumes und löst sich nach einiger Zeit auf. Durch die Standortveränderung erhält Ihre Figur einen neuen Hintergrund, von dem sie sich wieder besser abhebt. Auch das ist gleichzeitig „Nervengymnastik" für das Sehzentrum im Gehirn Ihrer Zuschauer.
- **Wechseln Sie häufiger Ihre Medien als sonst!** Der Medienmix kombiniert die Aktivierungsstrategien: Das Auge des Betrachters erhält nicht nur andere (bildliche) Eindrucksqualitäten; damit ist auch zusätzliche Bewegung verbunden (nämlich der Standortwechsel des Präsentators).

Datenprojektion und OHP kombinieren?

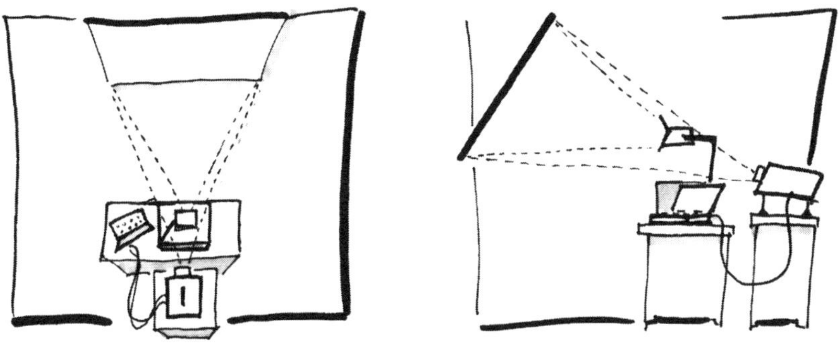

26.3. Nur, wenn Ihr Datenprojektor wirklich lichtstark ist, sonst ist der Kontrast zu heftig. – Damit Sie während der Präsentation nicht zum Gerätejongleur werden, empfehle ich Ihnen diese Aufstellung, die auch berücksichtigt, daß Datenprojektoren üblicherweise eine längere Brennweite aufweisen als OHPs (größere Distanz für gleiche Bildbreite). Voraussetzung für die Projektion auf eine einzige Bildfläche: Der Datenprojektor steht höher als der OHP und dieser besitzt einen Schwenkarm. – Für die abgebildete Konfiguration brauchen Sie dann unbedingt eine Fernsteuerung, wenn Sie häufige Steuerimpulse eingeplant haben (zum Beispiel, weil sich Ihre PC-Präsentation schrittweise aufbaut).

PC-Präsentation: Akrobatik am Hochseil

Es ist richtig, daß Geräte immer sicherer werden und das Ausfallrisiko immer geringer wird. Aber ein Restrisiko bleibt, und die Chancen dafür sind wesentlich höher als bei vergleichsweise primitiven Medien wie OHP oder Diaprojektor. Es gibt einfach viel mehr Fehlerquellen! Und die Welt ist ungerecht: Obwohl jedem klar sein muß, daß bei einer so komplexen Präsentationstechnologie ein Restrisiko bleibt, gilt:

Kein Mitleid für den High-Tech-Präsentator!

Ihre Zielgruppe wird Ihnen verzeihen, daß Sie keine Reservelampe für einen Overheadprojektor bereithaben. Sie wird sich über ausgeschriebene oder lächerlich dünne Flip-Chart-Stifte nicht wundern und verklemmte Dias als Zwischenfall hinnehmen. Ein Absturz Ihres PCs oder ein defekter Datenprojektor hingegen führt noch immer häufig zu Reaktionen der Schadenfreude.

Und Ihre Erklärungen interessieren niemand. Die „Notfallplanung" ist deshalb besonders kritisch:

- Tip: **Reservefolien vorbereiten.** Drucken Sie die wirklich entscheidenden Bilder Ihrer Präsentation aus. Schwarzweiß-Folien reichen für den Notfall völlig! Das gibt ein ungeheuer beruhigendes Gefühl für den Fall der Fälle und profiliert Sie als einen, der die moderne Technik zwar nützt, ihr aber nicht blind und gutgläubig verfallen ist.
- Tip: **„Bilder im Kopf" durchdenken.** Welche Elemente Ihrer Präsentation könnten Sie ohne weiteres an Flip-Chart oder Tafel skizzieren? Welche Elemente müßten Sie weglassen, vereinfachen, um das Tempo zu behalten?
- Tip: **Reservemedien bereithalten.** Neben Ihrem Datenprojektor sollten zumindest ein weiteres Medium im Raum vorhanden sein: Wandtafel, Flip-Chart, Overheadprojektor. Überprüfen Sie rechtzeitig die Funktionsfähigkeit dieser Ersatzgeräte einschließlich Zubehör!

26.4. Mit dem High-Tech-Präsentator hat niemand Mitleid. Verzichten Sie deshalb auf klägliche Hinweise wie „Heute morgen hat alles noch funktioniert" oder „So etwas passiert nur bei einer Vorführung". Planen Sie statt dessen Reservemedien ein!

- Tip: **Parallel-Notebook.** Bei sehr kritischen Präsentationen sollten Sie die komplette Präsentation nicht nur auf einem zweiten Notebook dabeihaben, ein Partner/Assistent sollte diese parallel ablaufen lassen, so daß Sie im Notfall einfach von einem Notebook auf das andere wechseln (Ausfälle passieren eher am PC als am Projektor).
- Tip: **SOS-Programm durchdenken.**

SOS-Programm durchdenken

Je besser Sie sich auf einen Notfall vorbereiten, desto unwahrscheinlicher ist es, daß dieser eintritt – eine Binsenweisheit. Und ganz sicher ist auch dieser Effekt: Wenn wirklich der Notfall eintritt, auf den Sie sich vorbereitet haben, ist es halb so schlimm für Sie, und nachher brauchen Sie sich jedenfalls keine Vorwürfe zu machen, daß Sie daran nicht gedacht hätten ...
Denken Sie einfach in Ruhe die Präsentation durch – was könnte alles und an welcher Stelle passieren? Ein paar Anregungen:

- Tip: **Reparaturversuche** – wie lange und wo? Was können Sie sofort prüfen (Stromversorgung, Kabelverbindungen zum Projektor). Wieviel Zeit geben Sie sich selbst für diese Versuche, bevor Sie eine andere Maßnahme setzen?
- Tip: **Alternativprogramm entscheiden.** Bei welchen Passagen können Sie einfach auf ein anderes Medium ausweichen und den Zeitraum bis zur nächsten Pause damit bestreiten? An welchen Stellen müssen Sie Ihr Programm ändern und zum Beispiel eine Pause vorziehen?
- Tip: **Nothelfer bereithalten.** Falls es Ihnen gelingt, sich in eine Pause zu retten: Wer ist unter welcher Telefonnummer erreichbar, der über Ersatzgeräte, Reservelampen, Know-how verfügt?
- Tip: **Mutig absagen oder kläglich improvisieren?** „Improvisieren" hat schon viele High-Tech-Fans von ihrem Wahn kuriert: Sie haben festgestellt, daß die ausfallsbedingte Improvisation besser ankam als die wunderschöne PC-Show. Es gibt aber Situationen, wo der Inhalt nur mittels ebendieser Show transportierbar ist (zum Beispiel bei der Vorführung von computergestützten Anwendungen) und ohne diese Demonstration die ganze Präsentation sinnlos wird. In diesem Fall sollten Sie den betroffenen Teil komplett ausklammern und sich auf alles andere konzentrieren – dann gelingt Ihnen sicherlich ein neuer Termin!

- Tip: **Die richtigen Worte wählen.** Überlegen Sie VOR dem Notfall, mit welchen Worten Sie diese Situation deklarieren oder überspielen wollen – verlassen Sie sich nicht darauf, daß Ihnen „schon etwas einfallen wird"! Was uns dann in diesem Streß „einfällt", ist meist wenig einfallsreich und eher ein Eingeständnis unserer Schwäche (siehe oben: Kein Mitleid mit dem PC-Präsentator!).

Die (Computer-)Demonstration vor großem Auditorium

Die Zielgruppe ist gekommen, um genau das zu sehen, was Sie vorbereitet haben: wie ein Programm funktioniert, welche Möglichkeit das Management-Informationssystem bietet, wie Logistikabläufe zu optimieren sind. Die Versuchung ist groß, diese Inhalte genau auf die erwartete Weise zu zeigen: zu 100 % über den Computer – egal, ob es sich nun um eine Simulation oder um eine tatsächliche Demonstration über Standleitung zu einem entfernten Host (Großrechner) handelt. (Von den leitungstechnischen Problemen dieser Situation wollen wir hier erst gar nicht sprechen.)
Auch wenn Sie davon ausgehen, daß sich Ihre Zielgruppe für nichts anderes interessiert als für Eingabemasken, schematisierte Abläufe oder Diagramm-Darstellungen:

Bringen Sie zusätzliches Material!

- Tip: **Grobstruktur auf einem zweiten Medium!** Zeigen Sie immer wieder zwischendurch, wo Sie sich in Ihrer Demonstration gerade befinden und wie etwas mit etwas anderem zusammenhängt! Halten Sie diesen Vortrag öfter, so empfehle ich Ihnen, sich eine Schauftafel oder ein ordentliches Plakat anfertigen zu lassen, das einen großformatigen, professionellen Blickfang darstellt.

- Tip: **Aus Zuhörern Beteiligte machen.** Ziehen Sie nicht „ein Fallbeispiel" durch, sondern forcieren Sie die Interaktion: Lassen Sie sich Beispiele nennen, fragen Sie, wer von dieser oder jener Disziplin, Branche, Fachrichtung anwesend ist, und beziehen Sie sich dann auf diese Personen.

- Tip: Lassen Sie sich **Werte oder Fakten aus dem Publikum** zurufen, die Sie dann in Ihre Demonstration einbauen.

- Tip: **Dateneingabe mit Blickrichtung Zuschauer.** Sorgen Sie für Sitz- oder Standposition mit Tastatur und Monitor in einer Höhe, die Ihnen die

Datenprojektion – Fundgrube für Fallstricke

26.5. Daß der Projektor in der Mitte stehen muß, ist klar – aber wie steuert man den PC? So ist es jedenfalls wenig sinnvoll (oben links): Während der Präsentation heftig in der Tastatur wühlen, zeigt nur, daß dem Vortragenden die Technik wichtiger ist als die Menschen. – Verständlich, daß man gerne bei seinem Gerät stehen bleibt (oben rechts), aber genau da ist man voll im Weg. – Die beiden unteren Bilder zeigen bewährte Konfigurationen: Links haben Sie das Notebook auf Ihrer rechten Seite in Griffhöhe und können mit der anderen Hand den Blick führen (ganz wichtig dabei: eine Verlängerung des Videokabels!). – Mit der Fernsteuerung (Bildmitte) ist der Präsentator (unten rechts) an keine bestimmte Position gebunden. Vorsicht: Der elementweise Aufbau einer elektronischen Folie ersetzt nicht immer die Blickführung – gottlob sind Sie als Präsentator doch meistens zumindest genauso interessant wie das Bild. Damit niemand übersieht, was jetzt gerade neu oder anders ist, weisen Sie stets darauf. Am besten mit Ihrer Hand und nicht mit dem Laserpointer – die Präsentation ist ohnedies bereits SEHR technisch!

Eingabe in aufrechter Position ermöglicht – gewissermaßen mit „Blickkontakt“ zum Publikum.

- Tip: **Handouts mit Mitschreibemöglichkeit.** Die Projektion echter Bildschirminhalte stößt nicht nur oft an die Grenzen der Auflösung Ihres Projektors, die Bildschirminhalte sind auch regelmäßig wesentlich kleiner, als Sie Schrift- oder Zahlengrößen für die Präsentation wählen würden. Das bedeutet: schlechte Leserlichkeit. Sorgen Sie für schriftliche Unterlagen, in denen die abgebildeten Bildschirme verkleinert so wiedergegeben sind, daß sie zwar noch gut leserlich sind, aber ausreichend Platz zum Mitschreiben bleibt. Numerieren Sie die Seiten durchgehend, so daß Sie während der Demonstration die Zuschauer leicht auf die richtige Seite führen können.

„Was wäre, wenn …?“ – die Live-Analyse während der Fragerunde

Nach Ihrer Präsentation taucht in Fragerunden oft die Frage auf: „Und was wäre, wenn …?“ Dieses „Wenn“ können Dosierung, Marktwachstum, Budgetmittel, Kosten, Temperaturen usw. sein – Parameter, von denen viele andere Ergebnisse abhängen. Mit einem Tabellenkalkulationsprogramm können Sie Modelle erstellen, mit denen diese Frage sofort nach Eingabe der neuen Annahme beantwortet ist: „Wenn wir mit einer Sekundärmarktrendite von 5 statt 6 % rechnen, dann …“ Dieses Resultat – sei es als Zahlenwert, sei es als Diagramm – machen Sie mittels Datenprojektion für die ganze Runde sichtbar. Solange Sie diese Technik in einer informellen Arbeitssitzung einsetzen, kann nicht viel passieren. Kritisch wird es erst bei einer Präsentation vor einem größeren Publikum und in einer Situation, in der Sie kompetent, sicher und gut vorbereitet wirken wollen.

Live-Analyse funktioniert nur unter folgenden Voraussetzungen:

1. Sie beherrschen Ihr Anwendungsprogramm sehr gut – und wissen auch, wie Sie sich bei kleinen Pannen helfen können.
2. Sie haben die Zahlen so aufbereitet, daß die gesamte Tabelle auf einer Bildschirmseite Platz hat (das „Rollen“ des Bildschirms verwirrt!).
3. Sie haben Ihr Zahlenmaterial unter extremen Bedingungen getestet und sind sicher, daß es Ihre Argumentation stützt und nicht gefährdet.

Datenprojektion: Einsatz, Schwerpunkte und Stärken

Live-Analyse	PC-Show
Gemeinsame, offene Analyse vollständiger, aktueller Daten	Bildgestützte Vermittlung von (selektierten) Inhalten (vom Textbild bis zum Symbol)
Weitgehende Flexibilität punkto Reihenfolge	Vorgegebene Struktur/Bildfolge während der Präsentation nur umständlich zu ändern
(Kalkulations-)Programm und Verknüpfung müssen perfekt beherrscht werden	Weitgehend „narrensicher" – nächster Bildschritt durch einfachen Tastendruck aufrufbar
Spontane „Was-wäre-wenn-Analyse" bei verknüpften Tabellen	Komplexe Strukturen können schrittweise aufgebaut werden
Diagramme zeigen bei Datenänderung sofort das neue Bild	Leicht zu aktualisieren und zu individualisieren („... für Firma Meier")
Keine Hardcopies vertraulicher Daten	Duplizieren und Verteilung einfach und billig

26.6.

4. Die Diagramme, die an den verschiedenen Zahlenreihen hängen, sind vorbereitet (neutrale Titel wählen!) und mit wenigen Tastendrucken aufrufbar.
5. Sie fühlen sich dem doppelten Streß gewachsen: Zur Präsentation kommt noch die Belastung durch ein anspruchsvolles Medium.

Sind diese Bedingungen erfüllt, und die Präsentation läuft plangemäß, dann werden Sie sicherlich belohnt: Sie werden nicht nur alle Fragen beantworten und überzeugend argumentieren, Sie haben sich auch als ein Vortragender profiliert, der die moderne Technik beherrscht und sinnvoll einsetzt.

Das Wichtigste aus diesem Kapitel

- Mensch geht vor Medium – Ihre Zielgruppe ist an Ihrer Person mehr interessiert als an einer perfekten Show.
- Durch den richtigen Medienmix und den häufigen Einsatz Ihrer Person als Präsentator bringen Sie ein Gegengewicht zur über-technischen, kalten PC-Präsentation.
- Mit dem richtigen Notfallprogramm können Sie das Risiko einer eindrucksvollen PC-Präsentation beruhigt eingehen.

Kapitel 27

Das Flip-Chart – mit einfachsten Mitteln Interesse aufbauen

Vorurteil 1: „Im Zeitalter der Computer-Projektion sind solche Dinge ein Anachronismus."
Vorurteil 2: „JEDER kann mit einem Flip-Chart umgehen."

Das Flip-Chart gab es schon, als von Computergrafik noch nichts zu sehen war, und wir werden es verwenden, wenn die Technologien verschwunden sind, die heute als letzter Schrei gelten. Wer dieses Medium (und ein paar Verwandte) intensiv nutzen möchte, den verweise ich auf das hervorragende Buch von Langner-Geissler/Lipp „Pinwand, Flip-Chart und Tafel" (siehe Literaturverzeichnis). Hier beschränken wir uns auf ein paar grundlegende Dinge:

- Wozu braucht man überhaupt ein Flip-Chart?
- Worauf sollten Sie bei der Materialauswahl achten?
- Wie schreibt und gestaltet man ein Flip-Chart, auch wenn man eine ansonsten unleserliche Handschrift besitzt?

Wer braucht heute noch ein Flip-Chart?

Die Tage sind lange vorbei, da Präsentatoren mit einer Rolle Flip-Chart-Papier unter dem Arm den Konferenzraum betraten und Bild für Bild umblätterten. Heute ist das Flip-Chart ein Zusatzmedium, ein in der Ecke bescheiden wartender Sklave, der Ihnen aber sehr gute Dienste leisten kann.

Als vorbereiteter Blickfang ...

Ich empfehle ein Flip-Chart, um darauf verschiedene wichtige Elemente nicht nur kurz zu zeigen, sondern während längerer Passagen des Vortrages wirken zu lassen – zum Beispiel:

- **Das Thema** – die Kernfrage, mit der wir uns beschäftigen.
- **Die Tagesordnung.** Jedesmal, wenn Sie einen Besprechungspunkt erledigt haben, marschieren Sie zum Flip-Chart und haken ab oder leiten zum nächsten Punkt über.

- **Die Zielrichtung,** auf die Sie sich mit Ihren Zuhörern geeinigt haben. Damit haben Sie die Möglichkeit, während einer Diskussion immer wieder den Blick auf die gemeinsame Basis zurückzuführen.

... als Spontanmedium ...

Damit meine ich ein Hilfsmittel, das erst im Vortrag, in der Diskussion entsteht. Denken Sie zum Beispiel an

- Fragen, die Sie am besten mit einer Skizze beantworten („Wie sieht die Raumaufteilung aus?" – „Wie funktioniert ein Querschneider?");
- Kommentare und Fragen, die Sie nicht sofort, sondern gesammelt behandeln möchten.

... und als Rettungsanker

Immer wieder wird es Ihnen passieren, daß ein Dia oder eine Folie fehlt, der Strom ausfällt, der Computer spinnt. Mit einem Flip-Chart können Sie gut überleben – und ich habe Präsentatoren erlebt, die erst in dieser Krisensituation mit dem „primitiven" Flip-Chart über sich hinausgewachsen sind.

Worauf Sie beim Einkauf achten sollten

Für viele Einkäufer ein ist Flip-Chart ein Gestell mit drei Füßen, auf dem Papier befestigt werden kann. Von dieser Einstellung profitieren Hersteller, die wahrscheinlich selbst noch nie mit einem Flip-Chart arbeiten mußten und deren Ehrgeiz offensichtlich darin liegt, möglichst viel Metall zu verarbeiten. Das Ergebnis sind klobige Gestelle, die ihre Füße weit weg spreizen und äußerst mühsam zu bedienen sind.
Es gibt unzählige verschiedene Flip-Chart-Formate und Klemmvorrichtungen für Flip-Chart-Blocks, die nach dem Mausefallenprinzip arbeiten und Ihre Finger auch exakt so behandeln.
Suchen Sie ein Flip-Chart-Modell, dessen Tragestifte horizontal auf verschiedene Lochabstände verschiebbar sind und dessen Klemmleiste die solcherart aufgehängten Blätter zwar fixiert, aber ohne Anspruch auf Guillotinierung Ihrer Finger.

- Tip: **Dünne Karos geben Ordnung.** Gerade für den Anfänger auf diesem Medium ist die Größe verwirrend – hier hilft kariertes Papier, das allerdings dünn bedruckt sein sollte. Kräftig bedruckte Blocks einfach wenden!

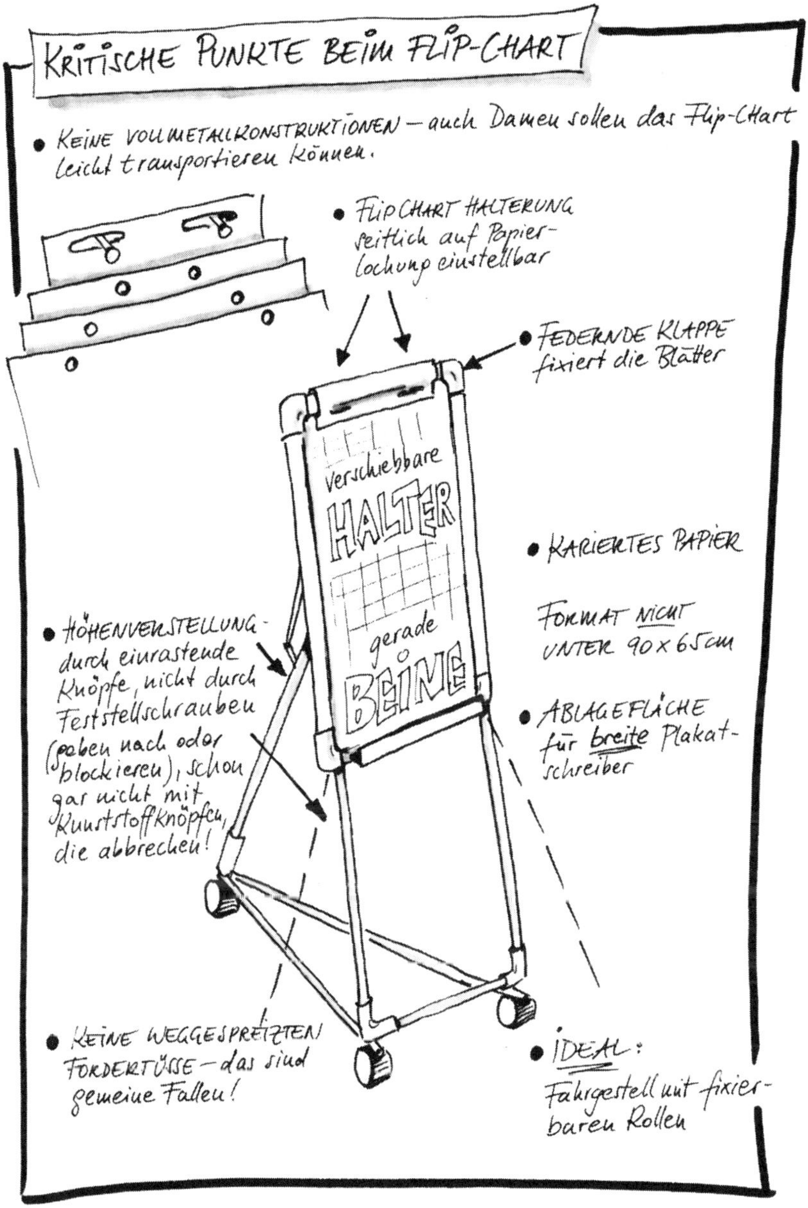
KRITISCHE PUNKTE BEIM FLIP-CHART
• KEINE VOLLMETALLKONSTRUKTIONEN – auch Damen sollen das Flip-Chart leicht transportieren können.
• FLIPCHART HALTERUNG seitlich auf Papierlochung einstellbar
• FEDERNDE KLAPPE fixiert die Blätter
verschiebbare HALTER
gerade BEINE
• KARIERTES PAPIER
FORMAT NICHT UNTER 90 x 65 cm
• HÖHENVERSTELLUNG durch einrastende Knöpfe, nicht durch Feststellschrauben (geben nach oder blockieren), schon gar nicht mit Kunststoffknöpfen, die abbrechen!
• ABLAGEFLÄCHE für breite Plakatschreiber
• KEINE WEGGESPREIZTEN FORDERFÜSSE – das sind gemeine Fallen!
• IDEAL: Fahrgestell mit fixierbaren Rollen

27.1.

- Tip: **Muß es wirklich weiß sein?** Recycling-Papier tut's oft auch – allerdings reißt es leichter ein. Deshalb sind gerade bei dieser Papierqualität die Abstände zwischen den Löchern und der Oberkante kritisch – mindestens 2 cm!

- Tip: **Breite Plakatschreiber verwenden.** Achten Sie darauf, daß Sie Schreiber mit einer abgeschrägten Spitze haben, die einen etwa 5 mm breiten Strich ermöglichen. Es gibt nichts Jämmerlicheres als einen dünnen Strich auf einer großen Fläche!

Die Arbeit am Flip-Chart – Gestaltungsregeln

Gerade durch seine Einfachheit sagt das Flip-Chart sehr viel über Ihre Persönlichkeit – gestalten Sie daher vorbereitete Charts liebevoll, und nehmen Sie sich auch bei einer Spontanzeichnung Zeit – mit fahriger Schrift, nervösem Gekritzel gewinnen Sie kaum Zeit, aber verlieren Sympathie.

- Tip: **Raumaufteilung planen.** Gerade bei Skizzen überlegen Sie vorher, was wohin gehört.

- Tip: **Unsichtbare Bleistiftnotizen.** Stichworte oder exakte Ziffern am Rand sind praktisch unsichtbar. Auch Bleistiftstriche, die Sie für eine Skizze verwendet haben, brauchen Sie deshalb nicht auszuradieren.
- Tip: **Erst zeichnen – dann erklären:** Bei einer Spontanskizze geben Sie den Blick auf Ihr Chart jedesmal frei, wenn Sie ein neues Element gezeichnet haben. Erklären Sie es dann kurz mit Blickkontakt zum Publikum (siehe Farbtafel 3).

- Tip: **Kraft durch starke Striche!**

Je schwächer Ihr Zeichentalent, desto dicker und fester Ihr Strich!

- Tip: **Konturen geben Körper:** richtig GROSSE Buchstaben (20 cm hoch) wirken auch bei guten, 5 mm breiten Stiften sehr dünn. Schreiben Sie deshalb einfach in Konturen – dadurch bekommen Ihre Buchstaben „Körper", auch wenn sie eigentlich innen hohl sind. Das sieht professionell und sauber aus und macht auch nicht mehr Arbeit als der kümmerliche Versuch des Anfärbelns …

- Tip: **Blickführung mit Handkontakt** und links vom Bild (siehe Bild 23.3 und 23.4).

27.2. Flip-Chart-Tricks. **Schriftart:** Blockschrift – also die Verwendung von Großbuchstaben – macht es dem Auge schwer, ein Wort zu erfassen. Die Druckschrift gibt mit ihren Ober- und Unterlängen den Worten mehr Gestalt und ist deshalb besser lesbar. – **Proportionen:** Üblicherweise verwendet man für die Mittellänge nur ein Drittel, genauso wie für Ober- und Unterlängen. Das Geheimnis in der plakativen Schrift ist eine Mittellänge, die die Hälfte der Gesamthöhe beansprucht. Schreiben Sie außerdem wirklich kompakt, ziehen Sie die Buchstaben nicht auseinander. – **Höhe:** Je dicker Ihr Filzstift ist, desto größere Buchstaben können Sie ziehen. Nach dieser Faustregel soll die Strichstärke 10 % der Höhe eines Großbuchstaben ausmachen. – **Filzstift:** Filzstifte mir abgeschrägten Kanten bieten Ihnen zwei Möglichkeiten: eine breitere und eine schmalere Strichstärke. – **Haltung:** Halten Sie den Stift so, daß entweder der senkrechte Strich ganz breit wird oder in einer Neigung von 45 Grad – das wirkt sehr dekorativ. **Fixieren:** Den Stift in der einmal gewählten Haltung fest zu halten und nicht zu drehen, das ist das große Geheimnis einer sauberen Schrift.

... und nach dem Vortrag?

Wie legt man Flip-Charts ab – wenn einmal eines dabei ist, das Sie nicht dem Altpapier zuführen wollen?

- Tip: **Gesicht nach außen.** Instinktiv rollt man ein Plakat so zusammen, daß die Bildfläche – geschützt – innen liegt. Das hat den Nachteil, daß sich beim nächsten Mal das Bild von unter her nach vorne aufrollt – deshalb die andere Rolltechnik. Zum Schutz für das Bild legen Sie ein altes Flip-Chart obenauf.

Beschriften und ins Weinregal!

Beschriften Sie jede archivierte Flip-Chart-Rolle detailliert – Sie werden froh darüber sein, wenn Sie das nächste Mal ein bestimmtes Chart suchen – die einfachste Archivvorrichtung sind Flaschenregale, die Sie legen oder stellen können.

- Tip: **Dokumentation schwarzweiß.** Exakte, gut leserliche Kopien im A4-Format erhalten Sie von jenen Kopieranstalten, die auch Architektenpläne fotografieren bzw. pausen. Wenn Sie häufig Flip-Charts oder Pinwände dokumentieren wollen, zahlt sich die Anschaffung eines Info-Copiers aus, ein Gerät, mit dem Sie an Ort und Stelle das Bild abtasten und auf Thermopapier ausgeben. Die Druckqualitat ist nicht hervorragend, aber zur Dokumentation voll geeignet.

- Tip: **Dokumentation farbig.** Natürlich können Sie Ihr Flip abfotografieren – mit Polaroid oder konventionellem Film. Eleganter und (zum Beispiel in Schriftstücken) leichter weiterzuverarbeiten: mit Digitalkamera fotografieren und am PC speichern. – Bei normalem Raumlicht ohne Blitz fotografieren, Bild übcr das Display kontrollieren!

- Tip: **Smart-Board – das virtuelle Flip-Chart** ist Whiteboard, Touchscreen und Projektionsfläche in einem. Eine berührungssensitive Fläche überträgt den Druck Ihres (farblosen) Stiftes zum PC, der diese Linie sofort per Datenprojektor auf die Zeichenfläche projiziert. Damit können Sie sowohl Skizzen anfertigen als auch normale Präsentations-Screens ergänzen – und das alles sofort speichern und e-mailen ...(Bild 4.3)

Sprechzeichnen mit Pfeilen

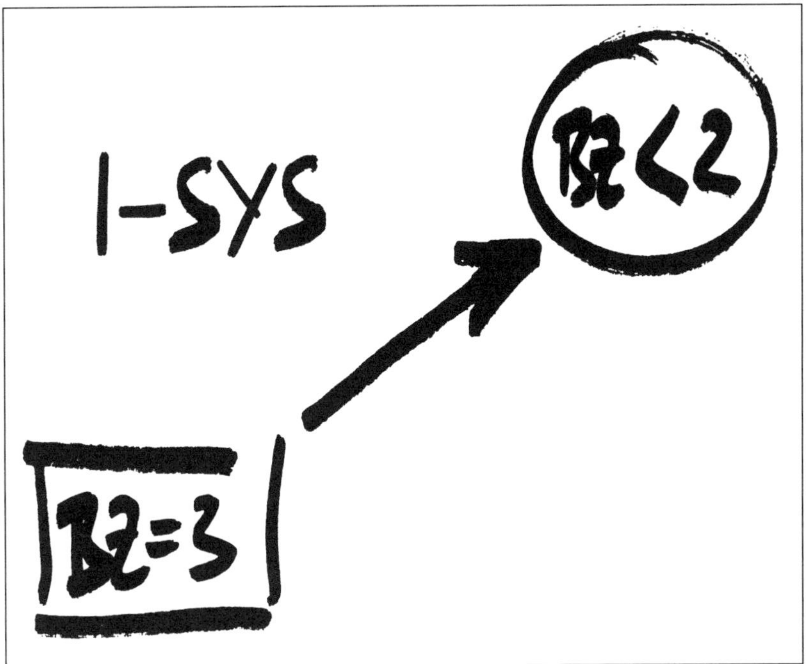

27.3. Im Kapitel 24 haben wir den Overheadprojektor als „Spontanmedium" kennengelernt – Sie haben parallel zu Ihren Gedanken ein bildhaftes Hilfsmittel entwickelt. Jetzt nützen wir dafür das Flip-Chart. Mit Pfeilen geht das ganz einfach. Sie wollen zum Beispiel den folgenden Gedanken darlegen: Die Bearbeitungszeit für Aufträge liegt derzeit bei drei Tagen („BZ = 3"), und das ist zu lang. Aus Konkurrenzgründen muß diese Bearbeitungszeit auf unter zwei Tage verkürzt werden („BZ < 2"). Dies wollen Sie durch Ihren Vorschlag erreichen, ein Informationssystem („I-SYS"). – Sie beginnen mit einem Kästchen links unten, Ihr Ziel zeichen Sie recht oben. Ein kräftiger Pfeil verbindet die beiden, Sie erklären und beschriften auch ihn.

27.4. Bei aller Begeisterung für das Flip-Chart: Der Einsatz muß zum Anlaß passen. (Bei einem Vortrag vor 200 Personen ist zum Beispiel das Flip-Chart genauso fehl am Platz wie auf einer Party!)

Das Wichtigste aus diesem Kapitel

- Flip-Charts haben auch heute noch Daseinsberechtigung – als Ergänzungs- und Reservemedium.
- Im Flip-Chart können Sie viel von Ihrer Persönlichkeit zum Ausdruck bringen – gestalten Sie es liebevoll, bunt und anschaulich!
- Eine saubere Schrift am Flip-Chart ist keine Frage des Talents, sondern mit einigen Kunstgriffen und etwas Übung erlernbar.

Kapitel 28

Multimedia und Video – bewegte Ton-Bilder in der Präsentation

Vorurteil 1: „Eine gute Multimedia-Präsentation kann einen schlechten Vortragenden ersetzen."
Vorurteil 2: „Ohne Multimedia geht es auch – das einzige, was zählt, ist der Mensch."

Film (16 mm oder auch Video) ist als Informationsträger altbekannt, trotzdem werden wenige Hilfsmittel so stümperhaft eingesetzt wie genau dieser Film. Andererseits ist Multimedia zu einem Modewort geworden, das alles und nichts bedeutet. In diesem Kapitel finden Sie:

- Welche grundverschiedenen (Video-)Filmtypen Sie auseinanderhalten sollten.
- Wie Sie Videofilme in Ihrer Präsentationspraxis richtig einsetzen.
- Was Multimedia wirklich bedeutet – und warum es eigentlich „Monomedia" heißen müßte.
- In welchen Einsatzbereichen Ihnen Multimedia gute Dienste leisten kann.
- Was Sie bei einer Multimedia-Präsentation berücksichtigen sollten.

Film fasziniert

Warum war früher das Kino, warum ist heute TV so faszinierend und zugleich so selbstverständlich? Was ist näher an der Realität als das farbige, bewegte, mit Ton unterlegte Bild? (Von Virtual Reality einmal abgesehen.) Drei Gründe, die für den Einsatz des Mediums „Film" in jeder Überzeugungs- und Informationssituation sprechen:

1. **Film fördert das Verständnis.** Sie können Ihre Zielgruppe nicht in Ihr Labor mitnehmen, nicht allen Ihre Fertigungsanlage zeigen, nicht alle bei Bohrarbeiten in der Wüste dabeisein lassen: Der Film zeigt, wie es funktioniert, wie es sich verändert, wo es herkommt und wo es hinführt.
2. **Film verleiht Glaubwürdigkeit.** Natürlich wissen wir „im Kopf", daß es Trickaufnahmen gibt, daß alles gefälscht, verzerrt dargestellt werden

kann. Trotzdem sagt der Bauch: „Das sehe ich mit meinen eigenen Augen!“ und glaubt dem gefilmten Interview mit dem (zufriedenen) Kunden, der Demonstration einer Problemlösung.

3. **Film macht Eindruck.** Auch ein einfach produzierter Film erweckt den Eindruck des Aufwandes, des Besonderen, des Spektakulären.

Eine filmische Sequenz ist deshalb in der Kommunikation immer wichtig, immer ein Höhepunkt, der dramaturgisch richtig geplant sein will. Für mich ist Film gleichzeitig Demonstration, Experiment und Zauberkunststück. Wie bei jedem Effekt reicht die Bandbreite der möglichen Wirkungen von der Verankerung der zentralen Botschaft bis zur Ablenkung auf ein unbedeutendes Nebengebiet.

Imagefilm oder Infofilm?

Das Medium TV setzt für den Industriefilm einen Standard, der erfüllt werden muß, wenn die ganze Sache nicht peinlich wirken soll. Dieser Standard betrifft Drehbuch, Kamera, Schnittfolge – die gesamt Qualität der Produktion. Im Rahmen dieses Standards gibt es zwei Typen von Filmen, die natürlich nicht exakt abgrenzbar sind:

1. **Der Imagefilm:** Er wird meist produziert für den Beginn oder das Ende von Werkführungen, für die Besuche von Schulklassen, Journalisten, Geschäftspartnern, zur Vorführung bei Firmenjubiläen oder anderen Meilensteinen – oder schlicht deshalb, „weil man so etwas braucht“. Gefilmt wird, was sich bewegt, was interessant aussieht und was Eindruck macht. Dazwischen: glückliche, kreative oder dynamische Menschen (Mitarbeiter, Kunden, Partner). Das Kommunikationsziel, der angestrebte Eindruck ist klar: „Das ist ein toller Laden.“ „Dort muß es interessant sein zu arbeiten.“ „Die wissen, wo’s langgeht.“

2. **Der Informationsfilm:** Sein Drehbuch zielt in der Regel auf die Vermittlung einer bestimmten Information ab – zum Beispiel: „Wie ein Parfumfläschchen entsteht – vom Quarzsand bis auf den Toilettentisch“. Um dieses Verständnis zu erzielen, sind längere Einstellungen notwendig, eine Verbindung von schematischen Passagen (wie etwas chemisch/physikalisch/mechanisch/medizinisch funktioniert) mit Realaufnahme (an der Maschine, im Labor, im Operationssaal). Zusätzlich wird der „rote Faden“ verstärkt: zum Beispiel durch einen Moderator, der den Übergang von einem zum anderen Abschnitt erläutert.

Image- und Infofilm richtig präsentieren

Den Infofilm behandeln Sie in Ihrer Präsentation als Demonstrationshilfsmittel – eine Box voller Filmschnipsel, die Sie nach freiem Ermessen auf Ihre Weise einsetzen (Voraussetzung dabei ist, daß Sie den Film sehr gut kennen und auch in der Materie absolut sattelfest sind!). Sie können

- den Film in kleine Portionen zerlegen, indem Sie ihn häufig unterbrechen und etwas zusammenfassen, etwas ankündigen (das gerade für diese Zielgruppe besonders wichtig ist!);
- das Bild einfrieren und bestimmte Elemente genauer erklären;
- eine Passage wiederholen;
- den Ton wegschalten und selbst erläutern, was zu sehen ist;
- zwischendurch ein anderes Medium einsetzen – zum Beispiel auf einem Flip-Chart skizzieren, wie die Versuchsanordnung aussah, wie der Materialzufluß gemixt wird usw.

Beim erstenmal erfordert diese Technik etwas Mut, da Sie ja in ein komplettes Werk eingreifen, das ein Team von Profis so zusammengestellt hat, daß es auch ohne Ihre weisen Bemerkungen oder Manipulationen einen optimalen Sinn ergibt. Ein paar Tips:

- Tip: **Kündigen Sie vor dem Start des Films an,** daß Sie mehrfach unterbrechen werden – weil es gerade für diese Zielgruppe ein paar Dinge gibt, die besonders interessant sind …
- Tip: **Unterbrechen Sie das erstemal bereits sehr rasch nach dem Start** – bevor Ihre Zielgruppe dem Bann des Mediums erliegt.
- Tip: **Bringen Sie Zusatznutzen** – Ihre Zuschauer müssen das Gefühl bekommen, daß sie durch Ihre Hinweise tatsächlich mehr aus dem Film herausholen als „normale“ Betrachter: „Achten Sie auf den Mann mit dem gelben Helm, der jetzt gleich von rechts ins Bild kommt.“
- Tip: **Vorführeffekte bereits bei der Produktion berücksichtigen!** Als Auftraggeber eines solchen Films sollten Sie sich vorher mit den Personen abstimmen, die den Film nachher nutzen: Was könnte man (ohne besonderen Kostenaufwand) einbauen, das nachher die Nutzung erleichtert?

Der Imagefilm – den Eindruck nutzen, nicht zerstören!

Im Gegensatz zum Infofilm sollten Sie den Imagefilm in Ruhe ablaufen, ihn seine volle Wirkung entfalten lassen. Was Sie trotzdem tun können, um sich von dieser medialen Wucht nicht völlig an die Wand spielen zu lassen und um nachher den Einstieg leichter zu finden:

- Tip: **Vorspanntechnik:** Erzählen Sie ein paar „Insider-Stories" über den Film – warum es bei der Produktion besonders schwierig, abenteuerlich, gefährlich zuging. Das kann sogar etwas Klatsch sein („Die Kamera-assistentin und der Regisseur …").
- Tip: **Den Sinn des Films im Gesamtzusammenhang darstellen.** Sagen Sie, warum Sie den Film – jetzt – zeigen: „Weil wir uns nachher die Qualitätskontrolle ansehen", „… Gelegenheit haben, mit einem Schichtführer zu sprechen …".
- Tip: **Bleiben Sie unbedingt im Raum!** Die Versuchung ist groß, eine kurze Pause einzulegen, während dieser Film zum 150. Male abläuft. Tun Sie's nicht! Erfassen Sie die Stimmung, die beim Betrachter aufkommt, achten Sie auf Kommentare, und zeigen Sie selbst Interesse an Ihrem Thema!
- Tip: **Nachwirken lassen.** Wenn der Film zu Ende ist, warten Sie ein paar Sekunden, lassen Sie den Eindruck sich entfalten.
- Tip: **Nachspann vorbereiten.** Es wirkt ein bißchen kümmerlich, wenn Sie sagen: „Tja, das war jetzt der Film, und jetzt gehen wir in die Produktion. Bitte folgen Sie mir." – Helfen Sie Ihrer Zielgruppe, wichtige Eindrücke richtig zu verdauen – knüpfen Sie an Einzelheiten an, die zu sehen waren! Erzählen Sie ruhig noch eine kleine Geschichte über die Entstehung des Films. (Haben Sie schon beobachtet, wie stark gefragt Zusatzprodukte zu Erfolgsfilmen sind: „The making of …".)

Warum haben wir uns jetzt so intensiv mit den Videofilmen beschäftigt – ist Multimedia nicht viel interessanter? Wenn wir uns jetzt diesem Thema zuwenden, werden Sie feststellen, daß es bei Multimedia im wesentlichen darum geht, Film- und Tonsequenzen in PC-Präsentationen einzubauen.

Tafel 1: Bei der Posterpräsentation (oben) hilft das Plakat den Teilnehmern eines Kongresses, sich auch alleine über das Thema vorzuinformieren. Bei einer Kurzpräsentation unterstützt es den Vortragenden bei seinen Ausführungen. – Zielgruppenanalyse unmittelbar vor Beginn der Präsentation: Die Teilnehmer markieren mit Klebepunkten die für sie zutreffenden Felder (Mitte links).

Dadurch gewinnt der Vortragende Transparenz und kann sich auf Interessen und Vorwissen einstellen. – Auch eine improvisierte Frageliste auf dem Flip-Chart (Mitte rechts) und ein paar Stifte können Ihnen dabei gute Dienste leisten. – Das wichtigste beim Schreiben am Flip-Chart und an der Pinwand (unten): die dichte Schrift mit betonter Mittellänge und die feste Stiftführung.

Tafel 2: Oben links haben sich einige Fehler eingeschlichen: Am Flip-Chart keine dünnen Stifte verwenden, Flächen niemals „anmalen“, sondern nur kräftig konturieren. Dreidimensionale Darstellungen sind meist überflüssig, mit freier Hand gezeichnet wirken sie etwas kläglich. Und wozu der Zeigestab? – Die Präsentatorin rechts zeigt, wie's richtig geht – und freut sich über ein Flip-Chart, das ihr nicht so leicht das Bein stellt. – Gleiche Worte, gleiche Zeichnung, trotzdem ein gewaltiger Unterschied: Die dünne, kraftlose Darstellung (Mitte) mobilisiert keine Begeisterung. Dicke Stifte mit kräftigen Farben signalisieren schon rein optisch „Sicherheit“ (unten).

Generell gilt: je schwächer das grafische Talent, desto dicker der Strich!

Tafel 3: Sprechzeichnen setzt voraus, daß Sie ein fertiges Bild im Kopf haben (Tafel 1 oben). Jedes Element zerlegen Sie in kleine Zeichenphasen, wie zum Beispiel den Rahmen und das Achsenkreuz (links oben), das hier für eine fertige Folie steht, dann zeichnen Sie (schweigend!) die Pfeile (rechts oben) und erklären deren Bedeutung wiederum mit Blick zum Publikum und gleichzeitiger Führung (Mitte links). Visuelle Kürzel müssen Sie unbedingt aufschließen (Mitte rechts): „E, F, S stehen für Einwände, Fragen und Störungen." – Bildhafte Elemente brauchen eine zusammenhängende Struktur, die aber auch erst am Schluß klar werden kann (unten links).

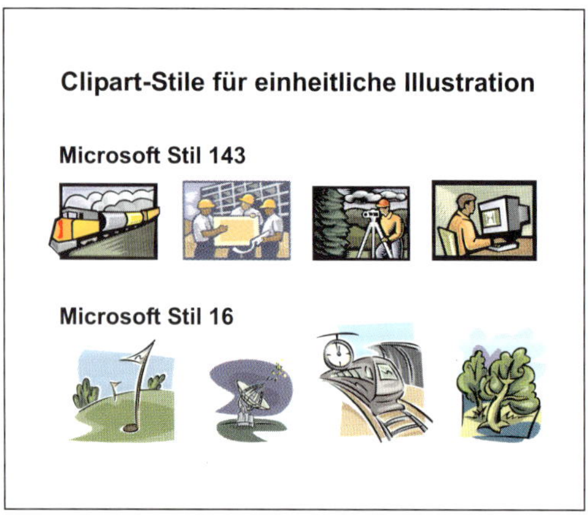

Tafel 4: Naturnahe Symbole und Illustrationen (oben) zeigen den abgebildeten Gegenstand recht genau – mit Details und räumlicher Wirkung. Die Bilder sind attraktiver als simple Kürzel, verführen aber zur Beschäftigung mit eben diesen Details. Sparsam einsetzen!

In Symbolbibliotheken finden Sie auch eine Menge Karikaturen und Cartoons (Mitte). Cartoons sind eine erfrischende Möglichkeit, komplexe, durchaus ernste Situationen auf den Punkt zu bringen: Ein guter Cartoon ist selten ein „Witz ohne Worte", sondern ein faszinierender Startpunkt für interessante Erklärungen des Vortragenden.

Unter der Vielzahl angebotener Symbole finden Sie jetzt schon richtige „Stilrichtungen" (unten) – damit können Sie eine einheitliche Linie in Ihrer Präsentation halten.
Vorsicht vor bedenklichen, spektakulären Symbolen, sie führen oft zu Assoziationen, die nichts mehr mit Ihren Themen zu tun haben und daher ablenken.
Die abgebildeten Symbole hier sind aus MS PowerPoint.

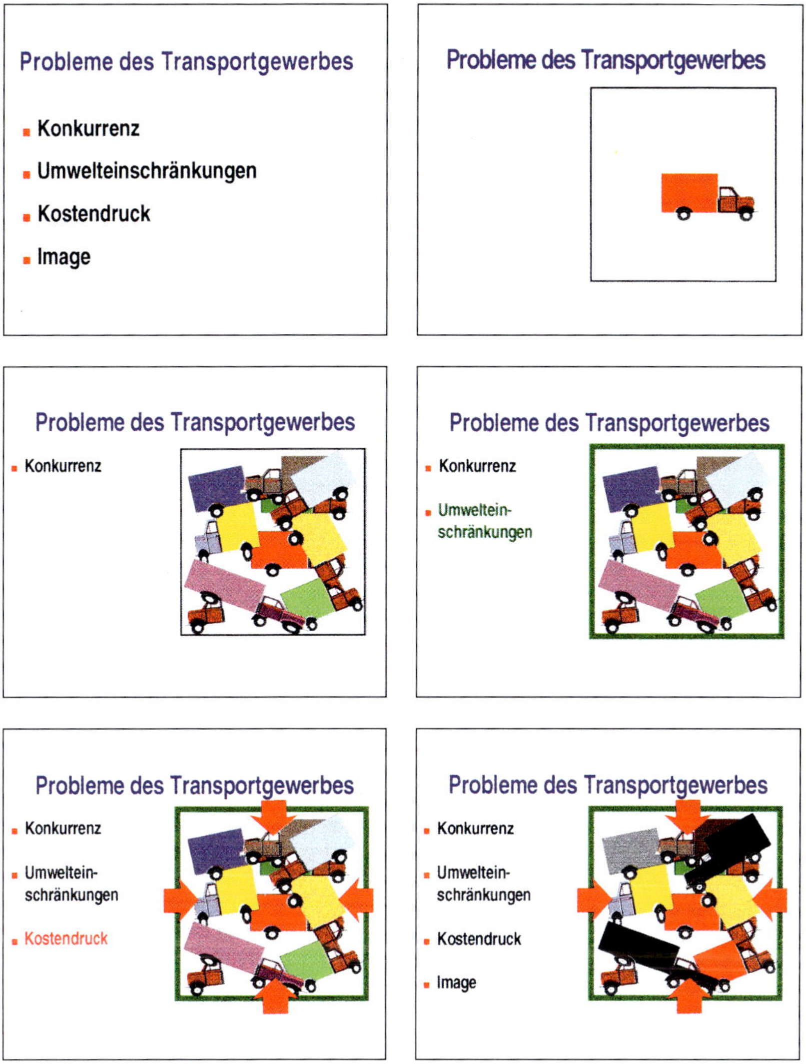

Tafel 5: Das Bullet-Chart links oben wird vollständig visualisiert – durch stückweise Ergänzung (nur mit Datenprojektion möglich). Dabei erklärt der Präsentator bei jedem neuen Element, was es ist und wofür es steht: „Der LKW im Quadrat steht für ein Speditionsunternehmen im Markt" (oben) – „Die dicke grüne Umrandung steht für die Umwelteinschränkungen wie zum Beispiel ..." (Mitte rechts) – „Die beiden schwarzen LKWs stehen für schwarze Schafe unserer Branche, und das bedeutet für unser Image ..." (unten rechts). Das Endbild allein wäre zu komplex und würde mehr verwirren als informieren. Daher: Information „happenweise" servieren!

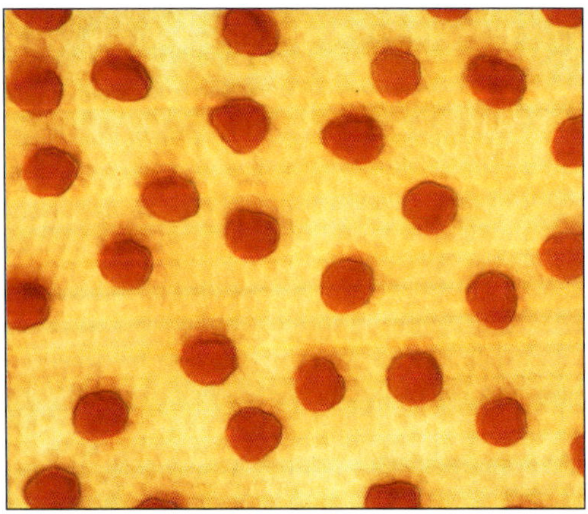

Tafel 6: Fotos in der Präsentation: Der Einbau von Realfotos in ausreichender Qualität wird durch Digitalkameras und Scanner zunehmend einfacher.

Der Goldschmied bei der Erstellung eines Schmuckdesigns (Mitte) ist das stärkste Element dieser Vortragsfolie. Deshalb muß die Präsentatorin als erstes das Bild erklären und kann erst danach die restlichen Schlagworte behandeln.

Im wissenschaftlichen Bereich werden regelmäßig Bilder ohne Textelemente gezeigt, die dann entsprechend erklärt werden müssen.

Prof. Wässle vom Max-Planck-Institut für Hirnforschung erklärt das untere Bild so: „Sie sehen Sehzellen bei ungefähr tausendfacher Vergrößerung. Was wie eine Bienenwabe den Hintergrund überzieht, sind Stäbchen, jene Sehzellen, mit denen wir bei Dunkelheit sehen. Sie haben einen Durchmesser von ungefähr einem tausendstel Millimeter. Die rot-braunen Flecken sind die Zapfen, jene Sehzellen, die das Farbensehen und das Sehen bei Tag vermitteln. Insgesamt enthält das menschliche Auge 120 Millionen Sehzellen."

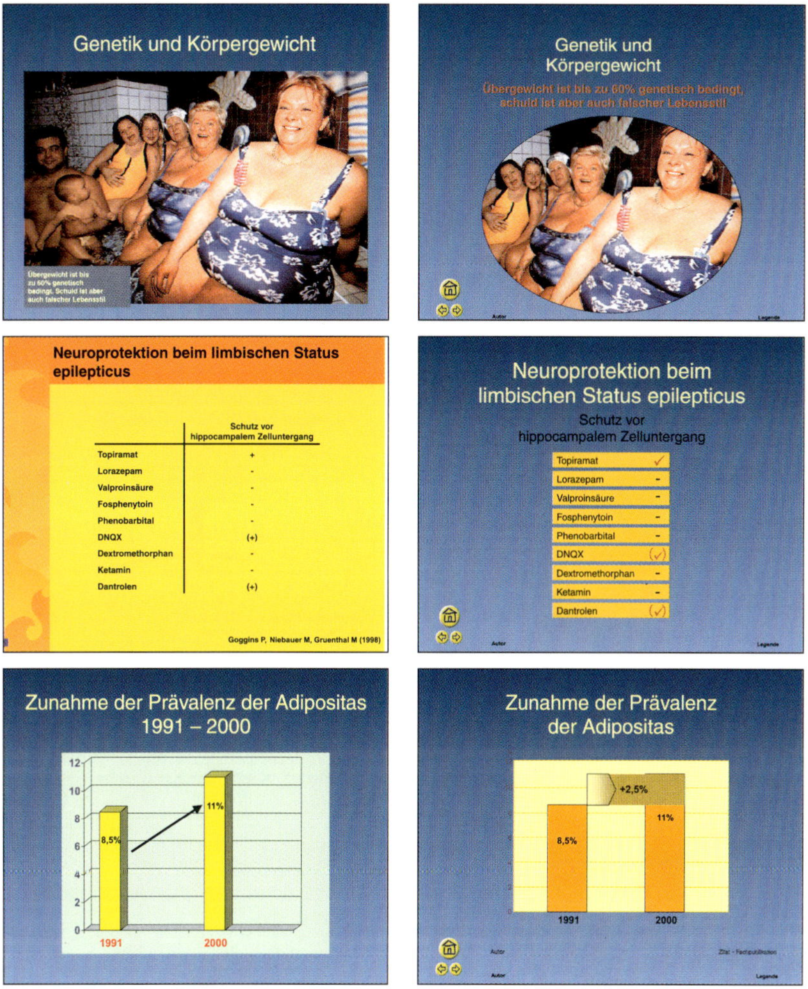

Tafel 7: Professionelle Studiografik (EGGs Vienna) beweist im Vorher-Nachher-Vergleich, wie Optimierung nach präsentationstauglichen Kriterien wirkt:
Oben: Die Kernaussage war im Verhältnis zum Bild viel zu klein. Durch den ellipsenförmigen Ausschnitt konnte die Bildgröße erhalten bleiben, der Text ist gut lesbar.
Mitte: Die tabellarische Darstellung war schwer lesbar, die Symbolik missverständlich. Die Zusammenfassung der Produkte mit den zugehörigen Symbolen in einzelnen Balken verbessert die Lesbarkeit.
Unten: Schmale Pseudo-3D-Säulen und eine unbeschriftete Skalierung wurden in eine saubere 2D-Version verwandelt. Der Pfeil in „Differenz-Höhe“ verdeutlicht die Veränderung.
Beispiele mit freundlicher Unterstützung der Janssen & Cilag Pharma GmbH.

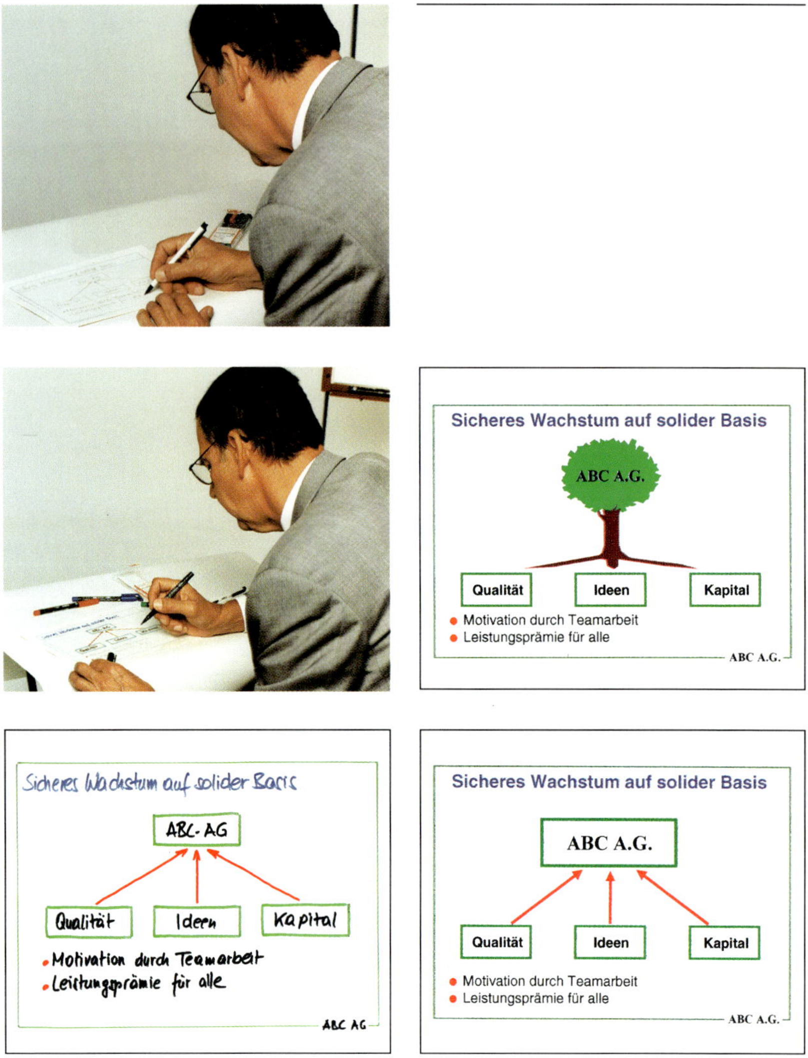

Tafel 8: Die schnellste Methode für eine saubere Handzeichnung (linke Spalte): auf kariertem Papier vorskizzieren, Folie darüberlegen, nachziehen, fertig. Wichtig: gute, wasserfeste Stifte mittlerer Strichstärke (Schwan Stabilo). – Die gleiche visuelle Idee in perfekter Umsetzung (unten rechts) und darüber als Übersetzung vom Strukturbild in eine Analogie. In einem technisch perfekten Umfeld stellt heute eine handgezeichnete Folie bereits wieder einen besonderen Wert dar!

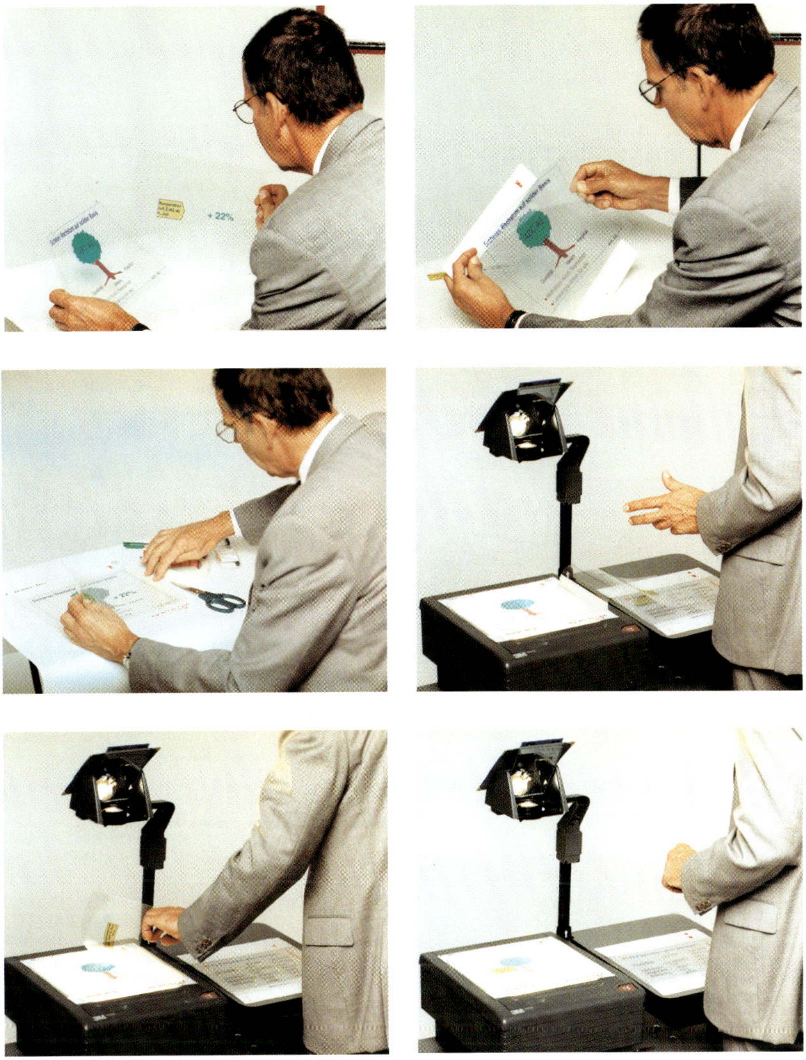

Tafel 9: Überleger-Technik (Aufbaufolien): Basisfolie und Überleger sind fertig (oben links), die Basisfolie kommt in eine Folienhülle (Flip-Frame – oben rechts), dann wird die Deckfolie auf jener Seite mit einem undurchsichtigen Klebeband fixiert, auf der Sie in der Präsentation stehen werden (Mitte links). Im Vortrag beginnen Sie mit weggeklapptem Überleger, und sobald Sie zum nächsten Schritt kommen, klappen Sie die Deckfolie einfach darüber (unten links). Lassen Sie Ihre Zuseher bei dieser Manipulation unbedingt mitschauen!

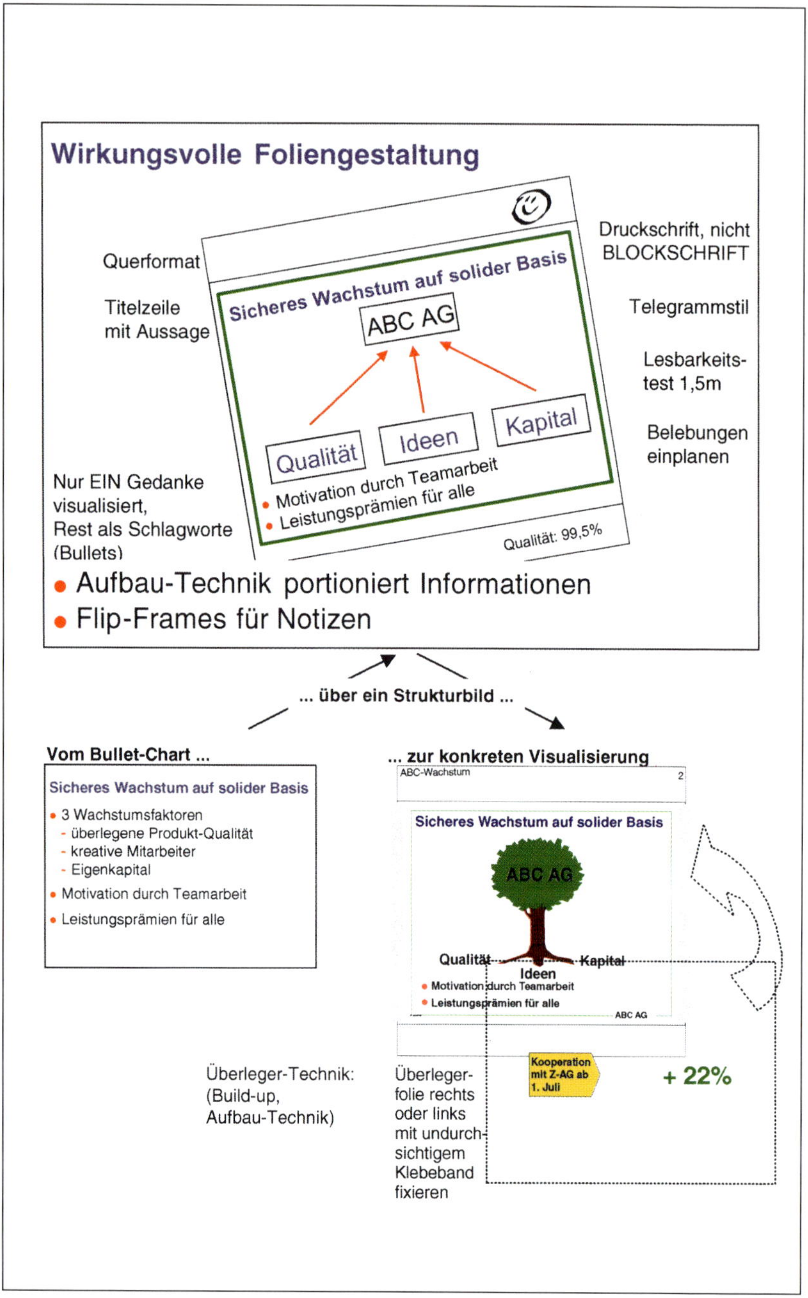

Tafel 10: Die wichtigsten Folientips auf einen Blick.

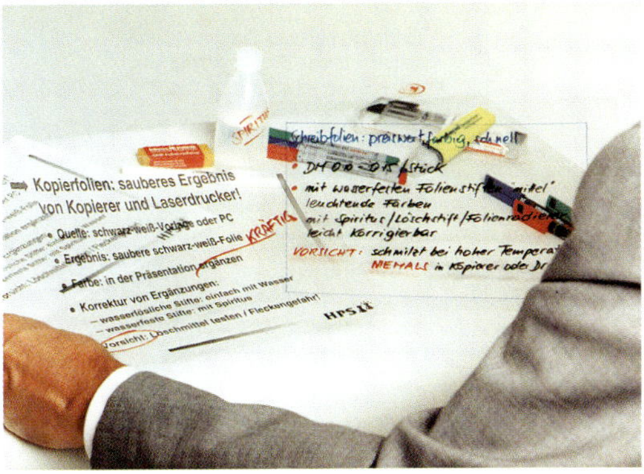

Tafel 11: Die zwei einfachsten Produktionstechniken für Folien: Kopierfolien (links) und Schreibfolien (rechts). Mit Spiritus und Folienradierer entfernen sie auch wasserfeste Stifte. Eine Ergänzung mit einem wasserlöslichen Stift auf einer wasserfest gezeichneten Folie ist mit einem feuchten Tuch zu entfernen, ohne daß die Folie leidet. Farbfolien vom Tintenstrahldrucker sind wegen der wasserlöslichen Beschichtung nicht zu korrigieren.

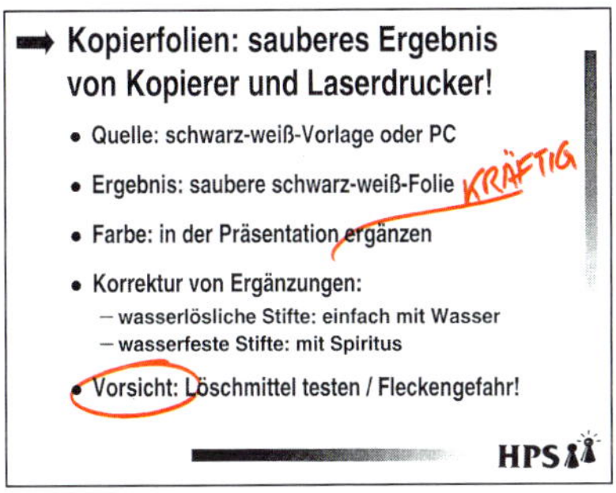

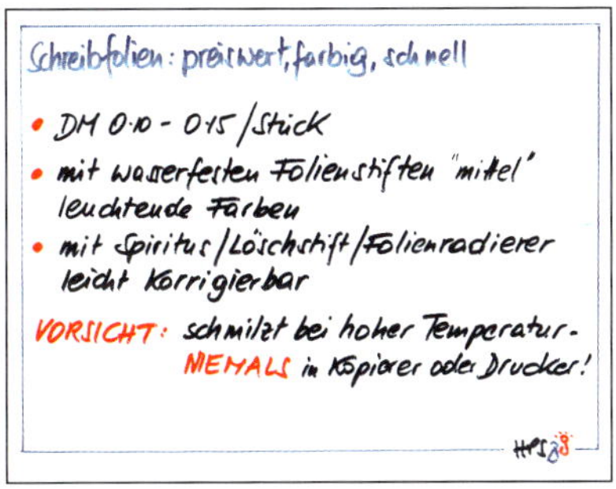

Professionelles und verläßliches Werkzeug für Flip-Charts und Pinwände: Stifte mit breiter Spitze, kräftiger aber trotzdem wasserlöslicher Farbe und mit Nachfüllfläschchen, die auch unterwegs für schreibfähiges Werkzeug sorgen.

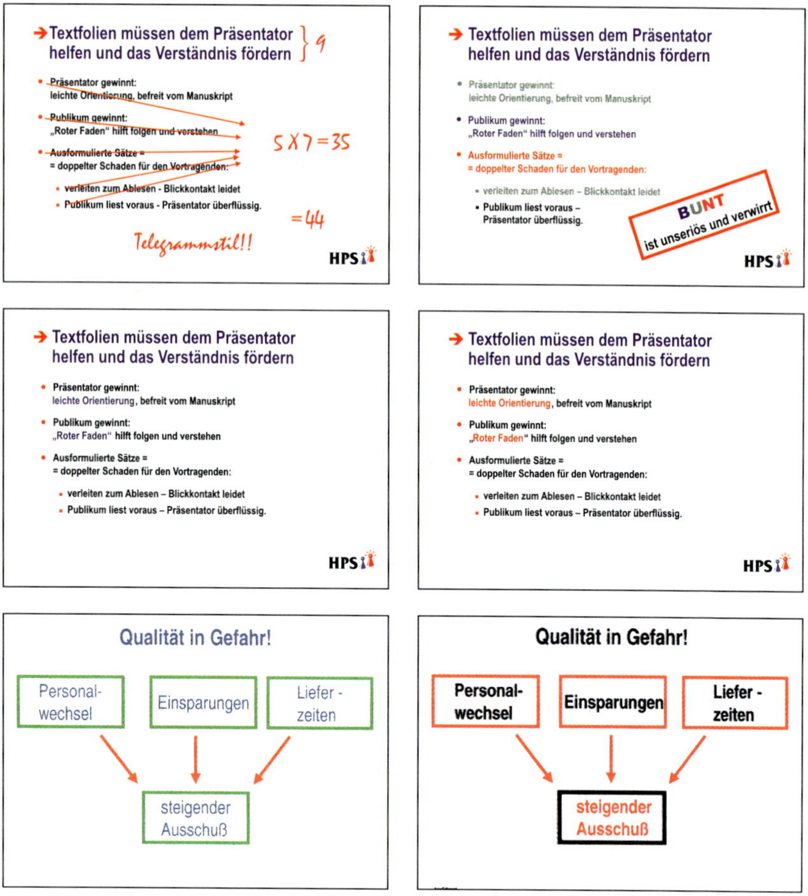

Tafel 12: Mein Richtwert „44 Worte pro Folie" hat einen realen Hintergrund (oben links - siehe auch Seite 144). – Farben machen ein Bild attraktiv und steigern allein dadurch die Kommunikationsleistung, WENN die Farben richtig eingesetzt werden. „Bunt" allein erinnert an Werbung, ist billig und verwirrt, denn das Auge versucht vergeblich, in den starken Farbsignalen irgendeine Bedeutung zu entdecken ... – Textteile heben Sie durch Farbe hervor, aber aufgepasst: einerseits darf die „Signalfarbe" nicht untergehen (Mitte links), andererseits soll sie zur Aussage passen (zum „roten Faden" passt eben diese Farbe besser! – Mitte rechts) – Farben machen mehr Stimmung als Text und Struktur zusammen: Das absolut unerfreuliche Szenario (unten) wirkt links trotz dramatischer (Text-) Aussage und abwärtsgerichteter Anordnung angenehm und beruhigend, rechts dagegen betont die Rot-Schwarz-Kombination die Gefahr.

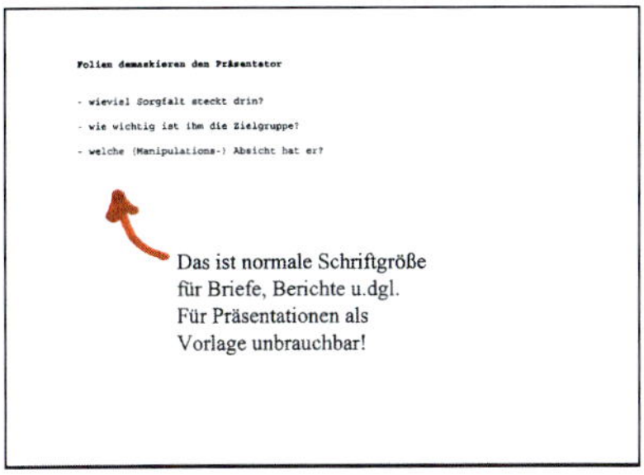

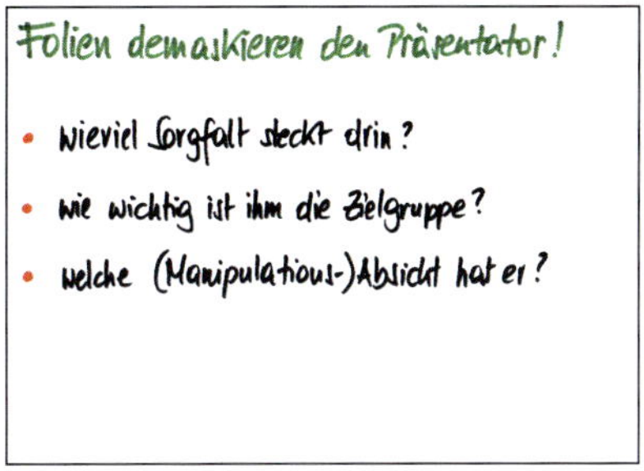

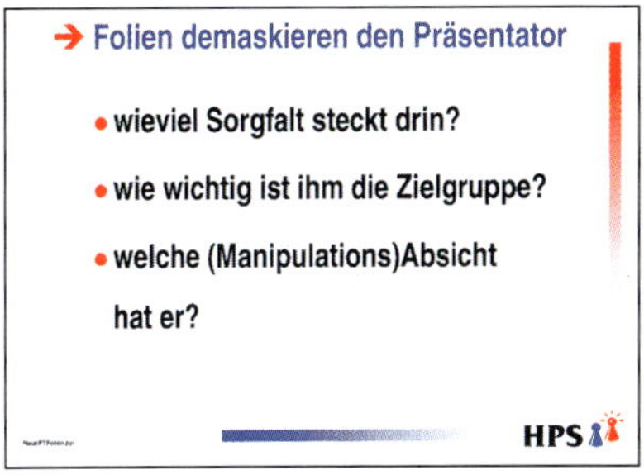

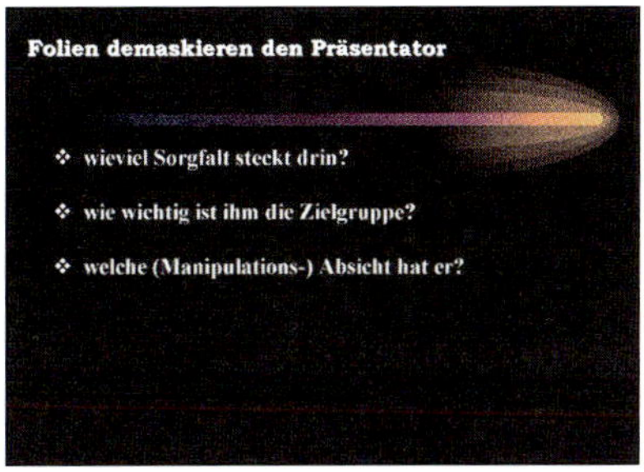

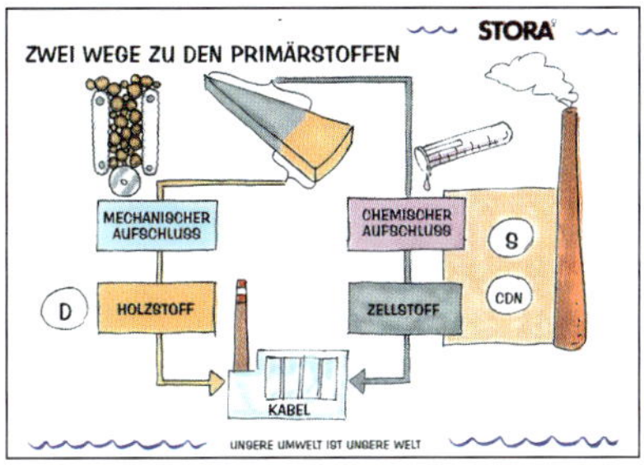

Tafel 13: Bei der Foliengestaltung ist Klarheit und Leserlichkeit wichtiger als Schönheit und Show, deshalb ist eine handschriftliche Folie nach wie vor in vielen Situationen akzeptabel – vorausgesetzt, sie ist sauber und leserlich. Andererseits ist nicht alles gut, was vom PC kommt und schön aussieht (Mitte rechts). – Die Grenzen einer Handzeichnung (links unten) sind dann erreicht, wenn Texte geändert, zum Beispiel übersetzt werden müssen. Dann müssen diese Elemente durch den PC ersetzt werden, das wirkt perfekter, aber weniger persönlich.

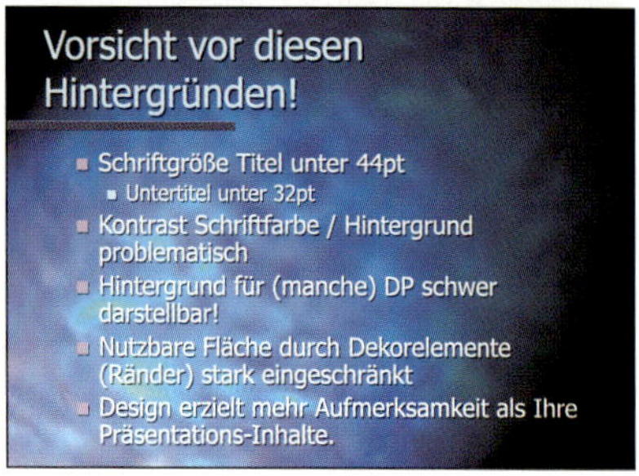

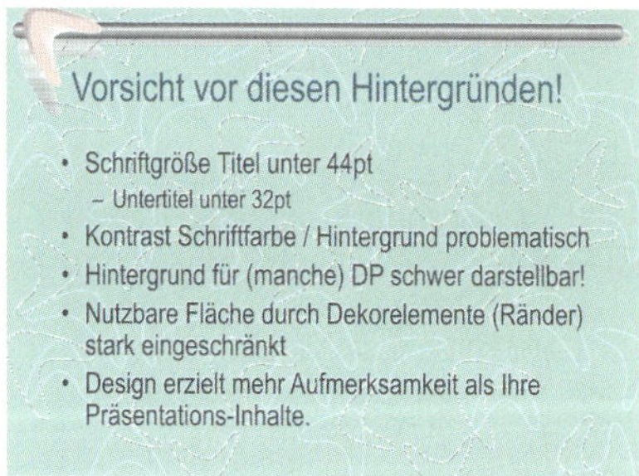

Tafel 14: Lassen Sie sich von den Designer-Angeboten nicht verführen: Im Zweifel entfernen Sie Hintergrundelemente und vermeiden auch Farbverläufe. Für Folien empfehle ich einen glasklaren, für Datenprojektion einen glasklaren oder zart gefärbten Hintergrund mit kräftiger Farbe für die Schrift.

Tafel 15: Tafel 15: Im allgemeinen sind Politiker keine geeigneten Vorbilder für Präsentatoren und Fachvortragende, aber es gibt Ausnahmen: Der amerikanische Ex-Präsident verfügt z. B. über einen ungewöhnlich reichhaltigen Schatz an Gestik – betonend, warnend, umfassend, abwehrend, zurückweisend … Das Erfolgsrezept dazu: nicht „nachahmen“, sondern „nachspüren“! Was passt zu meinen Inhalten – und zu meiner Person? Meist mehr als Sie sich zutrauen – und größer und deutlicher, als Sie glauben!

Tafel 16: Präsentation im kleinen Rahmen verlangt auch kleinere Medien: Das Top-Flip ist ein Tisch-Flip-Chart, bei dem Sie sowohl Folien als auch Papiervorlagen oder Prospekte aus der Ebene des Tisches herausheben und so den Blick für eine kleine Gruppe gut führen können. Auch hier kann eine Handzeichnung oder handgeschriebener Text voll ausreichen (oben). – Mit dem Notebook an drei Personen präsentieren, dafür reicht auch das beste und größte Display nicht aus, sehr wohl aber ein normales Fernsehgerät: Mit einer Umwandlungsbox (PC-TV-Encoder, zwischen Notebook und Monitor) übersetzen Sie die Signale und nützen damit eine ausreichend große Bildfläche. – Bei beiden Medien führen Sie im Unterschied zur großen Präsentation den Blick nicht mit Hand oder Finger, sondern mit einem Stift.

Multimedia – was ist das eigentlich?

Bis vor wenigen Jahren war das ganz klar: „Multimedia" bedeutete, mehrere Medien für die Präsentation, den Vortrag zu verwenden. Also nicht Dias ODER Folien, sondern Dias UND Folien UND einen Film UND ... In dieser Bedeutung verwendet man auch heute noch diesen Begriff (manchmal nennt man das auch „Multivision"), aber die Computer-Technologie hat uns dazu noch einen zweiten Begriffsinhalt beschert:

Multimedia ist die Zusammenführung aller traditionellen Medien wie beispielsweise Bild, Ton, Grafik, Animation usw. auf einem einzigen Medium, dem Computer.

Dieser Definition können Sie entnehmen,

- daß es sich eigentlich nicht um viele (= multi) Medien, sondern um ein einziges Basismedium, den Computer, handelt;
- daß daher alle für das Publikum wahrnehmbaren Eindrücke (Bild und Ton) aus diesem Gerät stammen und über dazu passende Geräte (Lautsprecher und Datenprojektion) ausgegeben/gesendet werden;
- daß die Arbeit des Medienwechsels (Diaprojektor ausschalten, Videorecorder einschalten ...) nicht mehr während, sondern vor der Präsentation stattfindet und
- daß daher alles, was Sie zeigen wollen, so in den Computer hineingefüttert werden muß, daß er das auch versteht – auf gut deutsch: Bild und Ton müssen digitalisiert werden;
- daß Multimedia derzeit die aufregendste, aber auch die aufwendigste Form der Präsentation darstellt.

Wann setzen Sie Multimedia am besten ein?

Drei Anwendungsbereiche kristallisieren sich immer deutlicher heraus – mit unterschiedlichen Anforderungen und Möglichkeiten:

1. Interaktive Information

Wenn eine große Anzahl von Menschen immer wieder die gleichen Fragen stellt, sich für die gleichen Dinge interessiert, dann ist es naheliegend, diese Informationsaufgaben einer Maschine zu übertragen. Im Unterschied zu

Was gehört zu einer Multimedia-Präsentation?

Grafik/Illustration
Diagramme, Symbole, aber auch Handzeichnungen – entweder direkt aus dem Grafikprogramm des PC oder auch via Scanner.

Foto
Natürlich in winzige Pünktchen aufgelöst („gescannt") und digital abgespeichert.

Sprache
An der passenden Stelle erläutert ein Sprecher das Bild, aber Vorsicht: Auch wenn der PC redet, intelligent ist er trotzdem nicht!

Animation
Ins Bild rollende Texte, in den Himmel wachsende Umsatzsäulen oder das dreidimensionale Firmenlogo, das sich um seine Achse dreht – all das wird allgemein als Animation bezeichnet.

Film/Video
Die aktuellste (und anspruchsvollste und teuerste) Technologie ist die Digitalisierung und Einbindung von Videosequenzen – also ein Stück Film, das aus dem Computer kommt.

Text
Geschriebener Text wird niemals vollständig durch Bilder ersetzbar sein. Auch bei Multimedia-Präsentationen brauchen Sie z. B. Listen, aus denen Ihre Nutzer etwas aussuchen.

Musik
Daß Musik Stimmung macht, die Emotionen anspricht, ist bekannt – und via Elektronik ist von Amadeus bis Zulutrommel alles möglich.

Interaktion
Der Nutzer (Präsentator oder Zuschauer) bestimmt den Ablauf der Präsentation: Er bestimmt das Tempo, wählt Teile aus, wiederholt oder überspringt eine Sequenz. Weil man damit zum (aktiven) Mitgestalter wird, der das Verhältnis zwischen (inter) Präsentation und Zuschauer steuert, spricht man von Interaktion. Eine Multimediapräsentation wird also „interaktiv" gesteuert: mit einer Tastatur, mit der Maus, mit einem berührungsempfindlichen Bildschirm.

28.1. Multimedia müßte eigentlich „Monomedia" heißen: Alle üblichen Quellen werden durch ein einziges Medium – dem Computer – erfaßt, der damit zur Träger der Präsentation wird.

einem Videofilm, der einfach abläuft, hat der Fragende bei Multimedia die Möglichkeit, sich ganz gezielt zu erkundigen. Typische Anwendungsbereiche sind daher:

- **Stadtinformation:** Wie funktioniert der öffentliche Verkehr, wann ist welches Museum geöffnet, welche Sehenswürdigkeiten sind wo, was wird im Theater gespielt ...?
- **Museumsführer:** Wo finde ich welches Gemälde, welche Exponate sind die Prunkstücke, was ist in den Sonderausstellungen zu sehen ...?
- **Firmeninformation:** Wer ist bei uns wofür zuständig, wo bekomme ich meinen Krankenschein, wer hilft mir bei Problemen, was kostet ein Mittagsabo in der Kantine ... (besonders für neue Mitarbeiter wichtig)?
- **Produktinformation/Messekoje:** Welche Produkte erzeugen, vertreiben wir, wo sind unsere Niederlassungen, wie sichern wir Qualität, welches Produkt gehört für welchen Einsatzbereich ...?

2. Schulung

Der menschliche Lehrer/Trainer ist nach wie vor nicht zu ersetzen – aber zum Beispiel für die Grundlagenschulung ist er zu teuer. Andererseits hassen die meisten Menschen Gebrauchsanweisungen und Lehrbücher (oft aus verständlichen Gründen), lassen sich aber gerne von bewegten Bildern und sympathischen Stimmen unterweisen. Bahnbrechend waren sicher die Lernprogramme der verschiedenen Computer-Anwendungen, aber Schulungs-Multimedia geht darüber hinaus.
Was spricht für Multimedia-Schulung?

- **Didaktischer Aufbau:** abgeschlossene Lerneinheiten mit professionellem innerem Aufbau.
- **Fortschrittskontrollen:** Wer die Fragen nicht richtig beantwortet, muß die Lektion wiederholen (und vom Kollegen abschauen geht nicht: Der hat andere Fragen zu beantworten ...). So können auch Prüfungen dem Computer übertragen werden.
- **Motivation des Lernenden:** Das Programm „lobt" die richtige Antwort, ermutigt den, der's nicht geschafft hat, gibt sich persönlich, indem es den Schüler mit Namen anspricht.
- **Unterhaltungswert**: Mit guten Programmen macht das Lernen richtig Spaß – da gibt es „Action" und viel zu sehen.
- **Ergebnisdokumentation:** Der Computer registriert den (erfolgreichen) Kursabschluß als Qualifikation zum Beispiel für eine neue Aufgabe.

3. Die große Show

Der einzige Multimedia-Fall, der noch etwas mit „persönlicher Präsentation" zu tun hat: Der Präsentator tritt leibhaftig vor sein Publikum, spricht selbst und darf sich auch bewegen. Was er vorführt, strömt aus dem Computer – der meist von einem Assistenten bedient wird. Wenn alle drei (Präsentator, Assistent, PC) exakt harmonieren, kann ein beeindruckendes Ereignis stattfinden. Das braucht man zum Beispiel für

- **Produktpräsentation:** von Coke Classic bis zum neuen Automodell;
- **Börsegang**: ein Unternehmen wirbt um neue Aktionäre;
- **Firmenereignisse:** ein neues Leitbild, die neue Kampagne, ein Jubiläum ...

Multimedia – eine sinnvolle Investition?

Professionelles Multimedia ist – nach wie vor – eine kostspielige Angelegenheit. Daher: Es muß sich rechnen. Das tut es allemal nur,

- wenn entweder der Anlaß extrem wichtig ist (zum Beispiel Börsegang);
- wenn damit direkt verkauft oder der Verkauf gefördert wird (zum Beispiel Messeinfo);
- wenn dadurch Kosten (Personal) eingespart werden können (zum Beispiel Stadtinfo bzw. Schulung).

WENN diese Voraussetzungen gegeben sind und WENN Sie das für Sie richtige Multimedia-Programm einsetzen, dann können Sie mit einigen gewaltigen Vorteilen rechnen:

- **Personalentlastung von Routine:** Der Vorteil des interaktiven Systems liegt darin, daß jeder Besucher zum Beispiel eines Messestandes jene Punkte interaktiv aufrufen kann, die ihn am meisten interessieren.
- **Feedback – wen hat was wann am meisten interessiert?** Das PC-gestützte Multimedia-System bietet die Möglichkeit, Besucherkontakte zu protokollieren und auszuwerten.
- **Vervielfältigung/Breitenwirkung:** Multimedia stellt eine wirksame Möglichkeit dar, Ihre Vortrags- oder Präsentationsinhalte einfach zu vervielfältigen und zum Beispiel per Aussendung an ein großes Zielpublikum zu verteilen. Nur mit der multimedialen Aufbereitung erreicht man – im Gegensatz zu Prospekten – beim „entfernten" Betrachter eine ähnliche Wirkung wie beim Besucher Ihrer Präsentation. Typische Träger solcher

Botschaften sind regelmäßig CDs. Natürlich braucht der Empfänger ein entsprechendes Abspielgerät.

- **Dezentrale Schulung:** Wer nicht über ein Heer von Trainern gebietet, findet in Multimedia die einzige Möglichkeit, Informationen und Schulungsprogramme auch dezentralen Stellen gleichzeitig und flächendeckend zur Verfügung zu stellen.
- **Schnelle Aktualisierung:** Dieser generelle Vorteil elektronischer Medien gilt selbstverständlich auch für Multimedia-Präsentationen – neue Zahlen, geänderte Bilder, andere Texte ... Auch eine neue CD ist heute kein Problem und kostet einen Pappenstiel.

Multimedia ist nichts für eine persönliche Präsentation!

Mit „Präsentation" wie wir sie hier in diesem Buch behandeln, haben alle diese Einsatzmöglichkeiten nichts zu tun. Wir beschränken uns daher auf ein Randgebiet, die PC-Präsentation mit Multimedia-Elementen:

- mit Videoclips (Statement eines Kunden, Vorgang in der Produktion, Einsatz eines Werkzeuges);
- mit Audiosequenzen (eine Melodie, ein Zitat);
- mit einer Tricksequenz (Ware wandert über die Landkarte, Rohmaterialien werden in einer schematischen Anlage gemixt, Blutkörperchen transportieren Substanzen aus Organen).

Wann soll man Multimedia-Elemente in die Präsentation einbauen, wann getrennt präsentieren?

Vorausgesetzt, Sie haben wirklich beide Alternativen in vergleichbarer Qualität verfügbar, dann entscheiden zwei Faktoren:

1. **Wie lang sind die Sequenzen?** Ein Videofilm von weniger als einer Minute unterbricht den Fluß einer Präsentation und kann Unruhe stiften außerdem finden Sie möglicherweise den genauen Startpunkt nicht (besonders, wenn Sie den Film vielleicht ein zweites Mal zeigen möchten).
2. **In welcher Reihenfolge benötigen Sie die Elemente?** Das Videoband enthält verschiedene Sequenzen in einer ganz bestimmten Reihenfolge, die Sie nur durch entsprechendes Vor- und Zurückspulen erreichen. Auch mit automatischen Zählwerken ist das nicht ganz einfach und kostet auf jeden Fall Zeit. Deshalb sind Sie praktisch auf die vorgegebene Reihen-

folge fixiert – sind diese Clips dagegen in digitaler Form auf Ihrer Festplatte gespeichert, dann können Sie jede beliebige Sequenz anwählen. Das ist zum Beispiel dann besonders interessant, wenn Sie Aussagen zehn verschiedener Verwender besitzen, von denen aber nur zwei für Ihre Zielgruppe wirklich relevant sind.

Wie Sie eine multimediale Präsentation richtig nützen

Alles das, was wir im Kapitel über Datenprojektion erarbeitet haben, gilt in verstärktem Maß auch hier: Als Präsentator stehen Sie vor der Herausforderung, von einem hochtechnischen Medium an die Wand gespielt zu werden, die menschliche Dimension zu verlieren. Daher:

- Tip: Zeigen Sie, daß Ihnen **am Verständnis Ihrer Zielpersonen** mehr liegt als am Vorführen technischer Gags!
- Tip: Setzen Sie **multimediale Elemente** nur da ein, wo Ihnen dies wirklich einen Vorteil bringt – und wenn die Qualität stimmt!
- Tip: **Unterbrechen Sie Ihre perfekte Show,** und erläutern Sie Einzelheiten, beantworten Sie Fragen mittels eines „primitiven" Spontanmediums (Flip-Chart, Tafel).
- Tip: **Betrachten Sie interessierte Fragen nach der Technik als Warnsignal.** Interessieren sich mehrere Personen im Anschluß an die Präsentation mehr für die Präsentation selbst als für Ihre eigentlichen Aussagen, dann haben Sie zu stark als Verpackungskünstler gepunktet. Lassen Sie sich jetzt nicht in weitere technische Diskussionen ein, sondern versuchen Sie möglichst rasch, das Gespräch wieder auf die eigentlichen Inhalte zurückzuführen.

Das Wichtigste aus diesem Kapitel

- Filmsequenzen steigern Verständnis, Glaubwürdigkeit und Eindruck – vorausgesetzt, Sie können mit dem TV-Standard konkurrieren.
- Infofilme unterbrechen Sie und behandeln sie als Demonstrationsmittel, Imagefilme lassen Sie ungestört ablaufen.
- Multimedia ist eigentliche Monomedia – die Einbeziehung von Filmsequenzen in die PC-Präsentation.
- Bei der PC-Präsentation mit multimedialen (filmischen) Elementen ist es besonders wichtig, daß Sie als Präsentator für die menschliche Komponente sorgen und ein High-Tech-Spektakel verhindern.

Schritt 6

Ihr persönliches Auftreten – im Vortrag überzeugen

Kapitel 29

Haltung, Augenkontakt, Gesten – und wie Sie überschießende Energie nützen

Vorurteil 1: „Die Leute müssen mich so nehmen, wie ich bin."
Vorurteil 2: „Nervosität ist ein Zeichen von Schwäche – GUTE Präsentatoren sind nicht nervös."

Den Inhalt dieses Kapitels finden Sie auch in Büchern über Rhetorik – er betrifft jene Dinge, die Sie richtig oder falsch machen können, bevor Sie noch das erste visuelle Hilfsmittel eingesetzt haben. Was wir hier behandeln:

- typische Störfaktoren im Bereich des persönlichen Auftretens;
- eine Analyse von Ursachen der Nervosität;
- fünf Strategien zum sicheren Auftritt.

Wie Sie Ihre Zielgruppe erfolgreich auf die Nerven fallen

Diesmal müssen wir von der negativen Seite her beginnen: Alle Analysen zeigen immer dasselbe knappe Dutzend „Störfaktoren", die es zu vermeiden gilt. Das Schlimme daran ist, daß wir als Zuschauer sehr sensibel auf „Kleinigkeiten" reagieren, die uns zuerst ablenken, dann irritieren und schließlich frustrieren. Wenn das Auftreten nicht stimmt, hat der Vortragende unerhörte Probleme, seinen Inhalt zu vermitteln.
Das Gute und Gemeinsame dieser Störfaktoren ist, daß sie alle relativ leicht vermeidbar sind. Bei genauer Betrachtung manifestiert sich nämlich in praktisch allen von ihnen eine gemeinsame Hauptursache: die Nervosität.
Diese Nervosität äußert sich – unterschiedlich von Person zu Person – entweder in gesteigerter Motorik oder in totalem Krampf.

Was die meisten Zuschauer am Auftreten eines Vortragenden stört

1. Der **fehlende** Augenkontakt,
2. ein **unsteter, schweifender** Blick,
3. das **nervöse Auf-und-ab-Gehen,** aber auch
4. das **steife und starre** Dastehen.
5. **Zu schnelles** oder **monotones** Sprechen mögen wir gar nicht,
6. genausowenig eine **Vor-Lesung** aus dem Manuskript,
7. **Geklimpere** mit dem Kleingeld in der Tasche macht uns nervös,
8. **Spielereien** mit Zeigestab, Kugelschreiber usw. lenken uns ab,
9. ebenso das „Putzen“ und **Herumzupfen** an Kleidung und Schmuck.
10. Das Schlimmste aber ist, wenn wir den Eindruck haben, der Vortragende **interessiert sich nicht für uns.**

29.1. Schon einer dieser Störfaktoren kann genügen, um einen inhaltlich guten Vortrag zu ruinieren und so eine wertvolle Idee zu gefährden!

Fahrig und steif statt sicher und überzeugend

Solche Präsentationen wirken dann wie Begräbnisansprachen unter Zeitdruck – gehetzt, leblos, langweilig und irritierend. Ein Großteil dieser (negativen) Wirkung rührt von nonverbalen Signalen her, ein viel geringerer Teil von der Stimme und nur ein sehr kleiner Teil vom Inhalt, also von den gewählten Worten – das hat sich immer wieder bestätigt.

Worte allein sind zuwenig!

29.2. Der „Mehrabian-Kreis" (benannt nach Albert Mehrabian, einem amerikanischen Psychologen) zeigt stark vereinfacht, daß von der Gesamtwirkung einer Person nur 7 % auf die Worte entfallen, während nonverbale Signale überwiegen – „WIE Du bist übertönt Deine Worte."

Woher kommt die fahrige und steife Wirkung des Vortragenden, seine Nervosität? Sie hat zwei Ursachen:

- **Sachliche Unsicherheit:** „Beherrsche ich das Thema?" „Habe ich alles berücksichtigt?" „Werde ich die Fragen beantworten können?" „Wird mein Vorschlag angenommen werden?"
- **Lampenfieber:** Die „irrationale" Angst vor der ersten Minute – das Gefühl der Panik vor dem Versagen, das auch Profis und absolut sattelfeste Vortragende kennen.

Es fehlen uns Panzer, Stacheln, Klauen und Reißzähne – daher:

Das Überlebensrezept des Urmenschen: Flucht!

Lange bevor das erste Werkzeug erfunden, die erste Kampfgemeinschaft gegründet war, haben sich unsere Vorfahren durch Flucht gerettet. Dieses erfolgreiche Überlebensrezept ist heute noch genauso in uns programmiert. Und die Vorbereitungen dafür laufen an, sobald wir eine Gefahrensituation wittern. Das ist unweigerlich dann der Fall, wenn der Moment näherrückt, in dem wir mit unserem Vortrag beginnen sollen.
Zur Flucht brauchen wir Kraft, Energie. Die stellt unser Körper dadurch zur Verfügung, daß die Nebennierenrinde das Streßhormon Adrenalin ausschüttet und damit Muskeln in Hochleistungsbereitschaft versetzt – leider nur bestimmte Muskelpartien, nämlich in erster Linie die zur Flucht notwendigen Beine.

„Flucht!" ➔ Adrenalin ➔ Energie ➔ Nervosität!

Das Problem des Präsentators besteht nun darin, daß zwar der Körper fort will, der Verstand aber – realistisch und vernünftig – das verbietet. Das Ergebnis: nervöses Zappeln und Wackeln des Körpers bei gleichzeitiger teilweiser Paralysierung und Verkrampfung der Arme, ergänzt durch einen leblosen Gesichtsaudruck und eine gehetzte Stimme.

Drei Wege zur Entkrampfung: Vorbereitung, mentale Technik, Körpertechnik

1. **Vorbereitung:** Die disziplinierte Vorbereitung – von der Zielgruppenanalyse über die realistische Zielsetzung, den klar strukturierten Aufbau bis zur Visualisierung – gibt Ihnen das Grundgefühl der Sicherheit. Zumindest Ihr Kopf weiß, daß alles Notwendige getan ist. Die Vorbereitung der kritischen Fragerunde, das Durchdenken Ihrer Reaktionen auf Fragen und Einwände, wird das noch ergänzen. Und der wichtigste Teil der Vorbereitung, gerade bei kritischen Kurzpräsentationen: Diese entscheidenden fünf Minuten laut durchzusprechen – das sichert das Ganze ab.
2. **Mentale Technik:** Hierher gehören zwei Kunstgriffe, nämlich die positive Grundeinstellung und eine Methode, wie Sie sich vor streßverursachenden visuellen Reizen schützen können (aktiver Augenkontakt).
3. **Körpertechnik:** Um Ruhe und gleichzeitig lockere Sicherheit zu signalisieren, müssen Sie einerseits Standpunkt zeigen (fest stehen) und andererseits Ventile für Ihre überschüssige Energie finden.

Sobald Sie diese drei Methoden anwenden, werden Sie feststellen, daß Sie sich besser fühlen und sicherer wirken!

Positive Grundeinstellung: „Ich freue mich auf meine Präsentation."

Klingt das nicht wie Hohn – besonders, wenn Sie an alle die gegenteiligen Körperwahrnehmungen denken, von den glühenden Ohren bis zu den zuckenden Zehenspitzen? Und doch ist diese Einstellung die Voraussetzung für den Überzeugungserfolg – und Sie selbst sind für diese Einstellung verantwortlich! Das bewährte Mittel heißt „Autosuggestion" – Sie brauchen eine Formel, ein paar Sätze, die Sie ganz automatisch in diese positive Grundhaltung tragen, wenn Sie diese Formel genügend oft wiederholen. Ich selbst arbeite mit einem Modell in Anlehnung an Dorothy Sarnoff, dem Rhetorik-Coach zahlreicher US-Präsidenten.

Die Viersatz-Methode zur positiven Einstellung

Zuerst formulieren Sie den Satz, mit dem Sie Ihre Zielgruppe begrüßen bzw. auf das Thema einstimmen wollen (in der Regel ist das die „Schlagzeile"). Das könnte zum Beispiel sein: „Guten Morgen, meine Damen und Herren – warum verschenken wir in der Produktentwicklung zwei wertvolle Monate?" – Nennen wir diesen Satz „Satz vier". Nun sind Sie bereit für Ihre Formel. Sie lautet:

1. **Ich freue mich, daß ich hier bin.**
2. **Ich freue mich, daß SIE hier sind.**
3. **Ich bin mir meiner Sache sicher.**
4. **Satz vier** („Guten Morgen ...").

Diese vier Sätze wiederholen Sie lautlos immer wieder – bis zur letzten Sekunde. Wenn es dann soweit ist, schalten Sie von stumm auf laut und beginnen mit Ihrem Satz vier – und der entsprechenden positiven Einstellung!

Aktive Augenkontrolle – Ihr Damm gegen visuelle Reizüberflutung

Dieses Rezept setzt bei einer einfachen Überlegung an: Je mehr Sinnesreize unser Gehirn zu verarbeiten hat, desto mehr Streß entsteht. Die größte Menge von Sinneseindrücken findet ihren Weg zum Gehirn aber durch die Schleuse des Sehkanals – angeblich können hier bis zu 1,4 Millionen Informationen pro Sekunde an das Gehirn durchfließen. Armes, bereits genug von Streß und Nervosität geplagtes Gehirn!

Aktiven Augenkontakt halten!

29.3. Fixieren Sie eine – und nur eine! – Person, und sprechen Sie einen ganzen Gedanken lang zu ihr; das sind etwa drei bis fünf Sekunden. Danach suchen Sie sich an einer anderen Stelle den nächsten Gesprächspartner und bleiben wieder einen Gedanken lang mit diesem in echtem Kontakt. Dabei gehen Sie nach der „M-W-Technik“ vor: Sie suchen die fünf Punkte eines großen „M“ für die ersten fünf Personen, dann folgt ein großes „W“.

In dieser Situation müssen wir die Menge der visuellen Information reduzieren und unser Hirn auf diesem Weg vor zusätzlicher Überlastung schützen. Was Ihre Nervosität garantiert steigern würde: Der oft angepriesene „schweifende Blick über alle Zuhörer hinweg“ – er wird Ihnen auch keinen echten Kontakt vermitteln. Meine Empfehlung:

Aktiver Augenkontakt – einen nach dem anderen – einen ganzen Gedanken lang!

Anfangs werden Ihnen diese drei bis fünf Sekunden unendlich lang erscheinen, aber es zahlt sich aus, diese Technik zu trainieren – zum Beispiel beim entspannten Gespräch mit mindestens zwei Freunden. Da haben Sie Gelegenheit, unauffällig mit jedem Ihrer Partner drei bis fünf Sekunden Augenkontakt zu trainieren. Sobald Sie den aktiven Augenkontakt automatisch beherrschen, reduzieren Sie damit nicht nur Ihre visuellen Eindrücke, Sie nehmen auch wirklich Kontakt mit Ihren Zuhörern auf. Gleichzeitig verleiht Ihr ruhiger Kontakt-Blick Ihren Worten ungleich mehr Nachdruck als ein offensichtlich unsicheres Hin- und Herblitzen Ihrer Augen.

Signale der Kompetenz senden!

29.4. Mit diesen einfachen Empfehlungen wirken Sie natürlich, sicher und zuverlässig.

Die Doppelstrategie für sichere und „bewegende" Wirkung: Standpunkt UND drei Energieventile

Der von uns angepeilte Eindruck „sicher und überzeugend" umfaßt zwei Komponenten: Ruhe UND Bewegung. Sie benötigen daher Instrumente, die Ihnen einerseits Ruhe bringen (und diese auch signalisieren lassen) und andererseits Wege, die überschüssige nervöse Energie zu verbrauchen – eben Bewegung.

Standpunkt zeigen – fest und ruhig!

Unruhige Beine, wippende Füße verraten Ihre Unsicherheit, ohne daß das Ihre Zielpersonen bewußt registrieren müssen: Diese Person steht nicht fest, schwankt, steigt von einem Fuß auf den anderen – will weg. Genau das mag ja auch die Ursache Ihrer Bewegungen sein: ein unbewußter Fluchtversuch, der Drang, die unangenehme, bedrohliche, stressige Situation da vorne so rasch als möglich zu verlassen!

Wie sieht demgegenüber der „feste Standpunkt" aus?

- Körper frontal der Zielgruppe zugewendet;
- beide Beine gleich belastet etwa schulterbreit auseinander;
- Gewicht auf der vollen Sohle (nicht auf den Zehen, nicht auf der Ferse);
- voll aufgerichtet (Kopf, nicht Nase hoch!);
- Arme frei seitlich hängend oder die Hände locker oberhalb der Gürtelschnalle ineinander gelegt;
- freundlicher, zuversichtlicher Gesichtsausdruck (dank Ihrer positiven Grundeinstellung).

All das gehört zum „Standpunkt" – und das ist gleichzeitig Ihre Grundposition unmittelbar vor Ihrem ersten Wort. Diesen Standpunkt zu zeigen, wird Ihnen aber besonders schwerfallen, solange soviel Energie in Ihrem Körper steckt. Deshalb eben die Doppelstrategie, denn Standpunkt allein genügt nicht:

Positive Energieventile öffnen – Beine und Arme kontrolliert einsetzen.

Überschüssige Energie befreien!

29.5.
Nervosität plus Verkrampfung (links oben) führt zu Blockaden. Der feste Stand auf beiden Beinen (rechts oben) funktioniert nur, wenn Sie gleichzeitig **„Energieventile"** einsetzen. Neben der **lauten Stimme** verbraucht besonders die **kontrollierte Ortsveränderung** (unten) viel überschüssige Energie: Dazu bauen Sie sich bewußt Wege im Raum ein, aber zeigen Sie immer wieder zwischendurch „Standpunkt"! Das dritte Energieventil sitzt in den Händen bzw. Armen: **Gestik und Blickführung.**

Ausgangsposition – gerade und frontal

29.6. Die obere Reihe zeigt drei Figuren, die häufig von unsicheren Vortragenden eingenommen werden (auch wenn es – wie ganz rechts – gar nicht nach Unsicherheit aussieht!). – Was Sie statt dessen mit Ihren Händen tun, zeigt die Dame in der Mitte unten: Die Hände locker ineinanderlegen, knapp oberhalb der Gürtellinie, mit Unterarmen, die parallel zum Boden laufen. Für geübte Präsentatoren empfehle ich die Grundhaltung mit seitlichen Armen (links unten). Voraussetzung dabei: Die Hände bleiben wirklich ruhig und finden auch häufig den Weg nach oben für reichhaltige Gestik. – Besonders im angloamerikanischen Raum sieht man oft die saloppe Vortragshaltung (unten rechts), die aber leicht „lässig“ wirkt.

Wohin mit den Händen?

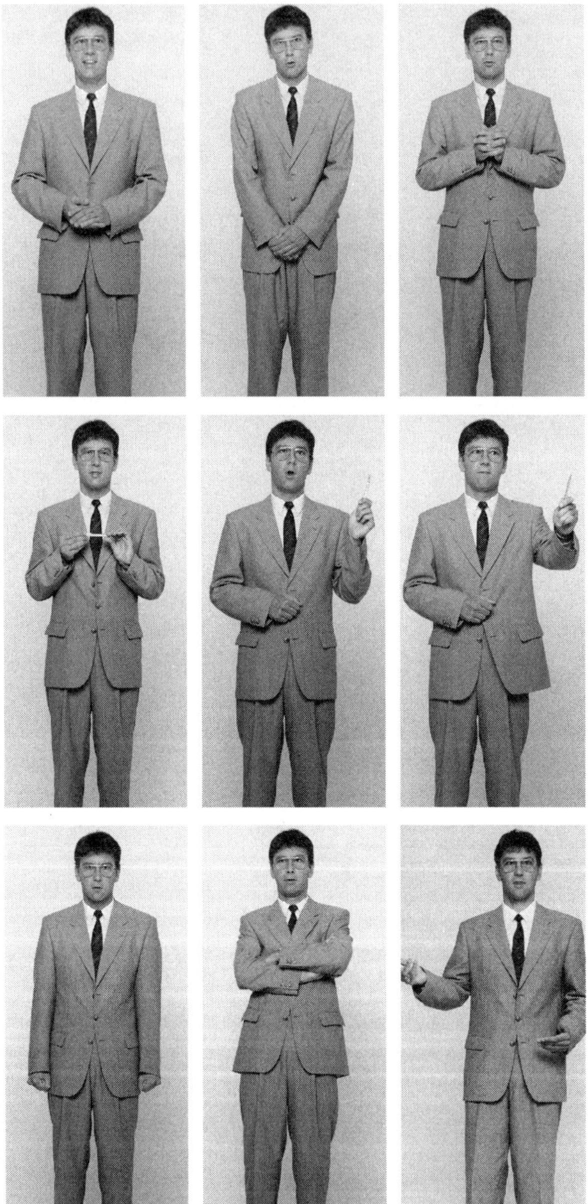

29.7. Nur die erste und die letzte Position sind richtig – alle anderen Bilder zeigen unproduktive Handpositionen, die bei unsicheren Präsentatoren häufig zu beobachten sind: das „Feigenblatt“ und sein Gegenstück, die „Bettlerhaltung“, das Spiel mit dem Bleistift, das oft belehrend oder drohend wirken kann, die in den seitlich hängenden Fäusten zerriebene Energie oder die Barriere der vor der Brust verschränkten Arme. – Demgegenüber eine Empfehlung (oben links): die Hände locker ineinander gelegt, zur Stabilisierung dürfen Sie den Daumen leicht anfassen. Wichtig dabei: die Hände knapp oberhalb der Taille – und halten Sie die Unterarme etwa parallel zum Boden. Nicht geeignet für stärkere Damen und Herren! Am allerbesten: lebendige Gestik! (unten rechts).

Energieventil 1: Kontrollierte Ortsveränderung

Die schlechte Nachricht: Sie müssen festen Standpunkt zeigen! – Die gute Nachricht: Sie brauchen diesen Standpunkt nicht ewig durchhalten. Sie dürfen nicht nur, Sie sollen sich sogar im Raum bewegen – aber nicht durch nervöses, zielloses Auf-und-Abwandern! Bauen Sie bewußt Wege ein, die Ihnen helfen, auf kontrollierte Weise Ihre Energie zu verbrauchen:

- auf Ihre Zielgruppe zu (zum Beispiel beim Start);
- zu einem Hilfsmittel;
- in Richtung Fenster (wenn Sie sich auf das Wetter beziehen);
- zu einem Flip-Chart, auf dem die Tagesordnung steht;
- zur Projektionsfläche;
- zu einem „Ding“, das Sie bewußt irgendwo plaziert haben, einfach, um dorthin gehen zu können.

Dazwischen aber bleiben Sie demonstrativ stehen und signalisieren „Standpunkt“.

Standpunkt + Ortsveränderung = dynamische Ruhe.

Wie groß die Bewegungen sein sollen? Wie oft Sie diese Bewegungen einbauen? Wie schnell Sie sich bewegen? Das ist Teil Ihrer Persönlichkeit, das finden Sie für sich selbst heraus, wenn Sie in sich hineinhören.

Energieventil 2: Energie nach oben – die Hände nützen!

Dieses Energieventil können wir als Präsentatoren auf zwei unterschiedliche Weisen nützen:

Blickführung – visuelle Hilfsmittel als Ankerpunkte: Hier lernen wir Ihre visuellen Hilfsmittel von einer anderen Seite kennen (bisher haben wir darüber gehandelt, daß diese Hilfsmittel einerseits Ihnen selbst die notwendigen Stichworte bringen und so „Mattscheibe“ verhindern, andererseits Ihren Zielpersonen Einsichten und Verständnis vermitteln). Visuelle Hilfsmittel sind aber auch hervorragende „Energieableiter“: Sie ermöglichen Ihnen nicht nur kontrollierte Wege (das war Thema des Energieventils 1), sie bieten Ihnen auch Zielpunkte – Ankerplätze – für große Armbewegungen. (Die Technik

Energie nach oben – Hände hoch!

29.8. Die obere Reihe zeigt Signale der Kraft- oder Hoffnungslosigkeit. Dagegen unten: die Hände oberhalb der Gürtellinie, kräftig durchgestreckte Handgelenke, öffnende Bewegungen – das demonstriert Zuversicht und Kraft!

Bildhafte Gestik – Einsicht in Zusammenhänge

29.9. Zeigen Sie „Gleichgewicht“ (oben links), ein Größenverhältnis (oben rechts), die Höhe eines Stapels von Gesetzbüchern (unten links) oder schlicht, daß dies drei Vorteile sind (unten rechts). – Wichtig bei allen Gesten: Führen Sie sie groß und deutlich aus – und lassen Sie die Hände kurz in der Endposition verweilen.

der Blickführung nach der Touch-Turn-Talk-Methode kennen Sie ja bereits.) Gleichzeitig sind diese großen Armbewegungen, mit denen Sie den Blick Ihrer Zuschauer führen, Signale der Sicherheit, denn sie lassen Ihren Körper größer, raumfüllender erscheinen. Ganz nebenbei stabilisiert die Technik der Blickführung Sie selbst – es ist viel leichter für Sie, während des Touch-Turn-Talk ruhig zu stehen.

Große, bildhafte Gestik: Arme und Hände sind wahrlich ein produktives Energieventil, denn Sie können damit viel mehr machen, als bloß Blicke führen: Bildhafte Gesten unterstützen Ihr Wort und können sogar fehlende visuelle Hilfsmittel ersetzen: Bildhafte Gesten vermitteln Ein-Sicht und machen aus Zu-Hörern Zu-Schauer. Ihr Körper hat ein beachtliches Vokabular an solchen sinnvollen Arm- und Handbewegungen – beobachten Sie sich bloß einmal selbst in einer entspannten Gesprächssituation mit Freunden! Natürlich fließende Gestik ist nicht nur ein Energieventil, sondern unterstützt auch Ihre Wirkung:

Nur wer sich selbst bewegt zeigt, kann auch andere bewegen!

Leider blockiert der Streß der ersten Minuten Ihres Auftrittes diese natürliche Gestik, und Sie müssen sie mit einer bewußten Willensanstrengung freisetzen. Das fällt leichter, wenn die Hände frei hängen oder locker ineinanderliegen (siehe Standpunkt). Sie werden auch feststellen, daß Gesten dann leichter kommen, wenn Sie den Bann mittels Blickführung gebrochen haben.

Energieventil 3: Die laute Stimme

Lautes Sprechen ist nicht nur wichtig für das Verständnis entfernt sitzender Zuschauer. Lautes Sprechen ist auch ein Signal der Sicherheit – und: Lautes Sprechen verbraucht mehr Energie! Ein weiterer, positiver Nebeneffekt: Der Klang Ihrer eigenen Stimme wirkt um so beruhigender, je kräftiger er ist.

- Tip: **Regulieren Sie automatisch Ihre Lautstärke,** indem Sie sich zur Gewohnheit machen, zum entferntest sitzenden Zuhörer zu sprechen.

- Tip: **Lautes Sprechen verbraucht nicht nur Energie, sondern auch Flüssigkeit.** Nehmen Sie vor der Präsentation ausreichende Mengen Flüssigkeit zu sich – nicht eisgekühlt, ohne Kohlensäure.

Das Wichtigste aus diesem Kapitel

- Nervosität (Lampenfieber) ist ein Zeichen dafür, daß Ihr Körper richtig funktioniert und Energie für eine kritische Situation bereitstellt.
- Grundvoraussetzung eines erfolgreichen Auftrittes ist die positive Grundeinstimmung („Ich freue mich …“), für die Sie selbst verantwortlich sind.
- Wenn Sie ruhig und locker wirken wollen, müssen Sie eine Doppelstrategie einsetzen: Standpunkt zeigen und Energieventile nützen.
- Die wichtigsten Energieventile sind die kontrollierte Ortsveränderung und die große Blickführung am visuellen Hilfsmittel.

Kapitel 30

Stimmt die Sprache? – Tips für verbale Optimierung

Vorurteil: „Bei guten visuellen Hilfsmitteln ist die Sprache nebensächlich."

Über Sprechtechnik werden ganze Bücher geschrieben – wir beschränken uns hier im wesentlichen auf jene Punkte, die in der Präsentationssituation besonders wichtig sind:

- Was Sie sagen, während Sie mit Ihren Hilfsmitteln hantieren;
- wie Sie bei der Blickführung und Bilderklärung sprechen;
- worauf es in kritischen Phasen Ihres Vortrages ankommt.

Kommunikation = Bild + Ton

Wir haben bisher den nonverbalen Elementen der Präsentation unser Hauptaugenmerk geschenkt: den Signalen Ihres Körpers, den visuellen Hilfsmitteln und der Technik im Umgang mit diesen Hilfsmitteln. Die Sprache haben wir dagegen ziemlich vernachlässigt. Nicht deshalb, weil sie eine vernachlässigbare Größe darstellt, sondern weil unsere ganze Erziehung ohnedies die Sprache so stark in den Vordergrund stellt. Es ist auch viel leichter, Rechtschreibfehler zu zählen, als die kommunikative Wirkung eines Schülers zu benoten.

Die folgenden Empfehlungen betreffen übriges jede Ihrer Kommunikationssituationen – nicht nur die Präsentation!

- Tip: **„DU" statt „ICH"** – sprechen Sie mehr davon, was der Zuschauer sieht, hört, wissen will. Und weniger davon, was SIE zeigen, sagen, für wichtig halten.
- Tip: **„ICH" gezielt verwenden** – sprechen Sie aber ruhig von sich, wenn das wichtig ist. Verstecken Sie sich nicht unnötig hinter „man" und unpersönlichen Formulierungen!

- Tip: **Ersetzen Sie abstrakte Konstruktionen durch plastische Beispiele!** Das hilft nicht nur dem Verständnis, damit mobilisieren Sie auch das gestische Potential Ihres Körpers!
- Tip: **Bauen Sie nur kurze Sätze!** 15 Worte pro Satz ist ein guter Richtwert. Bei längeren Sätzen vermeiden Sie Schachtelungen. Maximal ein Nebensatz pro Hauptsatz!
- Tip: **Verwenden Sie einfache, aktive, positive Sätze!** Wollen Sie, daß Ihr Text leicht und in kurzer Zeit erfaßt werden kann? Verwenden Sie dazu einfache, aktive, positive Sätze, denn diese sind sprachlich leichter faßlich und erfordern weniger Zeit für die Erkennungsarbeit im Gehirn. Zum Beispiel ist der Ausdruck: „Verwenden Sie einfache, aktive, positive Sätze" sprachlich einfacher als: „Komplizierte, negative Sätze in der Leideform sollten nicht verwendet werden."

30.1. Vorsicht bei Fachchinesisch! In einer Expertenrunde brauchen Sie es, außerhalb sollten Sie Fachausdrücke und Abkürzungen immer wieder – wie beiläufig! – erklären.

- Tip: **Wiederholung sichert Einprägung.** Sie wollen, daß man sich Ihre Botschaften merkt? Dann müssen Sie dafür sorgen, daß die Information vom Kurzzeit- in das Langzeitgedächtnis übertragen wird. Zum Beispiel lesen Sie gerade den Ausdruck „Verwenden Sie einfache, aktive, positive Sätze“ bereits zum viertenmal – jedesmal in einem anderen Zusammenhang. – Wenn jetzt die Spezialisten und Gurus aller (technischen) Disziplinen die Nase rümpfen und meinen, Wiederholungen und einfache Sätze paßten vielleicht zur Waschmittelwerbung, nicht aber in Fachvorträge: Die beiden letzten Tips finden Sie zum Beispiel auch in einer Broschüre der amerikanischen Gesellschaft der Erdölgeologen …

- Tip: **Sprechen Sie laut und langsam!!!**

Als Vortragender brauchen Sie die Sprache aber nicht nur als Träger jener (vorwiegend digitalen) Informationen, die Sie nicht bildhaft dargestellt haben, sondern vor allem, um aus Ihren visuellen Hilfsmitteln alles herauszuholen, was drinsteckt. Wir brauchen die Sprache also als notwendige Ergänzung für unser „Gesamtkunstwerk Präsentation“. Und in diesem Zusammenhang gilt es zu vermeiden, daß der verbale Teil Ihre Zielgruppe irritiert und vom Inhalt und von Ihrer Botschaft ablenkt.

Wer sich Zeit nimmt, wirkt sicher!

Nicht nur schnelle, fahrige Bewegungen wirken unsicher, auch pausenloses Sprechen und erhöhtes Sprechtempo. Woher kommt die Hektik und warum wirkt sie unsicher?
Die (oft unbewußte) Angst vor dem Versagen führt dazu, daß viele Vortragende besonders zu Beginn der Präsentation von der fixen Idee besessen sind, jedes Atemholen, jedes Innehalten könnte von der Zielgruppe als „Hänger“ („Mattscheibe“, „Faden verloren“ …) interpretiert werden, jede kleinste Pause könnte zu einem existenzbedrohenden Zwischenruf führen oder dazu, daß unsere Zielpersonen versehentlich bereits den Saal verlassen.
Beobachten Sie den Sprechstil erfolgreicher Redner – von deren Pausentechnik können wir viel lernen! Und auch viele „dynamische Typen“ verstärken genau diese Dynamik durch bewußte Pausen. Signalisieren Sie daher, daß Sie Herrin oder Herr der Lage sind – auch wenn Ihnen anfangs ganz anders zumute ist. Besonders die folgenden Situationen vertragen – und verlangen! – Pausen:

– der Beginn Ihres Vortrages, der Augenblick vor dem ersten Satz;

- die Blickführung, wenn Sie Ihren Blick vom Publikum weg und auf die Leinwand richten (der Moment des TOUCH);
- eine kleine Panne – wenn zum Beispiel etwas zu Boden fällt und Sie es aufheben;
- das Hantieren mit Unterlagen oder mit Geräten.

Und genau dieser letzte Punkt ist für uns Präsentatoren eine ständige Gefahr:

Beim Bilderwechsel sprechen?

Zum Stereotyp des „routinierten Vortragenden" gehört der kontinuierliche Fluß von Worten, unabhängig davon, was gerade geschieht: „Hier zeichnet sich eine Entwicklung ab, die [Vortragender wechselt das Bild, ohne seinen Redefluß zu unterbrechen] zu drei Ergebnissen geführt hat ..." Natürlich wirkt das recht souverän – und wenn dieser Eindruck Ihr wichtigstes persönliches Ziel ist, wichtiger als effektive Übermittlung von Inhalten, dann liegen Sie mit dieser Technik richtig. Manchmal allerdings auch auf dem Bauch, zum Beispiel dann, wenn das nächste Bild nicht zu Ihrem begonnenen Satz paßt.

Saubere Überleitungen bauen!

In Kapitel 23 haben Sie einiges über Blickführung und Aufmerksamkeitssteuerung erfahren. Dort finden Sie die einzelnen Phasen Ihres Umganges mit Ihrem visuellen Hilfsmittel – jedes Bild wird sinnvollerweise vorher angekündigt! Diese Ankündigung kann vielerlei Gestalt annehmen: Hinweis („Als nächstes kommt ..."), Aufforderung („Denken wir an ...") oder Frage („Welche Folgen hat das?"). In jedem Fall signalisieren Sie, daß etwas Neues kommt und worum es sich ungefähr handelt.
Was Sie aber nicht dürfen: Ihre Aussage komplett vorwegnehmen, zum Beispiel:

> „Als nächstes sehen Sie die Umsatzentwicklung, aus der Sie einen dramatischen Rückgang bei unserem Hauptprodukt entnehmen können."

Eine richtige Überleitung kündigt das Thema an, spart aber die Botschaft aus:

> „Sehen wir uns die Umsatzentwicklung bei den einzelnen Produkten an."

- Tip: **Je wichtiger die Idee, desto wichtiger die Ankündigung:** „Die folgende Darstellung ist von zentraler Bedeutung für das Verständnis des Problems."

Eine wirkungsvolle Überleitung sprechen Sie komplett zu Ende, bevor Sie das nächste Bild freigeben. Bei der Diapräsentation ist das einfach, da drücken Sie am Ende Ihres Satzes auf den Knopf der Fernsteuerung. Ebenso bei der Datenprojektion. Was aber ist bei der Folie?

Nervenkitzel Folienwechsel

Auch bei einem geübten Präsentator dauert ein Folienwechsel drei bis fünf Sekunden, wenn die gezeigte Folie sauber abgelegt und die nächste Folie ordentlich justiert wird. In dieser Zeit sind Ihre Augen und Hände voll beschäftigt. Wann sprechen Sie Ihre Überleitung – vor dem Folienwechsel, während oder nachher? Die Angst vor einer „so langen" Pause verführt viele Vortragende, die Zeit des Folienwechsels verbal zu überbrücken. Das hat verschiedene Nachteile:

- Hantieren und gleichzeitiges Sprechen ist eine größere Belastung, macht Sie selbst nervös und läßt Sie hektisch wirken.
- Ihre Worte gehen unter, da sich Worte gegen Bewegungen nicht durchsetzen.
- Sie sprechen ohne Blickkontakt zum Publikum.
- Sie blockieren Ihren „Ladeprozeß", der Sie auf Ihr nächstes Hilfsmittel vorbereiten soll.

Genug Gründe für eine klare Empfehlung:

Legen Sie eine Sprechpause ein, während Sie mit Ihren visuellen Hilfsmitteln hantieren!

Diese Pause wird Ihnen anfangs schwerfallen, da Sie sie als peinlich und endlos empfinden. Für den Zuschauer wirkt diese Pause jedoch weder lange noch endlos. Sie gibt im Gegenteil Gelegenheit, die Gedanken zu ordnen und erleichtert den Einstieg in den nächsten thematischen Schritt. – Natürlich darf die Pause nicht ZU lange werden – bei zehn Sekunden wird es tatsächlich peinlich! Durch richtiges „Timing" Ihrer Überleitung verkürzen Sie die Pause aber psychologisch:

„Welche Ursachen sind für diese Entwicklung verantwortlich?"

Folienwechsel in Ruhe, während die Zuschauer durch Ihre Frage angeregt sind, ihre bisher vorliegenden Informationen zu diesem Thema zu aktivieren.

Drei Minus-Tips für verbalen Selbstmord

Behauptungen

Menschlich verständlich, aber gefährlich: ein Bild zu zeigen und sofort die Aussage zu verkünden, die Sie mit diesem Bild meinen. Beschreiben Sie zuerst, was auf dem Bild zu sehen ist, und ermöglichen Sie es Ihren Zuhörern, gemeinsam mit Ihnen die Aussage nachzuvollziehen:

- „Was bedeutet das für uns?"
- „Daraus können wir schließen ..."
- „Diese Informationen lassen nur eine einzige Interpretation zu: ..."

Daher: **Ersetzen Sie Behauptungen durch Schlußfolgerungen und Fragen!**

Bankrott-Phrasen

Ihre Zuhörer sind gekommen, um von Ihnen etwas Neues, Interessantes, Wissenswertes zu erfahren; folgende Redewendungen sind daher tödlich:

- „Es ist nicht viel, was ich Ihnen zu bieten habe ..."
- „Eigentlich bringt der nächste Abschnitt nichts Neues ..."
- „Die meisten Informationen betreffen Sie gar nicht."

Natürlich haben wir Angst vor zu hohen Erwartungshaltungen – aber solche verbalen Kapitulationen sind ungeeignete Mittel, die Erwartung zu reduzieren – damit frustrieren Sie bloß.

Daher: **Bankrott-Phrasen vermeiden!**

Weichmacher

„Weichmacher" sind Worte, Phrasen oder grammatikalische Konstruktionen, mit denen Sie einer Konfrontation ausweichen:

- Die **Möglichkeitsform:** „Das würde bedeuten ...", „Eine Interpretation wäre ...".
- Die **Leideform:** „Es wurde festgestellt ...", „Die Meinung wird vertreten, daß ...".
- **Unpersönliche Konstruktionen:** „Dazu kann man folgendes aussagen ...", „Es ist schon verschiedentlich aufgefallen ...".
- **Polsterwörter:** „wahrscheinlich", „vielleicht", „möglicherweise".

Weichmacher sind immer dann besonders gefährlich, wenn Sie etwas ganz Konkretes erreichen wollen: einen Aktionsvorschlag aussprechen, eine Genehmigung bekommen, Kompetenzen klarstellen. Daher statt: „Ich würde vorschlagen ..." oder „Man könnte ...", besser: „Ich schlage vor: ...". Statt: „Wir könnten damit X einsparen", besser: „Damit sparen wir X ein."

Daher: **Verwenden Sie diese Weichmacher nicht routinemäßig, sondern nur gezielt!**

30.2.

Damit das funktioniert, ist entscheidend, daß Sie Ihre Frage oder Denkaufforderung auch als solche deklarieren – wichtig ist hier der Blickkontakt, der etwas länger verweilt als bis zur letzten Silbe. – Das verleiht Ihren Worten Nachdruck und fordert auf, sich mit Ihrer Frage oder Ihrem Denkanstoß auseinanderzusetzen.

Das Wichtigste aus diesem Kapitel

- Verständlichkeit ist oberstes Gebot – sowohl akustisch als auch inhaltlich.
- Als Vortragender brauchen Sie Sprache vor allem, um Ihre Bilder „aufzuschließen".
- Die wichtigsten sprachlich-stimmlichen Mittel sind die Überleitungen bzw. Ankündigungen und: die Pause – besonders während Ihrer Bewegungen (Ortswechsel, Folienwechsel).
- Vermeiden Sie alle Äußerungen, durch die Sie selbst, Ihre Hilfsmittel, Ihre Botschaft, Ihr Vortrag heruntergemacht werden.

Kapitel 31

Ihr Einstieg in den Vortrag – was Ihnen zu einem gelungenen Start verhilft

Vorurteil 1: „Das wichtigste ist, möglichst schnell zum ersten Bild zu kommen."

Vorurteil 2: „Man muß das Publikum erst einmal ordentlich anwärmen, bevor man richtig loslegen kann."

Vor der ersten Minute haben praktisch alle Vortragenden Angst – egal, ob sie mit oder ohne visuelle Hilfsmittel arbeiten. Dementsprechend gibt es zu diesem Thema auch eine Fülle von Tips. Wir beschränken uns auf die besonders wichtigen Aspekte:

- Warum die ersten Sekunden so kritisch sind;
- wie Sie bei der Vorbereitung Ihres Starts vorgehen;
- welches die besonders kritischen Punkte dieser ersten Minuten sind;
- was Ihnen (ergänzend zu Kapitel 29) gegen Lampenfieber und zu mehr Sicherheit verhilft.

30 Sekunden reichen für ein Etikett!

Versetzen wir uns in die Lage der Zuschauer: Was interessiert uns zu Beginn eines Vortrages am meisten?

- Wer ist der/die da draußen? Wie sieht er/sie aus?
- Was ist das für ein Typ?
- Worum geht es überhaupt?
- Zahlt es sich für mich überhaupt aus aufzupassen?
- In welcher Stimmung ist er/sie?

Bevor diese Fragen nicht beantwortet sind, haben Ihre Inhalte es schwer, begriffen oder gar angenommen zu werden.
Wir neigen alle dazu, uns möglichst schnell ein (Vor-)Urteil zu bilden, um eine Sache abhaken zu können, um uns zu orientieren. Das hilft uns bei der

„Gerader Kerl" – oder „schräger Typ"?

31.1. Die Position oben links ist ausreichend gerade – alle anderen sind ziemlich bedenklich. Gewichtsverlagerung von einem Bein auf das andere zeigt Unruhe (oben, Mitte und rechts), zuviel Vorneigung verlagert das Gewicht auf die Zehenspitzen (unten links) und fesselt Sie an einen Punkt. Das vorgeschobene Becken (unten Mitte) wirkt für viele (Männer) als herausfordernde Geste, die zum Angriff reizt. Die halb seitliche Position signalisiert entweder einen bevorstehenden Angriff oder (wie es der Gesichtsausdruck vermuten läßt) – Fluchtgedanken.

Bewältigung des Alltags: Sonst müßten wir uns zum Beispiel beim Anblick jedes Polizisten fragen: „Ist das wirklich ein Polizist?" So aber sehen wir die Uniform und schließen auf den Inhalt. Und abgesehen von Krimiszenen stimmt dieser Schluß auch.
Diese Tendenz, möglichst schnell Etiketten zu verteilen und die Mitmenschen in Schubladen unterzubringen, bedeutet, daß die ersten Sekunden eines Auftrittes besonders kritisch sind. In diesen Momenten schätzen wir den Menschen ein, der da vorne steht. Ist er sicher oder nervös? Ist er überheblich oder sympathisch? Nach 30 Sekunden sind wir damit fertig.
Dieses erste Urteil ist natürlich nicht das endgültige – aber es beeinflußt unsere folgenden Wahrnehmungen. Wer mir in den ersten Sekunden zu verstehen gibt: „Das wird interessant!", dem gegenüber öffne ich mich eher, als wenn einer Langeweile ausstrahlt. Deshalb sollte Ihre Devise für den Einstieg lauten:

Eine Brücke schlagen – die gemeinsame Basis sichern!

Natürlich besteht ein gewaltiger Unterschied zwischen einem formellen Vortrag vor einem großen Publikum und einer informellen Arbeitssitzung. Je informeller die Situation, je besser entwickelt die Beziehung, je größer die Nähe aller zum Thema, desto kürzer kann die Einleitung ausfallen. Sie sollten sie aber nie gänzlich weglassen.

Die Vorbereitung Ihres Einstieges

Der natürlichste Moment, sich über den Anfang den Kopf zu zerbrechen, ist nach Fertigstellung des Hauptteiles. Vor allem wissen Sie jetzt ganz genau, was Sie zum Beispiel ankündigen können.
Wie beginnt man bei einer Fünf-Minuten-Präsentation? Der stärkste Einstieg ist sicherlich eine provozierende Frage: „Wieviel Radioaktivität verträgt ein zwölfjähriges Kind?" Oder: „Werfen wir absichtlich in jeder Stunde 1000 € beim Fenster hinaus?" – Wenn Sie sich scheuen, Ihr Thema so aggressiv anzugehen, können Sie es trotzdem mit einer Frage tun: „Worum geht es heute? Radioaktivität oder Gesundheit lautet unser Thema."
Und die Begrüßung? Mit etwas Mut zu einer unkonventionellen Lösung können Sie die Begrüßung ohne weiteres hinter Ihre Schlagzeile setzen. Aber Vorsicht: Verspielen Sie nicht den rasanten Start durch eine langwierige Begrüßungsfloskel.

Was alles in die Einleitung eines längeren Vortrages/Referates gehört ...

Begrüßung

↓

Einleitung		
	Eröffnung	Aufhänger (aktuelles Ereignis), Zitat, interessantes Beispiel, ungewöhnliche Statistik, Anekdote
	Thema !	am besten als griffige Schlagzeile
	Einführung	Relevanz des Themas (Bedeutung für die Zielgruppe) Definition, Ausgrenzungen, Vorgeschichte (Hintergrund) persönlicher Bezug des Vortragenden
	Orientierung	**Inhaltsübersicht !** Zeitplan Modalität für Fragen

↓

Hauptteil

31.2. ... aber nur die mit ! gekennzeichneten Teile „müssen" sein. Alles andere hängt ganz von der Situation ab.

Verläßliche Rezepte für einen verpatzten Start

- Minustip: **Der gewaltsame Witz.** Humor ist gut, aber besser nicht am Anfang – außer der Witz paßt genau zum Thema, und Sie sind sicher, daß er gut ankommt.
- Minustip: **Plumpe Schmeicheleien.** Sicherlich ist es gut, von den Zuhörern angenommen zu werden – aber nicht um diesen Preis! Ersetzen Sie Lob durch Anerkennung – statt: „... vor einem so exzellenten Auditorium ...",

besser: „... vor einem Auditorium, das folgende Leistungen vollbracht hat: 1. ..., 2. ...“ Vor allem aber: Bleiben Sie ehrlich!

- Minustip: **Minus-Meldungen.** Wir vertragen als Zuhörer durchaus die Wahrheit – sie muß allerdings nicht wie eine kalte Dusche kommen. Minus-Meldungen sind: „Wir haben es wieder nicht geschafft ....“
- Minustip: **Entschuldigungen.** Unterdrücken Sie Ihren Geständniszwang („Ich konnte mich leider nicht richtig vorbereiten“) – machen Sie das Beste aus der Situation, denn Absolution gibt's keine, und Mitleid ist ein schlechter Bundesgenosse.
- Minustip: **Eine Einleitung, die länger als 10 % der Vortragszeit dauert.**

Die kritischen Minuten

Diese sind je nach Präsentationssituation sehr unterschiedlich – für eine extrem formelle und eine sehr informelle Situation habe ich Ihnen die Schrittfolge vorgeschlagen (Bild 31.4). Punkte, die auch von routinierten Vortragenden regelmäßig vernachlässigt werden, sind:

- Tip: **Die schweigende Vorbereitung des Arbeitsplatzes.** Es ist nur zu verständlich, daß wir unter dem Druck des Adrenalins schon loslegen wollen – tun Sie es nicht!
- Tip: **Geräteüberprüfung – erste Folie auflegen.** Nehmen Sie sich JETZT die Zeit, diese notwendigen Handgriffe zu tun – sonst müssen Sie sich mitten im ersten Schwung nochmals unterbrechen!
- Tip: **Pause vor dem Start.** Dazu gehört eine Menge Selbstüberwindung, aber es zahlt sich aus. Besonders vor einem größeren Forum beginnen Sie erst zu sprechen, wenn praktisch alle Blicke bei Ihnen sind. Sie werden merken, wie dabei auch der Geräuschpegel im Saal sinkt
- Tip: **Ausatmen!** Gefühlsmäßig meinen Sie jetzt wahrscheinlich: „Tief Luft holen und hineinspringen.“ – Tun Sie's nicht! Atmen Sie ruhig aus, und beginnen Sie mit Ihrem ersten Satz, wenn Sie meinen, daß eigentlich fast gar keine Luft mehr in Ihrem Brustkorb sitzt. Probieren Sie es ruhig aus, und Sie werden feststellen, daß zum Sprechen immer noch genügend Luft da ist.

Mißverstandene Damenhaftigkeit

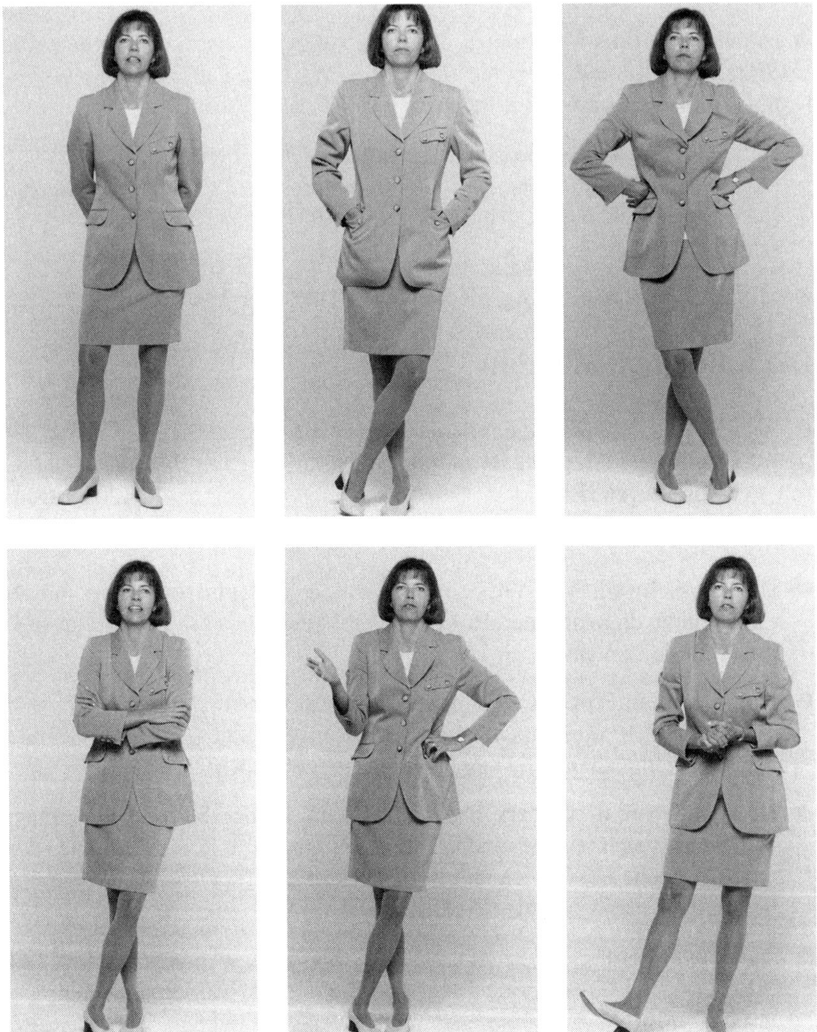

31.3. Weibliche Präsentatoren stehen oft vor einem Dilemma: Sollen sie ihre männlichen Kollegen imitieren (obere Reihe) oder jene lockeren Positionen einnehmen, die „typisch weiblich" sind? – Meine Empfehlung: Eine aufrechte, frontale Position mit gleich belasteten Beinen paßt durchaus zu einem grundsätzlich weiblichen Auftritt!

Die erste Minute einer Präsentation

Informeller Rahmen	**Formeller Rahmen**
1. Material bereithalten (Folien, Manuskript, Stifte, Notizblick ...)	1. Material bereithalten (Folien, Manuskript, Stifte, Notizblick ...)
2. Schwungvoll (!) aufstehen und zum Vortragsort gehen	2. Schwungvoll (!) aufstehen und zum Vortragsort gehen
	(3. Vorstellungszeremonie mit freundlichem Gesicht in Richtung Zuhörer genießen)
3. Arbeitsplatz herrichten (Fernsteuerung, Zeiger, Stifte, Uhr ...)	4. Arbeitsplatz herrichten (Fernsteuerung, Zeiger, Stifte, Uhr ...)
(4. Wenn vorher nicht möglich: Geräte und Einstellung überprüfen)	(5. Wenn vorher nicht möglich: Geräte und Einstellung überprüfen)
5. Dia-/Datenprojektor mit Schwarzdia/-folie einschalten; OHP: erste Folie auflegen, aber ohne Licht	6. Dia-/Datenprojektor mit Schwarzdia/-folie einschalten; OHP: erste Folie auflegen, aber ohne Licht
	7. Blicke sammeln, schweigender Rundblick
6. Ausatmen	8. Ausatmen
7. Begrüßung („Guten Morgen.“)	9. Begrüßung („Meine sehr geehrten Damen und Herren “)
	(10. Wenn nicht erfolgt: Selbstvorstellung)
8. Direkte Einleitung („Der nächste Punkt auf unserer Liste sind die Rationalisierungsreserven ...“)	11. Indirekte Einleitung (Aufhänge, Einführung, Thema ...)
	12. Erstes Bild zeigen

31.4.

Positive „Augen-Ankerplätze" für den Start!

Der Start ist der Moment Ihrer größten Unsicherheit! Was hätten Sie in dieser Phase lieber: Partner, die Ihnen freundlich und erwartungsvoll zunicken oder solche, die mit kritisch verzogenem Gesicht den Kopf schütteln? Eine innere Stimme sagt Ihnen, daß von den zweiten Gefahr droht und Sie diese daher im Auge behalten müssen – und was bringt Ihnen das? Zusätzlichen Streß – ohne daß Sie auch nur die geringste Chance hätten, diese kritischen, desinteressierten oder schlicht gelangweilten Typen „augenblicklich" umzustimmen! Handeln Sie deshalb bewußt gegen diesen inneren Drang, und suchen Sie sich für die ersten Minuten Partner, die Sie aufmunternd, fröhlich, interessiert, zustimmend ansehen. Das gibt Ihnen Kraft und Zuversicht und macht es Ihnen leichter, unmittelbar nach der Startphase auch die mißmutigen, kritischen (aber vielleicht gerade besonders wichtigen) Zielpersonen in Angriff zu nehmen (genau das tun auch erfolgreiche Verkäufer, wenn sie sich für den Beginn des Tages einen „leichten" Kunden vornehmen!).

- Tip: **Vorsicht vor gewohnheitsmäßigen Nickern** – bleiben Sie bei denen nicht hängen, sonst frustrieren Sie einen wichtigen (aber nach außen hin weniger positiven) Entscheidungsträger!

31.5. Positive Augen-Ankerplätze beim Start geben Kraft und Zuversicht!

Sonderfall: Der Start als Schulungsleiter

Ich schreibe bewußt „Schulungsleiter" und nicht „Trainer". Diese Zeilen sind für Personen bestimmt, die nicht hauptberuflich schulen, sondern immer wieder über ihr Fachgebiet Schulungen halten müssen – oder dürfen. Die meisten dieser gelegentlichen Schulungseinsätze dauern zwischen zwei Stunden und einem ganzen Tag – und für diese Situation empfehle ich Ihnen das TRAINER-Strukt. Das ist ein Arbeitsblatt, mit dem Sie Ihre Gedanken für die ersten Minuten rasch und einfach sammeln und damit sicher sein können, daß Sie auch nichts Wesentliches vergessen haben.

Starter: Beginnen Sie schwungvoll – NICHT mit einer langatmigen Erklärung, warum Sie eigentlich jetzt ganz woanders sein sollten ... Eine provokanten Schlagzeile unterscheidet Sie von den typischen Schulungsreferenten und läßt Ihre „Schüler" die Ohren spitzen.

Plakat: Ja, ich meine wirklich ein Plakat – ein großes Stück Papier, Flip-Chart-Größe –, das Sie attraktiv gestalten und das all denen, die den Schulungsraum betreten, signalisiert: Das wird interessant! – Unmittelbar nach Ihrem Start marschieren Sie zu diesem Plakat und erläutern es. Beziehen Sie sich dabei auf die Ihnen anvertrauten Teilnehmer:

- „Wobei soll Ihnen diese Veranstaltung helfen?"
- „Warum ist dieses Thema für Sie unter Umständen lebenswichtig?"
- „Ich – für euch": Bringen Sie ein paar farbige Details zu Ihrer Person. Erzählen Sie aber keine Romane – insbesondere nicht über vergangene Siege und Heldentaten. Der zweite Teil („für euch") soll Sie daran erinnern, Ihren persönlichen Hintergrund mit dem der Teilnehmer zu verbinden: „Was Sie besonders interessieren wird: Ich habe mit genau diesem Thema einmal fast 100.000 Franken in den Sand gesetzt."

Drei Dinge, die an den Anfang JEDER Schulungsveranstaltung gehören

Die folgenden drei Teile bringe ich selbst immer auf Flip-Chart-Plakaten, die ich entweder bereits (verdeckt) im Raum drapiert habe oder die ich gleich im Anschluß an die Vorstellung befestige (Klebeband mitnehmen!).

1. **Leitfaden:** Eine einfache Inhaltsübersicht machen Sie dadurch „appetitanregend", daß Sie die einzelnen Abschnitte etwas ungewöhnlich und persönlich formulieren. Also statt: „Das Qualitätssicherungsprogramm

TRAINER-Strukt

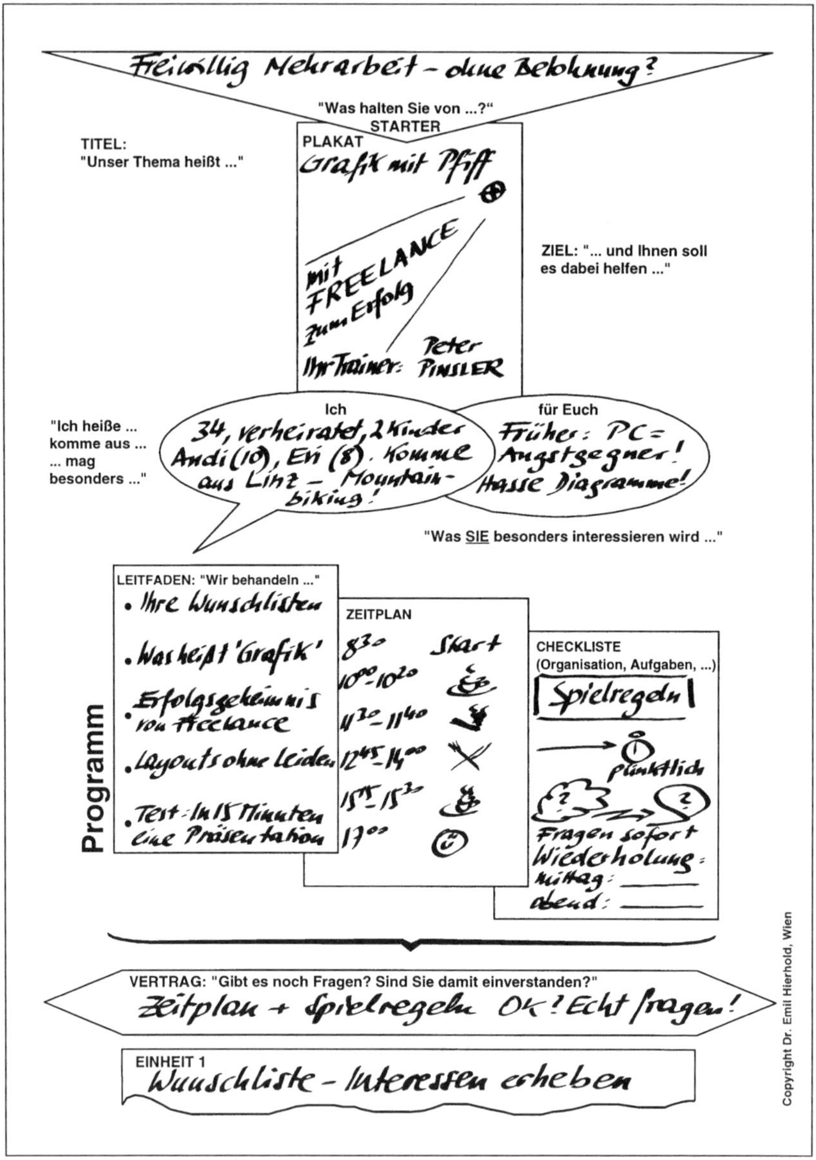

31.6. Dieses Arbeitsblatt hilft Ihnen bei der Planung der kritischen ersten Minuten jeder Schulungsveranstaltung (Kopiervorlage im Anhang).

unserer Firma“, besser: „Hinter den Kulissen der Qualitätssicherung“. Falls Sie einige Teilnehmer bereits kennen oder wissen, aus welchen Bereichen diese kommen – bringen Sie die geplanten Inhalte mit diesen Personen in Beziehung: „Dieses Thema wird auf Herrn Dr. Heinrich von der Werbeabteilung demnächst zukommen, weil ...“

2. **Zeitplan:** Wenn Sie diesen NICHT bringen, erhalten Sie unter Garantie beim übernächsten Schritt („Gibt es noch Fragen?“) die Reaktion: „Und wann machen wir eine Pause? Wann ist es aus?“

- Tip: **Setzen Sie sich nicht selbst unter Druck!** Geben Sie immer spätere Zeiten für Pausen und Ende an, als Sie tatsächlich planen. Über diese Abweichung ist niemand böse, besonders, wenn Sie sie damit begründen, daß die Teilnehmer so „verdammt schnell mitmachen“.

3. **Checkliste:** Dafür müssen Sie kein Plakat haben. Ich verwende oft ein einfaches Stichwortkärtchen, das mir hilft, nichts zu vergessen, was ich über die Seminarorganisation sagen muß.

Mit den Teilnehmern einen Vertrag schließen – unter gleichberechtigten Partnern.

Vertrag: Es ist so einfach, an dieser Stelle eine echte Zustimmung der Schulungsteilnehmer zu erhalten – und so unendlich wertvoll. Teilnehmer schätzen es, als erwachsene Menschen behandelt zu werden, in gleicher Weise akzeptieren sie aber auch, daß eine gewisse Disziplin notwendig ist. Bekräftigen Sie dieses Einverständnis, indem Sie ausdrücklich fragen:

„Sind Sie mit dieser Vorgangsweise einverstanden?“

Dann – und nur dann! – können Sie sich im Falle einer Störung durch einen Teilnehmer auf diesen Vertrag berufen und das Interesse der Gesamtgruppe vertreten:

„WIR haben vereinbart, daß ...“

Einheit 1: Unmittelbar darauf geht es los – marschieren Sie zu Ihrem Leitfaden, weisen Sie auf den ersten Inhaltspunkt, und beginnen Sie mit Ihrem Programm.

Die StichBILDliste für einen sicheren Start

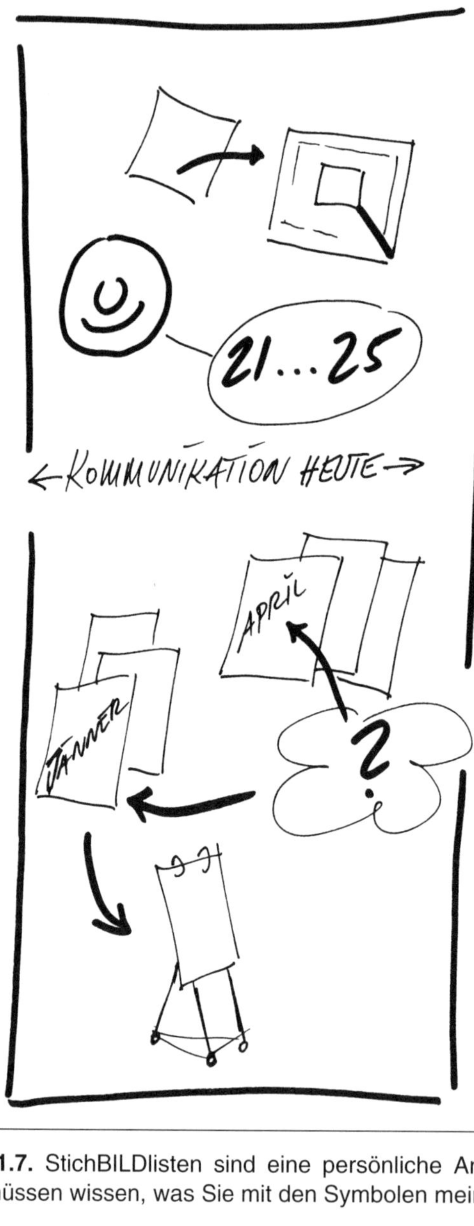

Was ich zu tun habe:

Erste Folie auf Projektor legen, Stifte usw. ordnen. Positiv einstimmen. Fünf Sekunden Pause einlegen, alle ansehen, ausatmen.

Was ich sage:

„Guten Morgen! Willkommen bei unserer Konferenz zum Thema ‚Kommunikation heute'."

„Seit unserem letzten Treffen am 21. Januar sind drei Monate vergangen – was ist in der Zwischenzeit geschehen? Das fragen Sie sich mit Recht."

Zum Flip-Chart gehen, Tagesordnung aufschlagen.

„Folgende Punkte behandeln wir heute …"

31.7. StichBILDlisten sind eine persönliche Angelegenheit – nur Sie selbst müssen wissen, was Sie mit den Symbolen meinen.

Ergänzende Start-Tips gegen Lampenfieber

- Tip: Die **positive Einstellung** – siehe Kapitel 29.
- Tip: Der **positive Anker** im Publikum.
- Tip: Die **StichBILDliste.** Sie ersetzt die bekannte StichWORTliste – Bilder sind leichter aufzunehmen als Worte, und das ist gerade am Anfang sehr wichtig. Damit können Sie sicher sein, daß Ihnen keine „Mattscheibe" passiert (Bild 31.7).
- Tip: Die **geplante Ortsveränderung.** Sie wissen bereits (Kapitel 29): Lampenfieber ist pure Energie, die leider vorwiegend in den Beinen sitzt. Bauen Sie sich von Anfang an ein Ventil dafür ein, indem Sie an einem Punkt mit dem ersten Satz beginnen und dann sofort zu einem anderen Punkt marschieren. Zum Beispiel beginnen Sie fünf Schritte von der Tafel entfernt, auf der Ihre Tagesordnung zu sehen ist. Dann können Sie nach Ihrem ersten Satz sofort „flüchten", ohne daß das irgend jemand so erlebt.
- Tip: **Tagesordnung groß und sichtbar plazieren.** Die Struktur Ihres Vortrages können Sie nicht nur als Zielpunkt für eine Ortsveränderung benutzen, sondern auch, um dort mit Ihrer Hand auf die einzelnen Punkte hinzuweisen. Das baut ebenfalls nervöse Energie ab und erinnert Ihren Körper daran, daß er die Arme gefälligst nach oben heben soll.
- Tip: **Schwungvoll, aber nicht hektisch.** Das betrifft vor allem Ihr Aufstehen und den Gang zum Vortragstisch.
- Tip: **Schweigend Ordnung schaffen.** Beginnen Sie nicht zu sprechen, bevor nicht alles bereit liegt, einschließlich der ersten Folie am Projektor.
- Tip: **Blicke sammeln.** Damit signalisieren Sie vor einem großen Zuhörerkreis Autorität – denn diese Pause heißt: Aufpassen! Ausnahme: Im informellen Kreis legen Sie gleich los, da ein solcher Autoritätsanspruch die Kollegen irritieren würde.
- Tip: **Privatgespräche freundlich unterbrechen.** Räuspern und an ein Glas klopfen gehört zur Festansprache bei Tisch, aber nicht ins Konferenzzimmer. Bei einer U-Tafel treten Sie schwungvoll in die Mitte und begrüßen die Teilnehmer. Oder begrüßen Sie den Ranghöchsten mit Namen oder Titel: „Frau Vorsitzende, Sie haben einen Bericht über … verlangt …" – Damit ist alle Aufmerksamkeit bei Ihnen.

- Tip: **Freier Stand.** Verstecken Sie sich nicht hinter dem Rednerpult, treten Sie – wenn irgend möglich – daneben hin. Zeigen Sie sich in Ihrer ganzen Größe dem Publikum, zeigen Sie durch Ihre frontale Haltung, daß Sie bereit sind, sich wenn nötig auch allen Angriffen auszusetzen.
- Tip: **Geben Sie die Struktur Ihres Vortrages bekannt.** Damit beweisen Sie nicht nur, daß Sie gut organisiert sind, sondern auch, daß Sie es sich leisten können, sich festzulegen. Schließlich bedeutet der „veröffentlichte" Fahrplan ein Versprechen, bestimmte Punkte zu behandeln.

Das Wichtigste aus diesem Kapitel

- Die ersten 30 Sekunden entscheiden über das erste Urteil, das Ihre Zielgruppe über Sie fällt.
- Bei Schulungsveranstaltungen muß Ihr Leitfaden und der Start Appetit machen!
- Weil Sie zu Beginn Ihres Vortrages besonders „nervös" sind, hilft Ihnen eine StichBILDliste.
- Ihre Zuhörer wünschen sich einen souveränen, interessanten Präsentator. Die ruhige Vorbereitung des Arbeitsplatzes, eine Pause vor dem Beginn und ein freundlicher Blickkontakt wirken in diese Richtung.

Kapitel 32

Der Abschluß Ihrer Präsentation – wie Sie den entscheidenden letzten Eindruck für sich nützen

Vorurteil: „Wenn ich nur den Hauptteil schaffe – ein Schluß wird sich schon finden."

Viele Vortragende vernachlässigen die Vorbereitung des Abschlusses oder opfern ihn aus Zeitgründen; hier beantworten wir folgende Fragen:

- Warum der Abschluß so besonders wichtig ist;
- wie Sie mit einfachen Mitteln einen starken abschließenden Eindruck erzielen;
- was Sie dabei nicht tun dürfen.

Was zählt? Der erste oder der letzte Eindruck?

Wie immer Ihre Antwort ausfällt, eines steht fest: Es ist NICHT der „mittlere" Eindruck! Und genau dorthin arbeiten die meisten Vortragenden bei ihrer Vorbereitung – sie konzentrieren sich voll und ganz auf den Hauptteil, auf die inhaltlichen Argumente. Die sind natürlich wichtig, müssen aber in einen wirkungsvollen Rahmen – Einleitung und Abschluß – gesetzt werden. An den Einstieg in den Vortrag denkt man auch noch meistens („Womit soll ich beginnen? Soll ich eine Anekdote erzählen? Wen muß ich begrüßen?"), aber für den Abschluß bleibt oft keine Zeit.

Bei vielen Präsentationen gewinnt man den Eindruck, daß der Vortragende selbst überrascht ist, jetzt am Ende angelangt zu sein. Mit gewisser Erleichterung – oder Überraschung, daß er es doch geschafft hat – stellt er dann nach seinem letzten inhaltlichen Punkt fest: „Ich danke Ihnen für Ihre Aufmerksamkeit." Mit dieser Floskel ist dann immerhin allen klar, daß es jetzt endlich zu Ende ist.

Warum der Abschluß wichtig ist

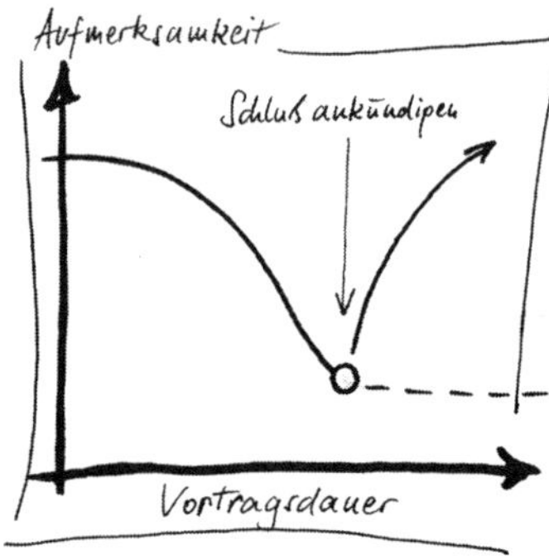

Die Ankündigung des bevorstehenden Abschlusses erhöht nochmals die Aufmerksamkeit.

Aktionsorientiert schließen: Wiederholen Sie Ihren Vorschlag – und die konkreten nächsten Schritte!

32.1. Nützen Sie die Möglichkeiten, die Ihnen eine gut vorbereitete Abschlußphase bietet.

Die Chance für einen kräftigen Schluß nützen!

Ein richtige Abschluß bietet Ihnen interessante Möglichkeiten:

- Die Zuhörer spitzen noch einmal die Ohren – die Aufmerksamkeitskurve steigt vor dem Ende an.
- Sie können Ihre wichtigsten Punkte nochmals in Erinnerung rufen.
- Sie können (nochmals) klarstellen, was jetzt passieren soll.
- Durch einen sauberen Schluß profilieren Sie sich als professioneller Vortragender.

Die Vorbereitung auf einen wirkungsvollen Schluß Ihrer Präsentation dauert nur wenige Minuten, wenn Sie sich an das Schema „Wie Sie Ihren Vortrag abschließen“ (Bild 32.2) halten; haben Sie keine Diskussion vorgesehen, dann sind es sogar nur drei Schritte:

Wie Sie Ihren Vortrag abschließen

1. Ankündigung	„Ich komme jetzt zum Schluß: ..." „Fassen wir abschließend zusammen ..."
2. Rückblick oder Essenz	„Unser Problem ist ... wir müssen handeln, damit wir die Konsequenzen a, b, c vermeiden. ... unser Vorschlag ist ... und bringt die positiven Ergebnisse x, y, z."
3. Anliegen oder Appell	„Ich ersuche Sie deshalb, der Budgeterhöhung zuzustimmen ..." „Bitte überlegen Sie die Einsatzmöglichkeiten in Ihrem Bereich!"
4. Brücke zur Diskussion	„Dazu gibt es sicher einige Fragen – wir haben 15 Minuten für die Diskussion eingeplant."
5. Stimulation	„Was ich oft gefragt werde, ist zum Beispiel ..."
6. Kondensat	„Die Diskussion hat einige zusätzliche interessante Gesichtspunkte aufgezeigt, nämlich ..."
7. Finale	„Vielen Dank für die lebhafte Diskussion. Damit ist dieses Thema abgeschlossen, und wir kommen zum nächsten Punkt ..."

32.2. Die Punkte 4 bis 7 dienen Ihnen im Fall einer Diskussion dazu, diese anzukündigen bzw. in die richtige Richtung zu lenken (4) und zögernde Fragesteller zu ermutigen (5). Versäumen Sie niemals die Chance, am Schluß der Diskussion wieder das Heft fest in die Hand zu nehmen! (6 und 7).

1. Ankündigung – damit alle noch einmal richtig aufpassen!

Sie wollen von der höheren Aufmerksamkeit profitieren, die dem Ende vorausgeht? Dann müssen Sie auf diesen Zustand entsprechend aufmerksam machen:

„Ich komme jetzt zum Schluß."

Mißbrauchen Sie aber dieses Mittel nicht: Länger als zwei Minuten darf dieser angekündigte Schluß nicht sein (abgesehen natürlich von der Diskussion)!

2. Rückblick oder Essenz

Fassen Sie bei jeder Präsentation von mehr als zehn Minuten Länge die wesentlichen Elemente, die Botschaften zusammen – am besten mit einem visuellen Hilfsmittel, das bereits verwendete Symbol nützt. Angenommen, ein Teil Ihrer Argumentation hat sich mit der schwierigen gesetzlichen Situation befaßt, und Sie haben dabei mit dem Symbol eines Paragraphen gearbeitet: Dann zeigen Sie in Ihrem Abschlußbild ohne weiteres nur mehr einen Paragraphen und erinnern an die entsprechende Passage.
Eine kraftvolle Unterstützung für diese Konzentration Ihrer Aussagen bietet Ihnen bei Überzeugungs-Präsentationen der MESSAGE-Maker im Kapitel 35 „Fragen und Einwände".
Auf keinen Fall bringen Sie neue Argumente oder Informationen in dieser Phase. Wenn Sie jetzt feststellen, daß Sie etwas vergessen haben: Halten Sie es bis zur Diskussion zurück!

3. Anliegen oder Appell

Eigentlich die einfachste Sache der Welt: Wenn ich etwas haben möchte, dann ersuche ich darum. Offensichtlich fällt es uns aber unglaublich schwer, unsere Wünsche klar zu formulieren. Es geht hier um das vierte Element, das von Chrysler-Sanierer Iacocca an die bekannte dreistufige Empfehlung für Vortragende gehängt wurde:

„Tell them, what you are going to tell them; tell them; tell them, what you have told them; TELL THEM, TO DO SOMETHING ABOUT IT."

(„Sag' ihnen, was Du ihnen sagen wirst; sag' es ihnen; sag' ihnen, was Du ihnen gesagt hast; SAG' IHNEN, WAS SIE JETZT TUN SOLLEN!")

Diese Handlungsaufforderung sollten Sie höflich, aber fest und klar aussprechen:

> „Ich ersuche Sie deshalb, der Budgeterhöhung zuzustimmen."
>
> „Bitte prüfen Sie diese Argumente gründlich, und berücksichtigen Sie sie bei Ihrer Entscheidung."
>
> „Fragen Sie bei Problemen zuerst Ihren Vertrauensmann in der Abteilung X, bevor Sie eine Beschwerde einreichen."
>
> „Nennen Sie mir bitte einen Termin, an dem ich Sie auf dieses Thema ansprechen kann."
>
> „Die nächsten Schritte sind daher: 1. ..., 2. ..., 3. ... – sind Sie damit einverstanden?"

In dieser kritischen Phase ist Ihre Person besonders wichtig. Entfernen Sie daher jedes visuelle Hilfsmittel – außer es verstärkt genau Ihren Appell.
Ihre Aufgabe ist es, an dieser Stelle zweifelsfrei klarzustellen, wer was als nächstes zu tun hat. Ihren Zuhörern ist nicht damit gedient, wenn Sie sich hinter Weichmachern verstecken! Häufig mißbrauchte Weichmacher sind Möglichkeitsform und unpersönliche Ausdrucksweise:

> „Der nächste Schritt WÄRE nun, darüber zu entscheiden ..."
>
> „MAN KÖNNTE nun diese Maßnahme einleiten ..."

Die Leerformel „Ich danke Ihnen" ist wegen ihres häufigen Gebrauches unschädlich, aber ein Zeichen der Einfallslosigkeit. Überlassen Sie diese Phrase denjenigen Vortragenden, denen kein stärkerer Abschluß einfällt.
Eine Fünf-Minuten-Präsentation kann nicht alle Fragen beantworten – sie soll sogar sinnvolle Fragen provozieren und so die Diskussion über Ihren Vorschlag vorbereiten.
WIE diese Fragestunde abläuft, ist Ihre Verantwortung – das Konzept der 15-Minuten-Kurzkonferenz (Bild 32.3) hilft Ihnen dabei.

Der erste, entscheidende (und oft vernachlässigte) Schritt ist die

4. Brücke zur Diskussion

Eine mögliche Sonderform des Appells ist die Aufforderung, Fragen zu stellen; damit signalisieren Sie auch ganz deutlich, was Sie jetzt von Ihren Zuhörern erwarten.

Die 15-Minuten-Kurzkonferenz

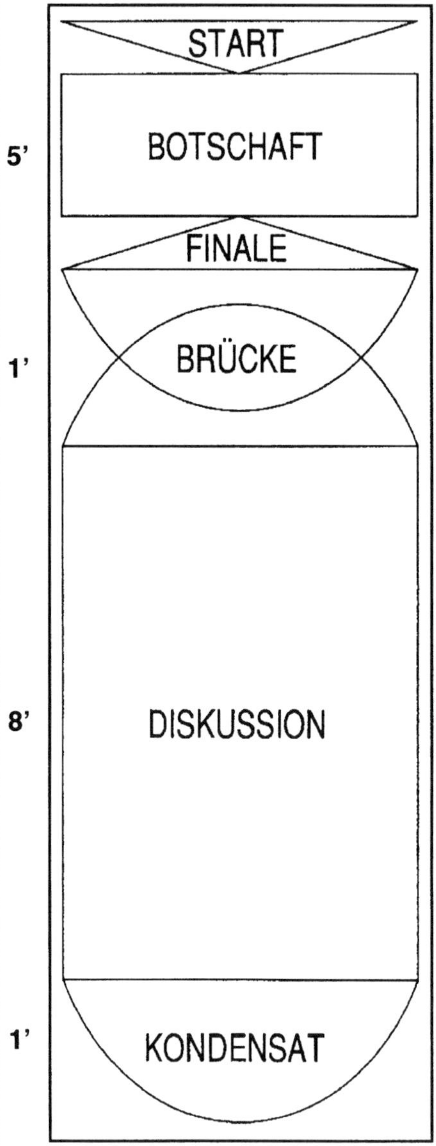

Bereiten Sie eine Fünf-Minuten-Präsentation vor (ARGU-Strukt, INFO-Strukt ...), und schließen Sie diese mit einem kräftigen Finale. Warten Sie aber nicht auf Applaus – oder auf den ersten Einwand, sondern ...

... leiten Sie zielbewußt und aktiv zur Diskussion über:

- Schlagen Sie eine Reihenfolge der Bereiche für die Diskussion vor – und holen Sie sich dazu die Zustimmung!
- Sorgen Sie für Disziplin: Zeitbegrenzung pro Beitrag, Wortmeldung ...
- Wenn keine Frage kommt: Bringen Sie die Diskussion selbst in Schwung!

Während der Diskussion behalten Sie das Heft in der Hand:

- Steuern Sie Beiträge verbal und durch Körpersignale – bewegen Sie sich und zeigen Sie „Zu-Wendung", „Stop!", Bitte Geduld!"
- Greifen Sie auf Material zurück, das Sie bereits gezeigt haben – das klärt, verstärkt Ihre Aussagen und bündelt die Aufmerksamkeit.
- Nützen Sie Spontanmedien wie Flip-Chart und Tafel zur Verstärkung: Skizzieren Sie, wie etwas funktionieren soll, notieren Sie Fragen, die Sie auf später zurückstellen ...
- Geben Sie Antworten an ALLE, nicht nur an den Fragesteller – vermeiden Sie Dialoge!
- Lassen Sie sich nicht provozieren – weder zu einem Bluff noch zu einem Streitgespräch!

Auch nach einer weniger glücklichen Diskussion sammeln Sie Ihre Kräfte – der Abschluß muß Ihnen gehören:

- Wiederholen Sie aus Ihrer eigenen Präsentation das Wesentliche – das können Sie vorbereiten! (Der MESSAGE-Maker hilft Ihnen dabei.)
- Fassen Sie das Ergebnis der Diskussion zusammen – dabei helfen Ihnen Notizen. Würdigen Sie auch kritische Beiträge, stellen Sie offene Fragen fest und bekräftigen Sie Ihre Versprechen auf nachträgliche Klärung.
- Danken Sie – „für die konstruktive, offene Diskussion" –, und schließen Sie mit einer positiven Note.

32.3.

In dieser Überleitungsphase haben Sie die Möglichkeit, die Diskussion einzugrenzen und damit von vornherein ein Ausufern zu verhindern:

„Ich schlage vor, wir beschränken uns vorerst auf einen Bereich, der uns alle betrifft, nämlich ... Sind Sie damit einverstanden?"

Holen Sie sich zu diesem Vorschlag die Zustimmung Ihrer Zielgruppe – ausdrücklich (in kleiner Runde) oder stillschweigend/stummes Nicken (großer Vortrag). Dieser „Vertrag" hilft Ihnen später, wenn Sie sich darauf berufen wollen: „WIR hatten vereinbart..."
Bei großen Vorträgen empfiehlt sich das Sammeln von Fragekärtchen: Legen Sie vor Beginn des Vortrages in jeder Sitzreihe Kärtchen und Schreibmaterial bereit, und fordern Sie die Teilnehmer auf, Fragen während des Vortrages einzeln auf die Kärtchen zu schreiben. Unmittelbar vor der Diskussion legen Sie eine kurze Pause ein und ersuchen das Publikum, die Kärtchen auf einigen bereitstehenden Pinwänden anzuheften. Sie können dann diese Kärtchen themenweise gruppieren und wesentlich sinnvoller abhandeln als einzelne Fragen.

5. Stimulation

„Und was ist, wenn keiner fragt?" Rechnen Sie damit, daß eine Diskussion, auf die Sie sich gut vorbereitet haben, die Sie dringend brauchen, nicht in Gang kommt! Bereiten Sie dafür ein paar allgemein interessante Fragen (und die Antworten dazu!) vor. Wenn nach ein paar Sekunden noch keine Frage kommt, dann:

- Tip: Richten Sie eine **Frage an sich selbst:**

  „Was ich oft gefragt werde, ist zum Beispiel ..."

  „Was viele von Ihnen sich jetzt vielleicht fragen, ist folgendes ..."

  „Eine Frage, die jetzt wahrscheinlich im Raum steht, ist ..."

- Tip: **NICHT selbst in die Offensive gehen:** „Was halten Sie von diesem Vorschlag?" Ihre Zielpersonen werden sich – auch wenn Sie positiv eingestellt sind – hüten, sich zu exponieren. Eine vorsichtig zurückhaltende Reaktion könnte von anderen aber als Ablehnung verstanden werden – und Sie gehen unter!

6. Kondensat

Eine lebhafte und längere Diskussion zeigt zwar das Interesse des Publikums an Ihrem Thema, kann aber Ihr Ziel gefährden: starke, neue Gedanken, ein engagierter Fragensteller, eine tatsächlich aufgedeckte Schwachstelle in Ihrer Argumentation – das überlagert Ihre zentralen Aussagen.
Sie haben noch eine hervorragende Gelegenheit, den Eindruck zu beeinflussen: durch Ihre Zusammenfassung der Diskussion. Damit stehen Sie wieder im Zentrum der (neuerlich hohen) Aufmerksamkeit und können kurz und prägnant die für Sie günstigen Elemente der Diskussion verstärken, weniger günstige kritisch würdigen und mit einer letztmaligen Wiederholung Ihrer Botschaft die Präsentation abschließen.

- Tip: Dieses **Resümee** ist Ihr gutes Recht – aber Sie müssen es sich oft nehmen. Sorgen Sie dafür vor, daß Sie am Schluß der Diskussion noch einmal das Wort erhalten – der Veranstalter ist vielleicht überrascht über Ihr Ersuchen, wird es in der Regel aber akzeptieren.

7. Finale

Damit schließen Sie Ihren Vortrag formal ab. Ein Dank an das Publikum kann durchaus angebracht sein – aber sagen Sie auch, wofür Sie sich bedanken: für die lebhafte oder sachliche Diskussion, für die ergänzenden Vorschläge, für die konstruktive Kritik – Aber NICHT „für Ihre Geduld"!
Je nach der Art der Veranstaltung werden jetzt Unterlagen verteilt, eine Kaffeepause angekündigt, eine Besichtigung begonnen – oder es geht mit dem nächsten Thema weiter.

Das Wichtigste aus diesem Kapitel

- Widerstehen Sie der Versuchung, den Abschluß zu vernachlässigen, und Ihre Chancen mit einem bloßen „Danke für Ihre Aufmerksamkeit!" zu vertun.
- Wiederholen Sie wichtige Botschaften am Schluß nochmals, und kündigen Sie das bevorstehende Ende an.
- Behalten Sie sich nach einer Diskussion das Schlußwort vor – damit bleibt IHR Beitrag besser verankert.

Schritt 7

Interaktionsstrategien für kritische Augenblicke

Kapitel 33

Höhepunkte und Vampire – wie Sie in heiklen Momenten die Aufmerksamkeit auf das richtige Objekt steuern

Vorurteil 1: „Wenn ein Thema interessant ist, passen die Zuhörer die ganze Zeit genau auf."
Vorurteil 2: „Ein interessantes Bild kann man ruhig länger zeigen."

In diesem Kapitel sehen wir uns ein paar dramaturgische Kunstgriffe an:

- Warum die natürliche Aufmerksamkeitskurve wichtig ist;
- wie Sie mit stimmlichen und nonverbalen Mitteln punktuelle Aufmerksamkeit erzielen;
- was Sie gegen visuelle Vampire tun können und müssen;
- was Sie gegen Müdigkeit und Langeweile im Publikum unternehmen.

Nach fünf Minuten sinkt die Aufmerksamkeit ...

„Kein Wunder dauert länger als drei Tage" – und als Durchschnittspräsentator müssen Sie einfach damit rechnen, daß der Neuigkeitswert Ihres Auftritts sehr rasch verblaßt. Rechnen Sie damit, daß das nach fünf Minuten, sicherlich aber nach zehn Minuten der Fall ist. Als Zuschauer haben wir uns dann eben auf den Vortragenden, das Thema und seinen Präsentationsstil eingestellt – natürlich hält uns das sachliche Interesse wach, aber ohne konzentrierte Aufmerksamkeit. Diese mobilisieren wir dann noch einmal, wenn wir merken, daß der Schluß nahe ist: Wir wollen ja schließlich nichts versäumen!
Gute Vortragende plazieren wichtige Aussagen daher möglichst bald – und auf jeden Fall nochmals am Ende. Aber schließlich haben Sie auch Wichtiges für die 10 bis 30 Minuten dazwischen vorbereitet. Zuerst müssen Sie entscheiden, welches die wirklich wichtigen Momente sind, in denen Sie punktuell die Aufmerksamkeit Ihres Publikums besonders brauchen.

Nachlassende Aufmerksamkeit gezielt hochhalten

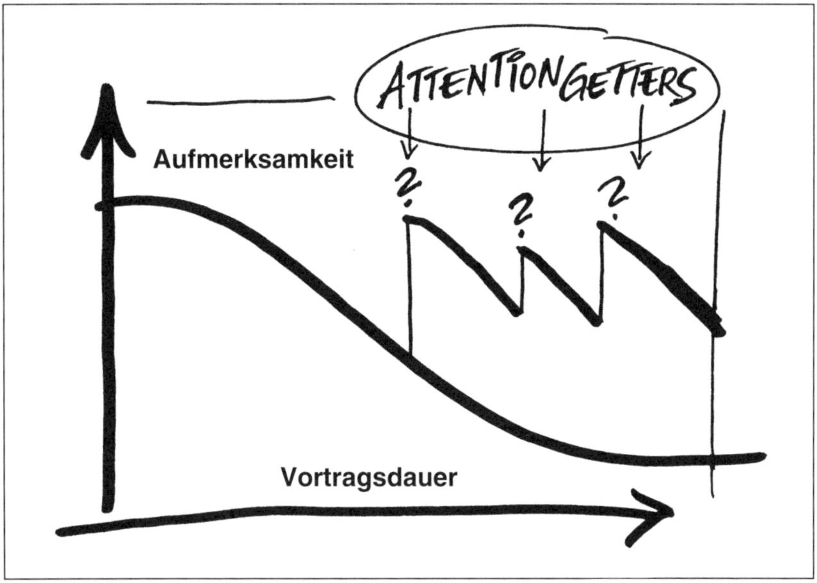

33.1. Nach dem Start sinkt die Aufmerksamkeit ab. Mit speziellen visuellen und akustischen Signalen (zum Beispiel Fragen an die Zielpersonen) sichern Sie die volle Aufmerksamkeit an den für Sie wichtigen Stellen.

„Attention Getters" – „Achtung, jetzt!"

Wir beschränken uns hier auf die „normalen" Methoden – also ohne Knallkörper, Show-Girls oder Zaubertricks. Es bleibt aber noch genug übrig:

1. Stimmliche Mittel

- Tip: **Lautstärke variieren.** Die Betonung liegt hier auf VARIIEREN – nicht auf LAUT! Ein plötzliches Zurücknehmen des Stimmvolumens wirkt nämlich genauso stark wie das Erheben der Stimme.
- Tip: **Pausentechnik.** Wir haben die Pause schon als starkes Gestaltungsmittel kennengelernt, sie steigert auch die Aufmerksamkeit des Publikums. Stille bringt Spannung – besonders wenn Sie durch gleichzeitigen ruhigen Blickkontakt signalisieren, daß Sie keineswegs den Faden verloren, sondern etwas sehr Wichtiges zu verkünden haben.

2. Sprachliche Mittel

- Tip: **Reizwörter einsetzen.** Sie kennen alle diese Worte aus der Werbung, sie sind abgedroschen, mißbraucht – aber nach wie vor wirksam:

  „JETZT erfahren Sie, worauf es wirklich ankommt …“

  „Die folgende Information ist völlig NEU …“

  „ACHTUNG! Hier kommt es oft zu kostspieligen Mißverständnissen.“

- Tip: **Aktivierungsphrasen.** Damit sprechen Sie Ihre Zuhörer einzeln oder insgesamt direkt an und stimulieren sie dadurch zu größerer Aufmerksamkeit:

  „SIE, Frau MAYER, haben bei der Qualitätskontrolle wahrscheinlich schon folgende Erfahrung gemacht …“

  „Die Damen, die DAS ERSTEMAL einen Informationsvortrag über Textverarbeitung besuchen …“

  „Was bedeutet dieses Gesetz für SIE ALS STEUERBERATER?“

  „STELLEN Sie sich folgende Versuchsanordnung VOR.“

- Tip: **Emotionales Bekenntnis.** Zeigen Sie, wie es Ihnen gefühlsmäßig jetzt geht oder in einer bestimmten Situation gegangen ist. Auch und gerade in besonders „vernünftigen“ Vorträgen mobilisieren Sie damit eine zusätzliche Aufmerksamkeitsdimension: der Vortragende als Mensch! Beispiele:

  „Das folgende Problem hat mich einige schlaflose Nächte gekostet.“

  „Als ich die Ergebnisse zu sehen bekam, war ich völlig verblüfft. Hier sind die Daten: …“

In Rhetorikbüchern finden Sie noch zahlreiche, sehr wirksame Figuren, die allerdings eher in einer Festrede oder in einer politischen Ansprache Platz haben als in einer geschäftlichen Präsentation oder in einem Fachvortrag; wir lassen sie deshalb hier weg.

3. Visuelle Mittel

- Tip: **Ein (neues) Bild.** Jede Neuigkeit bringt zwangsläufig Aufmerksamkeit. Bei einer durchgehend mit visuellen Hilfsmitteln unterstützten Präsentation nützt sich der Effekt des Bilderwechsels allerdings auch rasch ab. Trotzdem gibt es immer wieder kleine Spannungsmomente, wenn das nächste Bild erscheint – nützen Sie das, indem Sie die wichtigen Botschaften möglichst unmittelbar nach der Erklärung des Bildinhaltes bringen!

- Tip: **Medienwechsel.** Wenn Sie nach zehn Minuten Folienpräsentation einen Diaprojektor in Betrieb nehmen oder das Flip-Chart – dann entsteht für die Zuschauer eine neue Situation, die wiederum Aufmerksamkeit mobilisiert. Planen Sie diesen Wechsel also nicht zu früh, sonst verschießen Sie wertvolles Pulver!

- Tip: **Bewegung, Bewegung!** Bewegte Objekte ziehen stets vorrangig unsere Aufmerksamkeit auf sich – schon seit Urzeiten. Schließlich ist Bewegung in allererster Linie ein Signal für Gefahr. Diesen Mechanismus nützen wir bei der Gestik und der Blickführung. Als Aufmerksamkeitsstimulans brauchen wir größere, dramaturgisch noch wirksamere Bewegungen: Wechseln Sie die Seiten, gehen Sie auf Ihr Publikum zu, gehen Sie ans hintere Ende des Vortragsraumes.

- Tip: **Ein Bild kreieren.** Ein Vortrag besteht zum großen Teil aus fertigen Folien oder Dias. Für punktuelle Aufmerksamkeit brechen Sie dieses Schema und schaffen Sie ein Bild – jetzt und hier, ganz neu und nur für Ihre Zuseher! Voraussetzung ist natürlich, daß Sie dieses Bild bereits fertig in Ihrem Kopf haben und auch die Realisierung geplant ist (auf welches Medium, mit welchen Stiften, in welcher Schriftgröße?).

- Tip: **Demonstration.** Eine aktuelle Vorführung ist immer stärker als jedes Bild – besonders wenn Sie Ihre Zuhörer einbeziehen können. Dazu müssen Sie ihnen nicht Münzen aus der Nase ziehen, es genügt, wenn Sie sich irgendeinen Gegenstand ausborgen, den Sie für eine Analogie brauchen:

  > „Darf ich mir bitte einen Moment Ihre Füllfeder ausborgen, Herr Huber? Danke. Diese Füllfeder funktioniert, Herr Huber hat gerade noch damit geschrieben. Was aber nützt uns die Füllfeder, wenn die Tinte verbraucht ist? Genauso verhält es sich …"

  Natürlich könnten Sie dazu den eigenen Füllhalter nehmen, aber der Effekt wäre weniger stark.

- Tip: **Unterbrechung.** Es gibt Situationen, in denen Sie zwangsläufig sehr viele Informationen vor dem eigentlichen Höhepunkt geben müssen. In dieser Situation scheuen Sie sich nicht, eine kurze Pause mit dem Hinweis einzuschieben, daß das Wichtigste erst kommt.

Dracula läßt grüßen – Vampire beim Vortrag

„Richtige" Vampire saugen Blut; das Blut jeder Präsentation ist die Aufmerksamkeit des Publikums. Alles, was diese Aufmerksamkeit von Ihnen und Ihrer Botschaft absaugt, nennen wir Vampire.
Alles, was Sie tun und zeigen, kann zum Vampir werden – wenn es nicht genau zu dem Inhalt paßt, den Sie gerade vortragen. Besonders verbreitete Vertreter der Spezies des Vampirs sind zum Beispiel

- ein zu früh gezeigtes Bild (während Sie noch mit der Vorrede oder Überleitung beschäftigt sind);
- ein Bild, das länger sichtbar bleibt, als Sie darüber sprechen;
- ein Bild mit zu vielen Details;
- ein Bild, das gar nicht zu Ihrem Vortrag gehört („Überreste" des Vorredners auf Wandtafel und Flip-Chart; Plakate, Geräte, die zu einer anderen Veranstaltung gehören);
- schriftliche Unterlagen, die erst zu Beginn der Veranstaltung verteilt wurden;
- Muster, Bilder usw., die man „kurz durchgehen läßt".
- die Windows-Oberfläche oder ein Verzeichnis Ihres PCs, während Sie ein bestimmtes File suchen.

Das Rezept dagegen ist ganz einfach: exaktes Timing (jedes Bild erst dann, wenn es gebraucht wird – und nur so lange wie nötig) und gnadenlose Reinhaltung der „Bühne"! Wenn Sie als Vortragender im Zentrum bleiben wollen, dann sorgen Sie für einen sauberen, „reizlosen" Hintergrund.

Wenn alle gähnen ...

Für Müdigkeit Ihres Publikums können Sie nichts – bei einer Abendveranstaltung nach einem anstrengenden Tag. Müdigkeit ist auch kein aggressiver Akt, über den Sie böse sein sollten. Zusätzlich zu den oben beschriebenen Mitteln zur Aufmerksamkeitssteigerung können Sie noch einige Mittel einsetzen, um Energiereserven zu mobilisieren:

33.2. Achtung – Vampire! Entfernen Sie alles, was von Ihnen und Ihrer Botschaft ablenken könnte!

- Tip: **Akustisches Signal.** Riskieren Sie ruhig einmal einen Schlag auf das Flip-Chart oder auf das Pult – nicht als cholerischen Wutausbruch, sondern einfach zum Unterstreichen Ihrer Worte. Einen ähnlichen Effekt erzielen Sie, wenn Sie einen großen Ordner „versehentlich" fallen lassen.
- Tip: **Persönliche Ansprache:** Wenn Sie sehen, daß jemand mit dem Schlaf kämpft, dann beziehen Sie ihn – möglichst mittels Namensnennung – in die Argumentation ein. Das müssen Sie aber sehr früh tun, nicht erst, wenn der Betreffende eingenickt ist (sonst fühlt er sich ertappt und ist sehr böse auf Sie!).
- Tip: **Fragen stellen.** Eine Frage an die Zuhörer „bewegt" diese. Bedenken Sie immer:

Wer fragt, der führt!
Wer fragt, der stimuliert!
Wer fragt, der kontrolliert!

- Tip: **„Fast getroffen!“** Das kann auch in heiklen Vorstandspräsentationen passieren: Der wichtigste Ihrer Ansprechpartner droht einzunicken. Eine direkte Ansprache wollen Sie nicht riskieren – was tun? Sprechen Sie den Nebenmann an, und versuchen Sie, von diesem irgendeine Antwort zu bekommen. Der unvermutete Klang einer anderen Stimme aus nächster Nähe löst einen Adrenalinstoß aus und sichert Ihnen die volle Präsenz Ihrer Schlüsselfigur, ohne daß Sie dabei seinen Gesichtsverlust riskieren.

... aus Langeweile!

Wenn Ihrer Zielgruppe aber langweilig wird, haben Sie wahrscheinlich irgend etwas falsch gemacht: die falschen Leute eingeladen, sich nicht genügend über ihre Interessen den Kopf zerbrochen oder nicht genügend visualisiert. Beim nächstenmal werden Sie es sicher besser machen, aber was jetzt?

- Tip: **Tempo zulegen.** Das heißt nicht, daß Sie schneller sprechen, sondern daß Sie Inhalte weglassen, straffen, sich auf das wirklich absolut Notwendige konzentrieren.
- Tip: **Bündnisstrategie.** Ist die Langeweile nicht gleichmäßig verteilt, dann versuchen Sie, den oder die besonders Gelangweilten speziell einzubeziehen. Lassen Sie sich von Erfahrungen berichten, werten Sie sie auf, sprechen Sie diese Personen jedenfalls gezielt an.
- Tip: **KEINESFALLS das Problem zugeben.** Mit der Aussage: „Es tut mir leid, wenn ich Sie langweile, aber ...“ erklären Sie den totalen Bankrott. Sie zeigen, daß Sie das Problem nicht lösen können, obwohl Sie es erkannt haben, und machen den paar vielleicht noch Interessierten klar, daß es sich um eine langweilige Veranstaltung handelt.

Das Wichtigste aus diesem Kapitel

- Rechnen Sie mit einem Absinken der Aufmerksamkeit – niemand kann ununterbrochen gespannt zuhören.
- Bauen Sie „Attention Getters“ ein: Am besten etwas Neues für die Augen. Seien Sie ruhig mutig – Ihre Zuhörer verzeihen fast alles – außer Langeweile!
- Hüten Sie sich vor Vampiren! Auch Ihr bestes visuelles Hilfsmittel kann ablenken, wenn es zu früh kommt oder zu lange sichtbar bleibt.

Kapitel 34

Hilfe, eine Panne!!! Verhindern Sie, daß aus kleinen Vorfällen große Katastrophen werden

Vorurteil 1: „Pannen sind höhere Gewalt – da kann man nichts machen."
Vorurteil 2: „Einem guten Vortragenden passieren keine Pannen."

Sie werden es hoffentlich nicht brauchen – aber beschäftigen wir uns doch sicherheitshalber mit diesem Thema!

- Pannen passieren, Katastrophen werden gemacht;
- warum das Publikum Ihr bester Verbündeter bei einer Panne ist;
- wie Sie sich bei offensichtlichen Pannen verhalten.

Was ist eine Panne?

Eine Panne bedeutet, daß etwas nicht so läuft, wie Sie das geplant haben. Daraus folgt, daß um so mehr schiefgehen kann, je mehr geplant wurde. Bedeutet das nun, daß planloses, chaotisches Vorgehen vor Pannen schützt?
Die Vortragssituation ist durch den zwangsläufig strukturierten Inhalt und die Verwendung visueller Hilfsmittel geradezu ein magischer Anziehungspunkt für Pannen aller Art. Das reicht von der verkehrt liegenden Folie oder dem verdrehten Dia bis zum Geräteausfall und schließt natürlich alle „gewöhnlichen" rhetorischen Mißgeschicke ein: etwas vergessen, den Faden verlieren usw.
Und dann gibt es noch die vorhersehbaren und die nicht vorhersehbaren Pannen: Solange ein Telefon im Vortragsraum steht, kann dieses plötzlich zu läuten beginnen; eine Projektionslampe kann durchbrennen – das sind vorhersehbare Pannen. Ein totaler Stromausfall oder der Kollaps eines Teilnehmers ist nicht vorhersehbar, das fällt unter höhere Gewalt.

Vorbereitung – Notfallplanung

Die weitaus meisten Pannen können Sie mit einer normalen, guten Vorbereitung verhindern: Sie werden wenig vergessen, Sie wissen, wo Ihre Unterlagen sind, Sie haben die Routinechecks mit den Geräten durchgeführt. Mit richtig bildhaften visuellen Hilfsmitteln sind Sie sicher vor einer Mattscheibe, und dank eines echten Probelaufes wissen Sie auch, wo Sie wann was aufhängen, ablegen usw.

Was aber, wenn wirklich der Strom total ausfällt, ein Projektor seinen Geist aufgibt, der Computer streikt?

Sicher, je nach der Bedeutung des Anlaßfalles werden Sie Ersatzgeräte vorbereitet haben, aber auch die müssen erst aufgebaut werden. Gehen wir von einem Normalfall aus: Die „Technik" läßt Sie im Stich, es gibt keine Ersatzgeräte, und ein Vertagen ist nicht möglich.
So unglaublich es im Zeitalter der Raumfahrt und des Computers klingt: **Auf diesen Fall müssen Sie vorbereitet sein!** Sehr oft brauchen Sie nichts weiter zu tun, als kurz darüber nachzudenken, was Sie in dieser Situation tun würden, wenn sie an verschiedenen Stellen Ihres Vortrages auftritt. Abhängig davon und von der Art Ihrer visuellen Hilfsmittel sollten Sie sich vorher überlegen, welche der folgenden Möglichkeiten für Sie in Betracht kommt:

- Tip: **Die Präsentation abbrechen.** Das werden Sie als letzte Möglichkeit immer dann überlegen, wenn Ihre Bilder zentrale Informationen beinhalten, die anders nicht transportierbar sind. Lassen Sie sich nicht dazu drängen, „in kurzen Worten den Inhalt zu skizzieren"!
- Tip: **Weichen Sie auf ein traditionelles Medium aus:** auf Flip-Chart oder Tafel! Vorausgesetzt, Sie haben Ihre Bilder im Kopf, dann können Sie mit einfachen Mitteln sehr viel „zaubern". Und Ihre Zuhörer werden beeindruckt sein, wie souverän Sie agieren.

Wenn noch nicht feststeht, ob und wann die Technik wieder funktioniert:

- Tip: Machen Sie einfach eine **Pause!**
- Tip: **Ziehen Sie eine Diskussionsrunde vor!** Dazu rekapitulieren Sie kurz den letzten Abschnitt (der „Schock" über die Panne verhindert bei den Zuhörern meist, daß das knapp davor Gesagte in das Langzeitgedächtnis übernommen wird!).

Neben dieser „geistigen Mobilmachung" sollten Sie auch einen kleinen **„Notfallkoffer"** vorbereiten, der folgende Dinge enthält:

- eine Rolle Klebeband;
- eine Schere oder ein Taschenmesser;
- wasserfeste Folienschreiber (vier Farben);
- breite Filzstifte (vier Farben);
- einen (abwischbaren) Boardmarker (für weiße Flächen);
- eine Reservelampe für den OHP (falls nicht eingebaut).

Ihr Publikum will keine Pannen

Diese (selbstverständlich klingende) Feststellung ist sehr wichtig für Sie: Das Publikum ist tatsächlich mehr als bereit, jeden Vorfall zuerst einmal als „geplantes Ereignis" zu interpretieren und nicht als Panne. Das kommt daher, daß jeder normale (das heißt nicht ausgesprochen sadistisch veranlagte) Mensch mitleidet, wenn ein anderer in eine peinliche Lage gerät. Deshalb wollen Ihre Zuhörer auch allfällige Pannen so schnell wie möglich vergessen und nicht mehr daran erinnert werden. Diese Tendenz machen Sie sich zunutze.

34.1. Alles ist geplant! Ihr „Geständnis" (links) hilft niemandem, aber die Ankündigung (rechts) bringt neue Aufmerksamkeit. Und: Außer Ihnen kennt keiner die geplante Reihenfolge ...

1. Verdeckte Pannen

Üblicherweise wissen nur Sie selbst, was an welcher Stelle zu passieren hat und was nicht. Wenn etwas nicht nach (Ihrem!) Plan geht, so weiß das momentan außer Ihnen selbst niemand. Beschließen Sie deshalb, daß für Ihre Vorträge grundsätzlich gilt:

Alles ist geplant!

Das betrifft einen Punkt, den Sie vergessen haben genauso wie ein Bild, das zu früh oder zu spät auftaucht. Besonders geistesgegenwärtige Vortragende drehen das Mißgeschick zu einem spektakulären Ereignis um: „Sie werden sich fragen, was dieses Bild aus Abschnitt B hier zu suchen hat. Es soll uns daran erinnern, daß ...“ Oder: „Dieses Dia steht auf dem Kopf. Damit sind wir nicht von Texten abgelenkt und können uns ganz auf die Struktur der Teilchenverteilung konzentrieren.“ – Aber das ist meist überhaupt nicht notwendig; erklären Sie das Bild einfach so, als ob es die selbstverständlichste Sache der Welt wäre. Ich bin immer wieder verblüfft, wie viele meiner eigenen „Pannen“ nicht auffallen.

2. Offensichtliche Pannen

Versuchen Sie nicht, jedes Vorkommnis zum dramaturgischen Einfall hochzustilisieren – ein umgefallenes Flip-Chart ist nun einmal eine Panne. Für viele Pannen gilt das Prinzip:

Schweigend reparieren – weitermachen!

Nachdem nun einmal etwas passiert ist, wollen wir den unerfreulichen Zustand so rasch wie möglich beseitigen und verhindern, daß er sich einprägt. Wir stellen das Flip-Chart auf, stellen die unterbrochene Kabelverbindung wieder her, legen die verkehrt plazierte Folie richtig auf den Projektor ... ohne dabei zu sprechen. Widerstehen Sie dem Bedürfnis, die „Reparaturzeit“ dadurch zu überbrücken, daß Sie weitersprechen, als ob nichts geschehen wäre! Diese Worte würden ohne Blickkontakt gesprochen und durch die (viel interessanteren) Reparaturbewegungen überlagert sein, und Sie selbst würden beim zügigen Arbeiten gehindert werden.
Was Sie auf keinen Fall tun sollten, ist, sich zu entschuldigen. Dagegen spricht nämlich das eiserne Gesetz über die Verantwortung des Vortragenden:

§ 1: Der Vortragende ist an allen Dingen selbst schuld.
§ 2: Falls er genau erklären kann, warum er selbst nicht schuld ist, tritt automatisch § 1 in Kraft.

Sparen Sie sich also alle Erklärungen, warum das eigentlich nicht hätte passieren dürfen und was Sie alles unternommen haben, um es zu verhindern. Bestenfalls ernten Sie Mitleid – und Mitleid ist ein schlechter Verbündeter für den Vortragenden. Auch Schuldzuweisungen wie in der Politik helfen Ihnen nicht: „Der Organisator hat mir zugesagt, daß die Fenster schalldicht sind." Stellen Sie sich auf die Situation ein, machen Sie das Beste daraus (das kann im Notfall auch ein energischer Abbruch sein!), aber beklagen Sie nicht Ihr Schicksal.

Wärmen Sie Pannen niemals auf!

Wenn Sie es als Vortragender geschafft haben, ein kleines Mißgeschick zu reparieren – dann erinnern Sie Ihre Zuschauer nicht am Ende Ihrer Präsentation noch einmal daran: „... und es war mir wirklich sehr unangenehm, daß diese beiden wichtigen Dias verkehrt kamen."

3. Ein Versprecher – na und?

Muß man einen Versprecher korrigieren? Nur dann, wenn er sinnstörend ist und aus dem Zusammenhang nicht ohnedies völlig klar ist, was Sie meinen. Am besten, Sie übergehen Ihre Versprecher ganz einfach. Und wenn Sie korrigieren müssen, dann entschuldigen Sie sich nicht dafür.

Das Wichtigste aus diesem Kapitel

- Nicht alles, was nicht nach Plan läuft, ist eine Panne – SIE bestimmen, ob das ein unbedeutender Vorfall bleibt oder ob SIE eine Katastrophe daraus machen.
- Ihr Publikum ist auf Ihrer Seite: Es will, daß alles gutgeht und akzeptiert vieles, außer Entschuldigungen und Selbstbezichtigungen.
- Wenn wirklich eine „echte" Panne passiert: schweigend reparieren, weitermachen – NICHT aufwärmen!

Kapitel 35

Fragen und Einwände – wie Sie in der Fragerunde Ihren Erfolg absichern

Vorurteil 1: „Woher soll ich wissen, was ich gefragt werde?"
Vorurteil 2: „Wer sein Sachgebiet beherrscht, ist automatisch für Fragen bestens gerüstet."
Vorurteil 3: „Spontan bin ich am besten."

Die Frage-(Viertel-)Stunde nach einem Vortrag kann einen positiven Gesamteindruck abrunden – oder zerstören. Mit verhältnismäßig wenig zusätzlichem Aufwand können Sie dieser kritischen Phase beruhigt entgegensehen:

- welche Fragen Sie schon vor der Präsentation klären sollten;
- welche Strategie Sie für Ihre Diskussionsleitung wählen;
- mit welchen Rezepten Sie diese Diskussion sicher leiten;
- was Sie in schwierigen Situationen tun.

Fünf einfache Fragen zur Vorbereitung

1. Der MESSAGE-Maker: Was will ich sagen oder wiederholen?

Routinierte Vortragende – insbesondere Politiker – zerbrechen sich nicht so sehr den Kopf darüber, wer was fragen könnte: Sie sehen die Fragestunde als Möglichkeit, wichtige Aussagen zu wiederholen. Motto: „Egal, was ich gefragt werde, ich sage auf jeden Fall …"
Es ist tatsächlich eine gute Praxis, sich die zentralen Botschaften oder Aussagen nochmals – wörtlich! – aufzuschreiben, damit Sie alle folgenden Überlegungen in diese Richtung treffen können. Leider sind die meisten Politiker keine guten Beispiele für jemand, der im Geschäftsleben Erfolg haben möchte. Trotzdem können wir in dieser Weise von ihnen lernen, daß wir uns auf unsere wirklich wichtigen Botschaften konzentrieren. In der Hitze der Diskussion fallen Ihnen nämlich die richtigen, knappen Formulierungen nicht ein

– erst nachher. Bei dieser entscheidenden Vorbereitungsarbeit helfen Ihnen MESSAGE-Maker und – ich versprech's! – zum letztenmal die Kästchen mit den Überschriften/Titelzeilen Ihres ARGU-Strukt.

Diskussionsgestaltung

Bei kleineren Gruppen, klaren Schlüsselfiguren, sachlicher Orientierung	**Bei größerem Publikum, ohne klare Schlüsselfiguren, emotionaler Atmosphäre**
Ihre Zielsetzung	
Aufklärung aller Unklarheiten Beantwortung aller Fragen volle Befriedigung der Entscheidungsträger fachlich überzeugen	Einbindung aller Zuhörer Beantwortung der wichtigsten Fragen keine Blöße geben persönlich überzeugen
Hauptprobleme	
mangelnde Wortdisziplin offene Fragen „unter den Teppich"	mangelnde Wortdisziplin zu lange Beiträge abgleiten in Nebenbereiche
Strategien	
Teilnehmer ausdrücklich zum Fragen ermuntern ausufernde Beiträge zum Thema zurückführen Fragen zwecks Zeitgewinn wiederholen Erfolg der Antwort überprüfen, nachfragen lassen	Diskussion eingrenzen straffe Kontrolle der Wortmeldungen lange Beiträge abschneiden Fragen „für alle" wiederholen Fragen durch Neuformulierung entschärfen Fragesteller vom Weiterfragen abhalten

35.1. Ihre Zielsetzung, die Publikumsanalyse und der Präsentationstyp helfen Ihnen, eine wirksame Strategie für die Diskussion zu entwickeln.

MESSAGE-Maker für fünf überzeugende Botschaften

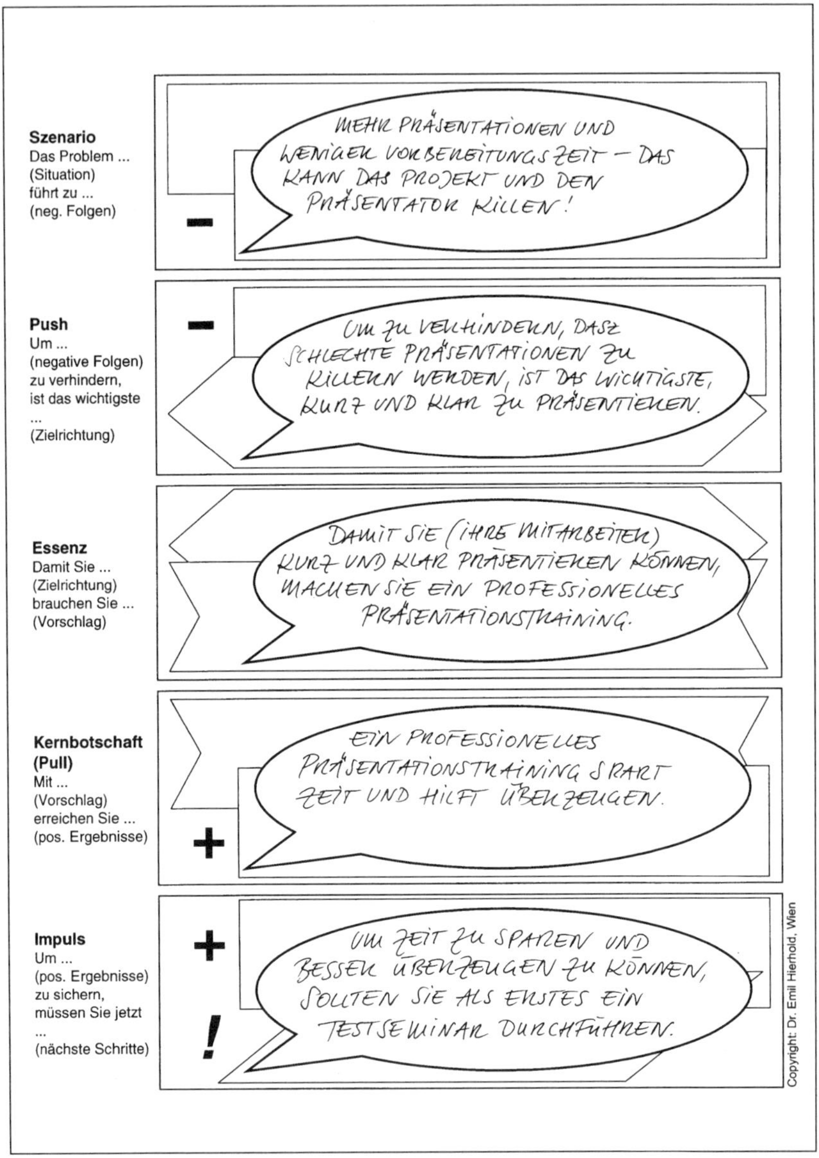

35.2. Die fünf Botschaften des Seminaranbieters – abgeleitet aus seinem ARGU-Strukt (Bild 8.7) (Kopiervorlage im Anhang).

Ist Ihre Struktur logisch aufgebaut, dann folgt eine Aussage aus der vorhergehenden. Verknüpfen wir jeweils zwei dieser Aussagen, indem wir die eine mit der anderen begründen, dann erhalten wir nicht nur eine kompakte Botschaft, sie wirkt auch psycho-logisch deshalb besser, weil sie nach „Kausalität" klingt und damit jedenfalls den Anschein der Logik für sich hat. Die fünf Botschaften:

1. **Szenario:** Sie leiten die negativen Folgen aus der Situation ab: „Weil das Problem X vorliegt, droht uns/Ihnen …"
2. **Push:** „Um diese unangenehme Konsequenz zu vermeiden, ist das wichtigste für Sie, in diese Richtung (Zielrichtung) zu gehen." (Sie erinnern sich: Unsere Zielgruppe wird nur „Ja!" zu unserem Vorschlag sagen, wenn sie sich entweder durch ein Problem geschoben – gepusht – fühlt oder wenn die attraktiven Ergebnisse sie anziehen – Pull. Dies hier ist der „Push-Teil".)
3. **Essenz:** „Damit wir/Sie … (Zielrichtung) erreichen, brauchen wir/Sie das Konzept …(Vorschlag)" – Achtung: Auch wenn Sie sehr logisch gearbeitet haben, sitzt hier eine Lücke in Ihrer Argumentation. Die Zielrichtung läßt nämlich mehrere Lösungsmöglichkeiten des Problems zu – Ihr Vorschlag ist nur eine davon. Wenn Sie sich aber in der Präsentation die Zustimmung zur Zielrichtung geholt haben, bekommen Sie üblicherweise auch ohne weiteres die Zustimmung zu der gar nicht logischen Schlußfolgerung: „WEIL wir diese (Zielrichtung) anstreben, brauchen wir … (Vorschlag)."
4. **Kernbotschaft – Pull:** Jetzt verknüpfen Sie die für Ihre Zielgruppe attraktiven Ergebnisse mit Ihrem Vorschlag: „Mit … (Vorschlag) erreichen Sie … (positive Ergebnisse)."
5. **Impuls:** Mit dieser Botschaft verstärken Sie in der Diskussion den Druck, den nächsten Schritt zu genehmigen, weil Sie ihn als Voraussetzung für die positiven Ergebnisse darstellen: „Um … (positive Ergebnisse) zu sichern, müssen Sie jetzt … (nächste Schritte) bewilligen/genehmigen."

Der MESSAGE-Maker mit diesen fünf Botschaften in gesprochenem Deutsch wird Ihnen in der Fragerunde helfen, sich immer wieder zu stabilisieren und die Diskussion auf die wirklich wichtigen Punkte zurückzuführen (und das unterscheidet Sie hoffentlich von der Mehrheit unserer Politiker …).

MESSAGE-Maker mit PC-Unterstützung

1 ☐	Weil Produktion bei Kunde-AG unter Druck
2 ☐	ist der Standort gefährdet
3 ☐	Um Gefährdung des Standortes zu verhindern
4 ☐	müssen Sie Attraktivität des Standortes erhöhen
5 ☐	Wenn Sie die Attraktivität des Standortes erhöhen wollen
6 ☐	brauchen Sie das Omega-Steuerungssystem
7 ☐	Mit dem Omega-Steuerungssystem
8 ☐	sichern Sie über Wirtschaftlichkeit und Flexibilität den Standort
9 ☐	Um Wirtschaftlichkeit und Flexibilität zu steigern
10 ☐	müssen Sie den Auftrag zu einer Vorstudie erteilen

35.3. Die fünf Botschaften (1+2, 3+4, 5+6 ...) des Repräsentanten von Omega – abgeleitet aus seinem ARGU-Strukt (Bild 8.8).

2. Was interessiert wen?

Eine ordentliche Zielgruppenanalyse macht sich jetzt nochmals bezahlt: Ich schätze, daß 90 % aller Fragen grundsätzlich vorhersehbar sind! An drei wichtige Bedürfniskategorien sollten Sie trotzdem denken, wenn Sie sich auf diese Fragen vorbereiten:

Funktionale Bedürfnisse (Funktioniert der Vorschlag? Erbringt das Gerät die Leistung, die der Betrieb braucht? Wie soll die Maßnahme durchgezogen werden? Stimmt die Qualität des Produktes?)

Finanzielle Bedürfnisse (Ist das Preis-Leistungs-Verhältnis in Ordnung? Gibt es keine billigeren Lösungen? Aus welchen Quellen wird es finanziert? Wie hoch ist das finanzielle Risiko? Wie vergleicht sich das Ergebnis mit anderen finanziellen Kennzahlen?)

Sicherheitsbedürfnisse (Kann ich mich darauf verlassen? Gibt es Erfahrungswerte dazu? Wer garantiert für den Erfolg? Wie können wir das Risiko begrenzen?)

Auf Fragen der Entscheider vorbereiten!

- Was wollen wir erreichen?
- Was soll geschehen? Wie soll es funktionieren?
- Wieviel kostet das Ganze/die einzelnen Teile?
- Wer wird es mit wem durchführen?
- Welche Hilfsmittel/Ressourcen sind dazu notwendig?
- Warum kann ich mich darauf verlassen?
- Welche Alternativen wurden geprüft?
- Wann wird begonnen? Wann ist es fertig?
- Welchen Nutzen hat die Firma/mein Bereich/ich selbst davon?
- Was soll JETZT konkret geschehen, damit es weitergeht?

35.4. In einer Kurzpräsentation können Sie nicht alle diese Fragen beantworten – Sie müssen aber darauf vorbereitet sein, daß jeder Entscheidungsträger diese Fragen stellt – und klare Antworten erwartet!

3. Welche Fragen will ich vorwegnehmen?

Es gibt zwei gute Gründe und einen schlechten, Fragen im Vortrag vorwegzunehmen:

- Wenn Teilnehmer durch eine offene Frage geistig blockiert sind – wer an etwas für ihn Wichtigem herumrätselt, kann weiteren Argumentationen nicht folgen bzw. neigt dazu, die Dinge aufgrund seiner (angenommenen) Erklärung zu interpretieren.
- Wenn Sie einen Punkt in besonderer Weise oder besonders kurz abhandeln wollen. Gelegentlich ist es besser, „den Stier bei den Hörnern zu packen" und einen Einwand gleich in der Präsentation vorwegzunehmen: „Ein auf den ersten Blick plausibler Einwand gegen unseren Vorschlag ist die Überlegung ..."
- Ein ganz schlechter Grund für den Einbau in den Vortrag ist die Zwangsvorstellung, ALLES sagen zu wollen. Genau diese fixe Idee ist das Erfolgsrezept aller chronischen Langweiler ...

4. Wann möchte ich die Fragen haben?

In vielen Präsentationssituationen stellt sich diese Frage gar nicht: In einem sehr kleinen, informellen Kreis wird zwischendurch ganz einfach gefragt; bei einem Fachvortrag vor 100 Leuten wäre das undenkbar. In jeder Situation haben Sie aber zumindest etwas Gestaltungsspielraum – und den sollten Sie nützen.

„Frage – Antwort" oder „Diskussion"? Unter „Diskussion" verstehen wir meist einen Prozeß, bei dem es kreuz und quer geht. Versuchen Sie, auch dabei stets im Mittelpunkt zu bleiben: Fragen sollten an Sie gerichtet und von Ihnen beantwortet werden! Nützen Sie jede Gelegenheit, regelnd einzugreifen:

> „Einen Moment noch, Herr Weingessel – Frau Schwab ist mit Ihrem Beitrag noch nicht zu Ende."

Hier im Text verwenden wir „Diskussion" als Überbegriff für alle Frage- und Antwortsituationen.

5. Wie steige ich in die Diskussion ein?

Ihre „Brücke" vom Vortrag zur Diskussion (siehe auch das Kapitel 32 „Der Abschluß Ihrer Präsentation") ist ein kritischer Punkt: Mit Ihrer Körperhaltung, Ihrer Stimme und Ihren Worten stimulieren oder bremsen Sie Fragesteller.

> „Gibt es Fragen?"

ist weniger einladend als

> „Welche Fragen interessieren Sie noch?"

Ein freundliches Gesicht und eine offene Handhaltung stimuliert eher als ein abgewendeter Blick, begleitet von einem Zurückweichen hinter das Rednerpult.

Je nach Art Ihrer Veranstaltung (Publikumsgröße, Zielsetzung des Vortrages usw.) ergeben sich andere Probleme und andere Strategien für die Diskussionsleitung.

Gestik – verräterisch oder lebendig?!

35.5. Wer mit dieser Geste (oben links) erklärt: „Ich freue mich auf Ihre Fragen!", wird wohl auch häufig beim ersten Einwand signalisieren: „Das geht alles links und rechts an mir vorbei!" (oben rechts). – Natürlich kann man alles übertreiben, aber unsere Welt ist so voll von „coolen" Typen, daß ein bewegter Präsentator mit seinem Engagement schon einen positiven Wert darstellt. Deshalb dürfen sich auch Körper und Gesicht bewegen – nicht nur Arme und Hände!

- Tip: **Fragemodus klären.** Ob Sie einen Diskussionsblock vorgesehen haben oder abschnittsweise Fragen erbitten oder ob Sie zum Beispiel (was ich Ihnen dringend empfehle) Verständnisfragen zwischendurch zulassen – das gehört in die Einleitung Ihres Vortrages.
- Tip: **Zustimmung einholen.** Zu diesem frühen Zeitpunkt ist es meist einfach, eine formelle Zustimmung der Teilnehmer zu diesem prozeduralen Vorschlag zu erhalten; das ist deshalb wichtig, weil Sie damit Zwischenfragen während des Vortrages unter Hinweis auf einen Gruppenbeschluß einbremsen können („WIR hatten vereinbart ...").
- Tip: **Diskussion eingrenzen.** Bei Ihrer Überleitung (Brücke) in die Diskussionsphase spezifizieren Sie, auf welche Punkte sich die Diskussion beschränken soll oder in welcher Reihenfolge die Themen „zerpflückt" werden sollen. – Holen Sie sich auch dazu die Zustimmung Ihrer Zielgruppe!
- Tip: **Wortdisziplin fordern.** Sie sind selten in einer Autoritätsposition wie der Lehrer in der Schule; arbeiten Sie nonverbal, aber konsequent. Dazu begleiten Sie Ihre Einladung „Ich bitte jetzt um Ihre Fragen!" mit einer typischen Wortmeldungsgeste. Zeigen Sie das Aufzeigen vor! Damit signalisieren Sie, in welcher Form Sie Wortmeldungen erwarten und akzeptieren werden.

Disziplin einfordern – höflich, aber bestimmt.

Natürlich müssen Sie – besonders am Beginn der Diskussion – äußerst konsequent sein: Erteilen Sie ausschließlich das Wort an Personen, die sich entsprechend zu Wort melden. Beiträge ohne die von Ihnen „verordnete" Wortmeldung lehnen Sie höflich, aber bestimmt ab:

> „Entschuldigen Sie, Herr Wagner, aber Frau Fleming hat sich zu Wort gemeldet."

Und dazu wiederholen Sie Ihre Wortmeldungsgeste.

Die Diskussion meistern

Sie sind also bestens vorbereitet und haben den Einstieg in die Diskussion bereits hinter sich. Die folgenden Taktiken helfen Ihnen, das Heft in der Hand zu behalten und diesen Test souverän zu bestehen:

Verbale und nonverbale Diskussionssteuerung

Lassen Sie sich nicht durch einen besonders aktiven Teil des Publikums dazu verführen, einen anderen Bereich zu vernachlässigen; beziehen Sie alle Teile Ihres Auditoriums gleichmäßig ein.
Dazu drei Tips:

- Tip: **Namen verwenden.** Die Ansprache mit dem Namen ist immer ein Zeichen der Wertschätzung und stimmt positiv – ein uraltes Erfolgsrezept der Verkäufer. Aber Vorsicht: Sie müssen dieses Rezept durchhalten, sonst frustrieren Sie den nicht namentlich Angesprochenen: „Und nach Frau Dr. Thun-Hohenstein jetzt bitte der Herr da in der dritten Reihe."
- Tip: **Dialog oder „Multilog"?** Bei größerem Publikum sind Sie dafür verantwortlich, daß ALLE von der Diskussion gleichmäßig viel profitieren.

Visuelle Hilfsmittel (nochmals) einsetzen

35.6. Bereiten Sie spezielle Hilfsmittel (Folien) vor, um vorhersehbare Fragen in der Diskussion zu beantworten – das signalisiert: „gut vorbereitet"! Benützen Sie auch bereits gezeigte Bilder, um damit Ihre jeweilige Antwort zu unterstützen und dabei wesentliche Aussagen zu verstärken.

Lassen Sie sich deshalb nicht von einem besonders begierigen Zuhörer zu einem Dialog verleiten. Akzeptieren Sie maximal EINE „Zusatzfrage“! Bei einer kleinen Runde wichtiger Entscheidungsträger müssen Sie dagegen jede Frage restlos klären – das können Sie sich sogar quittieren lassen: „Ist Ihre Frage (!) damit geklärt?“

- Tip: **Bewußter Augenkontakt.** Signalisieren Sie mit Ihren Augen, wer gerade wichtig ist für Sie: Während eine Frage gestellt wird, ist es ausschließlich der Fragesteller, dem Sie aktiv zuhören. Während der Wiederholung der Frage sind ALLE für Sie wichtig – Ihr Blick geht zu verschiedenen Stellen im Publikum. Die Antwort wiederum ist für ALLE – natürlich auch für den Fragesteller selbst. Kritisch ist Ihr letzter Blick: Bleiben Sie beim Fragesteller, wenn Sie sichergehen wollen, daß er mit der Antwort zufrieden ist. In allen anderen Fällen achten Sie darauf, daß Ihr letzter Blick NICHT bei der Person ist, die die Frage gestellt hat. Das wäre nämlich eine klare Aufforderung weiterzufragen. Geben Sie jedem Fragesteller Ihre volle und ungeteilte Aufmerksamkeit. Signalisieren Sie das nicht nur durch Augenkontakt, sondern auch durch Zuwendung und – wenn möglich – durch Zugehen.

Warum es lebenswichtig sein kann, Fragen zu wiederholen

Die Wiederholung von Fragen hat in unterschiedlichen Situationen verschiedene Aufgaben:

- Bei großem Publikum stellen Sie sicher, daß alle Teilnehmer die Frage verstehen – akustisch und inhaltlich.
- In einer kleinen Gruppe werten Sie den Fragesteller auf bzw. zollen ihm besondere Zuwendung.
- In einer kritisch-feindseligen Atmosphäre benutzen Sie die Wiederholung, um eine negative Frage zu entschärfen („Die Qualität Ihrer Produkte ist skandalös. Wann tun Sie endlich etwas dagegen?“ – „Was tun wir für unsere Produktqualität?“)
- In einer heiklen Situation oder wenn Sie spontan keine Antwort wissen, gibt Ihnen die Wiederholung zumindest Zeit zum Nachdenken.

- Tip: **Nur gezielt wiederholen!** Machen Sie es sich nicht zur Routine, automatisch jede Frage zu wiederholen. Insbesondere in kleinen, informellen Gruppen erwarten alle als Regelfall eine sofortige, präzise Antwort.

- Tip: **Behandeln Sie grundsätzlich alles als Frage** – auch klare Einwände: „Das ist ein längst widerlegter Denkansatz!“ – Ihre Reaktion: „Diese Frage nach der Aktualität des Ansatzes will ich so beantworten …“ (Die sogenannte „Einwandbehandlung“ ist ein Spezialthema der Verkaufstechnik; siehe dazu mein Buch „Verkaufspräsentationen – Selling to Groups“.)

Auch Einwände sind Fragen!

Weitere Tips (siehe auch Bild 32.3)

- Tip: **Referenzmaterial entfernen.** Vergessen Sie nicht, ein visuelles Hilfsmittel auch in der Diskussion sofort wieder zu entfernen, wenn Sie es nicht mehr brauchen.
- Tip: **Kein Lob für Fragesteller!** „Das ist eine ausgezeichnete Frage.“ – Dieses Lob steht Ihnen einerseits oft überhaupt nicht zu, andererseits frustriert es alle anderen Fragesteller: Waren deren Fragen schlechter? Wenn Sie hingegen ALLE Fragen konsequent loben, dann haben Sie sich erst recht als Heuchler demaskiert. Vermeiden Sie es, Fragen zu werten – aber anerkennen Sie Beiträge mit einer entsprechenden Begründung: „Diese Frage verrät eine Menge Fachwissen.“ Oder: „Diese Frage bringt uns zu einem Punkt, der oft vernachlässigt wird.“ Oder ganz schlicht: „Danke. Dazu …“
- Tip: **Beiträge notieren.** Offene Fragen und Anregungen notieren Sie für alle sichtbar auf einem zweiten Medium, zum Beispiel am Flip-Chart. Das wertet den Fragesteller auf und demonstriert, wie wichtig Sie den Beitrag nehmen. Natürlich können Sie dabei etwas umformulieren – mit der Begründung, kürzen zu müssen.
- Tip: **Kompetent bleiben.** Bleiben Sie in Ihrem Fachbereich – Lassen Sie sich nicht zu Antworten verleiten, für die Sie nicht zuständig sind. Ein Verkäufer muß nicht alle Leistungskriterien kennen, ein Techniker nicht die Lieferfristen. – Notieren Sie die Frage und den Namen des Fragestellers, versprechen Sie Antwort. Laden Sie alle anderen an dieser Frage ebenfalls Interessierten ein, ihre Visitkarten abzugeben.
- Tip: **Wichtige Botschaften wiederholen.** Dabei hilft Ihnen der MESSAGE-Maker, den wir zu Beginn dieses Kapitels kennengelernt haben.
- Tip: **Positives Resümee.** Nützen Sie die Gelegenheit, am Ende der Fragestunde die Ergebnisse so zusammenzufassen, daß damit die zentrale Botschaft Ihrer Präsentation nochmals verstärkt wird.

Das Wichtigste aus diesem Kapitel

- Zielgruppenanalyse und Zielsetzung beantworten die zwei wichtigsten Fragen, mit denen Sie sich vorbereiten: WER wird voraussichtlich WAS fragen? Und: WAS will ICH auf jeden Fall in der Diskussion verstärken?
- Nützen Sie die Chancen der Neuformulierung/Wiederholung zur Klarstellung, zur Entschärfung, zum Zeitgewinn!
- Sehen Sie auch Einwände als Fragen an – und beides als Gelegenheit, Mißverständnisse zu beseitigen.

Kapitel 36

Störenfriede und Quälgeister – schützen Sie sich gegen absichtliche und unabsichtliche Sabotage!

Vorurteil 1: „Angriff ist immer die beste Verteidigung."
Vorurteil 2: „Störungen muß man einfach ignorieren."

Das ist eine Fortsetzung des Kapitels „Fragen und Einwände" – ein Ratgeber für sehr kritische Momente, die während oder nach Ihrem Vortrag auftreten können. Wir behandeln:

- ein paar grundsätzliche Überlegungen zu „Störungen";
- unterschiedliche Anti-Störungs-Strategien für unterschiedliche Präsentationssituationen;
- konkrete Rezepte für typische Störungen.

Nicht alles, was nach „Störung" riecht, ist schon ein Angriff!

Als Vortragende stehen wir unter Streß, fühlen uns verwundbar und angreifbar. Mit den in diesem Buch bisher empfohlenen Techniken wirken Sie jedoch ganz anders: locker, sicher, überzeugend. Starke Präsentatoren brauchen aber kein Mitgefühl und keine Schonung, man kann sie ruhig ein bißchen härter anfassen.
Dieser Unterschied zwischen Ihrem (eigenen) Gefühl und Ihrer Wirkung (auf andere) ist Ursache für Probleme in der Einwandbehandlung. Wir sind als Vortragende einfach viel zu empfindlich und interpretieren zu schnell irgendwelche Äußerungen als „feindselig"! Wie lautet daher Ihre grundsätzliche Zielsetzung – insbesondere bei Störungen während der Präsentation?

So rasch als möglich weitermachen!

Daraus folgt:

- Störfaktoren nicht hochspielen.
- Jede Reaktion (Antwort) so kurz als möglich.
- Keine Dialoge, schon gar keine Konfrontationen.

Eine einfache Vier-Stufen-Strategie gegen störende Fragen während des Vortrages

Stufe 1: **Ignorieren.** Müssen Sie wirklich unbedingt alles sofort behandeln?

Stufe 2: **Quittieren.** Oft genügt schon ein Nicken oder ein Blickkontakt. Bestätigen Sie den Empfang der Frage oder des Einwandes – ohne zu antworten. Wenn Sie ganz demonstrativ quittieren wollen, dann notieren Sie den Beitrag – besonders plakativ wirkt das am Flip-Chart.

Stufe 3: **Kurz behandeln, sofort zurückkehren.** Nehmen Sie den Faden wieder auf, am besten über das zuletzt gezeigte Hilfsmittel.

Stufe 4: **Zurückstellen.** Vertrösten Sie auf später, auf die Diskussion. Ersuchen Sie eventuell um Einverständnis damit, und notieren Sie den Punkt.

Anti-Störungs-Strategien

Wie Sie sich bei einer Störung verhalten, hängt ganz von der Präsentationssituation und Ihrem offiziellen und persönlichen Ziel ab. Sie werden sich zwischen zwei unvereinbaren Alternativen entscheiden müssen:

- Geht es um die Verantwortung für den Großteil der Zielgruppe und die Veranstaltung als Ganzes?
- Oder um die Befriedigung der Bedürfnisse einzelner, starker oder prominenter Zuhörer?

Störungen bei großem Publikum

Bei einer größeren Veranstaltung mit einem inhomogen zusammengesetzten Publikum sind Sie in erster Linie für die Veranstaltung verantwortlich, nicht für absolute Harmonie mit jedem einzelnen Teilnehmer. Dazu dürfen – und müssen! – Sie Ihre Autorität als Vortragender einsetzen. Aber Achtung: Wer

Bei „Störungen" die Situation berücksichtigen!

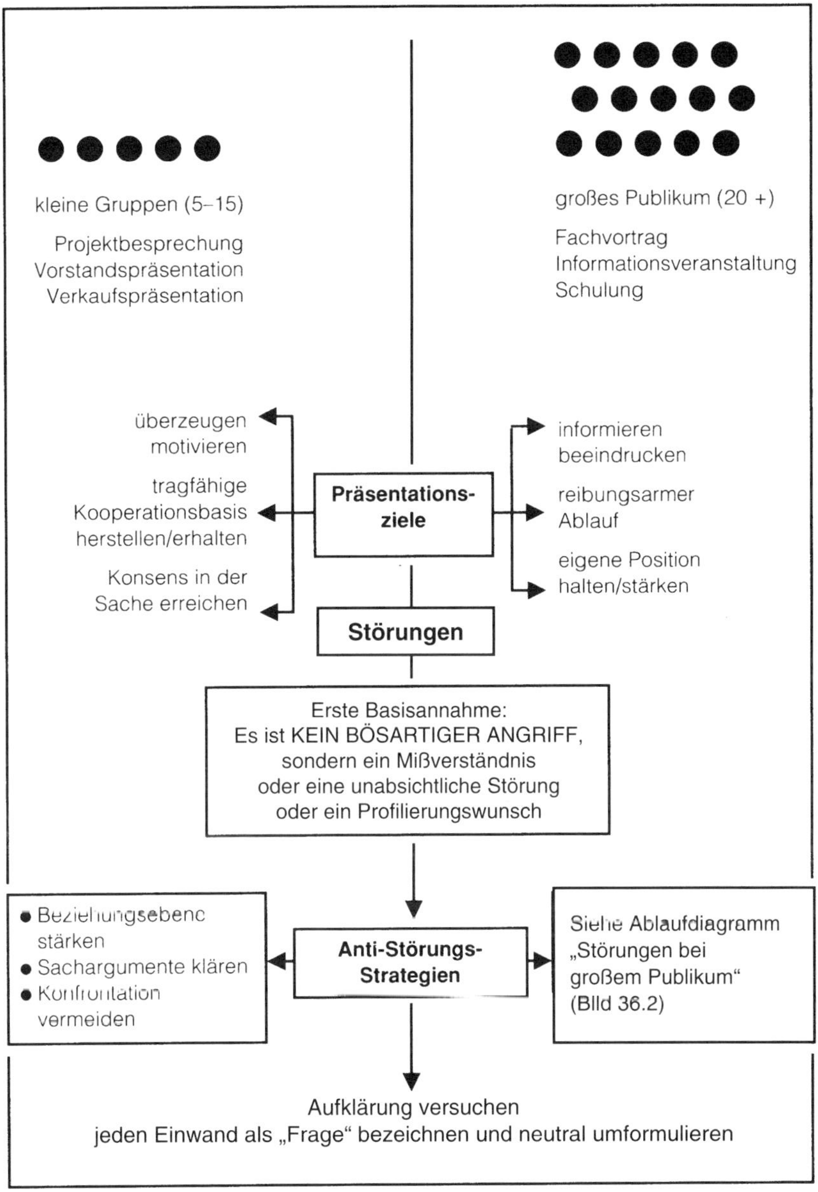

36.1.

diese Autorität zu früh ins Spiel bringt, wird zum „besserwissenden Schulmeister“ und hat statt eines einzelnen Störenfriedes plötzlich das geschlossene Auditorium gegen sich.

Bei Störungen empfehle ich Ihnen deshalb ein schrittweises Vorgehen. Der kritische Moment ist der, wenn Sie selbst zwar genau erkannt haben, daß hier jemand stört und Konfrontation sucht, der Rest der Zuhörer das aber noch nicht begriffen hat. Hier müssen Sie so lange gute Miene zum bösen Spiel machen, bis das Publikum bereit ist, sich mit Ihnen zu solidarisieren. Diesen Prozeß können Sie natürlich unterstützen:

> „Wer interessiert sich sonst noch für diese Frage?“
>
> „Wen betrifft dieses Problem sonst noch?“
>
> „Möchten Sie alle diesen Punkt näher diskutieren? Das bedeutet nämlich, daß wir für die Punkte X, Y und Z weniger Zeit haben/den Zeitplan überziehen/in die Pause arbeiten/eine Produktvorführung auslassen müssen.“

Störungen bei einer kleinen Zielgruppe

Sie können es sich kaum leisten, einzelne Entscheidungsträger zu brüskieren oder kurz abzufertigen. Sehen Sie „Störungen“ als Signale an, die möglicherweise wertvolle Hinweise auf die Interessen Ihrer Partner geben.

Deshalb:

Störungen haben Vorrang!

Das bedeutet aber nicht, daß Sie jede kleine Äußerung sofort aufgreifen müssen!

Was ist, wenn ... – typische Störungsfälle

Drei Fragen auf einmal

Ein unfairer Akt gegen alle anderen Fragesteller! Nach der ersten Frage stoppen; wenn das nicht möglich ist: Beantworten Sie jene Frage, die Ihnen am sympathischsten ist.

Störungen bei größerem Publikum

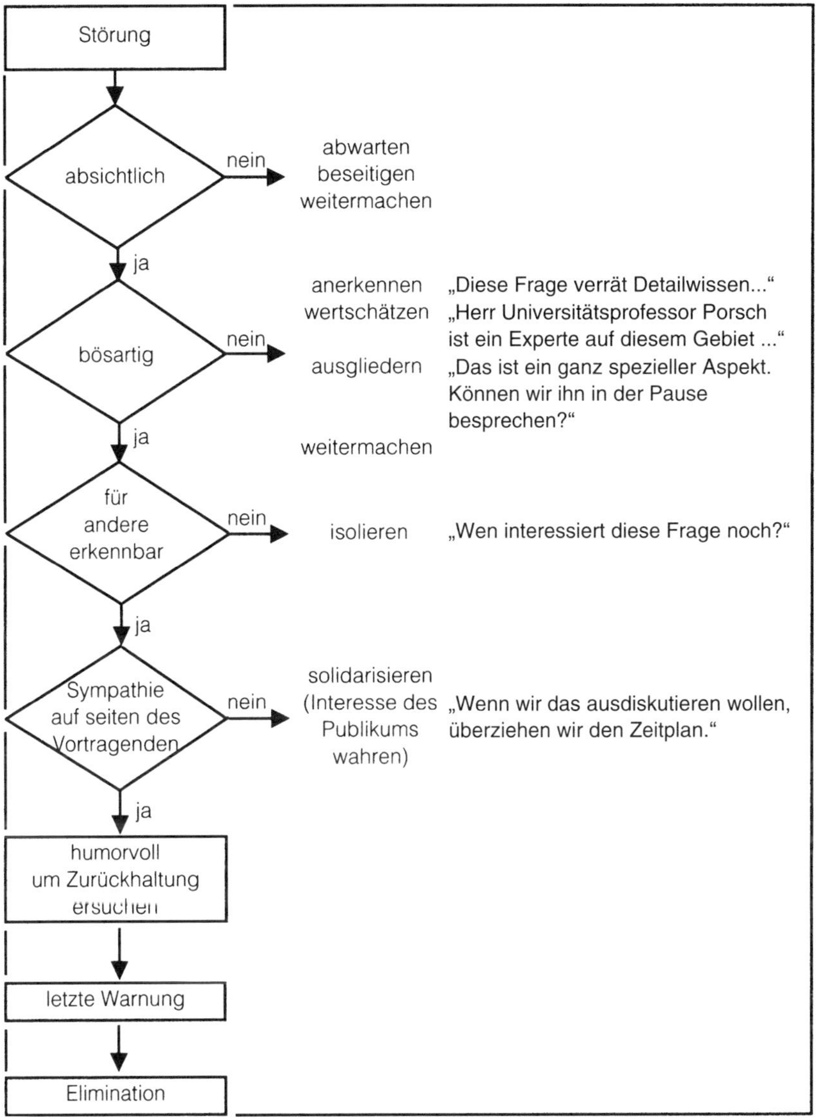

36.2. Sind Sie für den Erfolg einer größeren Veranstaltung verantwortlich? Dann müssen Sie notfalls hart durchgreifen – aber nicht sofort!

Die endlose Frage

Eine Frage, die länger dauert als etwa zehn Sekunden, ist meist schon ein kleines „Co-Referat" und für die anderen Zuhörer ärgerlich. Freundlich, aber bestimmt unterbrechen:

> „Bitte, versuchen Sie Ihre Frage möglichst kurz zu fassen – es gibt noch so viele andere Wortmeldungen."

„Ich habe eine ganz dumme Frage"

Vorsicht – besonders wenn es sich um einen Fachmann handelt. Signalisieren Sie sofort Anerkennung:

> „Das ist natürlich überhaupt keine ‚dumme' Frage, sondern ein sehr wichtiger Punkt."

Meist wird mit einer solchen Formulierung ein Angriff auf eine fundamentale Aussage eingeleitet. Versuchen Sie, durch eine kurze Wiederholung Ihrer Basisannahmen die Sache abzubiegen.

Der ungebetene Kommentar

Bei allem Verständnis für den Profilierungswunsch eines Teilnehmers: Er darf nicht auf Ihre Kosten gehen. Wenn möglich unterbrechen: „Was ist bitte Ihre Frage?" Wenn eine Unterbrechung weder möglich noch sinnvoll ist, stellen Sie abschließend dazu fest: „Ich danke für den Kommentar" und erteilen das Wort dem nächsten Fragesteller. Gehen Sie auf den Kommentar selbst nicht weiter ein – Sie werten ihn sonst noch zusätzlich auf.

Der hilfreiche Antwortgeber

Es mag gute Absicht sein, wenn ein Teilnehmer eine an Sie gerichtete Frage auf kurzem Weg beantwortet. Vorsicht, auch wenn er durchaus in Ihrem Sinn antwortet: Er nimmt Ihnen das Heft aus der Hand! Greifen Sie auf jeden Fall ein: entweder indem Sie zum Antwortgeber treten und ihn überschatten oder indem Sie seine Antwort umformulieren und wiederholen. Sanktionieren Sie die Antwort im nachhinein durch Lob:

> „Herr Ingenieur Wagner hat große Erfahrung bei Pipeline-Projekten – seine Ergänzungen sind immer hilfreich."

36.3. Einwände, Widerstände oder ganz einfach schwierige Fragen sind auch eine Chance für Sie, sich als sattelfest und schlagfertig zu präsentieren. Nehmen Sie deshalb nicht alles zu ernst und parieren Sie, ohne sich gekränkt zu fühlen.

Die Privatdiskussion zwischen zwei oder mehreren Teilnehmern

Sobald eine solche Diskussion für einen erheblichen Teil Ihrer Zuhörer merkbar wird, müssen Sie etwas tun. Ihr Eingriff darf aber keinen disziplinierenden Charakter haben („Schulmeister"), muß aber trotzdem bestimmt sein. Sprechen Sie einen der beiden Teilnehmer mit dem Namen an, und ersuchen Sie ihn, die Diskussion allgemein zugänglich zu machen; in einem kleineren Kreis können Sie zusätzlich zu den Diskutierenden hinzutreten und damit Ihre Anrede verstärken. Ansonsten bleibt nur die Möglichkeit, den Vortrag oder die Beantwortung einer anderen Frage zu unterbrechen und so lange zu warten, bis die Nächstsitzenden für Sie die Diskussion der beiden beenden.

Fakten werden bezweifelt

Wer das tut, muß Ihnen noch nicht unbedingt eine Lüge oder schlampige Vorbereitung vorwerfen: Vielleicht hat er oder sie einfach andere Zahlen und

möchte wissen, wieso diese voneinander abweichen. Bevor Sie Ihre Zahlen verteidigen, lassen Sie sich zuerst die (behaupteten) abweichenden Daten und Quellen nennen. Oft klärt sich dann bereits der Sachverhalt.
Beharrt Ihr Kritiker auf der Unstimmigkeit, dann müssen Sie Ihr Zahlenmaterial verteidigen, besonders wenn es sich um ein Fundament Ihrer Argumentation handelt. Ist das sofort möglich, dann tun Sie es. Wenn nicht, dann versprechen Sie die (schriftliche) Aufklärung. Tun Sie so, als ob damit die Angelegenheit erledigt wäre, blicken Sie freundlich eine andere Zielperson an, und nehmen Sie die nächste Frage entgegen.

„Wenn ich Sie richtig verstanden habe …"

Wer seine Frage so einleitet, ist vielleicht dabei, Ihnen etwas zu unterschieben. Ist das der Fall, dann korrigieren Sie die Formulierung, und wiederholen Sie bei dieser Gelegenheit Ihren Standpunkt bzw. Ihre Informationen. Gehen Sie nicht auf die unterschobene Formulierung ein!

Die absurde oder peinlich-dumme Frage

Nach zwei Stunden Vortrag über elektronische Bürokommunikation, vernetzte Telefonsysteme und integrierte Dienstleistungen fragt ein Teilnehmer:

> „Was heißt ‚Telefonsystem'?"

Zwischen Lachen und Weinen fühlen Sie sich versucht, diesen Ignoranten aus dem Saal zu weisen. Außerdem können Sie damit rechnen, daß die meisten anderen Zuhörer genauso fassungslos sind wie Sie selbst.
Unterlassen Sie alles, was zu einem Gesichtsverlust des Fragestellers führen könnte; statt dessen formulieren Sie die Frage völlig neu um, so daß sie Ihnen ins Konzept paßt:

> „Welcher Art von Telefonsystem gehört die Zukunft? Ich denke, daß analoge Systeme völlig der Vergangenheit angehören …"

Oder:

> „Was fällt in diesem Zusammenhang alles unter den Begriff ‚Telefon'? – Wir meinen hier ausschließlich jene Vorrichtungen, die zur Übermittlung des gesprochenen Wortes geeignet sind, unabhängig davon, ob sie sich auch noch für andere Einsatzzwecke eignen."

Wunderdroge „Neuformulierung"

Wie Sie negative Beiträge ...	... entschärfen, neutralisieren ...	... oder „umdrehen"
Ihr Produkt ist ungeeignet!	Wie entspricht unser Produkt den Anforderungen?	Wieso glaube ich, daß unser Produkt geeignet ist?
Diese Lösung ist unverhältnismäßig teuer!	Wie begründen wir den finanziellen Aufwand?	Welche Leistungen rechtfertigen diesen Preis?
Sind Sie zu so einer Aussage qualifiziert?	Was qualifiziert mich zu dieser Aussage?	Welche Erfahrungen/ Informationen bringe ich mit?
Konnten Sie kein besseres Ergebnis aushandeln?	Was war unser Ziel/unsere Strategie bei der Verhandlung?	Was macht unsere Verhandlung zu einem beachtlichen Erfolg?

36.4. Die negativen Beiträge der linken Spalte formulieren Sie in eine Frage an sich selbst um – und beantworten Sie dementsprechend. Nicht alles können und sollen Sie „umdrehen"; aber schon eine Neutralisierung bringt viel – auf jeden Fall Zeit zum Nachdenken.

Ein wirklich „dummer“ Fragesteller wird sich geschmeichelt fühlen, daß Sie ihm so eine intelligente Frage zugetraut haben; er wird Sie sicher nicht korrigieren, und das restliche Publikum atmet erleichtert auf. – War die Frage tatsächlich sehr intelligent (und haben bloß Sie es nicht begriffen), dann ist auch nichts passiert: Der Fragesteller wird seine Frage neu formulieren, ohne sich von Ihnen angegriffen gefühlt zu haben.

Fragen außerhalb der Fragerunde

Jetzt macht es sich bezahlt, wenn Sie zu Beginn Ihres Vortrages Einverständnis darüber erzielt haben, daß nicht zwischendurch, sondern zum Beispiel blockweise gefragt wird. Auf dieses Einverständnis können Sie jetzt verweisen und die Frage zurückstellen. Verständnisfragen („Was bedeutet ‚expanded memory‘?“) sollten Sie aber jederzeit zulassen.

Das Wichtigste aus diesem Kapitel

- Nicht alles, was SIE als Störung empfinden, ist tatsächlich ein Angriff – versuchen Sie daher, jeden Beitrag positiv zu sehen und dementsprechend zu reagieren.
- Solidarisieren Sie sich mit dem Publikum – vermeiden Sie dazu alles, was verdächtig nach Mißbrauch der Vortragenden-Autorität riecht.

Kapitel 37

Regeln und Checklisten für einen sicheren Ablauf

Dr. Murphy: „Was schieflaufen kann, läuft sicher schief."

In diesem letzten Kapitel finden Sie alle jene Tips, die nirgends anders gepaßt haben – und die Ihnen helfen, mit wenig Vorbereitung ein Maximum an reibungslosem Ablauf zu erzielen:

- wie Sie Ihre „Bühne" einrichten;
- wozu Sie „Spontanmedien" brauchen;
- Checklisten für den Vortragsraum, Geräte und Materialien;
- Hinweise, wie Sie Störquellen ausschalten;
- Rezepte zur genaueren Zeitplanung und -kontrolle.

Ihr Vortragskonzept definiert das Mobiliar

Sie brauchen keine komplizierten Vorschläge für Sitzpläne – ein klares Präsentationsziel und gesunder Menschenverstand reichen hier völlig: Wer im Mittelpunkt stehen will, wählt frontal ausgerichtete Sitzreihen; eine U-Tafel stimuliert demgegenüber die Interaktion zwischen den Teilnehmern.
Entscheidend ist jedenfalls, daß Ihre visuellen Hilfsmittel von überall sichtbar sind. Und bedenken Sie: Sie selbst sind das wichtigste visuelle Hilfsmittel – SIE müssen DIE zentrale Position einnehmen.

Das Rednerpult und andere Barrieren

Das Rednerpult hat offensichtliche und versteckte Funktionen:

- Ablageort für Ihre Unterlagen,
- Stütze und Haltegriff für unsichere Hände,
- Versteck für nervöse Beine,
- Distanzsignal für vorwitzige Zwischenfrager.

Beachten Sie in jedem Fall, daß die Existenz eines solchen Pultes und Ihr Standort (dahinter oder daneben?) starke Signale auf der Beziehungsebene darstellen.

Vortragspult und Manuskript – Hilfe oder Hindernis?

37.1. Die obere Reihe zeigt drei typische Probleme beim formellen Vortrag: Das Rednerpult als Stütze (links) führt dazu, daß Sie vorgebeugt stehen und völlig auf Gesten vergessen. Ein zu niedriges Pult oder ein Tisch (Mitte) ist nur mehr Barriere, aber kaum Unterstützung. Das Manuskript im A4-Format (rechts) enthält wahrscheinlich zuviel Text und ist für EINE Hand zu groß. Das Resultat: Ablesen, kein Blickkontakt und eine „Barriere" vor dem Körper, gebildet aus Manuskript und beiden Händen. – Drei Möglichkeiten, wie Sie im formellen Vortrag besser wirken: freie Gestik auch hinter dem Rednerpult (links). Lassen Sie das Rednerpult Rednerpult sein und treten Sie zur Seite (Mitte), das signalisiert Offenheit und Partnerschaftlichkeit – besonders am Anfang sehr wichtig! Ein Kärtchen aus leichtem Karton können Sie in einer Hand halten (rechts) – und bitte über Gürtelhöhe!

Positionierung des Rednerpultes

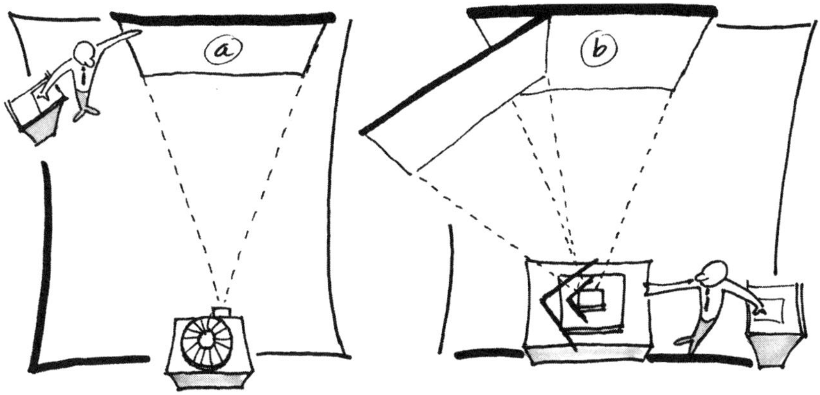

37.2. Bei der Diaprojektion (a) befestigen Sie auf dem Pult die Fernsteuerung, bei der Overheadprojektion (b) dient es nur als Manuskriptablage (für die Einleitung). In beiden Fällen treten Sie so bald als möglich neben das Pult; ziehen Sie sich dahinter zurück, wenn Sie „Distanz" signalisieren wollen.

Spontanmedien

Das sind Hilfsmittel, auf denen Sie während Ihres Vortrages Gedanken (zusätzlich) skizzieren oder Fragen notieren. Oder in der anschließenden Besprechung den Aktionsplan festhalten (wer tut wann was?).
Im geschäftlichen Bereich ist das Flip-Chart (Kapitel 27) das wichtigste dieser Medien, im wissenschaftlichen und im Lehrbereich die Wandtafel. Exquisiter und exklusiver Neuankömmling ist das Copyboard, eine mit einer beschreib- und löschbaren Endlosrolle ausgestattete Tafel, deren Inhalt sofort automatisch auf A4-Papier kopiert wird. Damit können Sie jeden Teilnehmer sofort mit einem Protokoll ausstatten – ohne Probleme bei der Übertragung (Irrtum, Vertraulichkeit, Zeitverlust).
Aus einem ganz anderen Grund sollten Sie aber stets ein Spontanmedium zur Hand haben:

Die Tafel kann Ihre Präsentation retten!

Denken Sie an einen Stromausfall, an ein rettungsloses Verklemmen des Diaprojektors oder an die fehlende Reservelampe beim Overhead. Vom Versagen der Datenprojektion ganz zu schweigen. Und was tun Sie, wenn eine

wichtige Folie fehlt? – In allen diesen Fällen bietet Ihnen Ihr Spontanmedium einen – respektablen! – Ausweg.
Übrigens: Ein Flip-Chart ohne breite Stifte ist schlimmer als gar nichts. Ein Vortragender, der sich mit seinem Kugelschreiber am Flip-Chart abmüht, wirkt unsäglich hilflos ...
Den Inhalt eines Flip-Charts oder den Text einer Tafel halten Sie am einfachsten mit einer Sofortbildkamera fest. Die Bilder vergrößern Sie im Kopiergerät – und verteilen Kopien als Protokoll. Aktuellere Alternativen:

- Tip: **Der Info-Copier,** ein (mobiles) Gerät, das Ihr Flip-Chart elektronisch abtastet und auf A4-Thermopapier ausdruckt.
- Tip: **Die Digitalkamera,** deren Bilder Sie im PC speichern oder per E-Mail versenden können.

Checklisten, die Sie entlasten

Viele Erfahrungen muß man selber machen, deshalb entwickeln Sie ruhig Ihre eigene Checkliste. In der hier abgedruckten Vorlage haben sich meine persönlichen (schmerzlichen) Erlebnisse niedergeschlagen:
Die drei linken freien Spalten „OK“, „0“ (Null – nicht mehr nötig) und „!“(besorgen, erledigen) helfen Ihnen in der ersten Phase der Vorbereitung. Alles, was irgendwelche Maßnahmen erfordert, erhält einen Kreis in der Spalte „!“. Mit den entsprechenden Anmerkungen versehen, können Sie die Liste kopieren und an jemanden weitergeben, der Ihnen bei der Vorbereitung hilft.
Die beiden rechten Spalten „24h“ (einen Tag vorher checken) und „5/12“ (5 vor 12 – unmittelbar vor Beginn checken) helfen Ihnen, zeitgerecht zu planen, was Sie kurz vor dem Vortrag noch überprüfen wollen. Bei größeren Veranstaltungen vergeht nämlich erfahrungsgemäß sehr viel Zeit zwischen der ersten Planung des Vortragsraumes und dem eigentlichen Ereignis.

Störungsquellen VORHER ausschalten!

- Tip: **Telefon blockieren.** Sorgen Sie dafür, daß das Telefon unter keinen Umständen läutet – verläßlicher als alle Umschalttechnik ist nach wie vor die Demontage. Investieren Sie jedenfalls ein paar Minuten in ein Gespräch mit der Telefonistin, und machen Sie sie persönlich dafür verantwortlich, daß der Wecker stumm bleibt.

Checkliste für Ihre Präsentation

Vortragsraum und Einrichtung

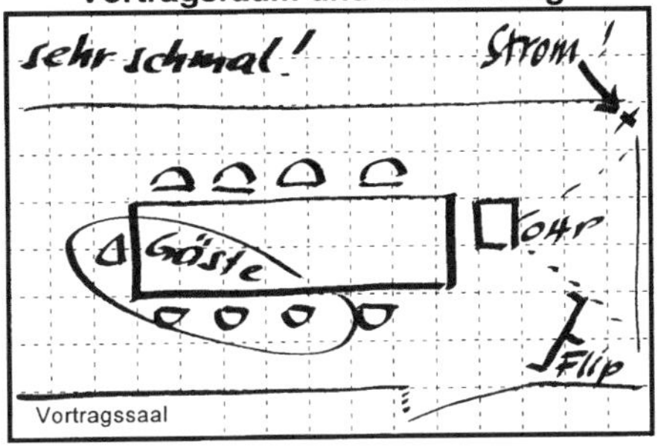

Thema: Hygiene-Problem
Datum: 24.9.
Zeit: 11.30
Ort: Konf. Raum B
Vortragende: selbst
+Dl. Pichler u. Dr. Vogl

Teilnehmer: Techn. Leiter
1 Behördenvertreter

	OK	0	!	Anmerkungen	24 h	5/12
Sessel	✓					
Tische	✓					
Steckdosen	✓					
Beleuchtung			O	2 Lampen tauschen	O	
Verdunkelung		—				
Ventillation			O	Geräusch! Schalter?		O
Heizung		—				
Mikrophon		—				
Vortragspult		—				
Aschenbecher		—				
Papier+Stifte			O	Müller!		
Namenskärtchen		—				
Sitzordnung			O	mit techn. Leiter? klären!		
Hinweisschilder		—				
Dekoration		—				
"Nicht stören"			O	Schild mitnehmen		O
Telefon				Wegschalten! Handy!		O
Mineralwasser			O	Müller		

OK = zufriedenstellend, vorhanden
0 = wird nicht benötigt
! = besorgen, erledigen

24h = 1 Tag vorher checken
5/12 = unmittelbar vor Beginn checken

37.3.

- Tip: **Nachrichten abfangen.** Organisieren Sie eine Pinwand für außerhalb des Vortragsraumes. Veranlassen Sie, daß alle Nachrichten für Vortragsteilnehmer dort auf Kärtchen angebracht werden und daß niemand mit einer „dringenden Nachricht“ in den Saal kommt. – Für diese Maßnahme brauchen Sie natürlich die Zustimmung der Teilnehmer.
- Tip: **Handys abschalten lassen.** Geben Sie die Telefonnummer bekannt, zu der Ihre Zielpersonen ihre Geräte umleiten können, falls Sie dringende Nachrichten erwarten.

Schriftliche Unterlagen

Eine besondere Form von Störungsquellen können schriftliche Unterlagen („Handouts“) sein. Das bekannte Dilemma lautet:

Vorher verteilen und vorausblättern lassen ...

Vorher ausgeteilte Unterlagen ersparen der Zielgruppe das Mitschreiben, helfen ihnen, sich mit den Unterlagen vertraut zu machen – reizen aber zum Vorauslesen und nehmen damit Wesentliches vorweg.

... oder Informationsverlust und Teilnehmer-Frust riskieren?

Ohne schriftliche Unterlagen müssen die Teilnehmer besser aufpassen, sich eigene Notizen machen und bei der Sache bleiben – allerdings besteht die Gefahr, daß sie durch das Mitschreiben Dinge überhören und Wesentliches nicht mitnehmen können.

Die Vortragssituation entscheidet!

Auch hier kommt es ganz auf die Präsentationssituation an; wählen Sie dementsprechend aus den folgenden Rezepten:

- Tip: **Unterlagen vorweg senden.** Eine häufige Praxis bei sehr konzentrierten Management-Präsentationen, die überwiegend aus Textbildern und Tabellen bestehen. Die Teilnehmer können sich dann bereits Fragen zu einzelnen Punkten notieren bzw. exakte Werte nachsehen, während Sie ein Diagramm zeigen. (Verlassen Sie sich nicht darauf, daß die vorweg angeforderten Unterlagen gelesen wurden!)

- Tip: **Unterlagen ankündigen, nachher verteilen.** Kündigen Sie aber genau an, welche Art von Unterlagen die Zielgruppe erwarten kann: Kopien jedes einzelnen gezeigten Bildes oder nur eine Zusammenfassung der wichtigsten Fakten? Vorteil dieser Methode: keine Ablenkung, Nachteil: „kalte Unterlagen". Blätter ohne Ihre persönlichen Vermerke haben weniger Erinnerungswert.

- Tip: **Halbfertige Unterlagen verwenden.** Besonders bei Schulungs- und Informationsveranstaltungen hat sich diese Technik bewährt: Sie verwenden Kopien der von Ihnen gezeigten Bilder, allerdings fehlen wesentliche Teile (Zahlen, Beschriftungen, Verbindungspfeile ...). Die Teilnehmer müssen die fehlenden Elemente selbst ergänzen und passen daher besonders gut auf. Selbstgeschriebenes wird besser gemerkt, und das „persönliche" Skriptum ist beim Nachsehen nützlicher.

- Tip: **Vorsicht beim Folienkopieren!** Bei Folienpräsentationen ist die Versuchung groß, einfach „einen Satz Kopien" als Unterlagen zu verteilen. Das ist gefährlich, denn nach der Präsentation haben Sie selbst keinen Einfluß mehr darauf, wer die Unterlagen ansieht und wie die Kommunikation abläuft! Und Sie erinnern sich: Gute Präsentationsunterlagen sind NICHT selbsterklärend, damit Raum für den Vortragenden bleibt! Daher:

- Tip: **Juristische Notbremse einbauen.** Könnte jemand eine Ihrer Folien aus dem Zusammenhang reißen und Forderungen erheben, die nur ohne Ihren Sprechtext denkbar sind? Dann gehört auf jede Folienkopie ein Zusatz – etwa: „Diese Folie ist ohne erklärenden Sprechtext unvollständig" (oder was eben Ihr Rechtsberater für richtig hält).

Ein professionelles Handout gestalten Sie so:

1. **Deckblatt:** Titel der Präsentation, Datum, Namen der Teilnehmer (oder pauschal „Firma X"), Name(n) des(r) Präsentators(en).
2. **Übersicht** über die angeschlossenen Bilder (Struktur des Vortrages).
3. **Selektion:** Eliminieren Sie alles, was Anlaß zu Mißverständnissen geben könnte oder ein Sicherheitsrisiko darstellt.
4. **Ergänzung:** Fügen Sie – handschriftlich genügt – wesentliche Punkte ein, die Sie in der Präsentation ausgeführt haben.
5. **Informationen:** Auf einem Schlußblatt geben Sie Details zu den Präsentatoren an (das, was Sie in der Einleitung gesagt haben!) und an wen Rückfragen zu richten sind.

Manuskript-Methodik – aber bitte: Keine Vor-Lesung!

Im freien Vortrag, getragen von Stichworten oder – besser – von bildhaften Elementen, wirken Sie lebendiger. Aber es gibt Situationen, in denen Sie ein Manuskript benötigen: ein Vortrag in fremder Sprache, eine Multivision, wo Sie exakte Stichworte für die Bildersteuerung liefern müssen usw. Was ist dabei für Ihr Manuskript wichtig?

- Tip: Anweisungen an die Sekretärin: **kurze Zeilen, 35 bis 40 Anschläge pro Zeile;** möglichst große Druckbuchstaben (KEINE Großbuchstaben); nur einseitig beschreiben und Seiten numerieren. Nicht zusammenheften!
- Tip: **Gelb wirkt freundlicher.** Wenn Sie in einem verdunkelten Raum präsentieren, dann strahlt ein gelbes Manuskript Wärme in Ihr Gesicht und läßt Sie weniger geisterhaft aussehen. Außerdem ist der Farbkontrast schwarz-gelb weniger scharf.
- Tip: **Rhetorische Signale einzeichnen.** Sprech- (und Atem-)Pausen mit Schrägstrichen, dramaturgische Anweisungen mit Symbolen vermerken (Lächeln, Blickkontakt).
- Tip: **Umschieben, nicht umblättern!** Arbeiten Sie mit zwei Manuskriptstößen, wobei Sie die jeweils aktuelle Seite vom Reststoß nehmen und auf diese Weise bereits die folgende Seite im Blickfeld haben. So sparen Sie auch das störende Umblättern.

Zeitplanung und -kontrolle

Der junge Priester fragt vor seiner ersten Predigt den erfahrenen Kollegen: „Wie lange soll ich predigen?" – „Das ist ganz deine Entscheidung, mein Sohn. Aber ich glaube, daß wir nach 15 Minuten keine Seelen mehr retten." Daher:

Halten Sie sich kurz und kompakt!

Wie kalkulieren Sie, wie lange Sie tatsächlich brauchen werden?

- Tip: **Sprechtempo ermitteln:** Lesen Sie beliebigen Text so vor, als ob Sie am Rednerpult stünden – die normale Sprechgeschwindigkeit ist 130 bis

160 Worte pro Minute, die Vortragsgeschwindigkeit 100 bis 130 Worte pro Minute. Ein gut verständlicher Satz hat acht bis maximal 16 Worte, daher kommen Sie auf etwa zehn Sätze pro Minute.

- Tip: **Stichworte zählen.** Ein Stichwort reicht für zwei bis drei Sätze – vier Stichworte bedeuten eine Minute Sprechzeit.
- Tip: **Worte zählen.** Haben Sie ein ausformuliertes Manuskript (Vorsicht: keine Schriftsprache, kurze Sätze!), dann kalkulieren Sie 120 Worte pro Minute.
- Tip: **Visuelle Hilfsmittel zählen.** Für ein mäßig komplexes Diagramm brauchen Sie zwei bis drei Minuten, für ein Textbild mit drei bis fünf Stichworten eine Minute. Da Sie für Einleitung und Schluß meist keine visuellen Hilfsmittel haben werden, gilt als Faustregel: maximal ein Bild pro Minute gesamte Sprechzeit.
- Tip: **Probedurchlauf.** Keine Kalkulation kann eine laut gesprochene Probe ersetzen – mit allen notwendigen Handgriffen. Addieren Sie zu Ihrer Probezeit 10 % für den echten Auftritt; präsentieren Sie in einer Fremdsprache, dann sollten Sie nochmals 10 % dazugeben.

Bedenken Sie bitte stets:

Zeitüberschreitung frustriert die Zuhörer und ruiniert Ihren Vortrag!

Das gilt auch für hochinteressante Themen, denn: „Auf mich wartet schon der nächste Termin, und dieser Kerl hört nicht auf.“

Pufferzonen für Anfang und Schluß

- Tip: **Rechnen Sie mit Störungen** durch Zuspätkommende während der ersten Minuten (das gilt besonders für „große“ Vorträge)! Bringen Sie in dieser Zeit noch keine zu komplexen Gedankengänge, bauen Sie etwas Redundanz ein.
- Tip: **Planen Sie Streichungen.** Was tun Sie, wenn Ihre Redezeit um 10 oder 20 % reduziert wird? Schneller sprechen oder die Diskussion beschneiden sind gefährliche Auswege. Überlegen Sie rechtzeitig, welche Blöcke Sie bei Bedarf komplett weglassen können – und wie Sie diese Lücken überbrücken!

Das Wichtigste aus diesem Kapitel

- Sichern Sie sich ungeteilte Aufmerksamkeit! Schalten Sie fremde Störungsquellen (Telefon!) und eigene Vampire (schriftliche Unterlagen) aus.
- Halten Sie keinen Vortrag ohne Netz: Bestehen Sie auf einem „Spontanmedium“ (Flip-Chart oder Tafel).
- Halten Sie Ihr „Versprechen“ betreffend die Dauer Ihrer Präsentation! Dazu brauchen Sie Probeläufe und Zeitpuffer.

37.4. Checklisten sind keine Erfolgsgarantie, aber sie beruhigen. Und jetzt: Piste frei!

Sieben Goldene Gebote der Vorbereitung

1. Zielgruppenorientierung: die wirtschaftlichen und persönlichen Interessen ansprechen – und ein REALISTISCHES Präsentationsziel setzen.

2. Zuerst die Aussagen festlegen und diese überzeugend (ARGU-Strukt) oder informativ (INFO-Strukt) reihen.

3. Aussagen mit Fakten und interessanten Details belegen – weniger ist mehr!

4. Mit Bildern Ein-Sicht schaffen – nur die wichtigsten Aussagen visualisieren – digitale und analoge Lösungen wählen.

5. Visuelle Hilfsmittel attraktiv gestalten – aber: Klarheit und Wahrheit vor Schönheit und Show!

6. Platz für Erklärungen lassen – nicht überladen.

7. Je kürzer die Präsentation, desto entscheidender ein Probelauf.

Sieben Goldene Gebote für die Präsentation selbst

1. Geräte und Arbeitsplatz immer überprüfen – nicht „blind“ starten!

2. Positiv einstimmen – freuen Sie sich auf Ihre Präsentation!

3. Zeigen Sie festen Standpunkt – UND nützen Sie Ihre Energieventile.

4. Führen Sie die Zuschauer mit Touch – Turn – Talk durch Ihre Hilfsmittel – links vom Bild ist immer richtig.

5. Setzen Sie nichts als bekannt voraus – erklären Sie jedes neue Element – mit Blickrichtung zum Zuschauer.

6. Zeigen Sie, daß Ihnen Ihre Zielpersonen und deren Verständnis wichtiger sind als jede technische Spielerei.

7. Bei Pannen und Störungen: reparieren, weitermachen. Nicht alles persönlich nehmen.

Anhang 3

Checkliste Zielgruppenanalyse

Die folgenden Punkte dienen Ihrer „Gewissenserforschung" vor einer wichtigen Präsentation. Sollten Sie jetzt die Augen leidend verdrehen und denken: „Woher soll ich das wissen?" – dann blättern Sie zum letzten Absatz!

Fachlicher Hintergrund

Aus „welcher Ecke" kommen Ihre wichtigen Zuhörer? Welches Vokabular können/müssen Sie selbst daher verwenden (Fachausdrücke, Jargon, Abkürzungen). Und: Welche allgemeinen Fachinformationen können Sie als bekannt voraussetzen (gängige Meinungen in Fachzeitschriften, Lehrbüchern, Experten)?

Wissensstand

Eine Fehleinschätzung in diesem Bereich bedeutet gelangweilte Experten oder überforderte Laien. Die richtige Abstimmung Ihrer Präsentation bewahrt die Zuhörer vor Empörung oder Frustration – und spart Ihnen Arbeit! Wie Sie sich dabei helfen können, erfahren Sie ein Stückchen weiter unten.

Gründe für die Teilnahme

Viele Vorträge finden vor einem mäßig interessierten, unkonzentrierten und ungeduldigen Publikum statt. Warum? Weil es sich um Pflichtveranstaltungen handelt, um lähmende Routine, um „befohlene Teilnahme" oder um die Einlösung eines abgerungenen Teilnahmeversprechens. – Das Teilnahmemotiv kann daher die Grundeinstellung des Teilnehmers zum Vortrag (und zu Ihnen!) stark beeinflussen. Illusionen darüber sind gefährlich, die richtige Einschätzung dagegen birgt Chancen, zum Beispiel für einen lockeren, persönlichen Einstieg in die Präsentation (das „befohlene", distanzierte, desinteressierte Publikum fühlt sich verstanden und wird aufmerksam auf den, der es in dieser Lage versteht).

Einstellung zu Thema, Präsentator, Organisation

Eine realistische Einschätzung hilft Ihnen, den richtigen Ton und die richtigen Argumente zu finden. In einer ablehnend-feindseligen Atmosphäre wären emotionale Appelle unangebracht, da „ziehen" eher sachliche Argumente wie zum Beispiel anerkannte Experten. Wenn Sie selbst zwar als Person akzeptiert sind, Ihre Organisation (Unternehmen, Partei, Institut, Religion, Behörde ...) aber kein gutes Image bei Ihren Zuhörern hat, dann werden Sie versuchen, Ihre Aussagen losgelöst von der Organisation vorzutragen.

Bevorzugte und akzeptierte Informationsmittel

Erkundigen Sie sich nach den „üblichen" Präsentationsmitteln. Das legt Sie in keiner Weise fest, hilft Ihnen aber zu einer bewußten und begründeten Entscheidung, wenn Sie zum Beispiel bei einer Gruppe tabellengewohnter Finanzfachleute einen Cartoon oder eine Strichmännleinskizze einschieben. Personen, die nichts anderes kennen als langweilige Textpräsentationen, erwarten auch nichts anderes. Sie reagieren aber stark – und meist positiv – auf bunte Bilder.

Erwarteter Präsentationsstandard

Hier geht es um den Grad der Perfektion, der „Schönheit". In Organisationen mit ausgeprägter Präsentationskultur gibt es ganz konkrete Erwartungen, welche Präsentationsmittel zu welchem Zweck eingesetzt werden. Wenn Sie zum Beispiel handgeschriebene Folien verwenden, obwohl das Publikum einen professionell gestalteten Diavortrag erwartet (oder umgekehrt), wird das zunächst einmal irritieren. Das kann durchaus positiv sein – denn jedenfalls steigt die Aufmerksamkeit. Es ist Ihre Entscheidung, sich entweder anzupassen oder bewußt etwas Ungewöhnliches zu tun.

Problematische Informationsmittel und -techniken

Manche Leute schalten bereits ab, wenn sie einen Tageslichtprojektor auch nur sehen („Folienklatscher!"). Ein kostenbewußter Controller hält vielleicht bunte Bilder im Geschäftsleben überhaupt für eine unseriöse Geldverschwendung und könnte – ohne entsprechende Vorarbeit – sauer auf den Inhalt reagieren.

Vorurteile, fixe Ideen, Ängste

Haben Sie vor, ein „uraltes Problem“ in einer Präsentation zu analysieren? Oder einen Weg vorzuschlagen, der „schon als ungangbar bewiesen“ wurde? Dann sind Vorurteile enorm wichtig für Sie. Vorurteile und fixe Ideen lassen sich nämlich nicht einfach beiseite schieben, ignorieren oder gar als „Blödsinn“ abqualifizieren. Damit ärgern Sie höchstens das Publikum, das bisher recht gemütlich damit gelebt hat. Vorgefaßte Meinungen wirken auch als Wahrnehmungsfilter: „unpassende Argumente“ werden entweder ausgeschieden oder so mißverstanden, daß sie wieder zur eigenen Ansicht passen. Darauf sollten Sie achten, wenn Sie solche „unpassenden Argumente“ vortragen. Bedenken Sie jedenfalls:

Bedürfnisse, Ängste, Vorurteile und alle Arten der Emotion sind reale Gegebenheiten – urteilen Sie nicht darüber, sondern berücksichtigen Sie sie einfach.

Tabus und heikle Themen

Abgesehen von allgemeinen Tabuthemen (Tod, Rasse, Religion, Krankheit) könnte Ihr Zuhörerkreis besondere Tabus haben. Diese sind oft in Schlüsselworten versteckt, die wie Tretminen reagieren, wenn der ahnungslose Präsentator anstößt. Beispiele sind „Rationalisierung“ (wenn ein Betrieb schlechte Erfahrungen mit sogenannten Rationalisierungsexperten gemacht hat) oder „Innovation“ (wenn man gerade jetzt mit einer solchen Schiffbruch erlitten hat).

Lieblingsthemen sind zweischneidige Schwerter: Sie sichern Ihnen in Ihrem Vortrag zwar ungeteilte Aufmerksamkeit und Wohlwollen, lenken aber stark von anderen Inhalten ab. Sie sollten Lieblingsthemen kennen, um sie zu vermeiden oder bewußt und sorgfältig zu Ihrem Nutzen einzusetzen.

Flexibilität

Eine Präsentation ohne neue Information ist langweilig – Zeitverschwendung für das Publikum. Ein neuer Gedanke, eine Frage, eine unbekannte Tatsache sind interessant, willkommen – aber nur so lange sie in die Vorstellungswelt der Zuschauer passen. Je fester gefügt diese Welten sind, je weniger die neuen Informationen hineinpassen, desto schwieriger ist Ihre Überzeugungsaufgabe. – Verwechseln Sie nicht Flexibilitat mit Nachgiebigkeit oder mit dem

Mangel einer klaren persönlichen Linie! Einen Wankelmütigen überzeugen Sie sicherlich sehr leicht – aber für wie lange?

... und wenn ich das alles nicht weiß?

Wenn Sie bei zu vielen Fragen passen mußten, dann können Sie natürlich die ganze Analyse beiseite schieben und Ihre Präsentation ausarbeiten. Sie sind dann aber in akuter Gefahr, an Ihrem Publikum vorbeizuproduzieren oder ins Fettnäpfchen zu treten. Zapfen Sie noch Ihre Informationsquellen an, bevor Sie weitermachen!

Solche Informationsquellen sind:

- Kollegen, die bereits an dieses Publikum präsentiert haben;
- Personen aus dem Publikum, die Sie näher kennen;
- Informationsmaterial aller Art: Firmenzeitungen, Jahresberichte, Werbeaussagen;
- Ihr Auftraggeber bzw. der, der Sie zu diesem Vortrag eingeladen oder abkommandiert hat.

Kopiervorlagen

Achtung: Diese Vorlagen sind zur freien persönlichen Verwendung durch die Leser bestimmt. Jede darüber hinausgehende Verwendung – insbesondere für gewerbliche Zwecke – ist an die ausdrückliche und schriftliche Genehmigung des Verlages gebunden.

Auf den nächsten Seiten finden Sie die folgenden Kopiervorlagen:

- TARGET-Gruppenanalysator
- FOCUS-Finder – homogene Zielgruppen analysieren
- ARGU-Strukt-System für überzeugende Argumentation
- INFO-Strukt-System für kompakte Informationen
- DUO-Strukt-System für Alternativen
- Drei-Minuten-Blitzvorschlag
- Das BUSINESSPLAN-Format
- MESSAGE-Maker für fünf überzeugende Botschaften
- TRAINER-Strukt
- Checkliste Vortragsraum und Einrichtung

Wählen Sie auf Ihrem Kopierer: „Vergrößern A5 ➜ A4“.

Viele dieser Hilfsmittel finden Sie auch unter „Absolventenservice“ auf der Homepage www.hps.co.at – die Antwort auf die Eintrittsfrage fällt Ihnen als LeserIn sicher leicht (zur Sicherheit: siehe Seiten 270/271!)

HPS
HIERHOLD PRESENTATION SERVICES

**TARGET-
Gruppenanalysator**

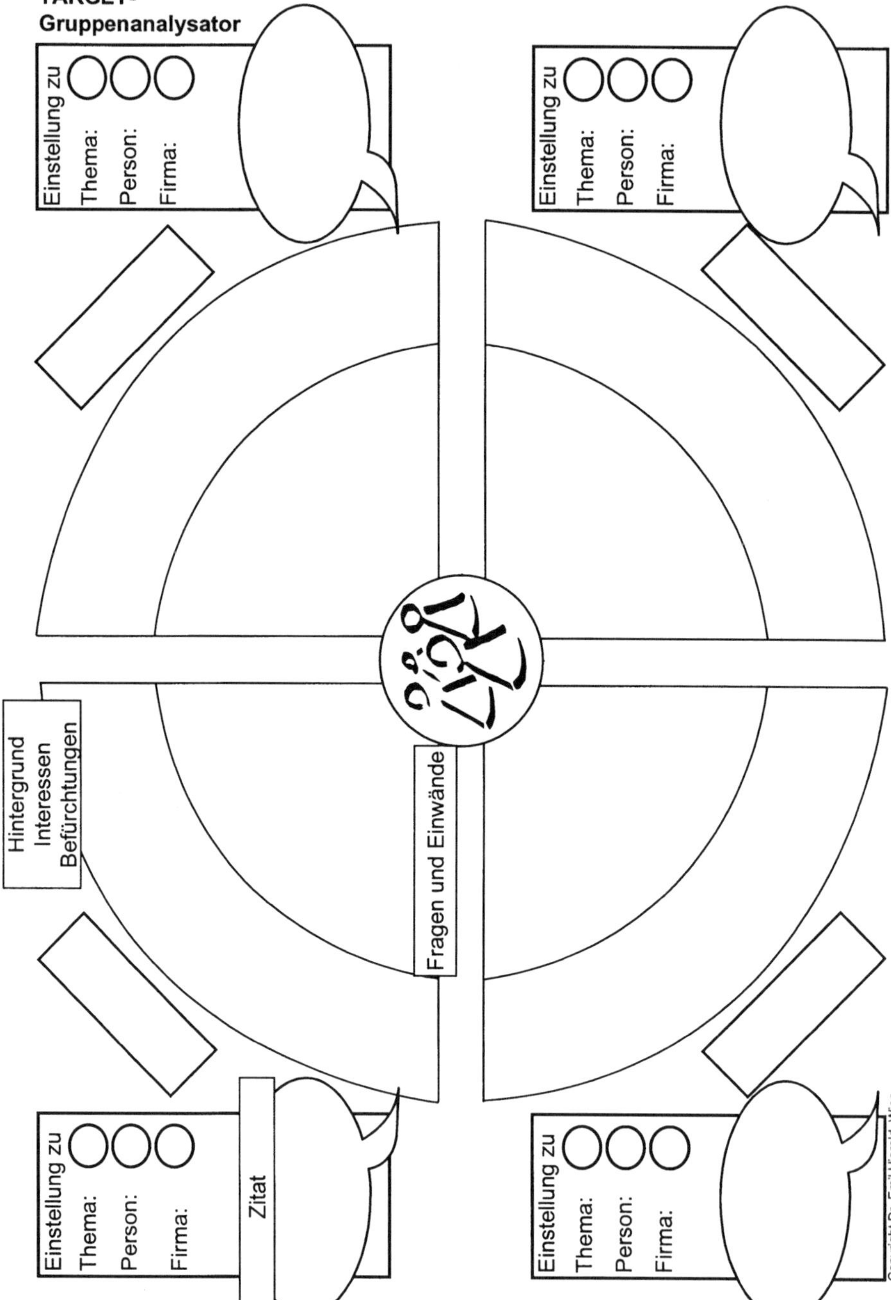

HPS
HIERHOLD PRESENTATION SERVICES

FOCUS-Finder - homogene Zielgruppen analysieren

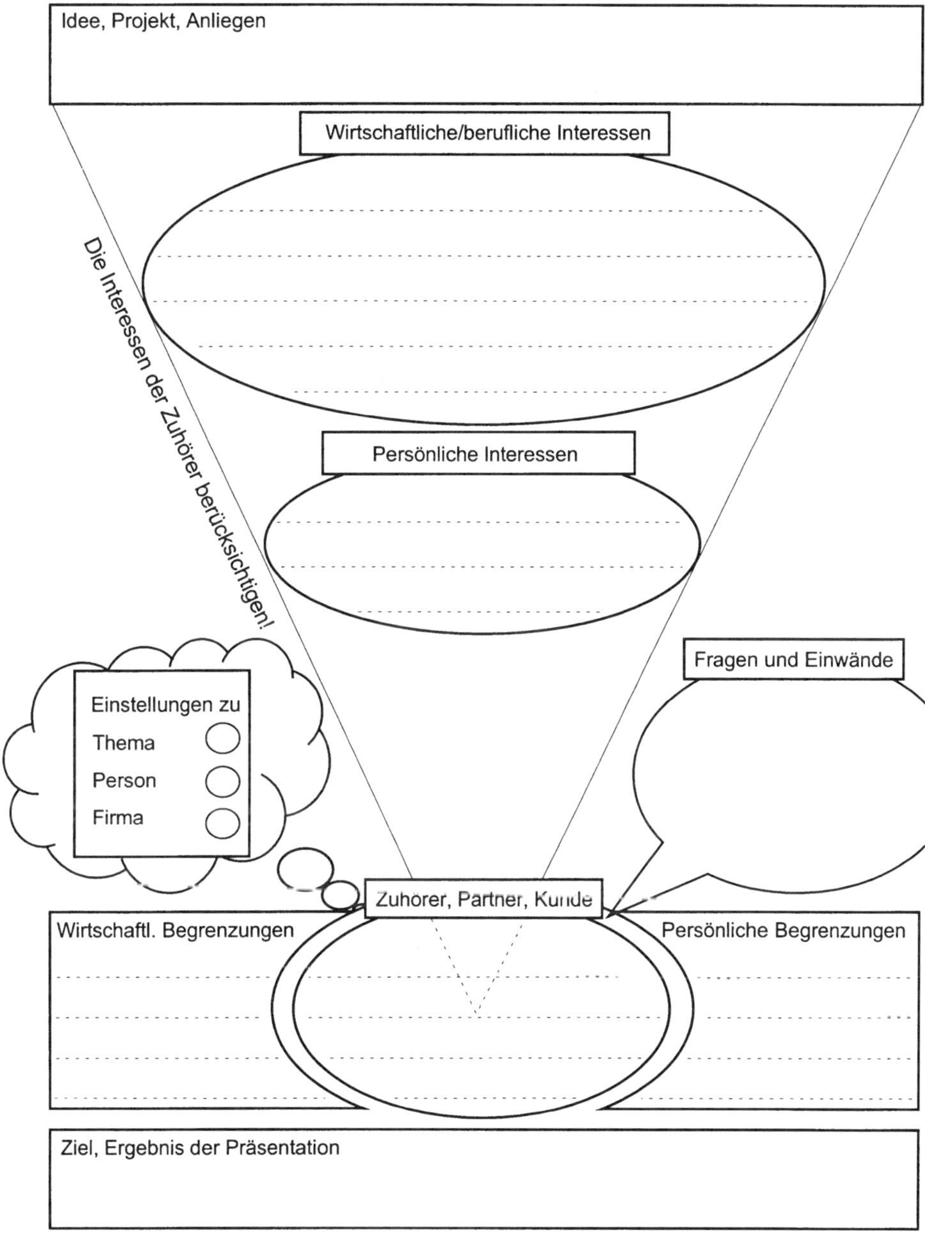

HPS
HIERHOLD PRESENTATION SERVICES

ARGU-Strukt-System für überzeugende Argumentation

Heute geht es um …
(oder eine provokante Frage)

Schlagzeile

Situation
Wie sehen die Fakten (das Problem!) aus?

Negative Folgen
Was passiert Ihnen (uns), wenn nicht (nicht richtig) gehandelt wird?

Zielrichtung
Das Wichtigste ist also (Richtig?)

Vorschlag
Ich schlage vor …

..und das bedeutet in einzelnen (was, wer, wann, wieviel ...)

Positive Ergebnisse
Was bringt Ihnen (uns) die Verwirklichung dieses Vorschlages?

+
+
+
+

Nächste Schritte
Was jetzt geschehen muß

Auflösung

HPS
HIERHOLD PRESENTATION SERVICES

INFO-STRUKT-System für kompakte Informationen

THEMA: "Die Fragestellung lautet: ..."
Schlagzeile

BEDEUTUNG und HINTERGRUND: "Die Frage ist (für Sie) wichtig, weil..."

▷

▷

MENÜ: "Dazu untersuchen wir folgende Bereiche:.."

①
②
③

Ⓧ

INFO - Block

○
○
○

INFO - Block

○
○
○

INFO - Block

○
○
○

FAZIT: "Aus all dem folgt für Sie ..."

Auflösung

HPS
HIERHOLD PRESENTATION SERVICES

DUO-STRUKT-System für Alternativen

SCHLAGZEILE: "Worum geht es heute?"

ZIELRICHTUNG: "Was war unsere Aufgabenstellung?"

ALTERNATIVE 1: "Die erste Möglichkeit:

... und das heißt im einzelnen:"

▷

▷

▷

ALTERNATIVE 2: "Die andere Möglichkeit:

... und das heißt im einzelnen:"

▷

▷

▷

PRO & CONTRA: "Was spricht für die beiden Alternativen?"

Kriterien

AKTIONSVORSCHLAG: "Ich schlage deshalb Alternative ... vor. Der nächste Schritt ist dann ...")

AUFLÖSUNG
"Und damit lösen wir ... (Schlagzeile)"

HPS
HIERHOLD PRESENTATION SERVICES

3-Minuten-Blitzvorschlag

15"

SCHLAGZEILE: "Worum geht es ...?"

30"

PROBLEM / LAGE: "Wie sieht die Situation aus?"

-
-
-

90"

VORSCHLAG: "Mein Vorschlag lautet ...

... und das heißt im einzelnen:"

▷

▷

▷

▷

▷

z.B.: Was genau soll geschehen? Wer führt es - mit wem - durch? Was kostet es? Wann passiert was?

30"

ERGEBNIS: "Was bringt die Verwirklichung des Vorschlags?"

+

+

+

15"

NÄCHSTER SCHRITT: "Was muß als nächstes geschehen?"

▶

15 Sekunden = maximal 3 Sätze!

HPS
HIERHOLD PRESENTATION SERVICES

Das BUSINESS-PLAN-Format

AGENDA: "Folgende Themen stehen an: ..."

(1)

(2)

(3)

(4)

(5)

(X) (nicht behandelt wird ...)

KERNPUNKT ◯

●

●

●

KERNPUNKT ◯

●

●

●

KERNPUNKT ◯

●

●

●

KERNPUNKT ◯

●

●

●

KERNPUNKT ◯

●

●

●

HPS
HIERHOLD PRESENTATION SERVICES

MESSAGE-Maker für 5 überzeugende Botschaften

Szenario
Das Problem ...
(Situation)
führt zu ...
(neg. Folgen)

Push
Um ...
(negative Folgen)
zu verhindern,
ist das wichtigste
...
(Zielrichtung)

Essenz
Damit Sie ...
(Zielrichtung)
brauchen Sie ...
(Vorschlag)

Kernbotschaft (Pull)
Mit ...
(Vorschlag)
erreichen Sie ...
(pos. Ergebnisse)

Impuls
Um ...
(pos. Ergebnisse)
zu sichern,
müssen Sie jetzt
...
(nächste Schritte)

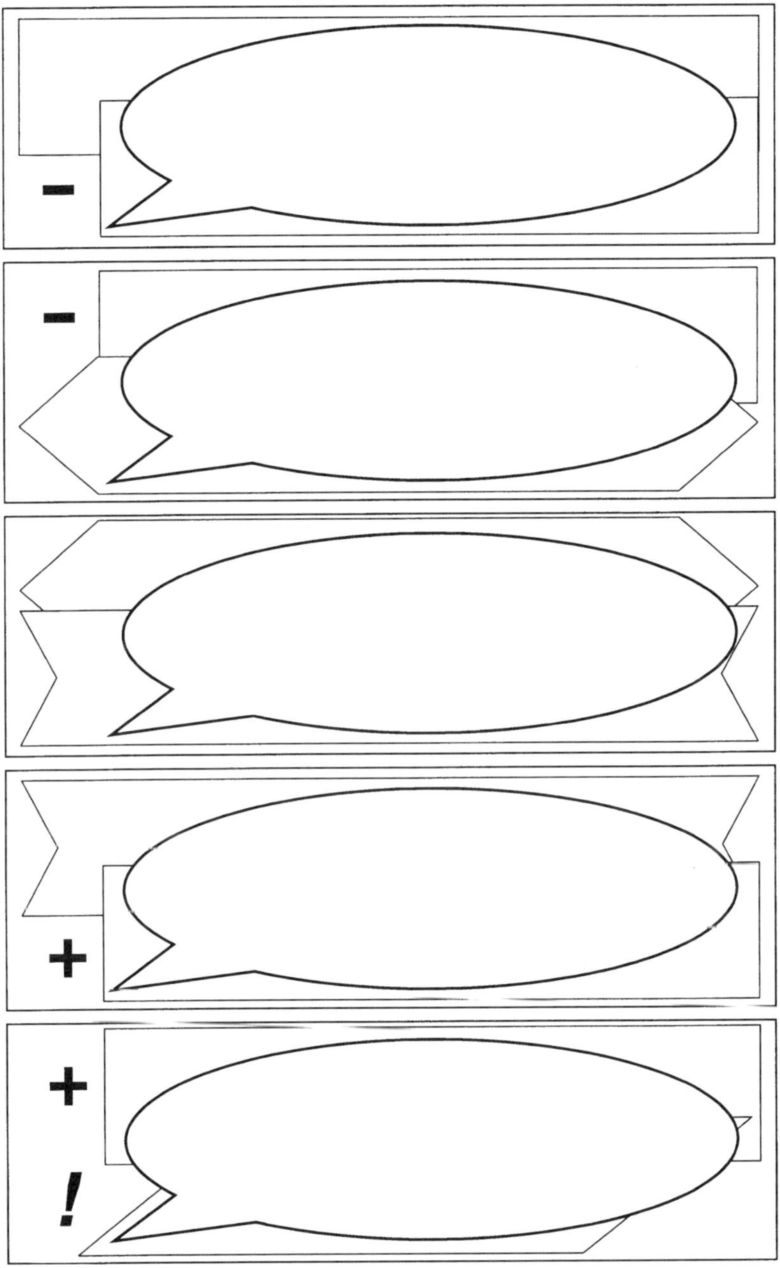

HPS
HIERHOLD PRESENTATION SERVICES

TRAINER-Strukt

"Was halten Sie von ...?"
STARTER

TITEL:
"Unser Thema heißt ..."

PLAKAT

ZIEL: "... und Ihnen soll es dabei helfen ..."

"Ich heiße ...
komme aus ...
... mag
besonders ..."

Ich

für Euch

"Was SIE besonders interessieren wird ..."

Programm

LEITFADEN: "Wir behandeln ..."

-
-
-
-
-

ZEITPLAN

CHECKLISTE
(Organisation, Aufgaben, ...)

VERTRAG: "Gibt es noch Fragen? Sind Sie damit einverstanden?"

EINHEIT 1

HPS
HIERHOLD PRESENTATION SERVICES

Vortragsraum und Einrichtung

Vortragssaal

Thema: ____________________

Datum: ____________________

Zeit: ____________________

Ort: ____________________

Vortragende: ____________________

____

____

Teilnehmer: ____________________

____

	OK	0	!	Anmerkungen	24 h	5/12
Sessel						
Tische						
Steckdosen						
Beleuchtung						
Verdunkelung						
Ventillation						
Heizung						
Mikrophon						
Vortragspult						
Aschenbecher						
Papier+Stifte						
Namenskärtchen						
Sitzordnung						
Hinweisschilder						
Dekoration						
"Nicht stören"						
Teleton						

OK = zufriedenstellend, vorhanden

0 = wird nicht benötigt

! = besorgen, erledigen

24h = 1 Tag vorher checken

5/12 = unmittelbar vor Beginn checken

Wenn Sie mehr wissen wollen über

- ☐ Das gesamte Angebot von HPS Hierhold Presentation Services
- ☐ Öffentliche Seminartermine (für Einzelpersonen)
- ☐ Firmeninterne Seminare (in-house-Trainings für Gruppen ab sechs Personen)
- ☐ Präsentations-Coaching für Führungskräfte
- ☐ Das Präsentatissimum® – „Der Hierhold“ für die erste Führungsebene
- ☐ Präsentationsberatung (Unterstützung bei der Ausarbeitung konkreter Präsentationsprojekte)
- ☐ Bücher, Videos und andere Hilfsmittel für die erfolgreiche Präsentation
- ☐ Den Gratis-Newsletter „Die Präsentationspraxis“
- ☐ Franchising-Optionen in deutscher oder englischer Sprache

… dann besuchen sie uns unter www.hps.co.at!

Unsere englische Schwesterfirma in London finden Sie unter www.hps-training.com und den Autor persönlich erreichen Sie unter emil.hierhold@hps.co.at – er freut sich über Erfahrungsberichte, Anregungen und auch über kritische Anmerkungen – für die nächste Auflage!

Literaturverzeichnis

Argyle M.
Körpersprache und Kommunikation
Jungfermann, 7. Auflage 1996, € 23,50

Birkenbihl M.
Train the Trainer
Arbeitshandbuch für Ausbilder und Dozenten
Moderne Industrie, 16. Auflage 2001, € 46,–

Bornhäuser A.
Präsentainment
Die hohe Kunst des Verkaufens
Bemleo Verlag, 2001, € 20,35

Fleischer G.
Dia-Vorträge
Planung, Gestaltung, Durchführung
Thieme Stuttgart, 2. Auflage 1989, € 20,40

Frutiger A.
Der Mensch und seine Zeichen
Schriften, Symbole, Signete, Signale
Fourier Verlag, Wiesbaden, 7. Auflage 2000, € 19,95

Gaede W.
Vom Wort zum Bild
Kreativ-Methoden der Visualisierung
Langen-Müller, 2. Auflage, 1992, € 75,–

Hierhold E.
Verkaufsfaktor „P"
Entscheidergruppen in perfekter Präsentation überzeugen und gewinnen
Wirtschaftsverlag Carl Ueberreuter, 2001, € 32,–

Hoff R.
I can see you naked
Andrews and McMeel, 1992, € 15,91

Krämer W.
So lügt man mit Statistik
Reihe Campus, 8. Auflage 1998, € 15,90

Langner-Geissler T., Lipp U.
Pinwand, Flip-Chart und Tafel
Beltz, 2. Auflage 1991, € 16,36

Lasko Wolf W.
Wie aus Ideen Bilder werden
Einfach besser präsentieren – in Sekunden überzeugen
Gabler Verlag, 1997, € 37,–

Leech T.
How to Prepare, Stage and Deliver Winning Presentations
Amacom New York, 1992, € 34,35

Morrisey G. L.
Loud and Clear: How to Prepare and Deliver Effective Business and Technical Presentations
Addison-Wesely Publishing Comp., 1997, € 19,67

Rotondo, J. & M
Presentation Skills for Managers
Proven techniques for designing and delivering a powerful presentation every time (Schwerpunkt: PowerPoint)
McGraw Hill, 2002, € 17,61

Sarnoff D.
Auftreten ohne Lampenfieber
Reden, Interviews, Fernsehauftritte, Konferenzen, Präsentationen
Campus, 1990, € 17,90

Scheler U.
Vortragsfolien und Präsentationsmaterialien (vergriffen)
planen – gestalten – herstellen
Wirtschaftsverlag Carl Ueberreuter, Reihe New Business Line, 1996,

Schneider W.
Wörter machen Leute
Magie und Macht der Sprache
Serie Piper, 1996, € 12,90

Thiele A.
Überzeugend präsentieren
Springer, 2. Auflage 2000, € 24,85

Tufte E. R.
The Visual Display of Quantitative Information
Graphics Press USA, 2. Auflage 2001, € 49,17

Tufte E. R.
Envisioning Information
Graphics Press USA, 1990, € 58,99

Vester F.
Denken, Lernen, Vergessen
Was geht in unserem Kopf vor, wie lernt das Gehirn und wann läßt es uns im Stich
dtv, 1998, € 8,50

Watzlawick P., Beavin J. H., Jackson D. D.
Menschliche Kommunikation
Formen, Störungen, Paradoxien
Verlag Hans Huber, 10. Auflage 2000, € 17,95

Zelazny G.
Wie aus Zahlen Bilder werden
Wirtschaftsdaten überzeugend präsentiert
Betriebswirtschaftlicher Verlag, 5. Auflage 1999, € 49,–

Zelazny, G.
Das Präsentationsbuch
Die Ergebnisse jahrelanger Schulungspraxis (bei McKinsey)
Campus, 2002, € 34,90

Anhang 6

Register

A
Abblenden des OHP 282
ablesen, wortgetreu? 269
Abschluß 98, 365 ff.
abstrakt oder konkret? 179
abstrakte Inhalte 166 ff.
abstrakte Lösungen bildhaft machen 195
Achsenmanipulation (Diagramm) 164
Adrenalin 331
Agenda 116
Agenda, hidden 73
AIM-Diagramm-Determinator 156
Aktionsvorschlag 89
aktive Augenkontrolle 332
Aktivierungsphrasen 376
akustische Signale 378
Alternativen präsentieren 113
analog präsentieren 127
Analogie 118, 179
Analyse der Zuhörer 52 ff.
Angriff 399 ff.
Animation 253 f.
Ankündigung 261, 347
Ankündigung des Abschlusses 368
Anliegen 368
Ansprache, persönliche 379
Anteil 156
Anti-Störungs-Strategie 400
Antwortgeber, hilfreicher 404
Appell 368
Arbeitssitzung, informelle 22
Argumentation, Psycho-Logik der 117
Argumente strukturieren 86 ff.
ARGU-Strukt-System 86 ff.
Aspekte der Kommunikation 30
Atmen 355
Attention Getters 375
Attraktivität 142
Aufbautechnik 253 f.
Auflichtprojektion 47
Auflichtprojektor 39, 280
Auflosung 98
Aufmerksamkeit steuern 256 ff., 374 ff.
Aufmerksamkeitskurve 366
Augen, angestrengte 300
Augen-Ankerplätze 358
Augenkontakt 328 ff., 396
Augenkontrolle, aktive 332
Ausatmen 355
Ausgabegeräte (Computer) 239
Ausgangsposition 337
Aussage des Hilfsmittels 266
Aussage eine Diagramms 156
Autorität 400, 405
Autosuggestion 332

B
back screen 291
Balkendiagramm 157
Bankrott-Phrasen 349
Barrieren 409
Barrieren vermeiden 284
Baupläne 204
Bedürfnisse 55, 390
Befürchtungen 62
Begrenzungen 59
Begrüßung 353
Behauptungen 100, 349
Beispiel 118
Beiträge, negative 407
Bekenntnis, emotionales 376
Belebungstechniken 225
Belichtungsservice 237, 241
Beschriftung von Bildern 236
Beschriftung von Diagrammen 161
Betriebsberater 85
Bewegung 377
Beziehungsebene (Kommunikation) 31
Bild im Kopf 188
Bild klären 266
Bildaufbau 216
Bildaufbau, elementweiser 225
Bildbeschriftung 236
Bildbibliothek (PC) 248
Bilder 122 ff.
Bilder-Serie, elektronische 296 ff.
Bilderwechsel 347
Bildgestaltung am PC 244
Bildgestaltung, Gestaltungsregeln für die 210 ff.
bildhafte Elemente 177 ff.
Bild-Ideen 132 ff., 196
Bildrecorder 237, 241
Bildwechsel 260
Blicke sammeln 363
Blickführung 256 ff., 268, 339
Blickkontakt 328 ff.
Blitzanalyse von Zielgruppen 66
Blitzvorschlag, Drei-Minuten- 111
Börsegang 324
Botschaft 36, 397

Brücke zur Diskussion 369, 392
Budget 37
Bullet-Charts 134, 140 ff., 169
Bündnisstrategie 380
Businessplan-Format 116

C
Carousel-Projektor 293
Cartoon-Einsatz, richtiger 200
Cartoons 193 ff.
Checklisten 412
Chunks, Info 104
Computer-Demonstration 304
Computergrafik 238 ff.
Computerprogramme 242
Copyboard 316, 411
Corporate Design 217, 244

D
Dank an das Publikum 372
Datenprojektion 33, 42, 239, 249, 296 ff.
Datenprojektion mit LC-Display 280, 296
Datenprojektoren 44, 205
Delegation der Vorbereitung 21
Demonstration 205, 304, 377
Detailinformationen 115
Designregeln 220
Diagramm, Ziffern im 161
Diagramme 153 ff.
Diagramme, Beschriftung von 161
Diagrammtypen 156
Dialog oder „Multilog“ 395
Diapositive 231 ff.
Diaprojektion 40
Diarahmung 234
Diavortrag 290 ff.
Diavortrag (Technologie) 237
Diavorträge, Notkoffer für 293
digital präsentieren 127
Digitalkamera 249, 315, 412
Dimensionenschwindel (Diagramm) 164
Diskussion 386 ff.
Diskussion, Brücke zur 369, 392
Diskussion, Zusammenfassung der 372
Diskussionssteuerung, verbale/nonverbale 395
Display, LC- 44
Distanz oder Nähe? 262
Dokumentation 314
Doppelprojektion 49
Dramaturgie 119
Drei-Minuten-Blitzvorschlag 111
Dreischritt 110
Drucker 239
Druckschrift 213
Du statt ich 344
DUO-Strukt 113
Durchlichtprojektion 47
Durchlichtprojektor 39, 280

E
Eindruck, angestrebter 72
Eindruck, geplanter 273
Eindruck, letzter 365 ff.
Einheiten 149
Einstelldia 292
Einstellfolie 227
Einstellung, Viersatz-Methode 332
Einstellungen 62
Einstellungen der Zielgruppe 422
Einstieg in den Vortrag 351 ff.
Einwände 386 ff.
Einwände und Fragen 62
elektronische Bilder-Serie 296 ff.
Element-Animation 254
Elemente, bildhafte 177 ff.
emotional überzeugen 26
emotionales Bekenntnis 376
Empfänger 36
Encoder 43
Energieventile 335
Engagement, emotionales 27
entscheidende Zielperson 56
Entscheider, Fragen der 391
Entscheidung für Medien 36 ff.
Entschuldigungen 355
Ergänzung der Grundfolie 225
Ergebnisse, positive 94
Erlebnis, persönliches 118
Ermüdung 300
Essenz 115, 368
Etikett 351
Expansion 266
Experimente 206
Experten, Präsentation des 26
Expertengutachten 118
externe Verkaufspräsentation 23

F
Fachchinesisch 345
Fachidioten 26
Fachreferat 113
Fachvortrag 86
Fachvortrag, Aufbau 109
Fachvortrag, externer 23
Fachwissen 108
Farben, Einsatz von 159, 176, 216, 226, 228, 235, 245
Farbenblindheit 247
Farbfolien 230, 249
Farbscanner 248
Farbdrucker 241
Farbverläufe 247

Fazit 105
Fernsteuerung 292
Fieberkurve 157
Film 317 ff.
filmische Übergänge 254
Filmmaterial 237
Finale 372
finanzielle Bedürfnisse 390
Flachbett-Scanner 248
Flächen 215, 226, 246
Flächen, Gestaltung von 159
Flexibilität der Zielgruppe 423
Flip-Chart 38, 309 ff., 411
Flip-Frames 229
Flüssigkristallanzeige 44
Flüssigkristall-Display 280, 296
FOCUS-Finder 56
Folgen, negative 92
Folie oder Dia? 41
Folien 221 ff.
Folien von der Schreibmaschine 228
Folien, gezeichnete 225
Foliengestaltung am PC 245
Folienhüllen 228
Folienkosmetik (Diagramm) 165
Folienlayout 245
Folienpräsentation 273 ff.
Foliensalat 274, 283
Folienschreiber 225, 281
Folien-Striptease 285
Folienübergänge 254
Folienwechsel 283, 348
Fonts 244
formelle Vorstandspräsentation 23
Formen 215
Fotos 203 ff.
Fragen 404
Fragemodus 394
Fragen der Entscheider 391
Fragen stellen 379
Fragen und Einwände 62, 386 ff.
Fragen, rhetorische 261
Fragen, Stimulation von 371
Fragen, Wiederholung von 396
Fragerunde 306, 386 ff.
Fragerunde, visuelle Hilfsmittel in der 395
Fragesteller, Lob für 397
Freihandzeichnung 211, 218, 227
Fünf-Minuten-Präsentationsprinzip 80 ff.
Fünfsatz 110
Fünfzehn-Minuten-Kurzkonferenz 370
funktionale Bedürfnisse 390

G
Garantie 118
Gehirnhälften 127
Geräte mieten oder kaufen? 46
Gesamtkunstwerk 15
geschäftliche Präsentation 116
Gestaltungsregeln 210 ff.
Gesten 328 ff., 341, 393
gezeichnete Folien 225
Gleichnis 118
Grafik vom Computer 238 ff.
Grafik, Primitiv- 190
Grafik-Programme 242
Großbuchstaben 213
Größenordnungen 149
Grundeinstellung, positive 332
Grundrisse 204
Gruppe, homogene 56
Gruppe, inhomogene 63

H
Haltung 328 ff.
Haltung des Körpers 352, 356
Handhaltung 260, 263
Handouts 306, 414
Handposition 338
Handzeichnung 83, 211, 218, 227
Helligkeitskontrolle, stufenlose 290
Hellraumprojektion 38, 273 ff.
Hervorhebungen 151
Highlighter 283
Highlight-Folien 230
High-Tech-Präsentatoren 254, 299
Hilfsmittel, Aussage des 266
Hilfsmittel., visuelle 122 ff.
Hintergründe 235, 246
Hochreflexprojektion 47
Höhepunkte 374 ff.
homogene Gruppe 56
horizontal oder vertikal? 148
Hot-Restrike-Technologie 44
Humor 354

I
Icons 177 ff.
Ideen, Transportmittel für 28
Ideenquellen für Cartoons 194
Ignorieren 400
Imagefilm 318
Improvisieren 303
Info-Blöcke 134
Info-Chunks 104
Info-Copier 314, 412
Infofilm 318
Information, interaktive 321
Informationen strukturieren 103 ff.
Informationsabfrage 63
Informationskanal 123
Informationslawine 11
Informations-Präsentation 86, 103 ff.

Informationsraster, logische 118
Informationsveranstaltung 24
informelle Arbeitssitzung 22
informieren oder überzeugen? 86
INFO-Strukt-System 103 ff.
Inhalte, abstrakte 166 ff.
Inhaltsebene (Kommunikation) 31
inhomogene Gruppe 63
Ink Jet 241
inoffizielle Ziele 72
Interaktion 304
interaktive Information 321
Interessen 55, 390
interne Motivationskonferenz 23
interne oder externe Projektbesprechung 23
Issues 116

K

Kartonrahmen 228
Katastrophen 381 ff.
Kaufen oder mieten? (Geräte) 46
Kernpunkte 116
Keystoning 47, 281
Kick-off-Meeting 23
Klarheit 210
Kommentar, ungebetener 404
Kommunikation, Grundgesetz menschlicher 30, 70
Kommunikationsdias 231
Kommunikationstabelle 150
Kompaß (Orientierung der Zuhörer) 115
Kompetenz, Signale der 334
komplexe Zusammenhänge 166 ff.
Kondensat 372
Konfrontation 400
konkret oder abstrakt? 179
Kontrast 157, 247, 253
kontrollierte Ortsveränderung 336, 339
Konturen 314
Körperhaltung 352, 356
Korrekturlinse 281
Kraftlosigkeit, Signale der 340
Kreisdiagramm 157
Kurzkonferenz, Fünfzehn-Minuten- 370
Kurzpräsentation 111

L

Laienpublikum 26
Lampenfieber 330, 363
Landkarten 204
Langeweile 380
Laserdrucker 239
Laserpointer 260, 294
Lautstärke 342, 375
Layout für Präsentationen 245
LC-Display 280, 296
LCD-Panel 44
LCD-Projektor 44
Leideform 349
Lernverhalten 13
Lesbarkeit 142, 214, 236, 292
Leuchtstifte für Folien 283
Leuchttürme 89
Leuchtzeiger 260
Lichtbilderabend 290
Lichtzeiger 260
Liniendiagramm 157
Linienstile 160
Live-Analyse 306
Lob für Fragesteller 397
Logik-Check 96, 105
Löschstift 226
Lösungen, visuelle 129

M

Manipulation (Diagramm) 161
Manuskript 410
Manuskript-Methodik 416
Markierungspunkte 247
Mattscheibe 126
McLuhan, Marshall 32
Medien, visuelle 29
Medienentscheidung 36 ff.
Medienmix 300
Medien-Monomanie 298
Medienwechsel 47, 377
Medienwirkung 33
Medium, stark oder schwach? 49
Mehrabian-Kreis 330
Menü 105
MESSAGE-Maker 386
Metalldampflampe 44
Mieten oder kaufen? (Geräte) 46
Minipräsentation 116
Minus-Meldungen 355
Mitleid 301, 385
Modelle 204
Moderationstechnik 40
Möglichkeitsform 349
Molekularstrukturen 204
Motivationskonferenz, interne 23
Müdigkeit 378
Multimedia 317 ff.
Multivision 32
Muster 203 ff.

N

Nähe oder Distanz? 262
Namen verwenden 395
Namensnennung 379
negative Beiträge, Neuformulierung von 407
negative Folgen 92

Nervosität 328, 363
Neuformulierung von negativen Beiträgen 407
Newton-Ringe 234
Notfallkoffer für Präsentatoren 383
Notfallplanung 381 ff.
Notfallplanung bei PC-Präsentationen 302
Notkoffer für Diavorträge 293

O

Objektive für Diaprojektion 291
objektive Wahrheit 26
öffentlicher Standpunkt 24
offizielle Tagesordnung 73
offizielle Ziele 70
OHP, Abblenden des 282
OHP-Folien vom PC 249
Ortsveränderung, kontrollierte 336, 339, 363
Overheadfolien 221 ff.
Overheadfolien, Todsünden bei 223
Overhead-Panel 44
Overheadpräsentatoren, Todsünden bei 274
Overheadprojektion 38, 273 ff.

P

Pannen 381 ff.
Pause 355
Pausen beim Sprechen 346
Pausentechnik 375
PC-Grafik 83, 238 ff.
PC-Präsentation 296 ff.
PC-Symbole 189
PC-TV-Encoder 43
Penetranz 14
perfekt oder primitiv? 179
Perfektion von Bildern 211
persönliche Ansprache 379
persönliche Begrenzungen 60
persönliche Ziele 73
persönliches Erlebnis 118
Persönlichkeit und Technik 15
Pfeilbilder 184
Piktogramme 177 ff.
Pinwand 40, 63
Pläne 203 ff.
Platzhalter-Dias 233
Plotter 239
Polsterwörter 349
Position des Körpers 352, 356
Position im Raum 259
positive Ergebnisse 94
positive Grundeinstellung 332
Posterpräsentation 24, 42
Postionswechsel 260
Präsentation (Definition) 14
Präsentation, geschäftliche 116
Präsentationsaufbau 86 ff., 103 ff.
Präsentationsfahrplan 120
Präsentationsgrafik vom Computer 238 ff.
Präsentationsgrafik-Programme 242
Präsentationslayout 245
Präsentationsmittel, Vor- und Nachteile 38
Präsentationsprinzip, Fünf-Minuten- 80 ff.
Präsentationsstandard, erwarteter 422
Präsentationssteuerung 260
Präsentationstypen 22
Präsentationsziele 68 ff.
Präsentationsziele, inoffizielle 72
Präsentationsziele, offizielle 70
Präsentationsziele, persönliche 73
Präsentationsziele, realistische 73
Präsentator 29
Präsentator, reisender 45
primitiv oder perfekt? 179
Primitiv-Grafik 190
Privatdiskussion 405
Pro und Kontra 113
Probedruck 249
Problem – Lösung 87
Produktionskosten 33
Programme für Präsentationsgrafik 242
Projektbesprechung, interne oder externe 23
Projektion 39, 46
Projektionswand 46
Psycho-Logik der Argumentation 117
Publikumsanalyse 52 ff., 387
Pufferzonen 417
Pult 364, 409

Q

Quälgeister 399 ff.
Qualitätsstandard, erwarteter 34
Querformat 224, 232
Querschnitte 204
Quittieren 400

R

Raummitte 261
Raumposition 259
realistische Ziele 77
Rednerpult 364, 409
Reflexionsprojektor 39, 280
Reflexionsstärke der Projektionswand 47
reisender Präsentator 45
Reizüberflutung 14
Reizwörter 376
Reproduktion 235
Reservefolien 254, 302
Reservelampe 281
Reservemedien 302
Resümee 268, 372
Resümee, positives 397
Rettungsanker 310

Rhetorik 14
rhetorische Fragen 107, 261
Rückblick 368
Rückprojektion 47
Rückwandprojektion 291
Rundmagazinprojektor 293

S
Sabotage 399 ff.
Säulenblock 157
Säulendiagramm 157
scannen 239
Scanner 248
Schadenfreude 301
Schaltskizzen 204
Schlagwort-Charts 140 ff.
Schlagzeile 98, 107, 135, 155, 196, 387
Schlüsselpersonen 54
Schlußpunkte 253
Schlußstein-Effekt 47, 281
Schmeicheleien 354
Schnittstellen 92
Schnittstellen zu den Zuhörerbedürfnissen 63
Schraffuren 159, 226
Schreibmaschine, Folien von der 228
Schriftarten 244, 253, 313
Schrift-Bilder 186
Schriftgröße 212, 235
schriftliche Unterlagen 414
Schulmeister 402, 405
Schulung 24, 323
Schulungsleiter 359
Schulungsveranstaltungen, Unterlagen für 415
Schwächezeichen 266
Schwarzdias 234, 292
Schwarzfolien 253
Seitenverhältnis 236
Seitenwechsel 265
Sektorenbild 157
Sender 36
Serifen 245
Show 324
Sicherheit, Signale der 342
Sicherheitsbedürfnisse 390
sieben Schritte zur Überzeugung 17
Signale der Kompetenz 334
Signale der Kraftlosigkeit 340
Signale der Sicherheit 342
Signale, akustische 378
Signalpunkte 253
Simplifizierung 26
Sinnbilder 177 ff.
sitzen oder stehen? 273
Smart-Board 41, 314
Software 242
SOS-Programm bei PC-Präsentationen 303
Spaltentitel 149
Spezialeffekte 230
Spezialfolien 249
Spontanmedien 310, 411
Spontanmedium OHP 287
Sprache 344 ff.
Sprechtempo 346, 416
Sprechzeichnen 287, 315
Sprechzeit 26
Standard der Präsentation, erwarteter 422
Standortwechsel des Präsentators 300
Standpunkt 335
Standpunkt, öffentlicher 24
Start in den Vortrag 351 ff.
stehen oder sitzen? 273
Steuerung der Präsentation 260
StichBILDliste 362
Stimme 342
Stimulation von Fragen 371
Störenfriede 399 ff.
Störfaktoren beim persönlichen Auftritt 328
Störung 399 ff.
Störungsfälle, typische 402
Störungsquellen 412
Striche 215
Strichstärke 160, 225, 247, 313
Strichzeichnungen 193 ff.
Striptease-Technik 144, 225, 253, 285
Struktur 29
Strukturbilder 166 ff., 197
Studiografik 237
Symbol Erklären eines 189
Symbole 177 ff., 248
Symbole „dazukleben“ 250
Symbole aus dem PC 189

T
Tabellen 140 ff., 197
Tabus 423
Tafel 411
Tageslichtfolien 221 ff.
Tageslichtprojektion 38, 273 ff.
Tagesordnung 116, 309, 363
Tagesordnung, offizielle und versteckte 73
TARGET-Analysator 60
Tatsachenfeststellung 117
Technik und Persönlichkeit 15
technische Zeichnungen 204
Technologien, neue 15
Telegrammstil 144, 267
Teppich-Check 77
Text-Animation 253
Textbilder 140 ff.
Textdias 236
Texttabellen 147
Tintenstrahldrucker 241

Titelzeilen 89, 135, 155, 196, 387
Todsünden bei Overheadfolien 223
Todsünden bei Overheadpräsentatoren 274
Top Executive Summary 85
Tortendiagramm 157
Touch – Turn – Talk 268
TRAINER-Strukt 359
Transportmittel für Ideen 28
Trapezverzeichnung 47, 281
Trend 157
Typen der Präsentation 22

U
Übergänge, filmische 254
Überleger-Folien 225, 230, 249
Überleitung 268, 347
Überschrift 135, 155, 196, 387
Übersichtlichkeit 142
überzeugen oder informieren? 86
überzeugen, emotional 26
Überzeugung, sieben Schritte zur 17
Überzeugungs-Präsentation 86 ff.
Unsicherheit 330
Unterbrechung 378
Unterlagen für Schulungsveranstaltungen 415
Unterlagen, schriftliche 414
Unternehmensberater 85
Unternehmensberater, Abschlußbericht des 23

V
Vampire 259, 374 ff.
verbale Optimierung 344 ff.
verbaler Selbstmord 349
Verkaufskonferenz 23
Verkaufspräsentation, externe 23
Verpackung 28 ff.
Verpackungskünstler 34
Versprecher 385
Verständnisfragen 408
versteckte Tagesordnung 73
vertikal oder horizontal? 148
Video 317 ff.
Videobeam 45
Viersatz-Methode zur positiven Einstellung 332
Visualisieren 29, 122 ff., 199
Visualisierung, zielorientierte 133
Visualisierungsfilter 124
Visualisierungsprozeß 132 ff.
visuelle Elemente erklären 267
visuelle Hilfsmittel in der Fragerunde 395
visuelle Lösungen 129
visuelle Medien 29
Vorbereitung 17 ff., 419
Vorbereitung, Delegation in der 21
Vorbereitungszeit 20, 37
Vorschlag 93
Vorstandspräsentation, formelle 23
Vortrag (Definition) 14
Vortragspult 409
Vorurteile 55, 423

W
Wahrheit, objektive 26
Was wäre, wenn ...? 306
Watzlawick, Paul 30, 70
Weichmacher 349
Weißlicht-Projektor 44
Wertanmutung von Medien 33
Whiteboard 316
Whiteboard, interaktives 41f, 314
Wiedereinstiegshilfen 120
Wiederholung 346
Wiederholung von Fragen 396
wirtschaftliche Begrenzungen 59
Wissensstand der Zielgruppe 421
Wissensstand von Präsentationsteilnehmern 63
Witz 354
Witz ohne Worte 201
Wortdisziplin 394
wortgetreu ablesen? 269
WYSIWYG 244

Z
Zahlenbeweis 117
Zahlenfriedhof 151
Zahlenheinis 26
Zahlentabellen 147
Zeichnungen, technische 204
zeigen 264
Zeiger 260
Zeitdruck 11, 19
Zeitmangel 80
Zeitplan 120
Zeitplanung und -kontrolle 416
Ziele 68 ff., 70, 72 ff
Zielgruppe 32, 37, 52 ff.
Zielgruppenanalyse 390, 421 ff.
Zielgruppen-Blitzanalyse 66
zielorientierte Visualisierung 133
Zielperson, entscheidende 56
Zielrichtung 95
Zielsetzung 387
Ziffern im Diagramm 161
Zuhörer 26, 32, 52 ff., 304
Zusammenfassung 115
Zusammenfassung der Diskussion 372
Zusammenhänge, komplexe 166 ff.
Zusammenhangsdarstellung 117
Zusatzfrage 396
Zusatzmedium 309
Zustimmung einholen 394

Bildnachweis

Alle Illustrationen und Cartoons: Corinna Steinböck, 1030 Wien
Alle Fotos von Präsentatoren, Gestik, Auftritt … sofern nicht anders angegeben: Fotostudio Huger, 1150 Wien
Bild 4.2: Foto Fleischmann, A-4020 Linz
Bild 4.3: SMART-Board Technologies / Eisenberger, A-4020 Linz
Bild 4.5: Sony, A-1239 Wien
Bild 18.1: ASK / Eisenberger, A-4020 Linz
Farbtafel 1 oben:
Farbtafel 6 Mitte: A-1140 Wien; Pierre Lang, A-1030 Wien; unten: Prof. Dr. H. Wässle, D-63150 Heusenstamm
Farbtafel 7: EGGs Vienna, A-1060 Wien. Mit freundlicher Unterstützung der Janssen & Cilag Pharma GmbH, Wien
Farbtafel 15: MDI/Wirtschaftsblatt/Preroutka/Reismann/Tanzer
Cover (Portrait): Foto Fleischmann, A-4020 Linz

Alle anderen Grafiken und Illustrationen: Archiv des Autors